ERA UMA VEZ UMA
PRINCESA

Jacqueline Pascarl-Gillespie

ERA UMA VEZ UMA PRINCESA

A história real de uma mãe em busca dos filhos seqüestrados

Tradução
Daniel Estill

CIP-BRASIL. CATALOGAÇÃO-NA-FONTE
SINDICATO NACIONAL DOS EDITORES DE LIVROS, RJ.

P281e   Pascarl, Jacqueline, 1963-
Era uma vez uma princesa / Jacqueline Pascarl-Gillespie; tradução Daniel Estill. - Rio de Janeiro: Best*Seller*, 2008.

Tradução de: Once I was a princess
ISBN 978-85-7684-200-2

1. Pascarl, Jacqueline, 1963-. 2. Seqüestro pelos pais - Malásia. 3. Guarda de menores - Malásia. 4. Guarda de menores - Austrália. 5. Princesas - Malásia - Biografia. I. Título.

                                                 CDD: 920.9306893
08-2698   CDU: 929:316.813.5

Título original norte-americano
ONCE I WAS A PRINCESS
Copyright © 1999 by Jacqueline Pascarl
Copyright da tradução © 2007 by Editora Best Seller Ltda.

Capa: Folio Design
Editoração eletrônica: Abreu's System

Todos os direitos reservados. Proibida a reprodução,
no todo ou em parte, sem autorização prévia por escrito da editora,
sejam quais forem os meios empregados.

Direitos exclusivos de publicação em língua portuguesa para o Brasil
adquiridos pela
EDITORA BEST SELLER LTDA.
Rua Argentina, 171, parte, São Cristóvão
Rio de Janeiro, RJ – 20921-380
que se reserva a propriedade literária desta tradução

Impresso no Brasil

ISBN 978-85-7684-200-2

PEDIDOS PELO REEMBOLSO POSTAL
Caixa Postal 23.052
Rio de Janeiro, RJ – 20922-970

Para meus filhos, Iddin e Shahirah

Amo vocês milhões, bilhões, trilhões de vezes e infinitamente.
E sempre amarei

Este é um relato de como a religião islâmica foi ensinada e explicada para mim por uma família real específica, de um país específico e em uma época específica. Não representa uma acusação geral contra o Islã, tampouco é uma referência a todos os muçulmanos. Escolhi trabalhar na Bósnia Herzegovina, entre muçulmanos, católicos e cristãos ortodoxos, em decorrência do seqüestro de meus filhos e da crença de que todas as religiões possuem uma bondade intrínseca. O mal resulta da interpretação.

Agradecimentos

Provavelmente sou uma das pessoas mais afortunadas do mundo. Vivo cercada por um enorme grupo de pessoas desprendidas, que me sustentaram com seu amor e generosidade ao longo de toda a montanha-russa em que minha vida se transformou, e que me ofereceram refúgios seguros em seus corações.

Iain recebe minha gratidão e meu amor por me manter inteira, mesmo quando isso significou perder partes preciosas de si mesmo; Skye, minha "filha" — tenho muito orgulho da mulher em que você está se transformando; e Tyson, companheiro da madrasta mais baixinha e estranha do mundo. Elisha, bem-vindo. Tia Connie e tio Kevin, meus padrinhos amados, com quem posso sempre ser "apenas eu mesma", graças a vocês.

A George "Och" Craig, irmão auto-adotado, um agradecimento especial pelos momentos de tranqüilidade e pelo chocolate. Deb Gribble, Mandy, Mike, Henry, Charlotte e Hannah Fudge, obrigada por compartilhar sua vida familiar. Julie Jones, Tim Watson-Munro e Carla Lechner merecem minha gratidão e um prêmio por permitirem-me a trégua de que tanto precisei.

Gratidão e amor para meu brilhante e tenaz advogado e amigo, John Udorovic QC, que se manteve ao meu lado desde o começo. Sally Nicholes do Middletons, Moore and Bevins, uma das minhas amigas mais próximas e um gênio legal absoluto no que se refere à Convenção de Haia, e Dan Kotzmann, muito obrigada. Muito obrigada também à Valerie "vamos dar um jeito" Hardy, minha quase-irmã.

Meu apreço sincero a meu outro advogado e amigo fiel, Nicholas Pullen da Holding Redlich Solicitors and Consultants, Gail Pullen, Bruce McMenamin e Roger Evans da Horwath Chartered Accountants, Sir Rupert e Lady April Hamer, juiz Bill Gillard (previamente, QC), advogado John Cantwell, Noel Ackman QC, tio Eric, Andy e Kim Tavares, David e Debbie Hirschfelder, Bunty Avieson, Laurelle Duffy, Malcolm Fraser, ao presidente do Supremo Tribunal, Alistair Nicholson, sir Stephen Brown, Michael Nicholls, Robert Hamilton, Torrance Mendez, Suzanne Monks, John e Linda O'Loan, Susan Cole, Julie Clark e Richard Neville, Rea Francis e Nene King. A Patsy e meus amigos na Bélgica, *merci/danku*.

Obrigada a Denise Carter e Ann Marie Hutchinson da Reunite, do Reino Unido, e Enie Allen do Centro Nacional para Crianças Desaparecidas e Exploradas dos Estados Unidos por seu apoio. Um agradecimento especial a Jackie Collins por acreditar neste livro e por seu estímulo.

Meus filhos adotivos, Naipanti e Rasoa, minha família massai em Engkonganarok, no Quênia, e a Scott Kelleher — meu tempo com você restaurou minha compreensão do equilíbrio da natureza e da verdade essencial. Às muitas crianças da Bósnia-Herzegovina (muçulmanas, croatas e sérvias), com quem tive o privilégio de conviver — vocês me ajudaram a encontrar o foco. Aos incríveis e desinteressados apoiadores das iniciativas Empty Arms Network, Book Power e Operation Angel, muito obrigada. Anthony Williams, meu amigo e agente literário, por sua crença em minha capacidade de escrever, apoiando-me durante diversas tempestades e dúvidas — obrigada por me expôr a um novo mundo, com um estoque renovado de oxigênio.

Se você está com esse livro nas mãos é por culpa de Bill Campbell, presidente da Mainstream Publishing, que correu o risco com esse tomo das antípodas e me encorajou a atualizá-lo para o Reino Unido, quando outros "por lá" o consideraram inadequado. A James Fraser, da Pan Macmillan Austrália, obrigada por me deixar iniciar o processo de escrita e por compreender o bombardeio emocional impiedoso a que minha vida é submetida.

Gratidão infinita também às milhares de pessoas bondosas que escreveram ou telefonaram do mundo inteiro com palavras e orações de apoio à minha luta pelos direitos humanos das crianças, além das dezenas de milhares de australianos que colocaram suas assinaturas nas petições que circularam pelo país. É preciso acrescentar a essa lista as centenas de pessoas que me pararam nas ruas para desejar felicidade a nossa família. Obrigada a todos por devolverem as identidades de Iddin e Shahirah e por fortalecer minha determinação.

Prefácio

Quando me foi sugerido escrever um livro sobre o tumulto em que minha vida se transformou desde o seqüestro de meus filhos, em 1992, eu estava convencida de que seria incapaz de fazê-lo e me arrepiei diante do mero pensamento. Mas, gradualmente, fui percebendo que, um dia, Iddin e Shahirah precisariam saber a verdade sobre o que aconteceu a eles, e o que havia por trás das decisões que tomei em minha vida. Fortalecida pela necessidade de meus filhos saberem como as coisas aconteceram, ainda assim, com muita apreensão, sentei-me diante do computador e comecei a esboçar fragmentos de minha vida, reunindo-os em algo que se parecesse com um relato coerente. Começar a escrever uma autobiografia antes dos 30 anos pode parecer ridículo, até mesmo para mim; ainda assim, não tinha outra escolha a não ser fazer isso por eles.

Em alguns momentos, era doloroso demais continuar a escrever; então, eu me metia na cama e simplesmente desejava que o mundo desaparecesse. Em outros, os acontecimentos abatiam-se sobre mim e eu era obrigada a colocar o livro de lado e voltar para a arena uma vez mais, para lutar por Iddin e Shahirah. No entanto, de toda essa confusão veio a percepção de que também era bom para mim finalmente romper por completo a dor e descobrir o tipo de mulher em que me havia transformado devido às estranhas experiências pelas quais passara. Seis anos depois, minha vida tornara-se irreconhecível em comparação à que eu levava quando Iddin e Shahirah ainda estavam comigo — não melhor, simplesmente diferente e, com toda certeza, muito pública. Eu aprendera que uma das coisas mais importantes da vida é saber transformar o negativo em positivo. Espero que meus filhos possam fazer isso em suas próprias vidas, mesmo que eu não esteja presente para lhes mostrar como.

"*Vivemos na esperança...*"

Prólogo

Os gritos são aterrorizantes, enchem toda a minha cabeça com sua intensidade, mergulhando-me em ondas de pânico, sufocando-me com seu desespero. Sinto braços em torno de mim e ouço palavras, uma voz. Mas ainda posso ouvir os gritos, ainda sinto o terror, mesmo ao ser acordada, e percebo que sou eu quem grita — é um pesadelo, o meu pesadelo, o que tenho quase todas as noites, que me deixa apavorada ao deitar-me e totalmente petrificada para fechar os olhos durante o dia.

Meus filhos, meus pequeninos, com seus sorrisos enormes, corpos roliços e perninhas finas, jamais sorriem no pesadelo; ao invés disso, lançam olhares vazios para as paredes espelhadas à sua frente. Encarcerados em quartos separados, sem janelas ou portas, sentam-se em suas camas e vejo suas bocas formarem a palavra "mamãe". Mas as palavras que ouço não estão sincronizadas com seus lábios e eles chamam meu nome várias vezes; as vozes expressam angústia e confusão. Tento quebrar a parede de vidro, gritar para eles que estou chegando, que os amo, que tudo ficará bem, mas eles não me ouvem. Apenas continuam a gritar meu nome.

Então, começa a gargalhada sarcástica, cruel e tão familiar. Sei a quem pertence: meu ex-marido. Yang Amat Mulia (Sua Alteza, o Príncipe) Raja Kamarul Bahrin Shah ibni Yang Amat Mulia (Sua Alteza, o Príncipe) Raja Ahmad Baharuddin Shah. Ou, em termos mais simples, Bahrin.

Meus sonhos são agora como filmes de terror repetindo-se ininterruptamente. Sempre os mesmos e muito reais. À medida que tomo consciência dos braços de meu salvador, balbucio desordenadamente, tentando relatar os detalhes de meu pânico, para poder trazê-lo para dentro da loucura também. E ainda assim, meu consolador me segura e embala, enquanto soluço e tremo, dando-me segurança enquanto meu subconsciente se reconcilia com minha consciência nas primeiras horas da manhã. Afinal de contas, é apenas um sonho... Um pesadelo... O pesadelo de minha vida... A conseqüência das escolhas que fiz quando tinha 17 anos. O preço que paguei, e que meus filhos, Iddin e Shah, ainda pagam porque, um dia, fui uma princesa.

Um

Uma pessoa muito confiável me disse que minha lembrança mais antiga pode ser de quando eu tinha 7 meses. Consigo lembrar das sombras nas paredes do quarto de minha mãe, ao cair da noite, e do anoitecer especial do verão australiano, quando os vizinhos regavam seus jardins em uma noite quente, a fragrância atravessando as janelas abertas e as venezianas. O que mais chamava a atenção no quarto de mamãe era a enorme penteadeira branca, com um grande espelho redondo e chanfrado, sobre a qual ficavam peças de porcelana sem valor, as contas de seu rosário e seu precioso rádio. Mamãe dormia em uma cama de solteira, uma das duas colocadas de cada lado do quarto, cobertas com colchas ameixa-claro bordadas com linha. Olhar para essas colchas sempre me deixava um pouco triste. À medida que eu crescia, pareciam tão cansadas e murchas quanto minha mãe.

Lembro claramente de ser colocada na cama oposta à janela, e do rosto de minha mãe inclinando-se sobre mim, enquanto ela tentava trocar minha fralda com nervosismo. Era um rosto que durante minha infância ficaria associado à distância e à enfermidade: cabelos louro-escuros, presos no alto da cabeça, olhos azuis e nariz tipicamente francês, raramente perto o suficiente para que eu pudesse tocá-lo ou explorá-lo com meus dedos roliços. Este entardecer em particular sempre me veio à mente, ao longo dos anos, quando via alfinetes de fralda, e me deixou muito receptiva ao conceito das fraldas descartáveis com suas fitas adesivas, apesar dos problemas ambientais. Imagine só, durante a troca de fralda, mamãe conseguiu atravessar um grande alfinete de gancho de um lado a outro de minha carne, fixando o traje com segurança, enquanto eu soltava um grito estridente, o que fez com que minha jovem mãe entrasse em pânico. Ela me largou e foi em busca de ajuda, deixando-me em sua cama com o artefato agudo ainda perfurando minha barriga. Durante essa breve pausa na agitação, lembro de parar de berrar por tempo suficiente para perceber que a dor não era tão forte assim, mas eu certamente não agüentaria por muito tempo; então, respirei profundamente e comecei a gritar novamente. Ainda estava gritando quando minha avó chegou para me salvar do "serviço de costura" de minha mãe. Na verdade, após o famoso episódio do alfinete de fralda, posso dizer seguramente que meu relacionamento com minha mãe seguia ladeira abaixo.

Nasci no hospital Jessie MacPherson, em Melbourne, na Austrália, no dia 5 de julho, exatamente às 8h48. De que minha mãe estava lá não tenho dúvida, mas não posso dizer, com segurança, quem mais estava presente para me dar as boas-vindas. Acredito que, no momento em que minha mãe me viu, todas as suas ilusões sobre a aparência de seu bebê foram destruídas. Como uma australiana loura, de olhos azuis, de ascendência anglo-saxã, esperava que eu me parecesse com ela. Muito improvável, considerando que meu pai era chinês. Em vez disso, ela ganhou uma chorona de olhos e cabelos castanhos, sem qualquer semelhança com qualquer um dos outros recém-nascidos do berçário do hospital, e que certamente não seria candidata a aparecer em anúncios de produtos para bebê.

Minha mãe conheceu meu pai, Chuan Huat, quando ele era um bem-vestido estudante estrangeiro da Federação Malaia, como a atual Malásia se chamava então. Receio que, na época em que cortejava minha mãe, ele se vestisse de forma que se parecesse com uma mistura de Charlie Chan (de terno branco e sapatos) com um Marlon Brando asiático, e aparentemente até dirigia uma motocicleta. Após um arrastado romance de um ano, meus pais finalmente se casaram no início da primavera. Pelos meus cálculos, provavelmente fui concebida na lua-de-mel. Conta a lenda familiar que meu pai casou-se sem o consentimento ou conhecimento de seus pais, que viviam em Penang, na Federação Malaia, e que não ficaram muito satisfeitos ao saber que eu estava a caminho. Cheguei ao mundo de meu pai dentro do prazo, e ele prontamente saiu do meu, cinco dias após eu nascer.

Infelizmente, sei bem pouco sobre a personalidade de meu pai ou suas peculiaridades, uma vez que ele partiu apressadamente da Austrália e nunca mais voltou. O pretexto para a partida foi que seu irmão estava no leito de morte. Mas é preciso acrescentar que meu tio, de fato, morreu pouco depois da volta de meu pai à Federação Malaia. Suspeito, no entanto, que meu pai teve sua cota do drama de minha mãe e decidiu reduzir suas baixas. Ele ficou em Melbourne apenas o suficiente para dar uma olhada em mim e me dar um nome. Ao longo dos anos, especulei se meu sexo influenciou a decisão de meu pai de "se mandar". Sempre me perguntei se a falta de algo balouçante sob os cueiros acabou sendo o empurrão que faltava para ele pegar um avião.

Minha pobre mãe entrou em um declínio que provavelmente deu início a seu longo relacionamento com os medicamentos de venda controlada. Em meio às rupturas, surgiu minha avó, Irene Rosaleen Pascarl. Vovó era uma pequena fortaleza de tenacidade, mantendo-nos unidas o quanto podia e, olhando em retrocesso, provavelmente reprimindo os instintos e direitos maternos de minha mãe ao longo do caminho.

A infância e criação de vovó constituem uma história típica da vida australiana após a formação da Federação da Austrália, em 1901. Ela era um dos quatro filhos de Phoebe Ann Clarissa e de seu marido irlandês. Meus bisavôs conheceram-se quando o jovem Sr. Stafford, recém-desembarcado de Galway, na Irlanda, conseguiu trabalho temporário como carpinteiro na propriedade dos pais de Phoebe. Aos 15 anos, minha futura bisavó era uma senhorita rebelde e mimada, a única filha da casa. Descendente da aristocracia inglesa e francesa, que incluía ao menos um duque e um marechal francês, a família não seguiu a rota comum para a Austrália do início do século XIX, pela via da deportação. Seus antepassados (seguindo a tradição do filho mais novo) voluntariamente assumiram cargos administrativos na mais nova colônia inglesa. A comoção causada pelas precoces agitações amorosas de Phoebe, aos 15 anos, e subseqüente fuga da casa dos pais na companhia do Sr. Stafford, um mero empregado de origem e idade desconhecidas, teve enorme repercussão na família, mas foi mantida em segredo por décadas.

O casamento com um amante irlandês, sem a bênção dos pais e sem um dote, atrapalhou significativamente o sucesso da união marital de Phoebe. Quando o casamento teve fim, minha avó, Irene, foi entregue para a adoção, junto com os irmãos, Gordon e Lionel, e a bebê, Eileen. Sua mãe, Phoebe, voltou para a casa de seus aristocráticos pais, de onde tinha fugido com o marido. Ela acabou por se casar novamente, em bigamia, e não teve mais contato com a filha, minha avó, até que essa chegasse aos 20 anos. O segundo marido de Phoebe jamais soube de seu primeiro e "frutuoso" casamento, ou dos filhos dos quais ela abriu mão. Foi um escândalo muito bem enterrado sob o peso do equilíbrio certo entre riqueza e influência.

Os costumes mudaram muito desde que vovó e seus irmãos foram entregues para a adoção, antes da Primeira Guerra. Na época, a jovem família foi dividida, minha avó e meu tio Gordon foram entregues a uma família católica, e o tio Lionel foi para outra. As autoridade decidiram que a pequena Eileen seria criada por um conhecido casal anglicano, que, conforme os preconceitos religiosos da época, tratou de afastá-la totalmente de sua irmã até os 20 anos. A lacuna deixada pela estrutura social da época era por demais ampla para ser coberta e as duas irmãs jamais se aproximaram realmente. Que ironia o fato de a religião ter desempenhado um papel tão dramático na criação de crianças cujos antepassados eram judeus, franceses, ingleses e irlandeses.

A infância de minha avó pode ser descrita, no mínimo, como brutal. Apenas uma garotinha, ela não era mais que uma servente sem pagamento em sua família adotiva: esfregando o chão às 5 horas da manhã, lavando, cozinhando e cuidando de cavalos e outros animais mantidos no jardim, além de ir à escola e cuidar das crianças mais jovens do clã. Levava surras freqüentes e raramente era tratada como membro da família. Aos 14 anos, foi colocada para trabalhar em uma fábrica, fazendo caixas, e seu magro salário ia para sua mãe adotiva.

Quando vovó tinha quase 20 anos, tendo conquistado a ascensão de fabricante de caixas a vendedora de chapéus, conheceu meu avô em um baile da igreja combinado com evento futebolístico. O romance floresceu, e um noivado muito longo seguiu-se. Os parentes contam que vovô também tratava de garantir que suas sementes se espalhassem por tantos campos quanto possível. É impressionante a quantidade de acres que ele percorreu sem que minha avó percebesse. Quando finalmente se casaram, pouco antes da Segunda Guerra, mais de dez anos haviam se passado com eles apenas "saindo". Durante esse período, decidiram que vovô tentaria construir a casa de seus sonhos, enquanto vovó se dedicaria ao conteúdo de seu baú de enxoval. Eu costumava implicar com ela, dizendo que, ao final de uma década, o enxoval devia ser do tamanho de um armazém. Mamãe era filha única; meus avós se separaram quando ela estava com 15 anos e, a não ser no casamento de meus pais, nunca mais se viram novamente.

Vovó sempre teve aspirações para sua única filha. Minha mãe foi incentivada a apresentar-se no rádio quando ainda era bem nova, em um programa local para jovens talentos. Ela tinha aulas de canto, de dicção, vestidos rendados, cachinhos e estudava em um colégio particular católico para moças, ainda que dos mais pobres.

Seguindo o exemplo de minha avó, mamãe deixou cedo a escola e começou a trabalhar como recepcionista e datilógrafa em uma pequena empresa de produtos químicos, onde ficou até se casar com meu pai, aos 21 anos. Apesar de ter morado em uma "pensão para moças", em Footscray, por dois anos, ela nunca havia preparado uma refeição ou organizado uma casa e, aparentemente, ainda era virgem ao embarcar na vida de casada com meu pai. Ele sempre foi assistido por sua mãe ou por empregados, até vir estudar na Austrália, e não acredito que fosse virgem.

Meus pais nunca passaram longos períodos juntos antes de casar, e certamente nunca tinham dividido uma cama. Os problemas domésticos começaram a surgir desde o primeiro dia de casamento, mas simplesmente ignoravam aquilo que não entendiam no outro e iam de uma festa para outra, tratando de estar sempre pela cidade, cercados de amigos. Este projeto de êxtase doméstico resultou em um problema sério, quando a mesada de meu pai esgotou e eles descobriram que um mais um sempre vira três, caso nenhum anticoncepcional seja usado.

Então o jovem elegante e, anteriormente, rico, teve de deixar a universidade e arrumar um emprego em uma fábrica de tintas, para sustentar a esposa grávida e o estilo de vida com que se haviam acostumado. Meus pais descobriram que as realidades da vida conjugal e as pressões das diferenças culturais alimentavam abundantemente as discussões e recriminações. Na época em que nasci, os dias de casamento já estavam contados — marcados com o número cinco.

Dois

Com a partida apressada de meu pai da Austrália, minha vida ajeitou-se com vovó no comando. Meu primeiro aniversário foi comemorado com um lindo bolo, decorado com um pato feito por minha madrinha, tia Connie, que, ao lado de tio Kevin, meu padrinho, seriam meu único vínculo com a normalidade, e um refúgio de alegria por toda minha infância.

Meu segundo aniversário foi marcado pela "morte" de minha mãe. Ela vinha fazendo uso de grandes quantidades de remédios de venda controlada desde a partida de papai, mas, dessa vez, não foi beneficiada por um deles. Neste dia específico, ela resolveu visitar seus antigos empregadores e estava sentada, tomando um café e batendo papo, quando desmaiou sobre a mesa. O coração de mamãe parou e, como ela não estava respirando, seus amigos a puseram no carro e dispararam para o hospital St. Vincent, que ficava próximo. Foram necessários sete minutos para reavivá-la, durante os quais foi considerada clinicamente morta.

Mamãe sofreu uma embolia, condição em que o sangue coagula e uma bolha de ar desloca-se para o cérebro, causando a morte. No caso de minha mãe, sua "morte" e subseqüente reanimação provocaram uma cicatriz no lobo temporal esquerdo do cérebro, incapacitando-a de falar e de realizar determinadas funções intelectuais, além de deixá-la com epilepsia. Durante sua recuperação, ela teve de reaprender a escrever e a usar os talheres, e descobriu-se que perdeu alguns aspectos de sua memória também. Ao voltar para casa, sofreu o primeiro dos ataques do "grande mal". Suas crises começavam sem aviso. Ela caía no chão e sacudia-se descontroladamente, seus olhos revirando-se nas órbitas. Trincava os dentes e, algumas vezes, mordia a língua no processo. Vovó teve de aprender a lidar com as crises de mamãe e a cuidar de mim ao mesmo tempo.

Desde que a epilepsia e a instabilidade mental de minha mãe começaram, eu passava longas temporadas e a maior parte das férias na fazenda leiteira de meus padrinhos, aninhada em um vale cercado pelas altas montanhas da cordilheira de Gippsland. Os vizinhos mais próximos moravam a quilômetros de distância e a correspondência entregue uma vez por semana, era deixada em uma velha lata de leite, que servia de caixa de correio, pregada ao portão da frente, a trinta minutos a pé da casa. Eu passava os dias alegremente, ordenhando as vacas e limpando o curral, preparando o feno e seguindo tio Kevin com minhas pernas curtas e gorduchas morro acima, por trilhas de gado bem marcadas, em busca de reses perdidas. Subir nas árvores e brincar de esconder no pomar de cerejas e maçãs com Tuppence, meu cão adotivo, também uma mistura estranha como eu — parte whippet e parte fox terrier — enchia meus dias e me mantinha distante do torpor materno induzido pelas drogas.

À medida que crescia, comecei a entender que mamãe provavelmente sempre seria diferente das outras mães que eu via na televisão. Não haveria sessões de cozinha de mãe e filha, nem eu podia esperar que ela brincasse comigo. Podia apenas sonhar acordada com um mundo em que as mamães penteavam o cabelo de suas menininhas e liam historinhas para elas na hora de dormir.

Quando cheguei aos 4 anos, mamãe existia apenas em um mundo de sombras, de constante doença, em que os dias, ou mesmo as semanas, passavam sem que eu sequer a visse. A porta de seu quarto, com sua alta maçaneta cromada, permanecia firmemente fechada, abrindo-se apenas para vovó, que entrava e saía apressada do quarto da doente.

Eu ficava com vovó em nosso quarto, que era vizinho ao de minha mãe. Era um quarto pequeno e retangular, como uma caixa de sapato, com apenas uma janela, a única fonte de luz natural, que se abria para uma cerca de estacas de madeira. A cama de minha avó ficava logo abaixo da janela, que ela se recusava a abrir das 4 da tarde às 8 da manhã nos meses de inverno, convencida de que a friagem da noite iria direto para o meu peito e me deixaria resfriada. Ela acreditava fervorosamente nos perigos do "resfriado". Uma de suas frases de estimação era "Tenha cuidado para não pegar um resfriado", para logo advertir-me das terríveis conseqüências caso a friagem me atingisse nos rins. Para meu horror, me vi balançando a cabeça com gravidade e advertindo meus próprios filhos sobre os perigos do resfriado, sempre sentindo uma secreta agulhada de culpa ao ecoar os sentimentos de minha avó, mesmo sem acreditar realmente neles. É como ver-se rapidamente num espelho ao passar diante de uma porta aberta, só que com o rosto colocado sobre os ombros de alguém mais velho, alguém se comportando exatamente como uma avó.

Aos pés de nossas camas, junto à parede, ficavam dois enormes armários entalhados com ornamentos, nos quais eram armazenados todos os tesouros de vovó. De dentro desses depósitos, ela conseguia produzir as coisas mais fantásticas para me manter ocupada nos dias de chuva. Sua pilha de artigos de costura, sobras de seus tempos de lojista, garantia horas de diversão. Havia caixas e bandejas de botões decorados com madrepérola, couro, madeira e filigranas de ouro, alguns intrincadamente esculpidos na forma de flores, outros do tipo mais simples e comuns. Eu os organizava por tamanho, formas e cores para ela, algumas vezes prendendo-os a pedaços de papelão que ela havia guardado para isso; outras vezes, passava um fio por eles, criando jóias temporárias para mim mesma. Provavelmente organizei e reorganizei aqueles mesmos botões inúmeras vezes, sem me dar conta de que vovó os havia deliberadamente misturado novamente, para me dar algo com que me ocupar durante uma tarde entediante.

Havia também as peles de raposa, sobras dos "dias chiques" de vovó, nas décadas de 1930 e 1940, com um forte cheiro de naftalina e deterioração. Eu me enrolava nelas e desfilava pela casa, sentindo-me muito elegante. Elas tinham uma maneira estranha de serem presas — sua bocas haviam sido adaptadas como um pregador, para segurarem fixamente no rabo, permitindo que a elegante dama jogasse toda a carcaça sobre os ombros, com as patinhas ainda presas ao corpo e pendendo sobre braços e peito. Esse era, minha avó me garantiu, o ápice da elegância "em seus dias". Muitas vezes me perguntei como uma dama da moda evitava mergulhar as patas dos animais mortos na sopa, ou não deixava um rastro de garras na manteiga, ao se inclinar para pegar alguma coisa sobre a mesa do bufê.

Quando era pequena, os mesmos armários que guardavam os tesouros de vovó apareciam para mim nos mais terríveis pesadelos, abrindo e fechando suas portas e inclinando-se para me engolir, seus interiores cavernosos famintos por garotinhas (como eu achava na época). Acordava tremendo de medo e pulava para a cama de vovó, aconchegando-me em seu calor e conforto. Jamais contava o que me causava medo — de alguma maneira eu raciocinava que os armários escutariam e ficariam ainda mais furiosos e determinados a me pegar, caso contasse para ela. Até hoje tenho uma grande aversão a portas de armários abertas.

Entre as cabeceiras de nossas camas, ficava a penteadeira de vovó. Era coberta por uma eclética mistura de miudezas e de parafernália religiosa: imagens santas do Sagrado Coração e da Virgem Maria, contas de rosário, pratos de porcelana, tigelas de cristal e descansos de prato rendados. Do espelho, pendiam uma vistosa almofada em que ficava espetada a coleção de broches de vovó, um exclusivo porta-cartas, feito de uma velha caixa plástica de sorvete protegida por uma cesta de ráfia, e um crucifixo de aspecto pungente.

E assim era o mundo dos meus 4 anos. Para uma criança desta idade, as referências pareciam enormes: nosso pomar, nos fundos da casa, era meu refúgio de exploração e aventura, e o jardim da frente, a zona de proteção contra "o mundo". Aos 4 anos, eu realmente precisava de uma zona de proteção contra os duros julgamentos da vida.

Eu era uma criança nascida nos anos 1960, uma época na qual, agora sei, houve grandes mudanças e levantes sociais: o controle da natalidade, a Guerra do Vietnã, os Beatles e a rebelião da juventude. Mas, para mim, isso tudo não significava quase nada. Os anos 1960 e início dos 1970 não espalharam sua mentalidade libertadora em nosso rígido gueto do subúrbio — pelo menos não de uma forma tangível, que pudesse me influenciar.

Três

Até entrar para a escola, aos 4 anos, eu nunca havia realmente brincado com outras crianças ou me misturado com grupos maiores. Devido à epilepsia de minha mãe, nossa família permanecia quase isolada no que poderia parecer, para um observador, uma comunidade muito amigável e bem entrosada. E acredito que fosse isso mesmo, à sua própria maneira: uma comunidade de pessoas com mentalidade semelhante, que assava bolos e cuidava das crianças uns dos outros, mas para quem as conseqüências dos eventos mundiais e das mudanças sociais praticamente não eram registradas.

Durante os dez anos em que moramos na rua Blyth, em Murrumbeena, minha avó jamais deixou de tratar os vizinhos por senhor e senhora isso ou aquilo, e, em troca, continuou a ser a Sra. Pascarl. Nossas vizinhas pareciam exibir seus títulos de esposas como comendas de honra; nenhuma trabalhava fora e todas pareciam felizes com suas mesas de madeira laminadas e refeições com um prato de carne e três vegetais no jantar. Jamais descobri se elas tinham personalidade, opiniões próprias ou qualquer coisa que as diferenciasse. Pareciam satisfeitas em anular-se atrás dos provedores familiares, cuidar dos filhos e ir à igreja todos os domingos. Mas, de alguma maneira, elas representavam um objetivo social para mim, uma zona de segurança que o casamento fazia parecer acessível, quase um anonimato por trás do título de "senhora", que as tornava adequadas à sociedade.

O anonimato e a aceitação social eram bens que eu começaria, desde muito cedo, a apreciar intensamente. Com a escola, veio a assustadora consciência de que eu era "diferente". Esse terrível e ominoso adjetivo, que para a maioria das crianças pode representar a diferença entre receber aquele desejado convite para uma festa de aniversário e ter alguém com quem brincar no quintal da escola, na hora do lanche, ou então passar o recreio inteiro sentada em um banco, sozinha e sem amigos, olhando ansiosamente para as outras crianças que se divertiam.

Não importava a dedicação de vovó em enrolar meus cabelos em tortuosos papelotes, todas as noites, para que eu ficasse com cachos como os de Shirley Temple, ou em me levar à igreja todos os domingos: eu ainda era diferente aos olhos de nossa comunidade predominantemente anglo-saxã. Tenho uma nítida lembrança de vovó respondendo à curiosidade de um estranho, que nos cercou na rua, dizendo a ele que eu era parte italiana e, de forma alguma, asiática. Devido a sua própria ignorância, essas pessoas consideravam minha presença, meus traços e o casamento de minha mãe um insulto pessoal aos estreitos limites de sua existência insular. Durante a Guerra do Vietnã, eu tinha uma semelhança próxima, ainda que não muito clara, com o inimigo "amarelo", que eles viam matando nossos soldados australianos todas as noites no noticiário das 18 horas. Era muito fácil para eles pressupor que minha mãe era algum tipo de traidora radical, que havia se casado com meu pai para manchar a pureza racial local. E que eu, por minha vez, iria infiltrar-me nas brincadeiras e contaminar as crianças de alguma maneira.

Como poderiam saber, ou mesmo entender, que o foco de seu ódio racial pertencia a uma família cujos membros haviam servido e lutado pela Austrália nas duas guerras mundiais; que minha família havia chegado à Austrália em 1801, como parte de uma expedição exploratória, que sempre se orgulhou de estar na linha de frente, ajudando a construir uma jovem nação; ou que eu era a única da família com sangue asiático? Mas será que alguma dessas coisas faria alguma diferença? Será que meu sangue e antecedentes importavam tanto que, para me defender, deveria carregar uma árvore genealógica impressa em fino pergaminho e exibir as medalhas de bravura do exército australiano e neozelandês de tio Gordon na escola? Será que isso funcionaria como um escudo? Acho que não.

As crianças invariavelmente carregam a ignorância, os preconceitos e o ódio de seus pais para a escola; posso garantir isso em primeira mão. A maioria das crianças sofre implicâncias em algum momento de seus anos escolares, às vezes por serem atrapalhadas ou lhes faltar um dente, ou por um nome diferente; normalmente o tormento segue seu curso e desaparece após algum tempo. Não foi o que aconteceu comigo. Do jardim de infância à quarta série, fui sistemática e repetidamente ridicularizada e molestada. No caminho de volta da escola, subindo a ladeira íngreme para nossa casa, quase todas as tardes eu puxava uma procissão de crianças atrás de mim. Para um olhar casual, provavelmente podia parecer uma brincadeira de siga o líder, mas não era; as crianças da vizinhança iam atrás de mim como uma multidão enfurecida, dando vazão à sua sede de sangue contra um símbolo, muito mais do que por uma causa, de seu objeto de ódio. No verão, eu poderia contar com ameixas podres, bolas de papel com cuspe e ofensas lançadas contra mim. Um espertinho compôs uma cantiga com versos variáveis, que eles cantavam repetidamente em uníssono, sem parar: "japonesa chinesinha, joelho sujo e pobrezinha" ou "chinesinha japonesa, que faz xixi na mesa", acompanhada de gestos obscenos, empurrões, tapas e xingamentos.

No inverno a rima era a mesma, mas em vez de frutas podres e água, eu recebia lama, pedras e lixo das sarjetas. Nada que eu fizesse os dissuadia de me perseguir e humilhar. Com certeza, a intervenção de vovó na escola só serviu para piorar a atitude das crianças contra mim: passaram a me chamar de derrotada e a implicância aumentou. Certa vez, um dos pais chegou a escrever para a escola, solicitando que a mesa de sua filha fosse afastada da menina "de cor".

Então, recolhi-me em um mundo no qual eu era aceita. Busquei lugares e épocas sobre os quais eu sozinha tinha todo o controle. Encontrei refúgio nos livros e na dança.

Quatro

Os livros me mostraram o mundo. Tornaram a vida acessível e me proporcionaram conhecimento e metas — assim como uma válvula de escape sempre disponível. A palavra escrita levou-me para os domínios da fantasia e me mostrou como usar a imaginação e como combinar a ficção aos fatos. Deram-me um viés comum para me comunicar com meus professores, mas também me afastaram ainda mais de meus colegas. Fui rotulada de "queridinha da professora".

Não tinha a menor vontade de ser uma "queridinha", queria apenas obter conhecimento. Ler sempre fez com que eu me sentisse como uma esponja. Mesmo aos 8 ou 9 anos, sentia que não era capaz de ler e absorver tudo o que um livro tinha a oferecer em um ritmo suficientemente rápido. Os livros dissipavam minha solidão, era assim e sempre será. São artigos preciosos, devem ser protegidos e preservados como tesouros. Permitem uma reflexão mais duradoura e verdadeira sobre a história de nossa sociedade e sobre os tempos de mudança do que qualquer outra forma de registro. Experimente explicar isso a uma criatura de 9 anos.

Havia também minha válvula de escape definitiva: a dança. Eu dançava se estivesse me sentindo triste ou feliz; o movimento me dava a habilidade de reencontrar-me comigo mesma e calar as crianças que me chamavam de feia e de estrangeira. Quando dançava, estava lá por inteiro. À medida que crescia, descobri que dançar para mim mesma, sozinha, era mais gratificante do que me apresentar para outras pessoas. A música rodopiava ao meu redor e por todo meu corpo, e não importava se os passos eram de balé clássico, jazz ou combinações de balanços suaíli e sapateado; tudo o que importava era a privacidade e a realização que eu encontrava na música e na dança. Ainda é assim: ouço alguma música e imediatamente visualizo passos de dança para ela.

Mas essa autoconsciência estava a muitos anos de distância da estudante da escola primária. Eu ficava feliz quando dançava; não analisava muito o que sentia. Estimulada pela minha avó, aprendia todas as formas de dança disponíveis, memorizava rotinas de antigos musicais pela televisão e, sob a orientação dela, conseguia um Charleston razoável.

Dançar era algo sobre o que eu não conversava com ninguém durante minha infância. A dança estava lá, eu estava lá e suponho que as duas coisas apenas se encontraram. Tomei a decisão prudente de que esconderia minha vida tanto quanto possível das outras crianças da escola — eu não confiava nelas e elas poderiam transformar meu interesse pela dança em inspiração para novos tormentos. Além disso, não tinha um amigo em especial. Na verdade, não tinha nenhum. Durante todo o ensino fundamental, fui convidada para apenas cinco festas de aniversário. Ainda lembro dos nomes das crianças: Leonie, Maryanne, Kevin, Cathy e Katrina.

Como eu ansiava por ser incluída entre as "crianças douradas", fazer parte da multidão, vencer nos esportes e ser parabenizada por fazer algo importante para a escola — mas isso era totalmente irreal: eu simplesmente não tinha a menor afinidade com tacos e bolas. Se apenas um adulto tivesse sido minimamente sensível para perceber que eu era uma criança míope, necessitando desesperadamente de óculos — mas, ora bolas, o mundo se manteria como um turbilhão de cores e movimentos até metade da adolescência, garantindo que eu seria sempre a última criança a ser escolhida para os times. Enquanto todos entravam na fila para a seleção, os capitães das equipes negociavam os pontos a serem compensados caso tivessem o azar de ter de me incluir.

Em um dia ensolarado e tépido de primavera, tive a oportunidade de jogar para valer uma partida de beisebol. Não consigo lembrar como isso aconteceu, normalmente todos do meu time eram muito cuidadosos em garantir que eu só me aproximasse do campo no intervalo, para servir laranjas. A pressão sobre mim para que eu acertasse a bola com o taco era intensa: o ar pulsava, trepidante e refletindo o desdém de todos à minha volta; pelo canto do olho, vi uma freira benzendo-se discretamente; passou pela minha mente fingir um enjôo, mas todos perceberiam minha farsa.

Eu tremia dentro dos sapatos e meu estômago dava um nó enquanto instruções e lembretes eram gritados para mim das laterais, pelos meus colegas de time. Pelo que gritavam para mim, concluí que deveria não só fazer contato com a bola usando o taco, o que eu achava totalmente ridículo diante de seu tamanho minúsculo, mas também jogar o taco e correr para a base. Na minha mente, jogar o taco assumiu a importância de uma medalha olímpica. Obviamente, era algo levado a sério por meus colegas de jogo e, assim, com isso em mente, caminhei até minha posição. Balancei o taco e acertei a bola. Acertei mesmo! Nunca antes eu havia realizado este feito. Então, arremessei o taco conforme as instruções — direto sobre a multidão de jogadores atrás de mim.

Depois de todos terem se restabelecido de seus ferimentos após alguns dias, as freiras decidiram que seria melhor se eu ficasse apenas com as laranjas, no futuro.

Cinco

Freiras. Minha escola era administrada pela Presentation Order of Sisters, uma ordem de freiras de origem irlandesa — esposas de Cristo, mas sem o fardo dos afazeres domésticos e as roupas largadas pelo chão. De humor sombrio e roupas escuras, elas não caminhavam, mas deslizavam pelos corredores da escola como aparições flutuantes da piedade. Com suas toucas, véus e chacoalhar das contas do rosário, empenhavam-se em patrulhar nossas mentes, assim como nossas almas. As freiras eram sacrossantas, nunca erravam e, supostamente, encarnavam toda a bondade da Virgem Maria. Além disso, detinham todas as respostas e remédios para combater a tentação pelo pecado de qualquer criança tola e de mente fraca.

Foi um dia extraordinário quando a madre superiora, a irmã Philomena, anunciou para nós que, daquele dia em diante, nos dirigiríamos a ela como irmã Rosemary e que as outras freiras também estavam mudando seus nomes. Mais choques se seguiram na segunda-feira seguinte, quando as irmãs apareceram andando sobre pernas, além de mostrarem o que parecia ser uma indicação visível de que elas tinham cabelo. Mas a exposição da anatomia das freiras não alterou em nada o ritmo de nossa doutrinação; as aulas continuaram normalmente em preparação para nossas primeiras confissão e comunhão. Eu passava minhas noites em grande agitação, tentando reunir uma boa safra de pecados com os quais presentearia o padre da paróquia nesta ocasião tão solene. Porém, por mais que tentasse, não conseguia produzir nada que chamasse a atenção, então, como qualquer outra boa católica, decidi que a maneira mais rápida de escapar da situação seria inventar algum grande pecado para que todos ficássemos felizes. Meu raciocínio parecia razoável: eu pretendia confessar integralmente as mentiras da semana anterior na seguinte, garantindo assim 14 dias de transgressões das quais ser absolvida. No entanto, o padre Murphy desconfiou e me mandou para a irmã Philomena; eu estava convencida de que ele me mandaria para o inferno imediatamente com uma tatuagem em minha testa assinalando que eu era uma das maiores pecadoras de todos os tempos. O que levei, em vez disso, foi um sermão sobre o "fogo e enxofre" e sobre a maldade do sangue que corria em minhas veias, além de uma sonora surra. Vovó ficou mortificada. Ela rezou por minha redenção. Eu rezei por minha libertação.

Enormes raios de sol me atingiram — para uma criança solitária, foi como uma revelação divina. A partir daquele dia de pecado, passei a ser considerada uma criança normal pelas outras de minha turma. Se o pecado me possibilitava a aceitação social (como Maria Madalena, pensei), então o que seria possível atingir por meio da maldade realmente calculada? Embarquei numa missão para descobrir.

Primeiro, decidi que cochichar na igreja seria um pecado bem pesado. No entanto, isso era um pouco complicado pois eu não tinha amigos com quem cochichar. Em seguida, experimentei emitir sons estranhos durante os ensaios do coro, mas isso também não fez com que minha vida social melhorasse. Então, resolvi fazer perguntas. Perguntas como o que era uma virgem e como sabíamos que o vinho e o pão haviam se transformado no corpo e no sangue de Cristo? Até lançar minha *pièce de résistance* — discuti com as freiras sobre os cartazes de bebês abortados colados nas portas da igreja. O resultado foi um padre com ar tempestuoso chamando minha avó para discutir meu futuro na escola.

O padre Murphy explicou que, ainda que fosse aceitável que eu buscasse o conhecimento e me esforçasse por expandir minha mente, discussões teológicas, debates e agitação das massas aos 9 anos não eram comportamentos condizentes com a minha continuidade na escola. O resultado foi ser obrigada a me manter em silêncio e a não conjecturar sobre os mistérios do catolicismo, o que, para mim, parecia ser uma grande hipocrisia, além de ter que mentir com comentários elogiosos sobre o misticismo e os dogmas professados na escola.

Minha campanha para ganhar popularidade não funcionou; no entanto, serviu para uma outra finalidade — minha aceitação cega da autoridade e da palavra do professor foi destruída para sempre. Uma enxerida com propensão a ser um pé no dito-cujo acabava de surgir.

Seis

Pela mais absoluta necessidade, fui uma criança precoce. Tornou-se óbvio, nos anos que se seguiram, que minha avó não estava preparada para lidar com algumas das situações resultantes da doença de minha mãe. Ela tendia ao pânico descontrolado nos momentos errados. Durante uma convulsão, vovó enfiou uma colher na boca de minha mãe para evitar que ela mordesse a língua e quebrou um de seus dentes da frente. Tive que aprender, e rápido, a oferecer a minha avó qualquer ajuda prática necessária durante os ataques epiléticos de minha mãe: segurar seus membros, colocar um pano molhado entre seus dentes ou apenas rolá-la, quase a arrastando, para uma posição mais segura no chão, durante as convulsões. Depois, eu saía para a escola.

Ao longo do tempo, a condição de minha mãe estabilizou-se graças aos remédios e ela decidiu retomar suas atividades sociais. Seguindo a sugestão de sua amiga Lily, tornou-se voluntária no clube "católico" de marinheiros Stella Marus, no porto de Melbourne. Também se relacionou com uma sucessão de marinheiros: Anton, Felix, Carl e Ashley. Eu não gostava de nenhum deles, não por ciúmes, mas porque minha mãe deixou claro que eu deveria me sentar nos joelhos de todos os seus amigos especiais a que fosse apresentada. Eu me sentia como uma boneca coadjuvante, uma diversão para aqueles estranhos que ainda exalavam em seus corpos o cheiro do mar e cujo autocontrole era mais frágil que uma película plástica. A escolha de atividades de mamãe acabou por se tornar o pomo da discórdia entre as mulheres da família; os choques e discussões foram exacerbados, algumas vezes chegando a embates físicos, além de provocar longas e freqüentes ausências de minha mãe da rua Blyth.

Lembro da aproximação de meu aniversário de 10 anos com um sentimento de expectativa. Para mim, chegar a uma idade com dois dígitos significava o início do fim de minha infância. Um sentimento de otimismo e mudança permeou a Austrália com as eleições do governo trabalhista em dezembro de 1972; esse sentimento espalhou-se pela casa. Vovó me disse que, devido à vitória de Gough Whitlam e seu novo cargo de primeiro-ministro, passaríamos um inverno bem mais aquecido. Não entendi o que ela quis dizer até estar aconchegada sob os novos cobertores de lã de boa qualidade comprados com o bônus da pensão que ela recebeu do novo governo. Com a ingenuidade da juventude, continuei a idolatrar Whitlam por muitos anos. Talvez não concordasse com sua política, mas, para mim, ele pairava como um mito acima das pessoas comuns por causa daqueles cobertores. Só depois de alguns anos percebi que não era bem assim.

Vovó era muito parecida com aqueles cobertores: quente, confortável e envolvente. Para mim, ela era como um escudo contra as realidades da vida, economizando cada centavo para nos manter vestidas e alimentadas. Mas havia algumas coisas das quais nem mesmo minha avó podia me proteger. Uma delas era mamãe.

Os filhos quase sempre acham difícil lidar com os levantes familiares, mas o que aconteceu no meu décimo aniversário foi mais uma erupção do que um levante. De uma hora para outra, mamãe virou interna de uma unidade psiquiátrica. Sem avisos, sem sinais, simplesmente lá estava ela. Por meses. Disseram-me que ela precisava interromper o uso das drogas prescritas, que estavam afetando seu fígado. Mas eu sabia que havia algo mais. Não tinha idéia do que se tratava essa história de "terapia em grupo" sobre a qual minha mãe vivia me falando, eu simplesmente me sentia infeliz e confusa de ter de conversar uma vez por semana com uma mulher que havia se tornado ainda mais estranha para mim do que antes. Estava muito claro também que ela era extremamente hostil à vovó. Eu tinha medo de visitá-la no hospital. Odiava ter de encontrar os outros pacientes, que se misturavam pelos corredores ou lançavam olhares furtivos para mim enquanto me sentava na cantina com minha mãe. Pareciam almas torturadas, com lábios apertados e ar trágico, a angústia transparecendo até mesmo para uma criança. De alguma maneira, esse hospital para pessoas com "problemas", ou "doenças mentais", como minha mãe os descrevia, era ao mesmo tempo um refúgio e uma prisão para seus colegas internos.

Mamãe havia entrado na "unidade" com os cabelos perfeitamente penteados e de salto alto; saiu de lá parecida com uma fugitiva de Woodstock: pés descalços, com os longos cabelos escorridos pelas costas e a obrigatória túnica no estilo árabe. Ela também decidira que estava na hora de bancar a família feliz mas, para isso, um pai fazia-se necessário. E ela já tinha um em vista.

Roger Barrantes entrou e saiu de hospitais psiquiátricos por anos. Beirando os 40 anos, era alto e magro, com grande nariz adunco e cabelos sujos. Seus olhos e os de minha mãe encontraram-se durante uma povoada sessão de terapia em grupo e pronto, foi só isso. Mamãe e Roger chegaram em nossa casa e prontamente anunciaram para vovó que ela não mais fazia parte de "nossa" família e teria que encontrar outro lugar para viver em 24 horas. E então, soltaram a outra bomba: eu ficaria com eles.

Vovó encontrou um pequeno apartamento em Carnegie, um subúrbio próximo a Murrumbeena, enquanto minha mãe nos levou para um apartamento de um quarto com uma cozinha e um banheiro minúsculo, de frente para a linha do trem, com uma cacofonia de motores de trens a intervalos relativamente regulares. Eu fiquei arrasada. De repente, a única constante de minha vida fora banida. Fui informada de que estava proibida de ver ou mesmo falar com minha avó. Mamãe explicou-me que minha avó era culpada por todas as coisas que não tinham dado certo em sua vida.

Aparentemente, minha mãe entendia esse súbito motim doméstico como um golpe decisivo em prol de sua independência. Minha mãe era uma idiota, até mesmo eu podia ver isso. Ela apenas trocava uma forma de dependência por outra. Eu mal a conhecia e, certamente, não tinha o menor desejo de conhecer Roger melhor do que já conhecia. Eu culpava ele e os psiquiatras de minha mãe pelo seu comportamento ilógico. Ela parecia sempre olhar para ele em busca de aprovação e justificativas, e era incapaz de tomar uma decisão de forma independente e resolvida sobre qualquer coisa sem a concordância de Roger.

A primeira noite no novo apartamento foi uma das mais desconcertantes, miseráveis e assustadoras de minha vida. Percebi que o Natal se aproximava rapidamente e que seria impossível estar com vovó. Eu nunca havia passado o Natal sem ela, e ela estaria sozinha. Não entendia por que minha participação era necessária para completar esse plano bizarro

32

de minha mãe, ou por que Roger insistia tanto em me levar com eles. Nada mais parecia fazer sentido enquanto eu me encolhia como uma bola sob o lençol florido que minha avó havia costurado poucos meses antes. Eu apenas soluçava, soluçava e soluçava. Devia estar chorando tanto que não ouvi Roger abrir a porta e entrar.

Ele se sentou do lado direito da minha cama e colocou sua mão sobre minha batata da perna. Disse que haviam concordado que ele seria a melhor pessoa para me acalmar e me fazer relaxar, que eu não estava cooperando e que estava tornando toda a situação mais difícil para minha mãe do que precisava ser. Disse que eu precisava fazer o que ele mandasse, que ele estava ali porque era o que mamãe queria e que eu tinha de cooperar. Ele disse que era microbiólogo, praticamente um médico, a não ser por não ter feito o exame final — e que eu precisava fazer exatamente o que ele mandasse.

Roger repetiria a declaração sobre sua formação e qualificações para várias pessoas ao longo dos anos, mas era tudo mentira. Ele não havia sequer terminado a faculdade. A verdade, como sei agora, é que uma vez ele trabalhou como faxineiro do laboratório de uma grande fábrica de sorvetes e esse foi o único emprego estável que havia conseguido manter.

Enquanto estava deitada, soluçando, ele me disse que minha avó estava mentalmente doente e que eu ficaria melhor sem ela. Disse que sabia o que era melhor para mim — e que minha mãe confiava em seu julgamento e queria que ele me pusesse para dormir. Então mandou que eu me deitasse de comprido, de barriga para cima, para poder relaxar adequadamente. Quando não obedeci, ele repetiu que eu não estava cooperando e que agora aquela era minha casa e eu devia obedecer. Quando finalmente deitei-me sobre minhas costas, ele ordenou que eu fechasse os olhos bem fechados e não permitisse que nenhuma parte de meu corpo se mexesse enquanto ele me "massageava". Então, passou a me tocar. Começou pelos meus pés e continuou a falar enquanto suas mãos subiam pelas minhas pernas, dizendo que agora eu estava cooperando.

Fiquei dura como uma tábua, as lágrimas escorrendo sob meus cílios enquanto ele me molestava. Minha mente disparou a milhares de quilômetros por segundo, meu cérebro girava e girava até eu me sentir tonta. Dentro de minha cabeça, podia me ouvir gritando e gritando e gritando para que ele parasse. Por que ele estava fazendo aquilo? Por que minha mãe ficava sentada na sala e deixava que ele fizesse aquilo? O giro dentro de minha cabeça piorou e me dei conta de que precisava ir para o banheiro, que tinha que escapar. Eu o afastei com toda a força que consegui e disparei para o banheiro, batendo a porta atrás de mim. Ouvi sua voz pela porta enquanto vomitava na privada. Ele disse "Não se preocupe, você vai se acostumar com minhas técnicas de relaxamento, assim como sua mãe." Quando finalmente saí do banheiro, o quarto estava vazio. Apenas minha cama parecia errada e fora de lugar. Mesmo com Teddy, Panda e Lambkin sentados sobre meus travesseiros, eu sabia que aquele não era mais o porto seguro que sempre fora. Também compreendi minha nova vida: eu fazia parte de uma negociação; minha mãe havia me oferecido em troca de um parceiro para ela.

Estava certa sobre meu aniversário de 10 anos: era o começo do fim de minha infância.

Sete

Esse novo arranjo doméstico continuou por uns dois meses: mamãe e Roger compartilhando o sofá-cama na sala e eu, em "segurança", enfiada na cama no quarto contíguo. Roger me "visitava" para me dar boa-noite umas duas vezes por semana, sempre reiterando que eu precisava aprender a cooperar com as novas regras da família. Minha mãe simplesmente estava ali, existindo na periferia de todo o cenário, concordando e sorrindo vagamente em minha direção. Uma distraída criatura em "busca de si mesma", ela reconhecia apenas os aspectos palatáveis e agradáveis da vida ao seu redor e abria mão de todas as suas responsabilidades para Roger, sempre encaminhando minhas questões para que ele resolvesse.

Perto do verão, seu acerto doméstico obviamente havia perdido parte do encanto para Roger, quando ele, um dia, declarou que estava indo para Mooroopna, no norte do Estado de Vitória, para empregar-se na coleta de frutas. Com Roger longe, minha mãe desintegrou-se completamente. Sua angústia pela partida dele deixou-a incapaz das mais simples tarefas. Ela ficava horas soluçando e gemendo na cama, agonizante pela segurança e pelo bem-estar mental de Roger. A principal preocupação parecia ser com sua aparente inabilidade em lidar com suas próprias finanças. Ela me disse que Roger tinha um histórico de, literalmente, queimar dinheiro, fossem cheques da pensão ou dinheiro vivo. Isso, seu ódio profundo pela família e uns poucos distúrbios sexuais de menor importância eram apenas alguns dos problemas que o levaram ao tratamento psiquiátrico por anos, segundo minha mãe me contou. Eu realmente não tinha nenhum interesse especial em ser colocada a par dessas informações fragmentadas, elas certamente não engendravam qualquer sentimento de confiança na escolha de um parceiro feita por minha mãe.

35

Essas revelações, decidi, eram simplesmente muito complicadas para que eu as compreendesse. Afinal de contas, eu tinha apenas 10 anos e meio e simplesmente não podia entender por que, entre todos os homens, mamãe escolhera um que tinha inclinação por fogueiras monetárias.

Durante esse período, mamãe me tratou como uma amiga da mesma idade, mais do que como filha; nos dias ruins, eu era a mãe e ela a filha. Talvez tenha sido bom que eu estivesse em minhas férias de verão, assim podia estar com ela 24 horas por dia. Resolvia todas as questões bancárias e as compras, disparando para o centro comercial local em meu patinete, preparando as refeições da melhor maneira que conseguia (filés de cordeiro grelhados com purê de batata eram minha especialidade) e pagando as contas. Umas duas vezes os ataques histéricos de minha mãe foram demais para que eu os resolvesse sozinha, e tive de recorrer a um telefonema para que o médico viesse acalmá-la. Outras vezes, um tapa no rosto era suficiente.

Foi nessa época que minha mãe revisitou seu passado, quando um de seus marinheiros reapareceu. Um homem grande como uma montanha, Ashley, que dizia ser de origem inglesa, birmanesa e alguma outra etnia igualmente exótica. Passava algumas noites enfiado na cama de minha mãe e arrastava-se pelo meu quarto no meio da noite a caminho do banheiro. Não durou muito, no entanto. O relacionamento extrapolou para uma comoção pública, quando, numa tarde, a polícia foi chamada para remover o amante temporário enquanto eu brincava no andar de baixo, na casa de vizinhos, e mamãe gritava acusações para o mundo ouvir de que Ashley havia tentado estrangulá-la. Em silêncio, eu tinha minhas dúvidas — estrangulamento era uma das acusações favoritas de minha mãe contra minha pequena avó também.

Mamãe aferrou-se ao ideal de Roger como seu cavaleiro numa armadura brilhante, antecipando seu retorno a cada dia, aguardando ansiosamente pelo carteiro, à espera de notícias de seu coletor de frutas errante. Então, tão inesperadamente como havia partido, ele voltou. O padrão de nossa estranha existência imediatamente voltou a se estabelecer. Na opinião de Roger, eu ainda não "cooperava" e estava estragando a maravilhosa vida em família que poderíamos ter juntos. Ele agora debochava abertamente das opiniões e anseios de minha mãe e a castigava por sua estupidez, o que parecia servir apenas para torná-la mais convicta de que os "países baixos" de Roger eram a fonte da luz do Sol. Ela não o criticava diante de mim ou de qualquer amigo, mantendo-se resoluta de que ele era a única pessoa do mundo com respostas para tudo.

Finalmente, terminei o ensino fundamental e era hora de seguir para o ensino médio. Roger decidiu que eu não deveria freqüentá-lo com nenhum de meus colegas; em vez disso, matriculou-me num colégio de meninas um pouco mais distante de nosso apartamento. Resisti por um período e meio lá, recusando-me a dissecar animais nas aulas de ciências e matando aulas para visitar vovó secretamente. Sentia-me completamente infeliz, mas sem a vontade ou a capacidade de me abrir até mesmo para ela — não podia aumentar suas preocupações ainda mais. Ela já odiava Roger e ficara estupefata com a rejeição de minha mãe. Eu simplesmente buscava consolo em seu colo quente enquanto deitava minha cabeça ali e era confortada por suas mãos acariciando minha testa. O que estava acontecendo em casa era estranho e vergonhoso demais para contar a ela — instintivamente eu sabia que precisava preservar um fio de minha infância inteiro, uma válvula de escape na qual me refugiar.

Logo percebi que, se adoecesse, Roger me deixaria em paz e eu também não teria que ir para a escola. Comecei a comer chocolates laxativos em grande quantidade. Minha mãe não tinha idéia de por que eu havia contraído uma diarréia crônica ou por que Roger ficava tão mal-humorado quando eu estava doente. Infelizmente, certa vez comi uma caixa inteira de laxativos e acabei doente demais, o que levou à descoberta das caixas vazias em meu armário. Roger prontamente anunciou para minha mãe que eu havia tentado o suicídio. Eu não era tão idiota: se quisesse me matar, não teria escolhido a diarréia como meu método para partir.

A conclusão de seu pronunciamento foi a certeza de minha mãe de que eu precisava me consultar com um psiquiatra. Ela obteve o encaminhamento para que fôssemos consultar um psiquiatra no subúrbio de South Yarra e Richmond. Antes de nossa primeira sessão, Roger e minha mãe me colocaram sentada num banquinho que ficava diante da penteadeira e me submeteram a um sermão que durou das 8 horas da noite até as 3 horas da manhã, sobre as conseqüências de eu revelar qualquer parte do que eles faziam comigo na privacidade de nosso pequeno apartamento, no qual compartilhávamos o mesmo oxigênio. Prisão para meninas mentirosas, instituições mentais e total descrédito dos adultos diante de minha ingratidão foram jogados sobre mim até que eles me consideraram pronta para nosso primeiro compromisso.

Uma vez por semana, semi-regularmente, por cerca de 18 meses, eu me sentei junto com minha mãe na sala fracamente iluminada do psiquiatra e a vi desmoronar e se desfazer em lágrimas, lamentando o destino que a amarrou a uma criança que "não cooperava". Não cooperativa era a senha da nossa "família" usada para descrever minha resistência em participar das intimidades com Roger, mas nunca, jamais, definida verbalmente por minha mãe. O médico, ocasionalmente, lançava uma pergunta obtusa para mim, sobre como eu me sentia em relação ao desgaste de minha mãe diante de meu comportamento não cooperativo. Na maioria das vezes eu respondia com monossílabos. Como esse médico esperava que eu me abrisse diante da presença de minha mãe é algo além de minha compreensão. Sua falta de empatia clínica ainda me espanta — ele parecia mais inclinado ao castigo do que a descobrir a verdade. Todos os sinais de abuso sexual e emocional estavam visíveis em meu comportamento e em minhas reticências, mas nenhuma vez ele sinalizou para mim de que suspeitava ou se preocupava com a óbvia natureza estranha do meu relacionamento com meus pais. O que era ainda mais bizarro era sua insistência em que eu fizesse uma contribuição financeira de 1,50 dólar por sessão, usando meus trocados para que minha mãe continuasse a reclamar de mim. Enquanto isso, em casa, o abuso continuava. Esse médico fracassou comigo e com sua profissão. Fico pensando em quantas outras crianças ele atendeu com seu ar de sabedoria enquanto se mantinha seletivamente cego e surdo diante de seus gritos de socorro.

Oito

Inevitavelmente, busquei refúgio na independência, conseguindo um emprego de meio expediente depois da escola como modelo da casa e assistente de vendas na Myer, uma cadeia de lojas de departamentos. Alguns trabalhos externos como modelo de jóias e roupa de banho também apareceram — aos 13 anos eu podia razoavelmente afirmar que tinha 15 ou 16 anos. Trabalhar era algo de que eu gostava e a atividade de modelo era divertida, mas, ao contrário de minhas colegas de meio expediente, o dinheiro que eu recebia não era para ser gasto com bobagens: era uma necessidade econômica. Praticamente conquistei minha independência financeira graças ao meu trabalho; em casa, esperavam que eu comprasse não só toda minha roupa, mas também minha comida, além de contribuir com uma parte de meus proventos para as contas de eletricidade e aluguel. Roger e mamãe às vezes me pediam compensação financeira por suas atuações como pais também. Aos poucos, em retaliação à minha "não cooperação", Roger cortou-me a comida, a televisão e o telefone e minha pensão foi retirada. Via de regra, o dinheiro não era entregue diretamente para eles — na maioria das vezes, mandavam que eu pagasse a quantia total diretamente na conta de apostas por telefone de Roger, na agência governamental de apostas. A ironia da situação era que, ainda que fosse legalmente jovem demais para apostar em um cavalo, era aceitável que eu pagasse uma conta de apostas.

Durante a adolescência, terminar a escola nunca foi uma grande ambição. Eu estava muito mais interessada em obter uma formação. Achava o sistema escolar sufocante e a ingenuidade de meus colegas era de enlouquecer. Para mim, tentar explicar meu ambiente doméstico para qualquer um deles seria uma impossibilidade e uma besteira. Como ado-

ERA UMA VEZ UMA PRINCESA

lescentes de famílias "normais" poderiam compreender o circo a que eu chamava casa? Seria como explicar os hábitos e rituais de alimentação dos habitantes do Sétimo Setor Interplanetário do Buraco Negro no Cinturão de Vênus: simplesmente não havia qualquer ponto de referência ou base em comum. Eu era uma estranha para eles, como eles eram para mim. Mas, com tudo isso, eu almejava suas vidas aparentemente seguras, estruturadas e simples. Assim, em algum momento do meu décimo ano escolar, larguei os livros didáticos para sempre. Parecia não haver outro caminho para me libertar de minha mãe e de Roger que não fosse colocar os pés no mundo.

A dança continuava a ser meu mais intenso prazer particular, que eu mantinha protegido de minha mãe devido à sua atitude diante das influências ocidentais sobre mim. Por toda minha vida, mamãe esteve decidida a me empurrar para minhas raízes asiáticas. Nunca satisfeita em me deixar crescer como eu mesma, ela aproveitava todas as oportunidades para me dizer que eu não me encaixava na sociedade australiana, que eu fracassara em me misturar visualmente e que ela tinha certeza de que eu me sentiria totalmente em casa misturando-me com os estudantes asiáticos. Nem uma vez ela me estimulou, conversou ou mesmo reconheceu meu amor pelo balé. Chegou até mesmo a vetar ativamente minhas atividades, proibindo-me de me socializar com outros adolescentes australianos em favor de diversas associações familiares asiáticas e australianas. As únicas aulas de dança que ela me estimulou a assistir regularmente, envolvendo-se a ponto de ser incluída no conselho de pais, foram as de danças clássicas de Bali e de Java, ligadas à Australian Indonesian Association. Esse envolvimento com os indonésios deu à minha mãe a oportunidade de exercer aquilo que ela fazia melhor: reinventar meu legado racial e familiar. Mamãe tinha o hábito desagradável de tentar fazer com que eu me ajustasse a qualquer grupo asiático presente no momento. Subitamente, descobria que, segundo ela, eu era metade indonésia, chinesa, tailandesa ou malaia, dependendo de quem estivesse por perto. Convenientemente, ela concebia parentes fictícios para mim da Sumatra, Pequim ou qualquer outro lugar; era realmente exaustivo ser internacionalmente multirracial.

Como a maioria das garotas em crescimento, eu idolatrava algumas atrizes com as quais queria me parecer quando ficasse adulta. Audrey

40

Hepburn, Vivien Leigh e Katherine Hepburn eram minhas favoritas. Bonitas, elegantes e cheias de vida, também tinham um interior repleto de inteligência e paixão. Que grande baque quando finalmente tive de enfrentar o fato de que jamais seria como meus ídolos. Isto também foi um choque. Eu me sentia australiana, certamente pensava como uma australiana, mas, no exterior, sempre teria uma embalagem diferente. Isso é uma coisa difícil para uma adolescente aceitar. A adolescência é dura o suficiente, mas uma diferença em relação aos atributos físicos esperados pela sociedade é algo insuportável. E, sem pais para me estimularem a ser quem eu era, minha auto-estima e segurança não tinham como afundar mais.

✖

Foi no ano de 1977 que conheci meu pai. Foi nosso primeiro e único encontro. Padecendo de câncer na garganta e no nariz, ele estava morrendo. Por dias, fantasiei que ele me resgataria de Roger e mamãe, me pegaria nos braços e faria com que eu me sentisse parte de alguma coisa boa. Sua figura sem face aparecia de forma indistinta e grandiosa em meus sonhos, oferecendo-me uma chave para mim mesma, prometendo-me uma parte de minha identidade, proibida por minha mãe por tanto tempo. Sentia-me como se meu peito estivesse totalmente aberto, pronto para receber a parte de mim que sempre me faltara. Eu estava explodindo de perguntas; finalmente esperava poder compreender por que eu era quem era e o motivo pelo qual estava ali. Eu ansiava que ele me dissesse que desejava meu nascimento. Ele nunca disse.

Cheguei em Cingapura com minha mãe a reboque. Ela se recusou a permitir que eu viajasse com um primo, insistindo que não era apropriado que me encontrasse sozinha com meu pai. (O preço que paguei por aquela viagem foi alto demais para uma garota de 14 anos. Na noite anterior à nossa partida, Roger e ela abusaram de tal forma de mim que fui parar no hospital, sob anestesia geral, para remover um objeto estranho que eles haviam introduzido em mim, enquanto ambos me seguravam. Roger cantava uma cantiga estranha enquanto fazia aquilo; minha mãe advertiu-me que se eu contasse ao médico, nunca encontraria meu pai.) Foi no dia que Elvis Presley morreu.

Atravessar a pista do aeroporto no calor sufocante me fez imaginar como alguém podia viver lá. A umidade era opressiva e me vi tentando respirar secretamente enquanto entrávamos no terminal. Meus parentes nos receberam no aeroporto e nos deixaram na casa de meu tio, onde meu pai aguardava.

Meu pai levantou-se quando entrei na sala. Segurava dois enormes pandas de pelúcia, obviamente para mim. Quando comecei a caminhar pela sala em sua direção, mamãe atirou-se diante de mim e se aproximou abruptamente dele, com um estridente "olá". Acho que ele se abateu ao vê-la ali. Para piorar, ela certamente não era mais a delicada mocinha de anos atrás. Pesava agora mais de 90 quilos e tinha uma expressão apagada e amarga. Quando ele se virou para mim, meu coração parou. Eu estava pronta para ouvir uma declaração de amor, ansiando que algum tipo de ligação instantânea e íntima se tornasse evidente, mas não havia nada. Em vez disso, ficou claro que ele imaginava que eu seria uma criancinha, por isso os brinquedos fofinhos; mas, para sua decepção, eu media 1,53m e estava em plena puberdade. Nossas primeiras palavras foram desajeitadas e artificiais — afinal de contas, éramos totalmente estranhos.

A visita foi um fiasco, a oportunidade certa para que minha mãe exercesse suas habilidades de manipulação. Ela, deliberadamente, nunca me deixou a sós com meu pai. Era inflexível em sua recusa de permitir que eu até mesmo me sentasse próxima a ele, enquanto ele nos levava de carro em várias expedições a shoppings, alegando que aquele era um direito dela, tagarelando de maneira tola, aparentemente sem qualquer preocupação no mundo, como se meu pai fosse um guia turístico. Papai sinalizou diversas vezes que desejava passar algum tempo a sós comigo, mas minha mãe tornou isso impossível. Eu me sentia como se tivesse sido aprisionada em um retrato surrealista de família despedaçada, mantida por uma mãe cuja boca ameaçava engolir a todos nós.

Papai tentou estabelecer algumas relações comuns entre nós durante os passeios, comprando montanhas de roupas, jóias e enfeites para o meu quarto. Ambos ficamos encantados ao descobrir que gostávamos das mesmas comidas e tínhamos os pés com a mesma forma (como de patos). Ele também organizou o desenho e a feitura de meu primeiro vestido formal, pedindo que eu o guardasse para me lembrar dele quando tivesse idade suficiente para vesti-lo, estipulando que, quando isso finalmente acontecesse, deveria colocar gardênias brancas em meu cabelo. Disse que o perfume seria tão inebriante quanto a beleza que ele sabia estar chegando. Ele conseguiu me dizer isso em um raro momento furtivo, quando minha mãe não estava presente. Esta será sempre minha lembrança mais querida dele. Algo que veio de seu coração, de uma pessoa estranha para outra, mas pai e filha por um breve palpitar de seus corações.

E depois, saiu de minha vida novamente. Sem tempo para todas aquelas perguntas que eu havia formulado e mantive guardadas dentro de mim. Minha mãe encerrou nossa presença em Cingapura de maneira tão paranóica que fiquei imaginando se realmente havíamos estado lá. Seus motivos? Ela estava convencida de que ele estava pronto para me vender no "mercado de escravas brancas", como disse, e porque Roger queria que voltássemos para casa imediatamente. Ela fez nossas malas e fugiu secretamente, insistindo em que eu me disfarçasse no táxi, caso papai estivesse nos seguindo. Na chegada ao aeroporto, ligou para a família dele para avisar de nossa partida. Não houve tempo para adeus e não pude me despedir de meu pai.

Nunca mais o vi. Seis meses depois de nossa partida de Cingapura, telefonaram para mim para dizer que havia morrido. Ele foi praticamente um estranho, mas ao saber que havia partido, senti que aquela pequena semente de esperança plantada bem no fundo de mim havia se desmanchado para sempre.

Nove

Nos meses que se seguiram à morte de meu pai, fiz uma coisa e outra, quase sem estudar e cada vez mais me aproximando de pessoas mais velhas. Acabei me envolvendo com um grupo de estudantes universitários que me tratavam como sua mascote, ainda que achassem que eu era mais velha que meus 15 anos. Ao refletir sobre isso, eu estava procurando desesperadamente por um lugar ao qual me ajustar, tentando encontrar uma identidade própria ou criar uma imagem de mim mesma que gostaria de mostrar para o mundo. Achava que ser mais velha facilitaria as coisas. Minha mãe parecia sentir-se enojada com minhas atividades sociais — na verdade, a única coisa que ela encorajava ativamente era que eu começasse a sair com estudantes asiáticos, na casa dos 20 anos, dizendo que esse era meu verdadeiro nicho, não com "australianos puros". Felizmente, nenhum deles aproveitou-se de minha pseudomaturidade e consegui me manter, por escolha, quase completamente virgem.

A exceção para a "preferência asiática" era Peter Wallace, um estudante de medicina que foi meu primeiro namorado sério e que continua a ser um dos meus amigos mais próximos e leais. Ao longo dos anos, Peter tem sido um ombro para receber meu choro e, algumas vezes, minha consciência, quando achou que eu precisava de uma. Ele foi o único namorado no qual confiei o suficiente para que viesse à minha casa; as coisas haviam se degenerado de tal forma nos anos anteriores que seria difícil mascarar a verdadeira situação que havia lá. Peter jamais me perguntou sobre as peculiaridades de Roger e minha mãe, nem mesmo comentou o fato de o banheiro não ter porta. Roger tirou a porta das dobradiças logo que nos mudamos para essa nova casa, alegando que o cachorro precisava de um lugar para dormir. Na prática, foi apenas para ficar mais fácil para ele me espiar nos momentos em que todos precisamos de privacidade. Era uma situação na qual eu me sentia mais humilhada e violada do que nunca.

Nessa fase de minha vida, a dança era, provavelmente, a única coisa que mantinha minha sanidade. Adotei um ditado: "Na dúvida, dance", e eu dançava qualquer tipo de dança. Enquanto me movimentava, conseguia apagar tudo de minha mente. Eu tinha aulas de dança grega, croata, javanesa, sapateado, jazz, flamenco, balinês, chinês, malaio, contemporânea e clássica. Mas era com o balé que sentia minha alma mais limpa. A pureza e a disciplina eram reconfortantes e a música era o elemento de pura fantasia e encantamento. Eu usava qualquer desculpa para sair de casa para assistir às aulas. Minha mãe repetia que o balé não era para mim — que eu não tinha as formas adequadas e que minha aparência era muito asiática para aparecer bem no palco. "Adote algo em que você se ajuste", ela dizia, "dedique-se à dança de Bali." Ir ao balé tornou-se uma operação clandestina e algo que, repito, jamais discutia por medo do ridículo ou proibição.

Para complementar ainda mais minha receita, consegui trabalho fazendo a promoção e a publicidade para diversas companhias aéreas e feiras de negócios, além de vender jóias para uma empresa de Cingapura. Foi conveniente aproveitar meu lado asiático para conseguir me firmar nas promoções e também foi favorável quando decidi trabalhar em horário integral.

Comecei a trabalhar no escritório de Melbourne da Malaysian Airlines, em 1979, ao aceitar um cargo oferecido pelo gerente local. Fui contratada como sua recepcionista, além de ficar encarregada das informações turísticas e relações públicas nos eventos ligados a viagens. Na hora de preencher minha ficha, menti sobre o ano de meu nascimento, aumentando minha idade em dois anos. Ironicamente, essa foi a única vez em que alguém questionou minha idade — acharam que eu era muito mais velha do que havia dito!

No meu aniversário de 16 anos, tinha idade legal para sair de casa, o que fiz com grande entusiasmo e satisfação, encontrando asilo com três amigos, em sua casa no tranqüilo bairro de Armadale. Sou eternamente grata por eles terem me recebido sem fazer perguntas, com uma grande dose de tolerância.

Cerca de uma semana antes as coisas chegaram a um ponto crítico com Roger. Ele havia se tornado mais invasivo e insistente em suas exigências sobre mim, entrando em meu quarto no meio da noite, quando mamãe estava dormindo. Vestindo apenas uma camiseta e cuecas, tentou começar com seu velho truque, de querer me ajudar a relaxar. Eu não agüentava mais. "Chega!" e "de novo não!" rugiam em minha cabeça de forma ensurdecedora, bloqueando suas palavras duras e ameaças. Dessa vez, alguma coisa estalou dentro de meu cérebro. Lutei com ele, tentando me erguer na cama. Era como se me visse do outro lado do quarto, enquanto instintivamente juntava meus punhos como um porrete e batia com eles sobre sua cabeça com toda a força que consegui reunir, gritando para que saísse. Foi muito bom finalmente bater de volta e me senti muito satisfeita ao ouvi-lo gemer e deixar meu quarto pela última vez. Eu sabia que Roger nunca mais ousaria me tocar novamente. Tinha acabado.

Dez

Flores, flores e mais flores. Bahrin entrava em minha vida. Um dia, eu tinha um emprego estável, porém monótono, um namorado compreensivo e o centro de minha vida secreta — a dança. No dia seguinte, estava sendo cortejada em um cerco elaborado por um mestre da arte, extremamente hábil e preparado, com a determinação de um obcecado corredor olímpico de longa distância. Bahrin (ou seu pseudônimo, Shah Ahmad, o nome que usou durante seus anos de estudante em Melbourne) decidira que precisava me conquistar de qualquer jeito. Aparentemente, eu havia despertado sua curiosidade, além de seu interesse, quando me viu dançar durante um dos concertos para o público da Australian Broadcasting Commission, a rede de comunicações estatal australiana, na Galeria Nacional. Ele tratou de certificar-se de que tínhamos conhecidos em comum, a quem fez perguntas casuais, buscando detalhes sobre mim. Armado de informações sobre meu local de trabalho, iniciou sua campanha.

Sua primeira estratégia foi lançada na forma de um encontro aparentemente fortuito após o trabalho, em um lugar próximo ao escritório onde eu trabalhava. Bahrin soltou alguns nomes de pessoas que eu conhecia e mencionou que tinha me visto dançar, e que havia me encontrado rapidamente uns dois anos antes. Contou que era estudante de arquitetura na Universidade de Melbourne e que estava no quarto ano. Após alguma conversa e nomes formalmente trocados, seguimos nossos caminhos separados. Ainda que me sentisse ligeiramente lisonjeada, dei pouca importância ao encontro e corri para minha aula de dança. Eu não tinha qualquer suspeita de que isso fosse apenas o começo, tratando-se de Bahrin.

No dia seguinte, ao meio-dia, lá estava Bahrin, ao lado de minha mesa, com os braços cheios de cravos cor-de-rosa. Ele propôs que fôssemos almoçar. Fiquei muito surpresa ao vê-lo. Estava mais bonito do que eu lembrava, esbelto, com a pele morena e bem alto, com incríveis cabelos pretos viçosos e enormes, ainda que um pouco proeminentes, olhos negros, que aguardavam ansiosos por minha resposta. Recusei seu convite com educação. Ele recebeu minha recusa sem se abalar. Entregando-me as flores, disse "está bem, continuarei a vir até você aceitar". Deu meia-volta e partiu, deixando-me totalmente perplexa.

Logo descobri que ele não estava brincando. Durante quase todo o mês de setembro de 1980, Bahrin apareceu em meu escritório com a regularidade de um relógio, empunhando um buquê de cravos e um convite para almoçar — e eu, com a mesma regularidade, declinava. Mas minha determinação enfraquecia. Aos 17 anos, esse tipo de atenção fervorosa era fascinante. Lembro-me de me sentir como se fosse a garota mais interessante do mundo. E finalmente capitulei e deixei que me levasse para almoçar.

Bahrin escolheu o Hopetoun Tea Rooms, no Block Arcade, como o local para nosso primeiro encontro. O "Block", uma verdadeira instituição de Melbourne, com sua grandiosidade vitoriana, pisos e mosaicos intrincados, tetos abobadados cobertos de afrescos e um relógio com carrilhão, era um lugar bem familiar para mim — visitei seus arcos muitas vezes com minha avó e conhecia sua história como o local para se ir durante a agitada década de 1920. Enquanto falávamos de coisas sem importância durante nossa refeição de sanduíches sofisticados, ficou aparente, e achei relativamente lisonjeador, ainda que um pouco surpreendente, que Bahrin já sabia um bocado sobre mim, diligentemente investigando por meio de meus amigos. Ele também sabia que eu tinha pouquíssimos laços familiares e que estava dividindo uma casa em Armadale, um subúrbio de Melbourne não muito diferente de Notting Hill. Disse que gostava muito de mim, que eu era bonita e que ele queria me levar para jantar e depois ir a uma discoteca. Expliquei que já estava saindo com outra pessoa e que não jantaria com ele. Bahrin deixou o assunto morrer e começou a falar um pouco de si mesmo.

Ele tinha 26 anos, era filho único e fora criado por seu avô materno, em Terengganu, na Malásia. Devido à respectiva influência de nossos avós em nossas vidas, ele mostrou-se ávido em traçar paralelos entre nós e falou demoradamente sobre a sabedoria de seu avô. Prosseguiu e acrescentou que tinha estudado no Geelong Grammar, uma escola de elite — freqüentada também pelo príncipe Charles —, antes de ir cursar Arquitetura, na Universidade de Melbourne. Durante todo o tempo, fiquei sentada ali, ouvindo-o falar, fascinada por seus olhos negros fixos nos meus e pelo tom baixo e gentil de sua voz. Ocasionalmente eu fazia algum comentário, mas estava satisfeita em apenas sentar e olhar seus dedos longos brincarem inconscientemente com a beirada de renda da toalha de mesa. Depois de nos separarmos sob o relógio do prédio central dos Correios, sentia-me quase eufórica, e aquela estranha sensação de bem-estar ficou comigo pelo resto do dia. Fiquei imaginando o que viria depois.

Mas não demorou muito para que minhas especulações fossem esclarecidas. Aprendi rapidamente que Bahrin não deixava nada pela metade.

Quando, mais uma vez, Bahrin (ou Shah, como o conhecia então) apareceu em meu escritório, na hora do almoço, tinha certeza de que eu iria com ele, e estava certo. Era como se estar com ele fosse parte da progressão natural de minha vida. Continuamos a nos encontrar diariamente por mais um mês, no Hopetoun Tea Rooms, onde conversávamos sobre assuntos triviais. Ele demonstrou um educado interesse pela minha dança, porém, nada mais do que cortesia, eu acho, o suficiente para apenas segurar a minha atenção. Durante nossos encontros na hora do almoço, falava com entusiasmo sobre sua paixão pela arquitetura e dos tipos de projetos que pretendia construir um dia — o tempo todo fixando meus olhos sem piscar, de uma tal maneira que me dava a impressão de que estávamos totalmente a sós e não no meio de um restaurante lotado. Então, um dia ele soltou sua bomba. Contou-me que era divorciado. Bahrin explicou-me de uma maneira perfeitamente plausível e digna de crédito que ele havia sido manipulado por uma garota chamada Fauziah, filha adotiva de Tun Faud Stephens, o falecido primeiro-ministro de Sabah (Bornéu), na Malásia, para se casar com ela, que a união durou apenas um ano e que, durante essa época, ela começou a ser infiel a ele, finalmente deixando-o para ficar com o amante — um jardineiro australiano. Bahrin disse que se sentiu totalmente humilhado e desiludido, pois havia se casado desafiando a vontade de sua família e mostrou-se totalmente errado, de forma muito pública.

Eu deveria ter percebido que, com 17 anos, esse cenário estava muito além de minha compreensão. Deveria ter me levantado e saído de sua vida naquele momento, quando ainda tinha alguma chance, ou pelo menos deveria ter me perguntado por que sua esposa sentira a necessidade de ter um caso tão pouco tempo depois de ter casado. Mas não foi o que fiz. Em vez disso, olhei para seus olhos suplicantes e me senti indignada e escandalizada por ele. Uma vozinha em minha cabeça jurava nunca feri-lo ou humilhá-lo como Fauziah fizera; eu sabia como era se sentir abandonado. Lendo-me como um enorme cartaz na rua, ele aproveitou sua vantagem e me convenceu a reavaliar minha decisão contra encontros noturnos. Meu destino foi selado no momento em que concordei.

Ele continuou a ser totalmente encantador, cortejando-me de forma absolutamente gentil, quase britânica, com uma intensidade maravilhosa, mas com a máxima consideração por meus sentimentos e necessidades, e absolutamente sem qualquer indicação de haver qualquer desejo sexual em seu íntimo. Fomos a restaurantes reservados, caminhamos pelo Jardim Botânico, fomos assistir aos últimos filmes, às mais badaladas discotecas e fizemos compras juntos — comprar roupas de grife era uma de suas paixões. Na verdade, ainda que fosse extremamente romântico, Bahrin parecia ser quase assexuado em todos os demais aspectos de seu comportamento. Um traço que, naquela época, achei reconfortante e não ameaçador, pois, ainda que não fosse inocente neste estágio, eu sempre havia, no passado, encontrado dificuldade em lidar com meus relacionamentos sexuais com outros namorados. O comportamento cavalheiresco e "não solicitante" de Bahrin foi um alívio para mim e me levou à convicção de que esse relacionamento poderia se tornar sério.

Nessa época, uma carreira na dança tornou-se mais do que apenas um devaneio para mim: concretizou-se num vislumbre de possibilidade. Aparentemente, em uma de minhas apresentações na Galeria Nacional, eu fora identificada como candidata para uma audição em uma importante companhia de dança. Era o ápice de uma aspiração não declarada. Minha vida secreta misturava-se com a vida diária; era a promessa de uma chance para realizar tudo o que eu sonhara.

Tentei mencionar casualmente as novidades para Bahrin. Ele parecia mal registrá-las, então decidi não fazer muito alarde sobre o assunto. Começava a ficar óbvio que ele via minha paixão pela dança como um mero capricho, algo curioso e bonito como distração, mas nada muito importante. No entanto, comecei a treinar com afinco, fazendo aulas extras sempre que possível, seguindo uma dieta rigorosa e me dedicando muito.

Onze

Era uma tarde agradável de primavera, bem antes do anoitecer, e saí correndo do escritório, com minha bolsa de balé a tiracolo. Ia diretamente para uma aula extra de *pas de deux*, uma disciplina na qual eu chegara à conclusão de que precisava treinar mais se realmente desejasse ser aprovada naquele teste. Bahrin viria me buscar depois para irmos jantar. O estúdio estava bem cheio e as pessoas circulavam pelo lado de fora, tentando espiar pela janela, de vez em quando, para nos ver aquecendo na barra. Com a música de uma fita cassete tocando, em um gravador sobre o piano, o professor (não era o regular, mas um substituto) começou a passar as combinações de nosso trabalho central. Meu parceiro usual aguardava para formar o par comigo. Trabalhávamos uma série de movimentos em que ele me erguia, que havíamos praticado nas sessões anteriores. O primeiro exigia que ele me levantasse muito acima de sua cabeça e me trouxesse para baixo, no tempo da música, em uma pose de "mergulho de cisne". Com um impulso rápido, eu deveria terminar com minhas pernas erguidas no ar, minhas mãos e rosto quase tocando o chão, apoiada por meu parceiro.

Trabalhamos durante os primeiros sete movimentos da música. Eu estava acima de sua cabeça e então ele me trouxe para baixo com o impulso, mas, em vez de segurar na parte interna de minha coxa e me firmar ali com segurança, ele errou o cálculo e segurou no encontro das pernas, assustando-se de tal forma que me largou no chão como uma batata quente — diretamente sobre meu joelho direito. Tentei não chorar, ainda que a dor fosse terrível, mas ainda conseguia dobrar minha perna e caminhar e, assim, achei que não fosse nada muito grave. Pensei que apenas tinha deslocado a rótula e que ela pularia de volta para o lugar novamente. Em relação aos ferimentos, naquela época os dançarinos eram muito descuidados na Austrália. Era, e ainda é, comum continuar a dançar com fraturas e lesões musculares causadas pelo esforço. Achei que o acidente era apenas um desses. Não culpo meu parceiro, foi apenas má sorte.

Bahrin pareceu realmente perplexo quando chegou para me pegar e viu que eu estava mancando e que meu joelho começava a inchar. Era óbvio que, naquela noite, a diversão estava fora de questão. Em vez de irmos para um restaurante, ele me levou para sua casa, em Carlton, um adorável sobrado de dois andares com terraço, na cor creme com detalhes em terracota e uma cerca de ferro trabalhado. Em meio a bolsas de gelo para meu joelho e música de fundo de Randy Crawford, pedimos comida chinesa em caixinhas, sob a luz difusa de um abajur, e falamos de coisas sem importância. E então, aconteceu. Bahrin inclinou-se e me beijou profundamente pela primeira vez. Até aquele momento, seus beijos haviam sido quase superficiais e certamente controlados, mas alguma coisa mudou naquela noite e logo estávamos no andar de cima, em seu quarto.

Nossa primeira vez foi agradável, mas não especialmente apaixonada, o que atribuí mais ao meu joelho ferido do que a qualquer expectativa de minha parte. De qualquer forma, estava mais interessada nos sentimentos de intimidade e afeto que o sexo poderia gerar do que em rompantes sexuais irrefreados. Não fui para casa naquela noite; ele insistiu em que eu ficasse.

De manhã, quando acordei, meu joelho havia inchado como um grande balão, e me arrastei pelo escritório mancando terrivelmente. Os sinais de alerta começaram a soar em minha mente quando me dei conta de que o ferimento no joelho poderia ser mais sério do que eu imaginara. Depois das radiografias e da consulta com um médico naquela tarde, meus piores medos se confirmaram — eu havia fraturado a rótula direita. Soube imediatamente que qualquer carreira potencial como dançarina que pudesse almejar havia se perdido 24 horas antes. Eu não contava com a generosidade do tempo — testes como aquele simplesmente não esperam — e suspeitava que o interesse por mim se perderia assim que soubessem que eu tinha um joelho fraturado. A recuperação deste tipo de lesão era dolorosamente longa e complicada, e não havia garantias de um retorno da mobilidade e da força anteriores.

Nos dias que se seguiram, foi fácil renunciar a meus sonhos desfeitos. Se algo de bom resultou da minha infância foi aprender a não considerar nada certo e apenas "seguir o fluxo". Minha profunda depressão foi levemente amenizada pela distração de um novo e muito romântico relacionamento. Bahrin fora atencioso e terno durante esse período, e eu começava a acreditar que o amava. Com nosso romance florescendo, decidimos — ou melhor, Bahrin decidiu — que eu devia me mudar para Carlton com ele. A idéia de "brincar de casinha" me atraía naquela época; com a inexperiência da juventude, arrumei minhas malas e me mudei de minha casa compartilhada em Armadale, sem dar quase nenhuma explicação a meus colegas.

Eu tinha pouca ou nenhuma compreensão do que poderia ser um relacionamento doméstico, conjugal; minhas melhores fontes de referência eram, no máximo, precárias. Devo confessar, com alguma vergonha, que meus exemplos ficcionais e quase nada realistas da vida doméstica vieram dos seriados de tevê norte-americanos das décadas de 1960 e 1970, que se tornaram minhas referências. Em todas essas famílias da televisão, o homem da casa era o Sol em torno do qual todos os demais giravam — uma atitude não muito feminista para os anos 1980, devo admitir, mas era o melhor ponto de partida que eu tinha. De qualquer maneira, mostraram-se os modelos ideais a serem seguidos por mim. Em se tratando de Bahrin, qualquer outro tipo de comportamento teria sido uma aberração. Então, determinei-me a disputar com Doris Day a tarefa de "fazer seu homem feliz".

Era extraordinariamente simples mergulhar de cabeça na relação com Bahrin. Quando todos os meus planos para a dança se desfizeram, substituídos pela incerteza e pela falta de direção, era como se ele fosse o único salva-vidas ao alcance. Eu olhava para Bahrin e via apenas aquilo que gostaria de ver. Veja bem, enganei a mim mesma e a ele, mas principalmente a mim, ao acreditar que o amava, quando não tinha a menor idéia do que era o amor.

53

Doze

Encantada pela idéia de estar amando. Isso não sugere um quadro doloroso? Um amor adolescente baseado em fantasias e diversos outros relacionamentos anteriores? Sei que essa é a descrição mais adequada para meu envolvimento com Bahrin nos últimos meses de 1980. Nada em minha vida parecia ser mais importante do que ele; o amanhã e o futuro eram como uma história iniciada por "Era uma vez..." — palavras que existiam no vocabulário, mas que eu não tinha como definir. A realidade estava espalhada por toda parte, não se encontrava num ponto que eu podia identificar.

Bahrin programara-se para voltar para casa, na Malásia, em suas férias de verão, por volta de novembro, poucas semanas depois de eu ter me mudado para a casa dele. Decidimos que eu também deveria passar minhas festas de fim de ano lá, assim teríamos incríveis férias juntos e ele poderia me mostrar a "sua" Malásia. Não me ocorreu que aquele era um termo que deveria ser levado ao pé da letra.

Havia uma falha no plano, no entanto; mesmo que trabalhar numa companhia aérea me desse direito a viagens aéreas para o estrangeiro, eu não tinha um passaporte válido. Sendo menor de idade, precisava da assinatura de minha mãe no formulário de autorização — um problema por si só. Minha mãe recusou-se a assinar, usando o velho discurso do "tráfico de escravas brancas" para defender seu ponto de vista. Na época, ela ainda estava furiosa comigo. Recentemente, eu havia parado de pagar uma taxa semanal de "armazenamento" para ela, pelos meus velhos brinquedos e livros, deixados para trás quando fiz meu lance pela liberdade alguns meses antes. Eu queria pegar minhas coisas e me mudar para minha nova casa, mas ela e Roger queriam receber um pagamento pelos meus bens antes. Acabei por contratar um advogado para agir como intermediário entre minha mãe e eu. Tornou-se impossível manter uma conversa civilizada e lúcida com ela sobre qualquer coisa, e apenas a ameaça de uma ação legal e a promessa de compensação financeira a convenceram a assinar meu pedido de passaporte. Essas maquinações humilhantes e degradantes dentro de minha família fizeram com que eu fantasiasse mais e mais sobre o que seria uma vida doméstica "normal". Isso virou um objetivo central em minha vida: eu esperava encontrar um nicho de respeito e segurança que não tivesse preço em dinheiro, e suponho ter identificado em Bahrin a chave para a realização desse desejo.

Bahrin parecia considerar todas as minhas dificuldades familiares friamente; ele não piscava um olho, apenas me disse que era imperativo que eu conseguisse um passaporte, a qualquer custo, para que pudéssemos estar juntos. Certa vez, quando tentei explicar o comportamento de minha mãe para ele, disse que não se interessava pelo meu passado e que construiríamos nossa própria vida.

Que estranho casal nós éramos, mesmo no começo. Ambos de famílias desestruturadas, mas nenhum dos dois querendo admitir ou mesmo reconhecer que não tinha as condições básicas a partir das quais construir um relacionamento. Raramente éramos francos em nossas conversas; a linguagem gentil e educada era nossa regra tácita. Jamais sequer mencionei os abusos de Roger para Bahrin — sentia-me muito envergonhada e contaminada até mesmo para pensar no que acontecera enquanto eu crescia, muito menos verbalizar isso para qualquer pessoa. Eu simplesmente joguei a dor e a repulsa num canto de mim mesma, tentei esquecer e seguir em frente.

Naquelas primeiras semanas vivendo juntos, Bahrin ocasionalmente dava sinais de sua própria vulnerabilidade, quando, quase sem avisar, mudava a conversa para descrever o tipo de criação que recebera. Não se tratava nem mesmo de criticar sua mãe, seu pai ou seu avô, mas simplesmente das coisas que ele falava sobre a maneira como queria ter sua própria família um dia, descrevendo o tipo de mãe que queria para os filhos e o cuidado pessoal que achava tão importante para uma criança. Ele queria a proximidade de um clã australiano; a família "ideal", saída das telas de cinema. É assustador que eu não tenha visto nada de errado em Bahrin desejar uma vida de fantasia baseada em personagens de ficção.

55

Eu mesma era passional sobre a maneira como queria criar os filhos que viesse a ter. Um marido e uma família eram os mais importantes compromissos que eu vislumbrava fazer. Quando Bahrin perguntou casualmente sobre meus pensamentos sobre filhos e casamento, respondi com bastante sinceridade, ainda que com um pouco de idealismo, que acreditava que o casamento era para sempre e que eu nunca abriria mão de minhas crianças para que outra pessoa cuidasse delas. Bahrin quase não conteve seu prazer diante de minha resposta — aparentemente, eu havia passado por algum tipo de teste.

Certa tarde — por acaso era o dia da Taça de Melbourne, quando é feriado em toda a Austrália e o país pára por causa de uma corrida de cavalos — saímos para um passeio de carro na chuva. Estacionando o carro do lado da estrada, na beira de um parque, Bahrin de repente começou a falar sem parar. Ele começou a me contar, com um tom de voz muito casual, sobre sua infância. À medida que avançava para os eventos imediatos que se seguiram ao seu nascimento, tornou-se cada vez mais intenso. Explicou que era o neto mais velho de sua família, o resultado de um casamento arranjado, com forte linhagem real pelos dois lados, estendendo-se por cinco ou seis gerações. Sua mãe, Tengku Zaleha, uma princesa de Terengganu e uma das filhas favoritas do sultão, casou-se aos 15 anos com um total estranho, seu pai, o rajá Ahmad. Ele era um príncipe menor da casa de Perak, formado pela Escola Superior Militar, com intensa vida social e 23 anos. (Minha sogra, mais tarde, confidenciou-me que estava absolutamente apavorada em sua noite de núpcias, completamente ignorante sobre o sexo e, mesmo anos depois, nunca conseguiu mais do que lançar um olhar rápido e aterrorizado sobre o corpo de seu marido, uma situação que perdurou até seu divórcio.) O nascimento de Bahrin foi intensamente aguardado pelo sultão, seu avô, que já ocupara o posto de rei da Malásia. Desde a independência da Grã-Bretanha, na década de 1950, os reis da Malásia são eleitos pelos governantes, entre eles mesmos, para um mandato rotativo de cinco anos.

Os preparativos foram feitos para os cem dias de resguardo de sua mãe, no velho palácio, Istana Maziah, na foz do rio Terengganu, e um médico britânico foi especialmente contratado para ficar encarregado do parto. O neto tão aguardado fez sua entrada exatamente quando o sol atingiu o zênite e o chamado dos muçulmanos para a prece reverberava pelo país. Era sexta-feira, o dia mais sagrado da semana islâmica e visto como bom agouro para o nascimento de uma criança. Tudo isso Bahrin contou para mim de forma muito séria.

Enquanto me descrevia as circunstâncias de seu nascimento, sentado em seu pequeno Honda Civic com a chuva escorrendo pelas janelas, as implicações do que me contava começavam a ganhar significado. Ele não era, como eu fora levada a acreditar, um simples estudante estrangeiro chamado Shah Ahmad. Não era, talvez, muito comum, ou pelo menos sua família não era tão comum quanto eu imaginava. Isso também explicava a enorme fotografia de um ancião e uma dama acomodados em tronos que eu vi quando limpava a prateleira sobre a lareira de seu estúdio. Eram seus avós.

Ele prosseguiu e contou como seu avô decidira, no momento de seu nascimento, que queria criar o recém-nascido nos confins de sua propriedade, independentemente de seus pais. Disse-me que sua mãe nunca havia cuidado dele fisicamente, alimentando-o no peito ou trocando fraldas; tudo isso ficou a cargo de sua babá, Zainab, na ala infantil do palácio do sultão. Neste lugar, alguns anos depois, seus primos mais novos, Zainol e Ihsan, juntaram-se a ele, com o mesmo tipo de acordo de paternidade que o seu; os pais morando em uma casa separada dentro do complexo do palácio, com as decisões relativas aos cuidados infantis a cargo do governante. Nenhum dos novos pais envolvidos parecia ter qualquer objeção contra essa ordem; ninguém jamais questionou seu avô. Bahrin pintou um quadro de sua infância como solitária e indulgente, com incidentes isolados de rebeldia suavemente eliminados pela babá ou pelo próprio sultão.

À medida que Bahrin continuava a descrever a dinâmica de sua família, busquei na minha memória alguma coisa que eu soubesse sobre a família real da Malásia, mas não consegui me lembrar de nada. Eu sabia que, na Índia, os príncipes reais existiam às dúzias e que o rótulo "realeza" era quase sem significado hoje, não indicando, necessariamente, um estilo de vida ou riqueza. Mas no que se referia à Malásia, eu era uma ignorante. Apaixonada pela história européia, de fato achava que a "verdadeira" realeza era a daquele continente: diplomacia, tratados, ciência, arquitetura, arte, balé, cultura, leis, lendas, mitologia, grandes batalhas, a Renascença e as intrigas internacionais, tudo pertencia e se identificava genuinamente com a Europa, não com a Ásia. Eu simplesmente não tinha como avaliar essas revelações em perspectiva, sentada num carro molhado — isso mudava as coisas entre nós? Será que ele esperava uma reverência? Eu simplesmente não era capaz de perceber o significado do que ele havia dito; precisava de tempo para processar aquilo tudo. Além disso, o que ficara totalmente óbvio durante nossa conversa era que Bahrin tivera uma infância realmente triste e isolada, sem os carinhos e o tipo de amor que eu tivera a sorte de receber de minha avó. No meu registro, isso era um problema mais significativo e imediato do que qualquer outra informação nova que me fosse dada.

Felizmente, poucos dias depois, antes que eu tivesse de esboçar alguma reação, meu suposto pretendente real partiu para suas férias na Malásia, sem que o assunto fosse retomado.

Treze

Livre. Ou pelo menos é o que eu achava enquanto o avião decolava no aeroporto de Melbourne no primeiro trecho de minha viagem para a Malásia. Enquanto olhava para baixo, para a silhueta familiar e cada vez mais distante da cidade, meus pensamentos disparavam em direção ao destino exótico impresso em meu bilhete.

Era véspera de Natal e eu estava enfiada num Jumbo da Alitalia com mais trezentos passageiros, a maioria deles indo para Roma, ao encontro de suas famílias. Mas não eu; eu conhecia meu itinerário de cor. Ia só até Cingapura, onde pegaria uma conexão para Kuala Lumpur, a capital da Malásia. Esse trecho da viagem ficará para sempre na minha memória como algo totalmente insólito devido ao estranho comportamento da tripulação italiana. As refeições foram praticamente arremessadas para os pobres passageiros, na metade do tempo normal logo após a decolagem, e as bandejas foram recolhidas quase com a mesma rapidez. As luzes da cabine foram então apagadas e a tripulação desapareceu. Não fez diferença a quantidade de pessoas acionando o botão de chamado, ninguém se materializou para atender. Depois de cerca de duas horas, a maioria dos passageiros desistiu de tentar obter a atenção dos atendentes de bordo e preferiu dormir. No entanto, eu ainda estava com sede e um pouco curiosa. Fiquei imaginando aonde a tripulação teria ido e resolvi investigar.

Caminhando pelo corredor, passando pelas figuras adormecidas em seus assentos, cheguei à cortina que nos separava da primeira classe do avião, de onde os sons de música e comemoração pareciam emanar. Espiando entre as cortinas, vi toda a tripulação no meio de uma festa esfuziante. Um animado comissário latino me viu e me puxou pela abertura para o meio do acontecimento. Paolo, pude ler em seu crachá, perguntou para onde eu ia e o que fazia para viver. Ao saber que também traba-

59

lhava para uma companhia aérea, ele e seus amigos insistiram para que eu ficasse lá na frente e me juntasse aos festejos natalinos. Eu me diverti imensamente, cantando músicas de Natal em italiano e bebendo champanhe por todo o trajeto até Cingapura. Os demais passageiros não têm a menor idéia da festa que perderam.

Lembro vagamente de flutuar pela pista do aeroporto Changi, rindo como uma boba e cantando "Bate o sino", enquanto dava adeus a meus novos amigos, e depois simplesmente pegando meu vôo de conexão para Kuala Lumpur.

Ao aterrissar na Malásia, estava totalmente sóbria e muito nervosa. E se Bahrin tivesse mudado de idéia e não estivesse lá para me encontrar? E se toda essa viagem fosse um erro enorme? Eu deveria ter ido para a França e para a Escócia, como planejara originalmente. E se? E se? E se? E então era tarde demais para "e se". Antes que tivesse mais tempo para pensar, fui liberada pela alfândega e pela imigração com um aceno e, depois de cruzar o espaço aberto da área de desembarque, vi Bahrin e me lancei em seus braços. Quase não me dei conta de que seus braços não me envolveram de volta, mas vi seu sorriso satisfeito e minha ansiedade desapareceu. Era 1 hora da manhã do dia de Natal em um país estranho. Todos falavam uma língua indecifrável e, mesmo naquela hora da noite, o ar tinha um cheiro ruim, quente e úmido. Mas eu era bem-vinda e esperada — nada mais importava realmente.

No caminho para a casa de seu pai, através do ar quente, úmido e penetrante, uma das primeiras coisas que Bahrin me disse foi que eu jamais deveria tocá-lo em público novamente, pelo menos enquanto estivéssemos na Malásia. De maneira gentil, mas firme, disse que meu comportamento fora ofensivo segundo os padrões muçulmanos e que eu deveria ter cuidado para não repetir meu erro. Silenciosamente, resolvi não mencionar minhas comemorações natalinas a bordo ou meus novos amigos. Eu não sabia, mas minha doutrinação começara sutilmente.

O caminho para a casa do pai de Bahrin levou-nos a atravessar a cidade de Kuala Lumpur, que pareceu ser uma mistura de choupanas e construções modernas e altas, algumas vezes lado a lado. Acompanhei a grandiosidade colonial amplamente iluminada de outra era: fachadas caiadas, balaustradas e minaretes — ecos dos dias do "Raj" — disputavam espaço com ruas lotadas, sob a sombra dos prédios impecáveis e estéreis de hotéis como Hilton e Holiday Inn, indicativos do turismo intenso. A iluminação da rua começou a diminuir à medida que avançávamos pelos subúrbios, pelo labirinto de ruas, e ficou difícil perceber maiores detalhes de qualquer coisa. Ocasionalmente, o aroma irresistível da comida de um vendedor de rua entrava pela janela do carro, trazido pelo vento, para ser substituído, segundos depois, pelo fedor de uma vala aberta ou de um amontoado de lixo apodrecido ao lado da rua. Então, sem aviso, a estrada começou a subir e parecia que entrávamos na selva. A vegetação luxuriante e as trepadeiras projetavam-se sobre a estrada, bloqueando todo o céu exceto por vagos brilhos da lua.

À medida que continuávamos ao longo da pista estreita e sinuosa, Bahrin começou a detalhar, em tom casual, os acordos domésticos de seu pai, o rajá Ahmad. Ele era um "solteirão", morando com sua amante chinesa, Lina, uma enfermeira. Tratava-se de um acordo ideal, que atendia bem sua função, ele me assegurou. Lina não participava de eventos sociais com seu amante, tampouco esperava por isso, e não era formalmente reconhecida por nenhum dos membros da família dele; no entanto, significava que seu pai tinha alguém para limpar sua casa e lavar a roupa, e Lina, em troca, tinha um lugar barato para viver, em um ponto melhor da cidade. Segurei-me para não perguntar sobre respeito e amor mútuos, mas essa era a arena de Bahrin, e seus costumes, supunha eu, eram diferentes. Compreendi isso, mas tive que aprender a morder minha língua muitas vezes a partir daquela noite.

Com essa informação guardada no bolso, chegamos, com uma parada súbita, ao nosso destino, em Federal Hill. A casa do rajá Ahmad tinha um ar sombrio e levemente abandonado. A residência de dois andares, fornecida pelo governo, recolhia-se dentro da montanha e parecia próxima a ser tomada pela vegetação ao redor. Fiz uma inspeção superficial sob a iluminação dos postes, enquanto Bahrin atrapalhava-se com cadeados e chaves. Não pude deixar de pensar se as barras e grades nas janelas eram para manter intrusos do lado de fora ou as pessoas do lado de dentro.

O interior parecia úmido, mofado e sem uso. Bahrin acendia as luzes dos aposentos à medida que entrávamos. Poderíamos estar na casa de um grande caçador: águias empalhadas enfeitavam as mesas laterais e peles de tigre, ainda com as cabeças, atapetavam o chão. Uma cobra, recuada e pronta para o bote, testemunhava a habilidade do taxidermista local e o mau gosto do proprietário. Bahrin mal teve tempo de mostrar meu quarto e explicar que não poderíamos dividir uma cama abertamente, quando passos no cascalho do lado de fora sinalizaram a chegada de seu pai.

O rajá Ahmad imediatamente impressionou-me por sua jovialidade e pelo péssimo gosto para se vestir, assim que entrou em casa, apoiado em sua namorada, Lina. Beirando os 50 anos, ele tinha o ar de um militar da reserva e a típica barriga de um costumaz bebedor de cerveja. Um tufo denso de cabelos pretos e encaracolados cobria seu rosto barbado e mal contrastava com sua pele intensamente bronzeada, adquirida após muitas horas na pista de golfe. O pai de Bahrin me deu calorosas boas-vindas em inglês, com seu sotaque entrecortado, levemente britânico, e prontamente recolheu-se à cama com Lina, deixando-nos sozinhos, a não ser pelas carcaças empalhadas e o zumbido dos ventiladores de teto.

Quatorze

Nossa temporada em Kuala Lumpur voou em uma confusão de boates, turismo e encontros com os primos de Bahrin, alguns dos quais eu já conhecia de Melbourne. De uma hora para outra, eu passara a fazer parte da "alta sociedade". Bahrin e eu nos juntamos a seus primos e amigos; eram os hedonistas da Malásia, a jovem realeza que vadiava pelas boates e bebia sem limites, indo de discoteca em discoteca, sempre reclamando de tédio. Chegávamos em massa, uma invasão de carros de luxo, roupas da moda e esperando por tratamento VIP, que sempre vinha. Isolados com segurança dos riscos da realidade de se misturar com os plebeus, a jovem realeza aceitava a subserviência e a gratidão como algo corriqueiro.

Mas os primos de Bahrin pareciam satisfeitos em me aceitar no grupo. Eram os anfitriões perfeitos: charmosos, sofisticados, ávidos por fazer com que eu me sentisse bem-vinda e rápidos para atender qualquer vontade que eu tivesse de ir conhecer algum lugar ou comprar alguma coisa. As garotas me confundiam um pouco; tinham alguma coisa de frenéticas, uma disposição intensa quando o assunto era diversão. Sempre falavam de Kuala Lumpur, Cingapura ou Londres como se o tempo passado nessas cidades não lhes pertencesse ou fosse ilícito. Mais tarde, quando as vi confinadas no palácio, caminhando placidamente atrás de seus pais, compreendi sua atitude. Não se viam mais as minissaias, vestidos sem alças e gel no cabelo, substituídos por vestidos longos e olhos apropriadamente baixos.

Terengganu. Uma palavra que escorre sensualmente pela língua, com a promessa de paisagens luxuriantes e praias de areias brancas como pérolas. Os folhetos de viagem anunciavam gigantescas tartarugas, coqueiros, praias de areias sem fim, mares de cor azul-celeste e uma riqueza cultural que atravessava muitas gerações.

63

ERA UMA VEZ UMA PRINCESA

E era para lá que íamos. Bahrin decidira que a melhor maneira de me mostrar a "sua" Malásia era viajar para sua cidade natal de carro; assim eu conheceria a zona rural e poderíamos interromper a viagem de seis horas no resort de Kuantan, no estado de Pahang, e passar alguns dias no hotel Hyatt. Tivemos dias maravilhosos em Kuantan. Foram as únicas férias românticas que tivemos. Bahrin suspendeu temporariamente seu decreto proibindo contato físico em público e caminhávamos pela praia de mãos dadas, roubando beijos nas dunas, mergulhando e rolando pelas águas juntos. Fiquei chocada ao ver que Bahrin não se aventurava a mergulhar quando a água passava da altura de seus joelhos; ele nunca aprendeu a nadar, e as águas mais fundas o aterrorizavam. Apesar de sua forte postura islâmica recente, Bahrin não se incomodou então ao me ver usando roupas de banho em público. Tenho dúzias de fotos minhas na praia, tiradas com sua preciosa câmera Pentax. Ele gostava especialmente de me fotografar com os ombros nus, o cabelo solto e balançando no vento. Gastava um rolo de filme com isso.

No pôr do sol, sentávamos na cobertura do hotel, olhando o oceano, bebericando nossos drinques, Bahrin com seu Bacardi com Coca-Cola e limão — sem muito gelo, ele pedia — e eu acompanhando com qualquer coquetel colorido que ele escolhesse para mim. Olhando um para o outro, falávamos preguiçosamente do dia e fazíamos planos descomprometidos para o seguinte, nada muito estressante e jamais alguma coisa que nos afastasse de nosso retiro idílico entre a areia da praia e as palmeiras. Nossas conversas raramente mencionavam o segundo trecho de nossa viagem para Terengganu. Era como se nenhum de nós quisesse dar fim ao nosso período no limbo. Em vez disso, eu ficava deitada de noite ao lado de Bahrin, ouvindo as ondas batendo na praia e preocupada com o inevitável encontro com sua mãe.

Então, chegou uma manhã em que era a hora de arrumar as coisas e colocar o pé na estrada ao encontro de Tengku Zaleha, filha de um sultão e rei, muçulmana devota, divorciada e peregrina da cidade sagrada de Meca. Até aquele momento de nossas férias, eu dançara com um ou dois herdeiros reais, convivera com os primos de Bahrin e conhecera alguns de seus tios e tias, mas nada, até então, parecera tão assustador quanto a perspectiva de meu primeiro contato com Yang Amat Mulia Tengku

64

Hajjah Zaleha Puteri binti Almarhum Duli Yang Maha Mulia Sultan Ismail Nasiruddin Shah, a mãe de meu namorado.

Bahrin sugeriu que eu vestisse algo muito discreto para o segundo trecho de nossa viagem. Eu havia feito duas aproximações do tradicional traje malaio, seguindo sua sugestão, e os trouxera de Melbourne. Decidimos que a roupa vermelha era a opção correta para sua mãe, o simples *baju kurung*. Literalmente traduzido, significa "roupa-prisão" e consiste, neste caso, em uma longa saia até o chão e uma sobreblusa comprida até o joelho, em formato de "A", com padronagem geométrica púrpura e branca, em *voile* suave, com mangas chegando até o pulso e um colarinho alto e redondo.

Com meu cabelo repartido ao meio e escorrendo solto sobre minhas costas, seguindo as ordens de Bahrin, vestida "apropriadamente" e não totalmente pronta para sair, observei os carregadores no degrau do hotel colocando nossa bagagem no carro. Dei uma última espiada ao meu redor, olhando para trás, para a praia delineada por palmeiras, pensando desejosamente em como seria bom ficar deitada na areia por dias e dias. Enquanto me imaginava preguiçosamente na praia, estava sendo otimista ao planejar uma nova visita, voltando à bela Kuantan. Na época, não entendia que o passado não pode jamais ser recapturado e revivido, que tudo muda e avançamos para outros prazeres e desejos. Algumas vezes o passado é adoçado pela passagem do tempo, mas essa doçura pode se tornar dolorida como um dente cariado, memórias arruinadas e a condenação por nossa ingenuidade. Entrei no carro lançando um último olhar sobre o ombro, e me virei para saudar o futuro que ainda não sabia que me aguardava.

Quinze

Levamos uma hora e meia para chegar à divisa do estado de Pahang/Terengganu, dirigindo por uma estrada caótica, ladeada por vilas esquálidas, selva e campos de arroz de um lado e, do outro, pelo radiante mar da China Meridional. Dividimos nossa rota com uma estranha variedade de veículos: caminhões bamboleantes, veículos de transporte de madeira carregando imensos troncos retirados da floresta tropical e carros de luxo disputando posições com lambretas — algumas delas carregando famílias de cinco pessoas equilibrando-se precariamente do guidom ao banco traseiro, como em algum tipo de número circense — além de bodes e bicicletas. Cruzando a divisa para Terengganu, percebi que havia menos pessoas nas estradas e que a selva era mais abundante e verde do que eu havia visto antes. Achei estranho tentar me acostumar à abundância ao meu redor; sombras e mais sombras de verde, explosões de flores tropicais brilhantes, trepadeiras e cipós pareciam estranhos às minhas expectativas de grandes extensões ao ar livre. A floresta tropical era bela, mas estranha, por parecer um cenário pintado em minha homenagem. Eu estava acostumada com os verões australianos: a relva seca e marrom de Gippsland e as pequenas orquídeas selvagens que brotam em explosões de cores desafiantes em meio a ela; a amplidão de nossas vastas planícies, pontilhadas por eucaliptos de duras folhas cáqui e cascas brancas e acinzentadas; e o perfume único e rico dos arbustos australianos.

Gradualmente, na periferia da cidade de Kuala Terengganu, as vilas começaram a surgir à beira da estrada a intervalos menores, quando a pista dividiu-se em duas. No caminho, Bahrin e eu conversamos pouco, ouvindo a música das fitas que ele trouxera; mas, à medida que começávamos a nos aproximar de uma grande estrutura à esquerda, quase imperceptivelmente, ele acertou sua postura, ergueu o queixo e reduziu a velocidade do carro, quase parando, enquanto iniciava uma explicação sobre o muro de concreto de 3m de altura, com quase 2km de extensão, pelo qual estávamos passando. Aparentemente, era o Istana Badariah, o palácio Badariah, lar de seu tio, o sultão Duli Yang Maha Mulia Sultan Mahmud ibni Almarhum Sultan Ismail Nasiruddin Shah. Enquanto o carro avançava, vislumbrei uma enorme construção pintada em um tom claro de cinza. Sentinelas armadas montavam guarda no portão principal e uma bandeira tremulava alta no mastro, uma das várias alinhadas ao longo do bulevar de entrada. Bahrin explicou que o terreno do palácio era muito grande e incluía um clube com sede própria, campo de golfe, quadras de badminton e de tênis. Acrescentou também que ele crescera atrás daqueles muros formidáveis. Tratava-se de algo mencionado casualmente, sem qualquer tom de nostalgia, como se fosse um detalhe sem importância. Imaginei se seria pelo fato de, como membro da "realeza", ele ter sido criado para esperar que um novo reino tivesse precedência sobre o antigo. Ou se ele se ressentia de ter perdido os direitos ao seu antigo lar? Imaginava, mas não perguntei nada; não achava que fosse um assunto que me dissesse respeito. Reconheci que estava de fato pisando fora de qualquer terreno conhecido. Então, ali mesmo, naquele momento, mentalmente instruí a mim mesma a seguir o fluxo, não ofender ninguém e ser guiada por Bahrin em todas as coisas; isso parecia ser a coisa mais sensata e lógica a fazer, e, provavelmente, a única maneira de sobreviver ao campo minado da etiqueta cultural da nobreza. Isso, e todos os dedos cruzados.

Bahrin aproximou-se e apertou minha mão carinhosamente, antes de fazer uma curva e entrar em um estacionamento que saía da estrada do palácio. Havíamos chegado ao nosso destino e, em nome do decoro, eu me hospedaria na casa de seus tios, vizinha à de sua mãe.

Descemos pelo caminho até virarmos uma esquina. Tudo o que eu podia observar à minha frente era uma massa de vegetação, quase obscurecendo a visão da casa. O que consegui ver sugeriu-me um telhado que era uma mistura de todos os estilos conhecidos de arquitetura e proprietários que valorizavam sua privacidade.

A casa de Yang Amat Mulia Tengku Seri Paduka Raja (Tengku Ibrahim), tio materno de Bahrin e irmão mais novo do sultão, e sua esposa chinesa, Rosita, era decorada no estilo do seriado de tevê norte-americano, *Dinastia*. Portas esculpidas à mão fechavam a entrada da mansão e os versos obrigatórios do Alcorão, o livro sagrado dos muçulmanos, também esculpidos e destacados em filigranas douradas, cobriam a verga da porta. Esses versos do Alcorão têm a finalidade de proteger os moradores de uma casa contra os maus espíritos e demonstrar a devoção familiar a Alá.

No interior, pisos brilhantes de sinteco e mármore eram cobertos por tapetes chineses e persas de valor incalculável. Reproduções de candelabros de cristal dominavam alguns aposentos, que contavam com ar-condicionado, enquanto em outros giravam ventiladores de teto sobre antigas telas de laca e paredes espelhadas que refletiam nossas imagens dezenas de vezes. O estilo da decoração era uma mistura surpreendente do mais *kitsch* com o mais caro. Alguns cantos da casa eram inteiramente dedicados a temas específicos — *nouveau* italiano, com palmeiras folheadas a ouro e várias mesas de vidro; ou japonês, incorporando antigos quimonos pendurados nas paredes e um jardim de água. A casa era luxuosa, mas sem o predomínio do bom gosto. Diferentemente de muitas casas que eu veria em Terengganu, os aposentos familiares da casa de tia Rosita eram muito europeus, tanto na mobília quanto na atmosfera: sofás amplos e macios e vasos de plantas preenchiam as três salas de recepção principais, que contavam com banheiros ocidentais. Ainda que nem todos tivessem água quente, ofereciam o luxo de privadas em pedestal, em oposição às privadas no nível do solo, comuns no Oriente — mesmo que o papel higiênico estivesse em falta.

A casa foi renovada e ampliada, com o acréscimo de novas alas e andares superiores, além de uma piscina de fibra de vidro no nível do chão, enviada da Austrália em uma peça inteira.

Fui recebida calorosamente pela tia de Bahrin, que já havia encontrado em Kuala Lumpur, e por seus primos, Nasiruddin e Alina, ambos também estudantes em Melbourne. Tia Rosita vestia uma longa túnica de *batik* rosa-shocking, coberta por grandes flores, que, mais tarde descobri, era o uniforme de "ficar em casa" para muitas mulheres da família real. Uma grande diferença das roupas curtas de grife, saltos altos e cabelos impecáveis que a vi usar na capital. Sua enteada e a própria filha, Suzi, vestiam jeans e um radinho pendurado no pescoço, cobertas com enorme quantidade de jóias de ouro e diamantes.

Aprendi por lá que a etiqueta exigia tirar os sapatos antes de entrar na casa de alguém e era um acontecimento assistir a um grupo de visitantes agitando-se na entrada de uma casa em busca de uma sandália perdida.

Minha bagagem foi rapidamente colhida por um empregado mais velho, enquanto eu era conduzida à sala de jantar, para o chá da tarde. Senti-me envergonhada e esmagada entre essas pessoas relativamente estranhas. Graças a Deus, Bahrin não partiu tão imediatamente quanto havia planejado. Percebendo minha expressão suplicante, ele adiou sua partida por tempo suficiente para conversar um pouco e beber um drinque. Mas sua mãe o esperava para cumprimentá-lo e assim ele partiu no que pareceu um piscar de olhos e uma agitada despedida, deixando-me com um olhar comprido atrás dele, como se eu fosse a Dorothy observando a estrada de tijolos amarelos sendo submetida a uma britadeira e coberta de asfalto.

Dezesseis

Com todos os criados que tia Rosita e Tengku Ibrahim tinham na casa — cozinheiro, duas empregadas, um mordomo mais velho, um jovem servente e dois motoristas — fiquei surpresa por Bahrin conseguir. No caso, tratou-se de uma visita à meia-noite ao meu quarto de hóspedes no térreo, na noite de nossa chegada. Bahrin combinou com seu primo, Nasiruddin, que destrancasse uma das portas para ele em uma hora determinada e a trancasse depois que ele tivesse ido embora. Assim, podia meter-se em minha cama sem que sua família tivesse a menor idéia do que estava acontecendo. As aparências, como logo eu entenderia, significavam bem mais para a família de nobres do que a realidade.

O dia "D" finalmente chegou. Novamente vestida com minhas roupas mais "adequadas", fui escoltada por Bahrin pelo enorme jardim que separava as duas casas até a residência de sua mãe.

Na década de 1960, o avô de Bahrin decidiu construir casas para seus filhos favoritos. Ele subdividiu grande parte do terreno de seu palácio, abriu estradas particulares para ligar as casas e instalou um sistema de esgoto e de rede elétrica. Cada um de seus filhos e netos ganhou uma casa idêntica, seguindo o padrão de três quartos, com dependências de empregados, distribuídas por uma área de 5.000m², construídas em alvenaria. Todas foram pintadas de branco, refletindo a influência colonial britânica, e cercadas por varandas, para se protegerem das torrenciais chuvas das monções.

À medida que as necessidades de acomodação de cada descendente favorecido cresciam no ritmo dos ganhos obtidos com as valiosas concessões de exploração da floresta tropical e com as descobertas de petróleo no estado, o mesmo acontecia a suas casas. Em alguns casos, as que começaram como simples casas de subúrbio evoluíram para mansões de dez quartos.

Enquanto atravessávamos os 200m até a casa de Tengku Zaleha, Bahrin explicava que o lugar onde a família morava era chamado, coloquialmente, de Kampung Istana, ou "vila dos palácios". Porém, pelo que eu podia ver, a área dificilmente poderia ser considerada uma vila.

A residência de Tengku Zaleha, uma casa simples de tijolos, relativamente nova, com varandas dos dois lados, pintada de branco com a moldura das janelas em verde-maçã, era bem mais modesta e menos protegida que a de seu irmão. A um sinal de Bahrin, tirei meus sapatos o mais graciosamente que consegui e entrei na casa semi-iluminada e muito austera.

A mãe de Bahrin sentava-se rigidamente na beira de um divã na sala de visitas, com um sorriso que não se refletia nos olhos, estendendo-me as mãos em boas-vindas, mas sem se levantar. Na Malásia, as mulheres não apertam as mãos de maneira firme, na verdade é só um toque das palmas e um leve envolvimento dos dedos. Felizmente, eu havia sido preparada por Bahrin e rapidamente peguei sua mão direita e toquei meu nariz e lábios em seu dorso, em sinal de respeito, encenando um tipo de mesura cerimoniosa exatamente como fora instruída. Seu rosto pareceu descongelar-se levemente diante disso e captei um breve alívio em seus olhos quando voltaram a se encontrar com os meus e ela acenou em reconhecimento. Anos mais tarde, Tengku Zaleha viria me dizer que ela também estava nervosa em nosso primeiro encontro e ficou aliviada quando percebeu que eu sabia me inclinar e me comportar com decoro, e não era uma das "bárbaras garotas brancas" que ela temia. Vestindo um *baju kurung* de seda rosa e um lenço de cabeça muçulmano, de pés descalços e batom rosa fosco, ela me pareceu alguém que não vivia exatamente no mundo real, e sempre me sugeriu uma velha duquesa inglesa que não conseguia aceitar que as "carruagens sem cavalos" haviam chegado para ficar.

A barreira do idioma provou ser uma dificuldade. Tengku Zaleha já fora fluente em inglês, mas perdeu a prática e era envergonhada demais para começar a usar o idioma novamente, com medo do ridículo. Mesmo compreendendo muitas vezes o que as pessoas diziam em inglês, ela optou por não conversar neste idioma. Então nos sentamos, Bahrin, sua mãe, tia Rosita, um ou dois primos e eu, acenando as cabeças, sorrindo e mantendo uma conversa artificial. "Onde você nasceu?", foi a pergunta de Tengku Zaleha, por meio de tia Rosita. "Trabalhava em quê?", perguntou a prima Alina por sua tia, seguido de "Quantos anos você tem?" — neste ponto, Bahrin interrompeu, apressadamente perguntando a sua mãe, em um tom um pouco mais cortante que o normal, se ele havia mencionado que meu pai era natural de Penang.

Irritei-me pelo fato de Bahrin achar necessário fugir de perguntas sobre minha idade, ainda que eu tenha entendido suas instruções e motivos — mesmo não concordando inteiramente com elas. Bahrin explicou que todos os seus primos mais jovens tratavam-no pelo título de "Abang", o irmão mais velho, o que era uma demonstração de respeito, e que, se seus primos soubessem minha verdadeira idade, 17 anos (o que significava que eu era bem mais jovem que a maioria deles), isso seria constrangedor para ele. Nosso relacionamento poderia ser percebido como Bahrin se sentindo atraído por uma adolescente não-muçulmana e legalmente menor de idade. Então ele me pediu que mentisse sobre minha idade para sua família. "De qualquer modo", ele disse, "isso não é da conta de ninguém, só sua."

A conversa de reconhecimento continuou de forma polida, com a bola bilíngüe sendo lançada por Tengku Zaleha ou por mim, encaminhada por auxiliares prestativos, cada um ansioso por assumir o papel de decodificador lingüístico. Devíamos estar parecendo o público de uma partida de tênis: todas as cabeças para a direita, todas as cabeças para a esquerda, enquanto as frases eram interpretadas de um lado para outro da sala. Certamente, não foi um relaxante chá da tarde, em que se podia ficar à vontade; foi muito mais uma seção de tortura com chá e bolos.

O que realmente quebrou o gelo entre nós foi uma grande caixa de chocolates ao leite Cadbury. Eu havia trazido uma dúzia de caixas de chocolate da Austrália, para o caso de precisar dar presentes de agradecimento, e dei uma a Tengku Zaleha. Ela mal pode conter seu deleite ou o sorriso disfarçado que rompeu nossa barreira de comunicação. Diante da considerável seleção de chocolates Cadbury, nos identificamos como colegas chocólatras e começamos a ser amigas.

Assim, com o fim do suplício das apresentações formais e da conversinha obrigatória, Bahrin e eu nos desculpamos e, acompanhados por uma prima como dama de companhia, fomos dar uma volta pela cidade de Kuala Terengganu. Mais tarde, naquela noite, na casa de seu tio, Bahrin me parabenizou, dizendo que eu tinha me saído muito bem em meu encontro com sua mãe. Não pude deixar de pensar que ele parecia estar me cumprimentando como se eu tivesse sido bem-sucedida em algum tipo de missão secreta atrás das linhas inimigas. Esperei por uma medalha, mas não ganhei nenhuma; então, apenas sorri, sem entender muito bem o que se passava.

Um ano mais tarde, quando eu já estava mais familiarizada com os costumes muçulmanos, entendi que, quando um homem do Islã leva uma moça para conhecer sua família, especialmente sua mãe, trata-se de uma indicação definitiva de que ele está considerando o casamento. Membros do sexo oposto não visitam simplesmente as casas uns dos outros ou a de seus pais, a não ser que o relacionamento seja sério. Pobre de sua mãe: ela sabia o que ia pela cabeça de Bahrin muito antes de mim; talvez simplesmente tenha pressuposto que eu também soubesse.

As lembranças de minha primeira visita a Terengganu parecem se atropelar, girando dentro de minha mente. Consigo lembrar de "cenas" claramente, como se fossem fotografias, mas muitos dos eventos do dia-a-dia escaparam de minha memória. Talvez também por eu mesma ter me deixado seduzir pela família de Bahrin. Vi atitudes que, nos primeiros dias, suponho ter preferido atenuar, deixando que os aspectos positivos superassem fatos mais desagradáveis de suas vidas. Aos 17 anos, eu não provocava marolas. Aos 30, crio maremotos, se necessário.

❧

Ao longo das duas primeiras semanas de janeiro de 1981, Bahrin e eu saltamos entre Terengganu, Kuala Lumpur e Cingapura em um ritmo alucinante. Em Terengganu, admiramos a paisagem; em Kuala Lumpur, festas intensas, e em Cingapura, compras desde que chegamos.

Foi em Cingapura que encontrei o sultão de Terengganu, tio materno de Bahrin, pela primeira vez, junto com sua segunda esposa, Sharifah Nong, mãe de seu filho mais velho, Mizan, o herdeiro do trono, ou rajá Muda, e da maioria de seus filhos. Eu já conhecia e gostava de Mizan, que, naquela época, era um jovem acessível, despretensioso e um pouco

ERA UMA VEZ UMA PRINCESA

envergonhado. Sua combinação de genes árabes e malaios lhe deram a beleza viril e os olhos escuros e pensativos. Ele sempre tinha um sorriso caloroso para mim, ainda que um pouco forçado, e se saía muito melhor nas tarefas domésticas do que Bahrin. Não era incomum encontrar Mizan esfregando o chão ou cozinhando algo simples quando ele nos visitava em nossa casa em Melbourne. Eu lamentava por ele, pois sabia que detestava Geelong Grammar, a velha escola de Bahrin, para onde fora enviado para completar os estudos. Sem ser academicamente brilhante, foi duro ter de ir para lá, e o isolamento do internato contribuiu para sua infelicidade. Mas como herdeiro do trono — e provável futuro rei da Malásia — ele tinha pouca chance de escolher seu destino. Sua carreira, onde ele morava e quem seria a esposa oficial eram decisões tomadas sem sua intervenção, fatos consumados.

Eu já havia conhecido outros filhos reais, as irmãs e os irmãos de Mizan, em Terengganu. As meninas, Farah, Anna e Ima, tinham de 15 a 21 anos. Farah, a mais velha, na época era magra como um palito, com um rosto delicado em forma de coração e lábios voluptuosos; uma tagarela, como sua mãe, adorava uma boa intriga mais do que tudo e era inclinada a enfeitar-se com imensa quantidade de jóias e a cumprimentar as pessoas de forma extravagante, o que eu achava muito desconcertante.

Anna, por outro lado, era visivelmente mais quieta, e preferia recostar-se na cadeira e observar os acontecimentos em vez de participar da conversa. Incrivelmente bela, com cabelos longos e negros, possuía uma sensualidade latente; com traços finos, como os de sua irmã mais velha, a aparente fragilidade escondia nervos de aço e uma natureza maliciosa e um tanto petulante.

A menina com jeito de moleque e filha caçula do sultão era Ima. A versão feminina de Mizan, com os mesmos olhos escuros e traços marcados. Ela vestia seus shorts de menino desafiadoramente, e, ao contrário de suas irmãs, não tinha nada de frágil. Sempre parecia estar mais à vontade de jeans do que nas tradicionais indumentárias muçulmanas que era obrigada a usar em público ou perto de seu pai, o sultão. Era conhecida por se sentir mais em casa com uma bola nos pés do que bancando a princesa dedicada, e a vi baixar os olhos várias vezes para esconder seus impulsos rebeldes.

74

Os dois meninos mais jovens do clã real eram muito ofuscados pelos mais velhos e, como resultado, pareciam ser atraídos pela maldade, como mariposas pelas chamas, constantemente se metendo em brigas ou aproveitando qualquer oportunidade para pregar peças em pobres inocentes distraídos. O jovem Tengku, de 10 anos, "Baby", para usar seu apelido, era uma criança especialmente desagradável, o tipo de garoto que torna a idéia de controle da natalidade atraente. Ele era sádico com os animais e capaz de mentir ou manipular qualquer situação a seu favor. "Baby" tinha grande prazer em atormentar seu meio-irmão, Tengku Adik, muitas vezes com socos e beliscões, até que o outro reagisse.

Assim, fomos para minha primeira audiência com sua majestade, o sultão de Terengganu. O sultão Mahmud e parte de sua família estavam passando um breve feriado em Cingapura, hospedados com seu séquito no Goodwood Park Hotel, que pertencia ao homem mais rico do mundo, o sultão de Brunei, um país rico em petróleo. O Goodwood Park segue mais o estilo de Stamford Raffle, o fundador britânico de Cingapura, que o próprio hotel Raffle e, comprovadamente, era o melhor hotel cinco estrelas da cidade. Discreto e contido, mas incrivelmente elegante, o saguão parecia ter sido planejado para refrear a exuberância dos hóspedes desde o começo. Bahrin e eu seguimos pelo longo corredor até a suíte particular, normalmente reservada para o dono do hotel, mas que, por cortesia, foi disponibilizada para a realeza de Terengganu.

À medida que meus pés afundavam no carpete sedoso e profundo, que cobria nosso caminho por um corredor duas vezes mais largo do que um quarto pequeno, passamos por um cenário que rivalizava com qualquer dia frenético de liquidação em uma loja como Harrods, Bloomingdales ou Harvey Nichols. Sacolas de compras adornadas com etiquetas como Christian Dior, Giorgio Armani e Yves St Laurent estavam empilhadas contra as paredes, espalhando seu conteúdo pelo chão: numerosas caixas de sapatos femininos, porcelana Wedgwood, duas ou três bicicletas e um pequeno carro elétrico. Os membros da família real do Brunei tinham ido às compras. Eu ficara estupefata; estava diante dos espólios de uma orgia de gastos desenfreados. Tratava-se de um ato de consumismo extremo — e, como muçulmanos, os bruneanos nem mesmo celebravam o Natal.

Bahrin e eu fomos conduzidos até a presença de seu tio, ao longo de um apartamento com lindos quartos, alguns hexagonais, com janelas

75

ERA UMA VEZ UMA PRINCESA

avarandadas, por um lacaio apressado, vestindo o uniforme padrão do palácio: casaco e calças brancas, *sampin* — um sarongue masculino preso na cintura e cobrindo as calças — e um *songkok*, um chapéu de veludo negro, sem bordas e oval, semelhante a um fez, bordado com a insígnia real. Depois de alguns minutos, Farah e Mizan juntaram-se a nós; sua conversa e suas maneiras eram normais e relaxadas, com Farah animada com as alegrias de fazer compras em Cingapura.

De repente, toda a vivacidade da sala evaporou — estávamos diante da presença do sultão. Um homem razoavelmente alto, de constituição maciça, ele não sorriu quando me abaixei em cortesia e fiz meu *angkat sumpah*, as palmas das mãos pressionadas uma contra a outra, levantadas até a testa subservientemente, e beijei sua mão estendida, enquanto flexionava os joelhos, inclinando-me. O sultão, felizmente, não me deu maior atenção ao passo que eu tentava me misturar com a mobília. Sua atitude parecia vaga, como se estivesse em outra dimensão. Bahrin me disse mais tarde que seu tio não era mais o mesmo desde que seu problema cardíaco fora diagnosticado, passando boa parte do ano experimentando tratamentos médicos tradicionais ou alternativos, para assegurar sua longevidade.

Depois dessa breve aparição na sala de recepção, durante a qual seus dois filhos mais velhos remexiam os dedos nervosamente e moviam-se de um lado para outro com os olhos baixos, sua esposa, Sharifah Nong, chegou, espalhafatosamente, e se juntou a nós. Ela estava envolta em roupas de seda, os olhos delineados com *kohl*, uma espécie de rímel oriental, e suas mãos eram uma massa de anéis de diamantes, rubis e esmeraldas, dois em cada dedo; nos pulsos, serpenteavam braceletes de ouro e um relógio Piaget de platina e diamantes. Em torno do pescoço, uma coleção abundante de longas correntes de ouro maciço, pingentes de diamantes e fechos com a gravação do símbolo árabe para Alá. Todas essas jóias chacoalhavam com estrépito enquanto ela se abaixava para se sentar no sofá, ao meu lado. Ela era como um grande redemoinho tagarela, uma mulher cuja personalidade poderia suplantar tudo o mais ao seu redor diante de sua falta de discrição. Bombástica ao extremo, não era difícil entender o entusiasmo de suas filhas pela intriga — esse era o sangue que corria nas veias da mãe delas.

76

Fui imediatamente declarada como "agradável aos olhos", precisando engordar, e muito mais bonita em termos de cor da pele e cabelos do que a primeira esposa de Bahrin, Fauziah, de quem ela disse não gostar. Tudo isso tia Sharifah Nong conseguiu dizer nos dois primeiros minutos de nosso encontro. Fiquei pensando o que teria mencionado se me conhecesse melhor ou tivesse passado mais tempo comigo. Ela declarou que sabia que seríamos ótimas amigas. Eu mal podia esperar.

Tendo conhecido a família de Bahrin, sido inspecionada e mais ou menos aprovada, logo chegaria o momento de voltar para Melbourne, para casa e para a normalidade. Na manhã de minha partida, Bahrin e eu estávamos deitados preguiçosamente na cama, na casa de seu pai, quando, de repente, ele disse que havia mandado fazer um anel para mim. Um anel de noivado. Ele não havia me pedido — apenas fez um comunicado.

Bahrin varreu para longe qualquer pergunta que eu pudesse ter, qualquer preocupação ou incerteza de minha parte em relação ao futuro com as palavras: "Não estrague esse momento falando sobre ele, apenas vá para casa e espere por mim." E foi o que fiz. Embarquei no avião naquela tarde, sem me dar conta de que estava criando um padrão em nosso relacionamento que nunca seria quebrado — o padrão de minha total obediência.

Dezessete

Após voltar para casa, na Austrália, e durante as semanas seguintes, enquanto eu esperava que Bahrin se juntasse a mim novamente, a vida acomodou-se em seu curso normal. Houve momentos em que fiquei pensando se realmente tinha visitado todos aqueles locais exóticos. Minha existência parecia muito normal, eu desfrutava minha solidão, preferindo caminhar sob o sol de verão ainda brilhante do escritório para a casa em Carlton, um subúrbio próximo do centro da cidade, cheio de casas com terraços e parecido com Kensington, em Londres; vadiar no pequeno jardim dos fundos e ir a algumas aulas de balé, para não perder a flexibilidade. Provavelmente, era a primeira vez na vida que eu procurava aproveitar minha própria companhia. Muitas vezes imagino o que teria acontecido se Bahrin não tivesse voltado a Melbourne para me buscar. Mas então, por outro lado, minha confiança emanava da segurança de estar envolvida com ele. Nunca saberei ao certo: minha vida já avançou demais por esse caminho para que eu possa considerar rotas alternativas da adolescência.

Ele estava em casa, trazendo o anel de noivado, romance e meu futuro. O anel foi oferecido com graça, na noite de sua chegada, durante um jantar à luz de velas no Tsindos Bistro, "nosso restaurante especial", acompanhado pelas palavras: "Três diamantes — Eu... te... amo." Suponho que minha aceitação do anel fosse um acordo tácito de casamento — não me ocorreu na hora dizer "sim", uma vez que a pergunta jamais foi feita. O romance foi fornecido em abundância, como se ele tivesse um manual de "como encantar as mulheres" no bolso de trás. Houve almoços íntimos em que falávamos sobre nada, longos passeios de carro com a música desfazendo qualquer tentativa de conversa, amor feito de maneira agradável e sem exigências, e flores, muitas e muitas flores.

As flores eram realmente meu ponto fraco, e Bahrin era mestre em acertá-lo em cheio. No dia 14 de fevereiro de 1981, cheguei em casa e encontrei a porta da frente coberta de cravos e laços. Ao destrancar a fechadura, abrir a porta e entrar em casa, mais flores me esperavam, espalhadas pelo chão diante da escada, em torno de um cartão que dizia "Feliz Dia dos Namorados". Presas ao corrimão da escada, rosas vermelhas, em todas as balaustradas, espiralando por toda parte, a perder de vista. Acompanhei o rastro das flores, colhendo-as enquanto subia; quando cheguei ao andar de cima meus braços mal podiam conter os buquês. Atrás da porta, segurando mais flores vermelhas e um bilhete de "Eu te amo", Bahrin estava sentado casualmente, como se fosse muito normal comprar o que parecia ser todo o conteúdo de uma loja de flores.

Entretanto, a não ser pelo barulho do tráfego, a casa estava silenciosa. Bahrin olhava para mim enquanto eu tentava balbuciar meu reconhecimento. Ele me lançou um de seus sorrisos fugazes e disse, com irreverência:

— Ora, o que você esperava? Você vai ser minha esposa.

Eu sabia que não podia dar uma resposta à altura — então, o beijei.

À medida que nosso romance avançava, me vi cada vez mais e mais distante de meus amigos mais próximos. Minha nova vida girava inteiramente em torno de meu novo amor, de tal forma que mal percebi que meu círculo de amizades era agora formado pelos primos de Bahrin ou colegas universitários, e que mesmo esses podiam ser contados nos dedos de uma única mão.

Avançamos pelo mês de março pensando em quase nada a não ser nos cruciais exames de fim de ano de Bahrin. Era um domingo, dia 8 de março. Estávamos vendo televisão no estúdio, depois do jantar, quando ele se virou para mim e lançou sua bomba:

— Semana que vem é a coroação de meu tio e a nomeação de Mizan como herdeiro do trono. Eu realmente acho que deveria ir.

Então, mais apressadamente, ele acrescentou:

— E acho que nós dois devíamos voltar para Terengganu, para a coroação e para nos casarmos ao mesmo tempo.

Eu estava sentada no chão da sala, com pontos de exclamação ricocheteando em meu cérebro, procurando as palavras, os pensamentos em disparada. Nunca havíamos definido uma data para o casamento. Eu sempre achei que falaríamos desse tipo de coisa depois de sua graduação. O noivado era divertido e eu ainda estava digerindo a história, não tínhamos que nos preocupar com bebês chegando antes da hora desejada. Finalmente, consegui balbuciar:

— Mas só tenho 17 anos.

— Então você só esteve brincando comigo, não foi? — respondeu Bahrin raivosamente. — Você acha que eu teria levado qualquer uma para minha casa, para conhecer minha mãe? Eu estou levando você a sério desde o primeiro dia. Eu sabia que você seria a esposa perfeita para mim. Por que está dando desculpas agora?

— Mas são apenas sete dias — respondi, tentando ganhar tempo. — Não posso, legalmente, me casar com você. Sou menor de idade. — E depois, de maneira idiota. — Não tenho um vestido de noiva.

Esses comentários só serviram para elevar o tom da conversa.

— O que você acha que significa pertencer à família real? Posso resolver isso tudo. Posso tornar tudo legal. Posso organizar tudo. Tudo o que preciso fazer é ligar para a Malásia.

E então ele gritou:

— Sou a única pessoa que já se ofereceu para aceitar você. Você não se encaixa na Austrália, não pertence a esse lugar e não se parece com eles. Posso tornar você parte de uma família pela primeira vez em sua vida e tudo o que você faz é colocar obstáculos! Não importa o quê ou quem você era antes de se casar comigo, ninguém na Malásia ousaria pensar em você como outra coisa a não ser como membro da família real. Aqui, você não é mais do que uma mestiça euro-asiática. Você mesma me contou a vida horrível que teve com os australianos na escola, como se sentia infeliz enquanto crescia. Bem, isso não vai acontecer em Terengganu. Pela primeira vez, você pertencerá a uma família. Pela primeira vez você terá uma família de verdade. Estou te oferecendo a proteção de tudo o que tenho, tudo o que minha família é, e tudo o que você faz é encontrar problemas e obstáculos.

Eu nunca o tinha visto com raiva antes, e fiquei assustada. Talvez ele estivesse certo. Talvez eu não pertencesse à Austrália. Quem sabe eu pudesse encontrar algum tipo de pureza racial e um futuro para meus filhos ao me casar com ele? Então, eles não passariam pela agonia de serem diferentes, como eu.

Eu simplesmente não sabia o que dizer. Comecei a chorar, tentando explicar tudo o que me dava medo, todas as minhas incertezas, mas ele não ouvia. Apenas continuava a gritar suas acusações, desfazendo todas as minhas camadas cuidadosamente construídas de autoproteção e confiança, desnudando todas as minhas vulnerabilidades e expondo todos os meus medos.

— Para onde você vai agora? O que vai fazer? — perguntou Bahrin.

— O que você quer dizer? — respondi.

— Bem, você não acha que podemos continuar vivendo juntos sem nos casarmos, não é? Eu não viveria com uma prostituta. Sou muçulmano e, até agora, termos vivido juntos significa que vivemos em pecado. Isso não pode continuar. Eu lhe dei bastante tempo para amadurecer, agora estou dando a chance para você ser alguém, ajustar-se pela primeira vez em sua vida, ter uma família, e você não quer isso. Eu amo você, mas estou avisando: ou nos casamos ou terminamos.

Eu não poderia perdê-lo. Estava aterrorizada diante da perspectiva de ficar por conta própria. Eu o amava, não queria terminar como minha mãe. Talvez ele estivesse certo. Eu apenas não sabia mais — estava muito confusa e atordoada. Continuei chorando enquanto ele prosseguia com seu palavrório.

A certa altura, eu disse num rompante que sabia que os muçulmanos podiam ter mais de uma esposa, afinal de contas, o seu tio, o sultão, tinha pelo menos duas de uma vez. Eu não queria que ele se casasse com mais ninguém.

— Eu não suportaria — gritei.

Queria que meu casamento durasse. Não acreditava que relações polígamas eram certas. Eu não competiria com outra mulher.

— Nunca irei dividir. Jamais! — disse de forma veemente.

Em resposta, ele pegou o Alcorão, o livro sagrado do Islã, que mantinha sobre a lareira no estúdio, ajoelhou-se e jurou que jamais teria outra esposa a não ser eu e que ficaríamos juntos até a morte. Ele jurou em nome de Alá e sobre o livro mais sagrado de sua religião. Era um juramento sagrado, ele me garantiu, ao qual estava obrigado por sua religião.

Bahrin repetiria seu juramento sagrado, novamente com o Alcorão nas mãos, diante de sua mãe e por solicitação dela, em pelo menos três outras ocasiões durante nosso casamento.

Eu tinha de me render. Ele foi absolutamente firme ao dizer que sairia de minha vida para sempre se eu não me casasse com ele na semana seguinte. Eu simplesmente desisti. Não tinha forças para discutir mais e não poderia correr o risco de perdê-lo por achar que poderíamos esperar.

Ele fez amor comigo assim que me rendi, dizendo que nunca me deixaria, jurando amor eterno e prometendo várias vezes que tudo daria certo, agora que estávamos de acordo.

Mais tarde, Bahrin me disse que decidira que não faríamos sexo de novo antes de estarmos oficialmente casados, que tínhamos que nos manter puros até a noite de núpcias, mas que continuaríamos a compartilhar o leito. Era como fechar a porta do estábulo depois de o cavalo ter fugido, mas quem era eu para questionar?

Eu era apenas a noiva.

Dezoito

Olhei meu reflexo no espelho, sentada diante da penteadeira, e me avaliei. Vi olhos grandes, delineados com *kohl*, cabelos negros e brilhantes, adornados com fina gaze, que agitavam-se nervosamente sob os movimentos da escova folheada de prata. Sobre meu seio direito estava o precioso broche de diamante que meu pai havia me dado. Ele ficava bem com o laço marrom de meu vestido longo.

Uma noite inteira de costura com uma amiga foi necessária para terminá-lo em tempo, uma hora de almoço inteira de compras frenéticas para encontrar uma lingerie que combinasse e uma hora para lavar o cabelo e fazer a maquiagem.

A imagem que eu via no espelho não era a que imaginara durante todos aqueles anos nebulosos, quando conjurava visões de meu futuro. Em meus devaneios, eu carregava um buquê de lírios e gardênias, vestida de branco resplandecente.

Eram 7 horas da noite, eu estava em um país estrangeiro e me casaria em alguns minutos.

Os sete dias até este momento haviam evaporado como gelo em uma fogueira. Um redemoinho de compras, costuras, providências para a viagem e um estado de espírito caótico, absolutamente histérico, deixaram-me com pouco tempo para cuidar dos detalhes da própria cerimônia. Releguei essa parte a Bahrin, o que parecia ser mais apropriado, diante das circunstâncias. Ele parecia estar certo em sua afirmação: quando queria preparativos para um casamento, bastava pegar o telefone.

Sentados na primeira classe de um avião em nossa viagem para a Malásia, minha mente continuava a se voltar para minha avó. Nós havíamos conversado na noite anterior e contei sobre nossos planos de casamento. Ela não me disse nada que me desencorajasse, apenas que desejava que eu fosse feliz. Tinha reservas quanto à velocidade com que tudo acontecia, e estava desapontada por não estar presente para me ver casar. Mas Bahrin explicou a ela que, para não atrapalhar a coroação de seu tio, o casamento constaria apenas de um registro oficial. Teríamos, ele disse, uma cerimônia adequada mais tarde, com todos os detalhes, em que ela estaria presente.

Sentada ao lado do homem com quem ia me casar, não conseguia deixar de concordar com minha avó, secretamente. Eu também estava desapontada por ela não estar presente em nosso casamento e por todos os planos fugirem de minhas mãos. Mas era assim que Bahrin queria, e eu não arriscaria perdê-lo. Eu tinha certeza de que passaria o que restava de minha vida com ele — como nos contos de fada.

Deixando de lado o faz-de-conta, havia alguns detalhes que mesmo Bahrin não havia percebido. Duas horas depois da decolagem, ele começou a repassar a agenda de nosso casamento na noite seguinte. A cerimônia de fato seria realizada na língua malaia, ele me disse, com uma boa dose de árabe incluída. Eu deveria dizer algumas frases nesse idioma, assim como em malaio. Seria mais simples e menos confuso para mim, Bahrin explicou, se ele me ensinasse essas frases naquele momento, durante o vôo, pois habituar-se ao árabe era difícil para um iniciante.

Assim, entre as refeições e sem ver o filme, aprendi foneticamente minha primeira frase em árabe, imitando Bahrin: "Wah Ash Hah Do Allah, Mohamad Arrr Rasool L'Allah Law." Repeti isso várias vezes, como um disco arranhado. "Há apenas um Deus, Alá, e Maomé é seu profeta", Bahrin traduziu. Essa frase seria suficiente, ele prometeu, era tudo o que eu precisava, o resto era fácil. Perguntei a ele o que significavam essas palavras e ele respondeu:

— Você só precisa se tornar muçulmana no papel. Ninguém de minha família pode, legalmente, casar-se com alguém não-muçulmano. De qualquer maneira, é apenas uma formalidade, não significa realmente muita coisa, não importa se você não acredita.

Passamos aquela noite de sábado na casa do pai de Bahrin, em Kuala Lumpur, antes de seguir para Kuala Terengganu, para as núpcias. Rajá Ahmad não foi convidado para nosso casamento. Acertou-se tacitamente que sua presença não era uma opção, devido à divisão causada por ter se divorciado da mãe de Bahrin, Tengku Zaleha, alguns anos antes. No dia seguinte, ele brindou à nossa felicidade com cerveja Tiger e se despediu de nós com algumas piadas grosseiras, prometendo nos encontrar quando estivéssemos voltando para Melbourne, em seis dias.

Quando finalmente chegamos em nosso destino, eu estava absolutamente exausta e não consigo, honestamente, me lembrar de qualquer sentimento de alegria diante de nossa união iminente. Eu tinha chegado a um estágio em que havia apenas um senso de antecipação fatalista diante de tudo aquilo. Ao me ver diante do espelho do banheiro, percebi que parecia mais uma corredora de maratona desgrenhada do que uma noiva ruborizada — uma noiva com menos de três horas para conseguir alguma cor no rosto.

Tengku Zaleha conduziu-me apressadamente para o quarto principal de sua casa, para que eu me refrescasse. Obviamente, ela havia sido submetida a grandes sofrimentos no curto espaço de tempo que dispôs para converter o quarto em uma suíte nupcial, no estilo malaio. A mobília era nova, feita de mogno e com um design muito enfeitado. A cama tinha motivos florais intrincados esculpidos e realçados em ouro, e a cabeceira era revestida de brocados amarelos, para combinar com as cortinas e com o resto dos estofados. Não era o tipo de decoração que eu escolheria para mim mesma, mas apreciei o cuidado de Tengku Zaleha e procurei transmitir isso a ela antes que me deixasse sozinha.

Alguns minutos depois, Bahrin pediu que eu voltasse a me juntar a ele na sala de jantar. A mobília havia sido afastada para um lado, com a mesa de jantar em uma extremidade da sala. Sentados à mesa, estavam dois homens absortos, escrevendo em um grande livro de registros, de aspecto oficial, e mexendo em papéis de um lado para outro. Prestaram pouca atenção em mim quando entrei na sala. Suas vestes não se pareciam com nada que eu já tivesse visto na Malásia até então: túnicas longas, com mangas compridas, como os mantos de um padre, feitas de algodão claro, com calças por baixo e turbantes na cabeça. Eram imãs, ou religiosos, equivalentes a vigários ou pregadores, com poder para celebrar casamentos, dar instrução religiosa e interpretar a lei do Alcorão. Quando Bahrin me apresentou a eles, estiquei minha mão para um aperto, mas nenhum dos imãs retornou o gesto e ambos olharam incisivamente para minha mão esticada inutilmente. Bahrin desfez o momento constrangedor explicando para mim que os dois cavalheiros estavam ali

85

para organizar nosso casamento. Nenhum dos dois falava inglês ou parecia especialmente incomodado por eu não falar malaio, assim, Bahrin foi obrigado a ser o intérprete.

Percebi meu nome, seguido da palavra "Yasmin", durante uma rápida conversa em malaio entre os homens. "Yasmin" era o nome que Bahrin escolhera para que eu usasse em meus documentos oficiais depois de nosso casamento, e o nome pelo qual eu seria conhecida publicamente.

Com um leve empurrão, Bahrin disse-me em voz baixa: "Diga o que eu lhe ensinei."

Assim, obedientemente e um pouco nervosa, repeti o que ele havia me ensinado no avião: "Wah Ash Hah Do Allah, Mohamad Arrr Rasool L'Allah Law."

"Assine aqui e aqui", disse o imã Ali, em malaio, mostrando o registro com um gesto e sorrindo pela primeira vez, enquanto eu assinava ao lado dos traços árabes no livro encadernado de couro.

"O que devo fazer agora?", perguntei, virando-me para Bahrin enquanto ele começava a deixar a sala.

"Vista-se para o nosso casamento", ele respondeu, e o segui pelo corredor. "Ah, e prenda seu cabelo para cima, para mim. Fica mais elegante assim."

Dezenove

A voz do muezim chamando os fiéis para as orações do pôr do sol interrompeu minhas reflexões enquanto eu me sentava com traje de noiva diante da penteadeira. Houve uma batida na porta e Bahrin entrou. Ele estava vestido da maneira tradicional dos homens, com o *baju melayu*, uma camisa solta, de mangas compridas e gola alta sem colarinho, apertada na frente com botões preciosos e calças pregueadas de seda, cobertas por uma saia bordada em ouro em torno da cintura. Usava o chapéu sem abas chamado *songkok*. Observei seu reflexo avançar em minha direção no espelho e pensei em como era moreno e belo o homem que em breve seria meu marido.

Na sua mão direita, vi uma caixa de veludo vermelho, que ele abriu ao chegar do meu lado. Dentro da caixa havia um pesado colar de diamantes, no formato de orquídeas e folhas, engastados em ouro e platina. Os brincos e pulseiras correspondentes eram tão decorados quanto o colar e igualmente incrustados de diamantes de diversos tamanhos.

— Você está linda, Yasmin — disse Bahrin para minha imagem no espelho. — São para você. Você pode usá-los agora. Foram escolhidos por minha mãe. São meu presente de casamento para você. Pedi a ela que os providenciasse quando telefonei. Você precisa usar jóias adequadas, agora que será minha esposa. Coloque-as para o casamento.

— Todas elas agora? — perguntei, pensando em como estava satisfeita com meu traje antes de ele entrar no quarto e como o broche de meu pai parecia perfeito e discreto sobre o laço vermelho escuro de meu vestido.

— Sim. Você gostou?

Hesitei, antes de responder. Eu teria que mentir. Iria ferir seus sentimentos se dissesse a verdade — que eu detestava ouro branco e não gostava de jóias grandes e exageradas.

87

— São absolutamente lindas — menti —, mas são demais. Você não precisa comprar coisas como essas para mim. Eu ficaria feliz com um anel de casamento. Não era necessário tudo isso.

— Jacqueline, você será minha esposa; é claro que eram necessárias — ele disse, enquanto colocava a mão sobre meu ombro e falava com o espelho. — Nos veremos em breve.

— O que acontece agora? — perguntei, sem querer ficar sozinha novamente.

— Bem, você acaba de se converter para o Islamismo com os imãs, então podemos nos casar. Está quase tudo pronto — respondeu.

— Mas e o fato de eu ser menor de idade?

— Já cuidamos disso — assegurou-me Bahrin. — Meu tio, o Sultão Mahmud, está em condições de ser seu guardião legal. Ele é o líder religioso de nosso Estado e autorizou os imãs a realizarem nosso casamento.

Ele saiu da sala com um sorriso.

Vinte

 Já havia escurecido quando Tengku Zainah, a tia de Bahrin, chegou para me buscar. Pelo corredor, vinha o som de cantos árabes, atravessando a porta aberta do quarto.

Ajustando meu véu, fui levada por Tengku Zainah pelo corredor, para outro quarto, que não tinha móveis a não ser pelo felpudo tapete persa no chão. Ela indicou o lugar onde eu deveria me sentar no tapete e me mostrou como eu deveria me posicionar discretamente, com meus pés encolhidos de um lado, enquanto ela ajeitava minha saia diligentemente, de forma que não mostrasse nenhuma parte de minha pele. Duas ou três outras tias de Bahrin e mais algumas primas se juntaram a nós, alinhando-se de um lado do aposento.

Logo depois, uma figura com turbante, que reconheci como um dos imãs da cerimônia da tarde, entrou pela porta da sala.

— *Saya terima* — saudou-me.

Eu acenei educadamente com a cabeça e sorri para ele.

— *Saya terima* — ele disse novamente, em um tom levemente exasperado.

Confusa, assenti e sorri novamente.

Tengku Zainah riu com nervosismo e gesticulou com a mão.

— *Saya terima* — eu disse finalmente, compreendendo o que esperavam de mim.

Quando as palavras saíram de meus lábios, quase foi possível ouvir um suspiro das outras mulheres na sala. Obviamente, eu seguia pelo caminho certo.

O imã então abriu um documento diante de mim. Estava inteiramente em árabe, a não ser pelo número "25", em uma linha. De algum jeito, uma caneta foi parar em minha mão. Eu deveria assinar, pensei, mas onde?

O dedo de Tengku Zainah, indicando o lugar, salvou-me da confusão, e, com uma sensação de realização, coloquei meu nome no lugar indicado. O imã partiu assim que obteve minha assinatura, seguido por Tengku Zainah. Deixada na sala e ainda esperando pelo casamento, eu olhei em torno em busca de aprovação e suporte moral, e recebi sorrisos iluminados e aprovações com a cabeça das mulheres da família de Bahrin.

— Ah, um pontinho a favor — pensei. — Consegui que sua família sorrisse para mim.

Houve uma agitação na porta quando Bahrin entrou e me chamou.

— Bem, venha, Yasmin — ele disse, em pé, da porta.

— Está tudo pronto para a cerimônia agora? — perguntei a ele.

— O que você quer dizer com cerimônia? — Bahrin disse com uma expressão zombeteira.

— Não seja bobo — respondi. — Quanto tempo vai levar?

— Mas já estamos casados — ele me disse.

— Não podemos estar casados; não tivemos uma cerimônia juntos nem fizemos qualquer juramento. Na verdade, eu mal estive com você esta noite — murmurei para Bahrin, contendo minha respiração.

— Nós não fazemos isso — explicou pacientemente, como se eu fosse uma idiota. Ele me conduziu pelo corredor. — Fiz meus votos na sala de jantar e me casei com você. Você disse "*saya terima*" aqui e aceitou seu preço de noiva.

— Meu preço de noiva? — sibilei, fazendo um esforço muito grande para não explodir.

— Sim, os 25 dólares que estavam escritos na certidão de casamento que você assinou. A quantia legal pode ser de 15 dólares no estado de Terengganu, mas você vale o dinheiro extra — brincou. — Venha, estão todos esperando por nós. Vamos tomar um pouco de *satay*; eu encomendei para nossa ceia de casamento pois sei que é seu favorito — acrescentou enquanto nos dirigíamos para a sala, eu o seguindo apressadamente.

Neste momento, eu estava completamente perplexa. Aparentemente, eu não estava presente e sequer era necessária em meu casamento. Isso era se sentir supérflua: toda paramentada e sem ter nada para fazer, uma noiva sem casamento para ir ou qualquer papel a desempenhar.

Na verdade, todo o jantar se passou como um borrão. Os comentários atravessavam minha mente em malaio, apenas ocasionalmente alguma tradução para o inglês era feita a meu favor. Consegui entender que a maior parte da conversa era sobre os filhos que teríamos e que isso me era muito favorável. A conversa também tratou da investidura do príncipe herdeiro na manhã seguinte, com a presença de toda a família real. Eu, como esposa de um príncipe, ainda que recém-empossada, também deveria comparecer.

Nossos convidados partiram bem cedo, levando os imãs com eles e deixando apenas os empregados e Tengku Zaleha na casa, conosco.

Bahrin indicou que era hora de dar boa-noite, então, virei-me para sua mãe, sorri e me inclinei para frente, beijando-a na face, em gratidão. Ela ficou muito surpresa pelo contato físico, mas deu-me uns tapinhas leves na bochecha, sorrindo para mim, desejando-nos boa-noite enquanto ia para seu quarto.

Vinte e um

 "Bem, sou uma mulher casada agora", sorri para mim mesma, enquanto pegava os alfinetes atrás de minha cabeça e soltava meus cabelos.

Bahrin havia desaparecido no banheiro, deixando-me com tempo para vestir a camisola rosa-clara que eu comprara especialmente para nossa noite de núpcias. De seda pura, com um corte no viés com aplicações de renda, havia custado uma fortuna, mas eu não me preocupava — queria estar bela para Bahrin.

Quando ele finalmente saiu do banheiro, vestindo um pijama de verão curto (que achei um pouco ridículo), não disse uma palavra. Parecia me olhar como se nunca tivesse me visto antes. Isso fez com que me sentisse desconfortável, como se eu estivesse sendo avaliada por um estranho. Então ele sorriu para mim — mas o sorriso não chegou aos olhos.

Enquanto Bahrin vinha em minha direção, eu tentava aliviar a estranha atmosfera que se instalara entre nós. Levantando da banqueta, sorri e estiquei minha mão para ele. Ele veio para os meus braços, rapidamente segurando minha cabeça para trás para o que parecia ser um beijo. Senti sua mão envolver meu cabelo, senti a pressão de seus dedos contra o meu crânio e relaxei ao ouvi-lo murmurar "minha linda, linda esposa".

O aperto aumentou sobre meu cabelo à medida que ele o enrolava mais e mais em seu punho; de repente, puxou minha cabeça para trás e disse raivosamente diante do meu rosto:

— Você me pertence, compreendeu? Você pertence a mim!

— Não, você está me machucando, querido — eu disse a ele enquanto tentava me libertar. Em resposta, ele apenas puxou minha cabeça mais ainda e segurou a mão que eu tentava usar para me soltar. — Por favor, você está me machucando, isso não tem graça. Me solta! — implorei.

— Posso fazer o que quiser com você; você pertence a mim — sibilou em meu ouvido enquanto me empurrava cruelmente para os pés esculpidos da cama.

Eu começara a soluçar, ele então me deu um tapa e mandou que eu ficasse quieta. De algum jeito, conseguiu prender meus braços sobre minha cabeça, enquanto rasgava os laços e as rendas de meu penhoar. Era como se eu fosse um objeto, não alguém que ele amasse. As extremidades pontiagudas da cama cortavam minhas costas, lançando pontadas de dor pela minha espinha, fazendo com que eu choramingasse e gritasse para ele parar. Mas ele não iria parar, e não parou — sua resposta foram novos tapas fortes em meu rosto e ordens para que eu calasse a boca. Então, começou a me estuprar, a forçar meu corpo.

"Não era para ser assim!", clamava meu cérebro.

Eu estava chorando, mas não podia gritar por socorro. Não queria as pessoas irrompendo no quarto e nos vendo daquele jeito. Não estávamos cercados apenas por sua família; todo o complexo estava repleto de empregados e motoristas. Eu tinha medo de Bahrin, mas ainda mais medo de ser humilhada.

— Por favor, pare, você está me machucando — eu implorava, mas ele não ouvia, não iria parar. Ele moveu-se com violência dentro de mim repetidamente, cochichando em meu ouvido, dizendo que eu tinha que entender que eu pertencia a ele, que eu era sua esposa, que eu era sua linda, linda esposa. Minha mente passou para o piloto automático, apagando seu rosto. Seus olhos me olhavam, mas ele não me via. Tudo não passava de um borrão de dor, pânico e decepção.

Quando Bahrin acabou, me jogou rudemente no chão, dizendo que eu estava horrível e que devia ir me limpar. Sua expressão era fechada e fria, enquanto ele se acomodava confortavelmente em nossa cama nupcial, como alguém que acabava de realizar uma tarefa desagradável, porém necessária, diligentemente. Não havia nada que eu pudesse dizer ou fazer. Minha mente estava obscurecida, nenhum de meus pensamentos fluía de maneira coerente e minha capacidade de raciocínio foi superada pela vontade de vomitar, o que fiz pesadamente quando cambaleei até o banheiro.

Lavando meu rosto na pia, resisti à necessidade de vomitar de novo enquanto via, refletidas no pequeno espelho, as marcas de seus dedos nos meus pulsos e a vermelhidão de seus tapas no meu rosto. Todo meu corpo parecia gasto e sujo. Eu me esforcei para me virar e passei meus dedos, cuidadosamente, pelas costas, para registrar os locais onde os entalhes dos pés da cama haviam arranhado e ferido a carne. Minha camisola, comprada na expectativa de uma lua-de-mel de sonhos, não podia mais ser usada, estava em farrapos, assim como minhas esperanças.

Não sei por quanto tempo fiquei sentada sobre a privada, chorando. Não tentei analisar o ataque de Bahrin totalmente, eu não podia encarar seus motivos e não tinha como entender onde fora parar meu gentil namorado. "Talvez tenha sido a pressão do casamento", tentei racionalizar. Quem sabe fosse uma aberração mental. Eu não tinha como lidar com aquilo então. Era demais. "Vai ficar tudo bem", eu entoava para mim mesma, repetidamente, "vai ficar tudo bem, nós vamos resolver". Mas primeiro eu tinha de conseguir seguir em frente com minha existência.

As luzes já estavam apagadas quando saí do banheiro e atravessei o quarto. Eu mal ousava respirar, para não acordar Bahrin. Não precisava me preocupar. Ele havia se deitado sobre o lado esquerdo e ressonava ruidosamente. Depois de trocar de roupa, entrei debaixo do lençol, o mais longe possível de seu corpo.

"Não posso chorar", pensei. "Não posso chorar", enquanto encolhia meus joelhos junto ao peito, para acalmar minha respiração. "Sou uma mulher casada agora."

Sim, eu era uma mulher casada. Eu era uma mulher casada de 17 anos que, aparentemente, acabava de aprender uma lição importante — se apenas tivesse idéia de que lição era aquela.

Vinte e dois

Meu primeiro dia como membro da família real começou às 4h30, quando fomos acordados por um empregado batendo na porta de nosso quarto. Ao acordar, virei-me cuidadosamente para meu novo marido, sem saber o que esperar. Apesar de meu tremor, seu sorriso foi rápido, mas algo desatento, seu humor não guardava qualquer semelhança com o comportamento sombrio e maligno da noite anterior. Parecia, no que lhe dizia respeito, que a principal preocupação e o maior desafio para nosso casamento recém-estabelecido era conduzir sua esposa ao longo da agenda real do dia sem que ela cometesse uma gafe social. A nomeação de Mizan como herdeiro da coroa de Terengganu exigia que todos os membros mais velhos da família real estivessem presentes na cerimônia, incluindo a mais nova e inexperiente recruta.

Bahrin não fez qualquer menção à noite de núpcias em nada perfeita. Eu me contive para não abordar o assunto. Na verdade, todo o episódio assumira uma qualidade surreal, que me deixava confusa e pensando se eu não imaginara aquilo tudo — mas não era invenção. As marcas nas minhas costas eram evidência suficiente para me assegurar de que o que tinha acontecido fora bem mais do que um pesadelo. Eu estava tão devastada que não tinha condições de confrontá-lo. Ainda não podia lidar com aquilo, tinha de esperar o dia passar. Estava casada com esse homem. Tinha de suportar a coroação e de encontrar sua família sem entender o idioma. O que acontecera na noite anterior não se repetiria, nunca mais, eu disse a mim mesma. Resolvi trancafiar tudo aquilo, compartimentar a memória, a dor e a perplexidade por trás de sorrisos educados enquanto me esforçava para tentar agradá-lo. Afinal de contas, "as aparências são tudo", como Bahrin repetia continuamente para mim desde nossa chegada à Malásia.

Para minha consternação, acabei por comparecer à nomeação de Mizan parecida com uma árvore de Natal de 1,52m. Tanto Bahrin quanto sua mãe foram inflexíveis quanto ao "vestido de corte" correto. Isso significava que eu devia vestir meu *baju kurung* de renda vermelha e todas as jóias que Bahrin me dera na noite anterior.

Enquanto me vestia para minha primeira função oficial, Bahrin me envolvia, orientava e dava instruções sobre etiqueta e protocolo. Suas palavras voavam por minha cabeça enquanto eu brigava para domar meu cabelo.

— Não deixe de beijar a mão de todos os membros mais velhos de minha família, isso é muito importante — Bahrin disse primeiro. — Não olhe para nenhum homem diretamente nos olhos, a não ser que seja um membro da família, e mantenha seus olhos baixos enquanto caminha — determinou a luz de minha vida, enquanto eu assentia, fingindo compreender. "Se eu estiver olhando para baixo, como posso ver para onde estou indo?", fiquei tentada a replicar.

— Jamais cruze as pernas, a não ser que possa manter seus tornozelos juntos — instruía-me meu marido. Aquilo me provocou a mais estranha imagem mental, fazendo com que eu estivesse feliz por ainda manter a flexibilidade.

— Jamais ofereça sua mão esquerda para qualquer pessoa — Bahrin determinou com firmeza. Decidi que o melhor seria manter a mão esquerda para trás o tempo todo. Na verdade, até que eu pegasse o jeito de manter o membro ofensor fora das vistas, minha maneira de andar ficou desequilibrada para um lado.

— Mantenha sua voz baixa e nunca fale alto em público — foi a próxima instrução.

— Cuidado para nunca passar totalmente em pé diante de uma pessoa sentada. Incline-se e estenda sua mão direita diante de seu corpo, e tente colocar sua cabeça no nível da pessoa. — Essa descrição me fez pensar em Charles Laughton em *O corcunda de Notre Dame*. Graças a Deus, eu não era tão alta, ou acabaria com uma corcunda permanente.

— Não dê passos tão grandes ao caminhar e procure manter suas pernas juntas o tempo todo — Bahrin traduziu o que sua mãe disse. Isso me fez pensar que eles deveriam me dar um pula-pula para resolver o assunto. Assim eu poderia ir pulando ao lado deles, mantendo meus joelhos juntos.

— Você só pode se sentar depois que os membros mais velhos da família tiverem se sentado. Não se sente primeiro; a não ser, é claro, que não sejam da realeza. Nesse caso, você deve se sentar antes deles, uma vez que não podem se sentar antes de você. — Eu só esperava que todos tivessem crachás de identificação, com sua posição hierárquica claramente exposta, ou que compreendessem essa história de protocolo melhor do que eu.

— Não fique se mexendo ou se virando demais em sua cadeira, nem fale comigo; haverá câmeras de televisão no palácio para a cerimônia. "Ótimo", pensei, "uma gravação em vídeo de minha humilhação".

E, por fim:

— Não fique nervosa. Você está linda. Basta seguir minhas instruções e ficará bem.

"Se você colocar pilhas nas minhas costas, poderá me comandar por controle remoto", fiquei com vontade de dizer, mas não tive coragem.

Então, menos de 12 horas depois de nosso casamento, fomos para o Istana Maziah, o palácio Maziah, acompanhados por Tengku Zaleha e 12 milhões de borboletas em meu estômago. "Como e onde uma nova princesa pode vomitar?", fiquei ponderando enquanto o carro saía do complexo, com um véu colocado frouxamente sobre meu cabelo.

As estradas para o centro da cidade estavam congestionadas e coloridas. Arcos haviam sido erguidos para cobrir as ruas a intervalos regulares. Enfeitados com fotografias do sultão Mahmud e sua primeira esposa e consorte, Tengku Ampuan Bariah, os arcos eram uma mistura de madeira compensada e lâmpadas coloridas, que piscavam e brilhavam enquanto proclamavam a grandeza do governante e desejavam-lhe vida longa e prosperidade. Patrocinados por interesses comerciais e órgãos governamentais, eles competiam entre si em sua ostentação. Faixas e bandeiras tremulavam sobre todos os postes de iluminação e o som de sirenes anunciava a chegada de diplomatas estrangeiros, membros da realeza e políticos.

Nosso motorista nos deixou diante dos portões do Istana Maziah, o gracioso palácio em estilo georgiano, construído durante os primeiros dias da colonização pelo bisavô de Bahrin, o sultão Zainal Abidin, e agora reservado exclusivamente para nomeações, coroações, casamentos e banquetes de Estado. Originalmente a residência real principal, havia sido reformado e ampliado no final da década de 1970, em um estilo que contrastava terrivelmente com a elegância da arquitetura original.

ERA UMA VEZ UMA PRINCESA

Pintados com as cores tradicionais da realeza, amarelo-claro e branco, os telhados e pórticos estavam enfeitados com luzes brilhantes, e a área de circulação externa havia sido transformada em um ambiente coberto para refeições para o público geral, que seria alimentado como um ato de magnanimidade, enquanto nós, os convidados, comeríamos no conforto do ar refrigerado do interior.

À medida que nos aproximávamos das portas principais, Bahrin apontou para cima, para a quarta janela da esquerda, no segundo andar.

— Foi naquele quarto que nasci — ele me disse com ar de proprietário. Interessada nesta pequena informação e ansiosa por saber mais, mas sem chance de perguntar, acompanhei Bahrin e sua mãe docilmente e um pouco nervosa enquanto eles entravam no palácio pelo saguão principal.

Reproduções de móveis italianos exageradamente estofados estavam espalhadas em torno do *foyer*. Grandes candelabros de cristal e enfeites luminosos pendiam sobre nós, iluminando os retratos dos últimos sultões e os intrincados trabalhos em gesso das paredes.

Eu podia sentir dezenas de olhos virados para mim inquisitivamente e ouvia cochichos especulativos enquanto seguíamos em direção à ampla escada, para o segundo andar. As portas para a sala do trono tinham proporções maciças e aparentavam ter pelo menos 15cm de espessura. Eram lindamente trabalhadas em madeira *kayu chengai*, de um rico vermelho-amarronzado, divididas em painéis e com o brasão das armas de Terengganu esculpido nelas, entremeadas por flores e arabescos.

A sala do trono tinha o tamanho de dois salões de baile e podia receber cerca de 1.500 pessoas sentadas. Luxuosamente acarpetada em amarelo-canário, sua ornamentação opulenta ofuscava o resto do palácio. As paredes eram inteiramente cobertas de painéis entalhados, com altos-relevos folheados a ouro. O teto era formado por um amplo painel de folhagens em gesso, emoldurando concentricamente os candelabros que refletiam a luz a partir de seus prismas sobre os nossos rostos abaixo deles. Cadeiras de encosto alto, estofadas num claro verde-oliva, estavam ordenadas em filas precisas, em blocos de cem. As cadeiras com encosto mais alto eram reservadas aos membros da família e embaixadores estrangeiros, que vestiam uniformes, trajes nacionais típicos ou trajes diurnos, de colarinho duro e paletó. As mulheres, em seus vestidos de gala ou trajes tradicionais, cobertas de jóias, eram uma visão incongruente às 8 horas da manhã.

98

A organização dos assentos foi meticulosamente planejada. Cada cadeira foi identificada, com os nomes perfeitamente datilografados em cartões encimados pela insígnia real. O meu dizia "Senhora Yasmin Tengku Bahrin". Nas últimas 24 horas, eu havia sido reinventada. No que dizia respeito às pessoas encarregadas do protocolo, Jacqueline não existia mais.

Tronos com espaldar alto estofados com veludo amarelo-claro estavam sobre um palanque, separados do chão por sete degraus simbólicos. Ficavam sob um baldaquino de *songket* dourado e amarelo, um tecido de seda pura feito à mão, entremeado de fios de ouro e prata. Uma plataforma mais baixa, em ângulo reto em relação aos tronos, e ligeiramente afastada, era reservada aos tios e irmãos do sultão. No lado oposto, e ligeiramente mais próximo do meio do salão, havia outro palanque, destinado aos membros da *Nobat*, a orquestra real.

O soar dos clarins e o rufar dos tambores anunciaram a entrada do sultão e de sua consorte, Tengku Ampuan. A saudação real, feita por um trompete de quase 1m de extensão, sem pistões, era ensurdecedora e enervante. Ecoou pelo salão como o cruzamento entre o bramir de um elefante e uma corneta militar.

Todos os convidados reunidos ergueram-se quando o casal real e vários lacaios e serviçais entraram no salão. Permaneceram de pé, até que o sultão Mahmud se sentou. A proclamação da primogenitura foi lida e o príncipe herdeiro, Mizan, foi formalmente apresentado e publicamente reconhecido como herdeiro do trono, após ter feito sua obsequiosa homenagem ao pai e à madrasta.

Mizan parecia um pouco nervoso, mas muito empertigado em sua função. Vestia-se dos pés à cabeça com um tradicional *baju melayu* e *tanjok* amarelo, um turbante sem coroa, adornado com broches de diamantes e fivelas. Os trajes reais eram completados com uma *kris*, ou adaga cerimonial, embainhada em seu *sampin*, na cintura, meias amarelas e sapatos de pala brilhantemente polidos. Os demais membros masculinos mais velhos das diversas famílias reais vestiam trajes similares, em tons diversos, além de faixas sobre um ombro e medalhas, indicando a posição hierárquica ou a realeza.

Tengku Ampuan Bariah e o sultão ainda não haviam sido formalmente coroados. Isso aconteceria mais para o final da semana, culminando os sete dias de festividades. Assim, eles tinham que limitar seus trajes aos elaborados *songket* amarelos, correspondentes à posição que ocupavam, mas sem as novas coroas que haviam sido criadas e elaboradas pelos joalheiros da rainha Elizabeth, em Londres. Mesmo assim, a tiara de diamantes de Tengku Ampuan era magnificente, assim como o colar correspondente e demais jóias. As pedras pareciam ampliar a luz dos candelabros acima e destacar cada membro da congregação com seus belos reflexos.

A detalhada apresentação e nomeação levou cerca de três horas para terminar. Nenhum voto ou proclamação foi enunciado pelo príncipe para o sultão durante este período, nenhum contato visual, sinais de cabeça ou encorajamento foi trocado entre os dois, apenas a pressão dos lábios de Mizan no dorso da mão de seu pai, quando se ajoelhou diante dele para marcar a aliança feudal. De todos os presentes, com toda a grandiosidade, apenas Tengku Ampuan Bariah permitiu-se um olhar um pouco mais caloroso e um leve sorriso para nós, quando o séquito de membros mais velhos da realeza saiu ao final da cerimônia, acompanhados por seus serviçais e pelo soar das trompas da *Nobat*.

Enquanto estava próxima de Bahrin e de minha sogra, no saguão do andar de baixo, após a cerimônia, disfarçadamente descruzei meus dedos e suspirei aliviada. Eu havia completado minha primeira função real sem um soluço. As pessoas acotovelavam-se em torno de nós. Vi, rapidamente, tia Rosita e Tengku Ibrahim em meio à multidão, e acenei discretamente para elas. Outros rostos abriam caminho determinadamente ao longo do saguão, em nossa direção. Um casal mais velho, em trajes completos de corte, saudaram Bahrin e sua mãe. Imitando-os, também ajoelhei e beijei suas mãos com deferência, e sorri sem compreender a conversa que continuava em malaio sobre minha cabeça.

Senti um leve toque em minhas mangas e me virei, para encontrar uma mulher roliça e jovial olhando para mim. "Ah, sim, sei o que fazer", pensei. Ajoelhando, rapidamente beijei sua mão e a cumprimentei. Fiquei confusa pela reação risonha dela e percebi que várias cabeças haviam se virado em minha direção. Bahrin, tendo visto o que acabara de acontecer, torceu minha mão direita e sibilou, controlando a respiração:

— Para que você fez isso? Ela não é da realeza, é apenas esposa de um Datuk, um cavalheiro!

— Ora, como eu poderia saber? — cochichei de volta, enquanto meu rosto começava a arder de tão vermelho. — Ela se parecia com uma tia.

Com um olhar venenoso, Bahrin advertiu-me:

— Não faça isso de novo. Você me envergonhou diante de todas essas pessoas.

Devidamente repreendida, tentei me misturar ao papel de parede até a chegada de nosso carro. As respostas ficaram atravessadas em minha garganta e a frustração retorcia-se em meu estômago. Resolvi jamais cometer uma gafe como aquela novamente. Eu não podia suportar quando Bahrin ficava com raiva de mim — tinha de achar uma maneira de deixá-lo orgulhoso, ajustando-me completamente.

Apenas uma hora de instruções superficiais sobre o protocolo e a etiqueta, obviamente, não seria suficiente para que eu atravessasse o campo minado da sociedade malaia.

A remodelagem de Jacqueline havia começado. Exteriormente, *lady* Yasmin Tengku Bahrin estava em via de assumir seu lugar.

Vinte e três

O restante das festividades para a coroação do sultão sucederam-se em um ritmo exaustivo, cada dia confundindo-se com o outro. Cerimônias, fogos de artifícios, banquetes e rituais religiosos garantiram que não houvesse quase tempo para conversas ou intimidades entre mim e Bahrin pelos cinco dias que restavam de nossa estada em Terengganu. Em vez disso, tratávamos um ao outro com a máxima cortesia e um distanciamento normalmente destinado mais para colegas de trabalho do que para cônjuges. Deitávamos na cama à noite, exaustos pelas exigências do dia, separados por uma distância coberta pelo lençol frio, que nenhum dos dois parecia disposto a ultrapassar.

Cinco dias de incerteza, insegurança e etiqueta fria como o gelo, além do protocolo desconhecido, trataram de me manter maleável e ansiosa por agradar minha nova família.

Devido aos diversos compromissos públicos a que éramos obrigados a comparecer, minhas roupas, ou falta delas, subitamente assumiram uma importância que beirava o ridículo. Causou uma grande consternação quando Bahrin e suas tias descobriram que eu tinha apenas um *baju kurung* formal (meu traje de casamento com laço vermelho) para ser vestido nas ocasiões oficiais. Como resultado, providências apressadas foram tomadas com três diferentes costureiras para que completassem e entregassem, em 24 horas, as roupas adequadas que eu deveria usar durante a semana da coroação. Felizmente, cada mulher da família de Bahrin tinha seu próprio estoque particular de tecidos, separados para uso futuro, e foi desses guardados que rolos de *chiffon* de seda, crepe entremeado de lurex e crepe da China foram usados para meus vestidos. Eu me sentia como uma boneca Barbie tamanho gigante enquanto a mãe de Bahrin e suas tias colocavam pedaços de pano sobre meu rosto e discutiam os modelos com os alfaiates.

Meu único conjunto de diamantes teria que bastar, ainda que tenham mencionado que "toda a sociedade" perceberia que meu estado periclitava em se tratando de minha caixa de jóias. Aparentemente, eu teria que me aplicar para obter enfeites com maior dedicação, e papariçar Bahrin era a chave, segundo me disseram minhas novas tias. Até que eu tivesse a quantidade normal de pérolas em tamanhos adequados para "ir à ópera", com brincos e pulseiras equivalentes, além de um conjunto de safiras e rubis, a vida estaria incompleta, elas me disseram muito seriamente. Enquanto isso, decidiram que meu pescoço e orelhas nus seriam adornados por um par de elegantes brincos de diamantes solitários de Tengku Zaleha, com tantos quilates que fiquei nervosa e com medo de perdê-los. Senti-me muito grata pelo cuidado e atenção de minhas novas parentes, mas tive um aperto de culpa por não saber se faziam isso por mim ou para ter certeza de que eu não seria um constrangimento para a família.

Nos últimos dias de nossa visita relâmpago a Terengganu, Bahrin e eu comparecemos ao *Istiadat Bersiram*, o ritual do banho cerimonial, do novo sultão e sua consorte. Foi um espetáculo ao ar livre, nos terrenos do Istana Maziah, no meio da manhã e, diferentemente das cerimônias de nomeação do príncipe e de coroação no dia seguinte, nada tinha a ver com as influências ocidentais ou costumes sociais do século XX. O ritual de vários séculos incorporava práticas culturais tradicionais da Malásia e os princípios islâmicos de pureza e limpeza, simbolizando que os novos governantes começariam seu reinado com o corpo e a alma purificados.

Chegamos ao Istana Maziah cerca de vinte minutos antes. O céu estava sem nuvens e incrivelmente azul ao nos sentarmos nos lugares designados nos gramados do palácio. Diante de nós havia uma rotunda com domo, adornada com uma cobertura magnificente de seda amarela, que havia sido afastada, deixando suas laterais abertas para a brisa. Pouco além dos pilares da rotunda e dos muros do palácio, o rio, agitado por uma leve corrente, fluía para dentro do mar do Sul da China, onde percebi o brilho distante de barcos pesqueiros ancorados nas águas rasas e balançando suavemente para cima e para baixo. Por uma fração

103

de segundo, desejei me juntar a eles no frescor das ondas, mas eliminei esse pensamento leviano com firmeza quando todos nos sentamos sob o sol, aguardando a hora indicada. Com a temperatura aproximando-se dos 38 graus e a umidade subindo, pequenas gotas de suor começaram a cobrir meu rosto, e meu vestido recém-feito de *chiffon* vermelho vivo, com listras azul-reais e enfeitado com camélias rosa-claras e creme, asfixiava-me. Senti uma vontade urgente de levantar minha saia e ter algum alívio. Meu pescoço ficou pegajoso sob as jóias emprestadas, parecendo protestar contra tanto esplendor antes das 9 horas da manhã.

Os outros convidados conversavam com animação, vestidos e decorados brilhantemente, usando uniformes com cinturões e guarnições em ouro, decorações cerimoniais e chapéus, sedas e brocados em abundância. Uma banda militar tocava do lado oposto, cheia de pratos, tambores e cornetas. Bahrin e eu estávamos sentados em silêncio.

Repentinamente, toda a cidade pareceu parar quando a trompa da orquestra Nobat soou pela propriedade. Seu som, como se fosse de outro mundo, atravessou meu peito como uma onda, assinalando o início da procissão real, saindo das portas do palácio. Todos levantamos em uníssono, virando-nos para acompanhar seu avanço ao longo do tapete amarelo que havia sido instalado para a ocasião.

Foi com todo esse cerimonial e pompa com que eu me casei, percebi pela primeira vez, com alarme e um vazio no peito — mesmo uma estreante da realeza como eu podia antecipar essas intermináveis cerimônias pelo resto de nossa vida. Naquele momento, no entanto, a novidade era fascinante.

As primeiras coisas que pude ver, sobre o mar de gente, foram as sombrinhas de cetim amarelo brilhante sobre grossas varas de mogno de 3m. Fios dourados pendiam como franjas das bordas, brilhando sob o sol, eram carregados por lacaios uniformizados e cuidadosamente posicionados acima das cabeças do sultão e de Tengku Ampuan, significando sua realeza e protegendo-os do brilho intenso do sol. Seu acompanhamento era enorme: criadas vestindo *baju kurung* brancos e vermelhos, exibindo a insígnia real; homens de armas e porta-estandartes com o *songket* vermelho, carregando os símbolos do gabinete real, a pesada *kris*, ou adaga, de ouro cerimonial, a espada e o brasão da realeza; ajudantes militares ou policiais uniformizados e os membros da orquestra Nobat, vestindo o *baju melayu* preto e tocando seus instrumentos enquanto caminhavam.

O casal real, por sua vez, estava vestido de maneira simples para os padrões malaios; o traje de seda fina como papel que, visto de perto, mostrava ter sido coberto do pescoço à bainha com pequenos medalhões de ouro de 24 quilates costurados na forma de diamantes. Sua alteza real vestia um *tanjok* liso — ou turbante sem coroa — caminhando a passos medidos, seu treinamento militar evidente pela posição de seus ombros e concentração do olhar, seguindo corretamente o percurso do desfile. Nenhum tremor de emoção perceptível atravessava o rosto do sultão enquanto ele caminhava um pouco à frente de sua esposa em direção ao palanque; seu queixo era quadrado e os lábios mantidos firmemente fechados. O que quer que se passasse em sua mente enquanto ele se preparava para ascender ao trono de seu pai era mantido perfeitamente guardado e protegido.

Uma vez posicionados sob o domo, o sultão Mahmud e sua esposa foram cercados por cortesãos que, segurando o que pareciam ser grandes lençóis, cercaram o casal como um cubículo de banho durante o ritual. Litros após litros de água, que tinham recebido limas frescas por suas propriedades místicas de limpeza, cobriram o casal inteiramente vestido. Derramada de grandes urnas de cobre, segundo tradição secular, a água escorria em regatos sobre as faces do casal real e pelos degraus da rotunda. Proteção contra desejos malignos e intenções malévolas foi assegurada pelo conteúdo daquelas jarras e pela polpa das limas, que ficava presa em seus cabelos. Eu estava fascinada pelo antigo misticismo, com vagos paralelos com a coroação papal vindo à minha mente em meio a um enclave islâmico/asiático de realeza e superstição. Quando os ritos simbólicos chegaram ao fim, o imã principal juntou-se à comitiva no palanque e, erguendo as palmas das mãos para cima, exortou Alá a proteger e guiar o novo governante pelos próximos anos. As longas cortinas drapeadas do domo foram então fechadas, para permitir que os encharcados Tengku Ampuan e o sultão pudessem se vestir com privacidade.

Usando trajes secos de *songket* branco e pesadas jóias de ouro, a procissão real voltou sobre seus passos e desapareceu dentro do palácio sob os toques da Nobat e gritos de *"daulat tuanku"*, ou seja, "vida longa para o rei". Eu me mantive sentada, enquanto os outros convidados começavam a amontoar-se e a trocar gentilezas. Tinha a impressão de que acabara de voltar no tempo, e que testemunhara o retorno a uma cultura e a simplicidade de crença há muito abandonadas. Apesar de toda sua sofisticação externa e sua inclinação por qualquer inovação tecnológica, eu começava a compreender que a família de Bahrin ainda acreditava nas "coisas antigas" para afastar o mal e garantir a harmonia.

Descobriria diversas contradições entre religião, lendas, superstição e ciência moderna à medida que conhecesse minha nova família mais e mais. Eu tinha muito o que aprender.

Vinte e quatro

A vida voltou rapidamente ao normal assim que regressamos para Melbourne, deixando a família principesca de Bahrin e sua rigidez aristocrática como uma memória a mílhas de distância. Voltamos de maneira superficial, bancando os recém-casados despreocupados, fazendo compras, recolhidos, estudando e trabalhando. Um efeito notável de minha nova condição de mulher casada foi a mudança de atitude de meu chefe na Malaysian Airlines. De uma hora para outra, ele passou a ser mais educado e com uma tendência a falar comigo como se dividíssemos um segredo ao qual eu acessara ao me casar com um membro da realeza. Era uma situação estranha. Por um lado, eu era uma empregada de baixo escalão da empresa, e por outro, eu era a esposa de alguém a quem o gerente era obrigado a tratar como VIP.

Como Bahrin estava no último ano de seu curso de arquitetura, nossa programação sempre envolvia coordenar seu horário de estudo com nossos interesses externos, nenhum dos quais eu podia dizer que eram intelectualmente provocantes. Por consenso mútuo (decisão de Bahrin e minha aquiescência), não retomei as aulas de balé. Passávamos as horas de lazer fazendo compras nas partes mais badaladas da cidade. Bahrin era fascinado por moda masculina e passava um tempo considerável folheando revistas como *GQ*, *Vogue* e *Playboy* (que ele colecionava exclusivamente pelos artigos). Em se tratando de roupas, apenas o melhor servia para Bahrin. Os melhores sapatos, gravatas e tecidos deixavam-no entre o deleite e o êxtase. O dinheiro não era problema quando ele se abastecia nas lojas. Nas noites de sexta-feira e manhãs de sábado, normalmente podíamos ser encontrados caminhando de mãos dadas pelas ruas de lojas elegantes de Melbourne em busca da calça com corte perfeito ou do colarinho no tamanho certo para ele. A reação de Bahrin às roupas de grife

107

era quase sensual: ele podia parar e alisar uma camisa de seda como se fosse o Santo Graal. Sua paixão pela elegância e pelo esmero em se vestir fez com que se tornasse um cliente valorizado em diversas lojas que importavam artigos italianos e ingleses. Paul Smith, Hugo Boss, Burberry e Valentino eram seu ponto fraco. Minha preferência era pelos sapatos e móveis domésticos. Era muito divertido decidir sobre os itens para "arrumar nosso ninho" e folhear as revistas de arquitetura e ambientes rurais para decidir sobre cores e estilos.

Entreguei-me inteiramente ao papel de dona de casa feliz e realmente gostei de aprender a cozinhar. Juntos, fazíamos visitas nas manhãs de sábado, bem cedo, aos mercados locais de produtores para as compras da semana. Bahrin parecia gostar da novidade de adquirir mantimentos, ainda que tivesse uma curiosidade quase antropológica por todo o processo de compra de ingredientes e preparação de refeições. "Espaguete à bolonhesa experimental" foi um dos meus maiores sucessos na cozinha. Bahrin, com muito prazer, saboreava meu molho de carne ao vinho tinto, ervas e alho. As restrições alimentares não eram um problema; apesar de ser muçulmano, ele não se abstinha de receitas que contivessem álcool e até admitia já ter comido ovos com bacon e picles na escola Geelong Grammar.

Ter crescido em um palácio nunca expôs Bahrin a qualquer uma das necessidades do cotidiano ou tarefas domésticas. Éramos como crianças explorando o mundo adulto e, graças à herança de Bahrin e nossos dividendos iniciais das propriedades reais, nosso poder de compra era enorme, e nosso entusiasmo, ilimitado. Olhando para trás agora, reconheço que essa vida doméstica nunca foi a realidade de Bahrin, apenas um interlúdio, distante da disciplina da realeza.

Curiosidade e participação ativa são duas coisas muito diferentes. Meu novo marido nunca fez qualquer tentativa de entrar na cozinha a não ser para se servir de bebida na geladeira, mas ficava na porta emitindo sons de aprovação sobre os aromas que saíam das panelas fumegantes. Igualdade doméstica e compartilhar responsabilidades não constavam em meu vocabulário na época. Eu estava satisfeita em lidar com todas as tarefas e não questionava a função de Bahrin no âmbito doméstico. Finalmente eu tinha minha família e um lugar para mim. Brincava de casinha e me sentia grata a meu marido por minha nova auto-imagem como esposa e dona de casa. A criança vítima de abuso havia sido camuflada e afastada com segurança.

Nos primeiros meses de casamento, houve um lado muito romântico do relacionamento, em que jantávamos em "nosso" restaurante, o Tsindos, para celebrar nosso aniversário semanal. Um jantar à luz de velas seguido algumas vezes de uma ida à nossa discoteca favorita, um filme ou um buquê de rosas espontâneo de Bahrin, para completar a ilusão de que éramos o casal ideal. Devo ser honesta e admitir que naqueles primeiros dias eu era muito feliz. Não questionava qualquer aspecto de nosso relacionamento. Para mim, Bahrin estava sempre certo, era o homem perfeito. Nunca houve referências à noite de núpcias, nem o nosso futuro foi discutido em profundidade. Na intimidade, tínhamos um relacionamento prazeroso e terno, ainda que faltasse um pouco de paixão; bastante esporádico, mas sempre gentil. Não esperava muito mais na minha idade. Os dias dos movimentos feministas e direitos iguais haviam passado superficialmente por minha cabeça e mal foram registrados como algo relevante para mim. Eu havia escolhido o casamento como a progressão natural de um relacionamento permanente anterior e por sua segurança. Olho para trás agora e vejo 1981 como os dias felizes com Bahrin, muito diferentes daquilo que estava por vir. Mas, no período inicial de nosso casamento, amei a idéia de estar apaixonada.

Nosso círculo social era bem restrito. Os primos de Bahrin eram nossa principal companhia, todos pareciam falar com ele em uma espécie de código secreto, mesmo quando conversavam em inglês, um tipo de conversa abreviada, experiências compartilhadas e reflexões ilícitas sobre quais seriam as conseqüências se a família soubesse de suas travessuras ocidentais. Não havia confidentes ou amigos de confiança na vida de Bahrin quando o conheci, apenas conhecidos e colegas de faculdade, com quem ele socializava, mas mantinha distância. Os amigos que tinha antes de nosso casamento pareciam ter desaparecido no esquecimento. Bahrin não facilitava as coisas para mim. Era difícil manter amizades quando ele deixava claro que o único contato com outras pessoas deveria ser por meio dele e mediante sua indicação. Ele era hábil em criar situações sem espaço para compromissos. As combinações eram feitas e apresentadas para mim como fatos acabados. Eu não via nada de estranho nisso. Todo o universo pelo qual eu circulava era formado por seus desejos.

Há alguns anos, retomei a amizade com uma antiga amiga, dos tempos pré-Bahrin. Shirley finalmente esclareceu-me sobre o que realmente aconteceu com meus velhos companheiros. Por exemplo, uma tarde, no outono de 1981, Shirley e outro amigo bateram à porta de nossa casa de Melbourne, com a intenção de fazer uma visita e tomar um café. Queriam saber das notícias e, como não tinham me visto mais desde o casamento, saber de nossos planos e ver como eu estava. Bahrin atendeu a porta e pareceu incomodar-se, a ponto de abrir apenas uma pequena fresta. Shirley podia ouvir a música tocando pela casa e sentir o cheiro de carne assada. Também conseguiu ver minha enorme bolsa de mão pela fresta da porta e deduziu que eu também estava em casa. Ao pedirem para me ver, foram informados por Bahrin que aquele não era um momento conveniente para visitas e que, na verdade, eu não estava em casa. Quando ela insistiu para que ele dissesse uma hora em que pudessem voltar para falar comigo, Bahrin falou educadamente que "não achava que essa fosse uma boa idéia". Ele lhes informou que eu decidira por uma nova vida com ele e que agora me movimentava por círculos diferentes, tendo feito minhas opções ao casar e decidindo cortar todos os antigos laços. Com naturalidade, ele disse, pessoas a serviço de sua família teriam deixado claro minha nova situação e status, mas, como estávamos morando em um país estrangeiro, cabia a ele definir minha posição. Pelo que Shirley me contou, e depois de ter trocado informações com diversos outros amigos comuns, ela não foi a única a ser tratada dessa forma e a ser enfaticamente afastada por Bahrin.

Peter Wallace, um amigo próximo e ex-namorado, também tinha suas reservas quanto a Bahrin desde o começo. Antes de minha viagem de noivado para a Malásia, Peter fez uma escala em Terengganu. A caminho da Tailândia, para ocupar um cargo em um campo de refugiados, como parte de seu curso de medicina, Peter passou vários dias lá, como hóspede na casa de Bahrin. Com uma natureza protetora, ele queria conferir pessoalmente meu novo namorado. Disse ter deixado Terengganu após sua breve estada preocupado com como eu lidaria com todo o protocolo, e sentindo que havia muito mais em Bahrin do que os olhos podiam ver.

Peter me conhecia bem, sabia que eu, sendo extremamente cabeçadura e teimosa, não lhe daria ouvidos se ele tentasse me dissuadir a não me envolver mais com Bahrin e, desta forma, guardou seu conselho para si e saiu de minha vida graciosamente.

110

Em 1981, o ramadã, ou o mês islâmico do jejum, caiu no frio inverno de junho. Os muçulmanos jejuam desde o nascer até o pôr do sol, como penitência por seus pecados no ano anterior. Nenhum líquido ou comida de qualquer tipo pode ser consumido nesse período. Devem se abster do sexo e são proibidas quaisquer formas de gratificação corporal, como limpar os ouvidos ou coçar o nariz. Mulheres menstruadas ou grávidas estão isentas dessas práticas, mas precisam compensar os dias de jejum em alguma data posterior. Os enfermos também estão desobrigados. Para Bahrin, o mês do jejum consistia apenas nos últimos quatro dias; para mim, isso não tinha maior significado e parecia mais uma conseqüência da chegada de sua tia Zainah e dois de seus filhos adultos, Diana e Zainol.

Tia Zainah (sua alteza real Tengku Zainah Puteri) decidira que queria passar as férias em Melbourne e conhecer a cidade para a qual dois de seus filhos e diversas sobrinhas e sobrinhos haviam sido enviados para completar a educação. Sua filha, Diana, que a acompanhava, era estudante de um curso politécnico de Londres. A mais jovem da família e, provavelmente, a mais ocidentalizada, ela era vivaz e tinha senso de humor. Nós nos demos bem logo de início, o que foi bom, pois Bahrin considerava Diana a pessoa mais próxima de uma irmã que ele tinha. Diana parecia ser muito independente e continuamente se chocava com as idéias de sua mãe sobre educação, decoro e vestuário. Para sua estada conosco, não medi esforços. Limpei a casa de cima a baixo e enchi a geladeira até ela quase explodir de tanta comida.

Percebida como uma novidade, devido a minha "australianidade", tia Zainah, que estivera em nosso casamento, transmitia um afeto e uma ternura por mim que se estenderiam por todos os meus anos de casamento com Bahrin, e depois. Para uma mulher da Malásia beirando os 50 anos, além de ser uma princesa, ela tinha uma tendência adorável para rir nervosamente diante de qualquer coisa nova ou desconhecida para ela. Como nenhuma de nós duas falava a língua da outra, eu me comuniquei muito com ela usando o dicionário de inglês/malaio, além de usar Bahrin e seus primos como intérpretes. Assim, pude ter certeza de que Tengku Zaleha, minha sogra, estava recebendo minhas cartas e de que gostava muito delas. Na verdade, as cartas eram apreciadas por suas irmãs e demais cortesãs, pois ela as circulava como tema de conversa.

Eu tomara a decisão, após voltar para casa, de que tentaria ao máximo estabelecer um relacionamento com a mãe de Bahrin, e decidira que a melhor maneira de mostrar a ela que estava tentando aprender seu idioma era escrevendo-lhe uma carta semanal. Assim, munida de um dicionário e um conhecimento extremamente novo e básico de umas poucas palavras-chave, eu me sentava à mesa para compor minhas anotações, com o objetivo de causar uma boa impressão. Em minhas cartas, tentava descrever nosso estilo de vida diário e o que eu e seu filho andávamos fazendo. Meus esforços tinham o nível de uma criança de 6 anos e minha sintaxe não existia, mas a idéia estava lá. Alguns meses depois, Tengku Zaleha começou a responder com sua letra infantil. Ela usava um vocabulário básico e fácil de entender, que eu conseguia decifrar com meu dicionário de confiança. Também começou a assinar como "Mak", o termo usado pela família de Bahrin para mãe, assim eu sabia que estava no caminho de ser aceita. Bahrin, por outro lado, jamais escrevia para sua mãe e raramente telefonava para ela, a não ser para falar sobre as finanças ou ações. Ele apreciava meu esforço, mas dizia que não podia realmente entender por que eu me incomodava com aquilo.

No último dia do mês do jejum, o *Hari Raya*, e na companhia de sua tia e primos, enfrentei uma nova faceta da personalidade de Bahrin que me assustou e me deixou perturbada. Como parte da celebração pelo final do ramadã, Bahrin resolveu levar seus parentes para o *Inflation*, uma boate no centro de Melbourne. Foi uma noite cheia, com pessoas amontoadas de uma parede à outra do estabelecimento. Tia Zainah estava excitada por participar de tamanha aventura, mas traçou um limite de não ir para a pista de dança e de não se deixar levar pelo ritmo. Ela ficou repetindo que estava sendo muito ousada e moderna ao sair com os mais jovens e pediu que prometêssemos manter segredo para que seu irmão, o sultão, não descobrisse.

Cerca de duas horas depois de nossa chegada, vi um rosto familiar em meio aos corpos na pista de dança. Deixei Bahrin cuidando de sua Coca-Cola com Bacardi, mas expliquei primeiro que achava ter visto um amigo do outro lado da pista e que queria lhe dizer oi, e abri meu caminho lentamente pela multidão.

Fiquei muito satisfeita ao ver que estava certa: eu havia reconhecido meu amigo Simon mesmo sem estar de óculos. Disse olá, abracei-o carinhosamente e lhe dei um beijo na bochecha, que ele devolveu alegremente.

Não nos encontrávamos havia quase dois anos e o inteirei sobre meu casamento, minha carreira e minha decisão e motivos por parar de dançar.

Depois de conversarmos animadamente por alguns minutos, voltei para nossa mesa e encontrei Bahrin fervendo de raiva, vermelho e com os olhos saltando das órbitas. Agarrando meu pulso, arrastou-me até a escada que dava para o andar da saída do prédio, sibilando palavras como "puta" e "prostituta". Consegui me soltar de seus punhos e me virar para encará-lo, assim que chegamos no meio da escada e recebi um tapa no rosto. Esse primeiro golpe foi seguido por outro, que me colocou de joelhos. Confusa sobre o que poderia ter deflagrado seu ataque, tentei encontrar algum sentido na torrente de ofensas que saía de sua boca. Eu era uma "puta" e uma "cadela nojenta", que o havia constrangido diante de sua família.

— Somente uma puta se joga em cima de um estranho e o beija em público — esbravejou, enquanto eu conseguia sair de seu alcance e subir um degrau.

— Você está falando de Simon? Mas o conheço desde os 10 anos! Eu era amiga de suas cinco irmãs — tentei explicar.

— Você não é mais do que uma puta australiana, como todas estas vagabundas — xingou, como se não tivesse me ouvido.

De uma hora para outra, o que sempre fora um comportamento socialmente aceitável, considerado um contato educado entre amigos pela sociedade australiana, estava sendo categorizado como grosseiro, sujo e ilícito pelo meu marido.

— Não fiz nada de errado. Simon é um velho amigo e, além disso, ele é gay — retruquei.

Mas Bahrin estava além das palavras enquanto me arrastava pelo pulso ao longo do vestíbulo da boate, diante das expressões curiosas de outros clientes, pela escada abaixo, até King Street, onde ele se enfiou em um táxi comigo, deixando sua família para trás. Agora eu estava chorando, tentando ficar o mais longe dele possível, enquanto ele disparava olhares fulminantes contra mim e apertava o apoio para os braços até os nós de seus dedos ficarem brancos. Uma vez em casa, ao fechar a porta da entrada, ele começou a me agredir com palavras novamente, que eu "não valia nada, nada, uma puta, uma vagabunda", ele gritava para mim, chutando a mobília, derrubando pilhas de livros e jogando no chão suas canetas e material de trabalho que estavam sobre a mesa, enquanto eu me encolhia em um canto de seu estúdio.

Eu não suportava aquilo. Não conseguia lidar com o fato de ele estar furioso comigo, não podia enfrentar suas ofensas e sua raiva. Eu tinha medo de que ele não parasse mais. Vasculhei minha mente em busca de uma maneira de acalmar seu acesso e silenciar seus gritos, temendo o que mais ele pudesse fazer comigo. Então, lembrei-me do dia em que estávamos: *Hari Raya*, o final do mês do jejum, o dia em que, segundo o calendário do Islã, os muçulmanos eram obrigados pela religião a perdoar todos os pecados e faltas contra eles professados pela outra pessoa.

Coloquei-me de quatro diante dos pés de Bahrin e toquei minha testa em seus sapatos, solucei meu remorso por qualquer coisa que eu pudesse ter feito para deixá-lo com raiva ou aborrecido e lembrei a ele que estávamos no *Hari Raya*. Gaguejando, pronunciei as palavras prescritas de penitência, "*saya ma'af zahir dan batin*", enquanto chorava e continuava no chão. Meu alívio foi imenso quando ele interrompeu sua ladainha, começou a controlar a respiração e relaxou os ombros. Ele aparentou se acalmar diante da minha penitência, mas me mantive a distância enquanto voltava a me sentar corretamente no chão, diante de seus pés. Encolhi-me quando Bahrin abaixou-se para pegar meu cotovelo. Colocando-me de pé diante dele, disse com a voz fria:

— Agora você deve beijar minha mão para mostrar respeito por seu marido. — Obedeci, esperando que isso encerrasse sua fúria, e funcionou. Sua atitude mudou da hostilidade para a benevolência em uma questão de segundos, deixando-me com a respiração presa em antecipação ao que viria depois.

Suas palavras seguintes realmente me assustaram.

— Meu bem, você precisa pensar antes de dizer ou fazer algo que possa me aborrecer — Bahrin me repreendeu. Ele prosseguiu, em um tom gentil e controlado. — Tenho de ficar zangado com você quando você faz algo errado. Você precisa aprender.

Naquela hora, tudo o que eu queria era manter a paz. Eu estava assustada e, enquanto tentava murmurar que sentia muito pelo que havia feito, me vi como se equilibrasse uma pirâmide de ovos no nariz, esperando que meu remorso pudesse impedir novas erupções de desagrado, mas de prontidão, caso meu tom não fosse o correto para acalmá-lo. Em um recanto secreto no fundo de meu coração, eu estava fumegando de raiva e desgosto por mim mesma, por não ter me erguido e sustentado minha inocência, raiva e desgosto por Bahrin me obrigar a pedir perdão por um crime que não cometi.

�֍

O dia 5 de julho seria meu aniversário de 18 anos. Bahrin decidiu que faríamos uma festa para celebrar a ocasião, mas apenas se eu me mantivesse circunspecta e me referisse à data como minha chegada à maioridade e não aos meus 18 anos quando falasse com seus primos e amigos. Ele encomendou meu bolo triplo favorito de chocolate e musse da confeitaria Paterson, no formato de uma chave, e passei horas escolhendo as músicas e preparando aperitivos.

Bahrin escolheu meu vestido para a festa em uma loja chamada Digby: seda *georgete* rosa-shocking, na altura da panturrilha, mangas compridas e corpete adornado com contas. Achei incrivelmente sofisticado, ainda que um pouco sóbrio e sem forma para mim. Ele queria que eu usasse meu cabelo para cima, em um coque, mas consegui adulá-lo e o convenci a me deixar usar os cabelos soltos e cacheados, sem muita desaprovação de sua parte.

Nenhum de meus amigos esteve lá naquela noite. Os convidados consistiram em colegas e professores da universidade, uns poucos colegas de trabalho da Malaysian Airlines, que Bahrin achou adequado convidar, um dos meus antigos professores e seus primos. O champanhe que bebi naquela noite só fez aumentar meu sentimento de ser uma estranha em minha própria festa de aniversário e me deixou um pouco confusa sobre quantos anos eu deveria ter naquela noite. Os primos de Bahrin ainda não sabiam que eu tinha apenas 18 anos, as pessoas do meu trabalho achavam que eu tinha 20 e seus amigos da universidade presumiram que eu tinha 21. Quanto chegou a hora de cantar "Parabéns para você" e soprar minhas velas, houve uma grande confusão, habilmente contornada por Bahrin e praticamente esquecida mais tarde.

Dormi muito mal naquela noite, meus sonhos foram uma confusão de imagens, eu aparecia com 7, 18 e 15 anos, cada idade misturando-se com a outra enquanto olhava para o espelho e não reconhecia o reflexo, via apenas uma figura sem rosto.

Vinte e cinco

No segundo semestre de 1981, nos esforçamos juntos para garantir o término do trabalho de conclusão de curso para que Bahrin obtivesse o diploma de arquiteto. Várias noites eu chegava em casa do escritório um pouco depois dele, jantávamos, víamos uma hora de televisão e depois mergulhávamos no trabalho. Bahrin ajeitava-se na banqueta diante da mesa de desenho, trabalhando nos modelos em escala de seus projetos de construções, enquanto eu me sentava no chão do estúdio, com as pernas cruzadas e uma máquina de datilografia precariamente equilibrada sobre uma caixa, transcrevendo as anotações de sua tese para um formato legível. Foi um período amigável para nós. Conversávamos com prazer sobre suas idéias a respeito do concurso para estudantes para a elaboração do projeto da biblioteca do estado de Victoria e sobre os prédios que ele projetaria após sua formatura. Ele pedia minha opinião sobre a maquete da biblioteca, que ganhava forma a partir das folhas de papel-cartão branco que havíamos levado para o andar de cima e arduamente colado, cortado e fotografado à medida que o trabalho avançava.

O modelo era lindo: pórticos, corredores invadidos pela luz natural, janelas e beirais de telhado intrincadamente recortados — uma simplicidade de projeto que favorecia o acesso, muito diferente de um mausoléu. Tornei-me especialista em segurar pedacinhos e peças difíceis para Bahrin, enquanto ele colava as seções ou recortava as portas com as lâminas afiadas e retráteis de uma faca Stanley.

Como a universidade era próxima de casa, algumas tardes, quando o tempo permitia, correríamos nas pistas de atletismo, de camisetas e shorts, e depois tomávamos sorvete a caminho de casa ou fazíamos uma parada em nosso café favorito, na rua Lygon, para comer massa e tomar sorvete italiano. Enquanto eu ficava atenta para não aborrecer Bahrin, tudo estava em paz.

Para o casamento do príncipe Charles com *lady* Diana Spencer, Bahrin e eu resolvemos convidar alguns amigos para um piquenique real de casamento, coincidindo com a transmissão ao vivo do evento pela televisão. O interesse e o entusiasmo pelo casamento eram grandes na Austrália, ainda que, em muitos casos, apenas como objeto de desdém. Em outros, havia um fascínio por toda pompa e cerimônia que tais ocasiões recebem, que encorajava uma intensa cobertura da mídia e matérias de primeira página diárias. *Pubs* com nomes tirados da realeza, como o Prince of Wales ou o Royal Arms, realizaram festas de casamento em seus salões que fizeram tanto sucesso que só havia lugar em pé. As pessoas pareciam ter mergulhado no conto de fadas do casamento iminente e assumido uma crença secreta na síndrome de Cinderela.

Durante nosso piquenique diante da televisão, bebemos champanhe e suco de laranja, comemos salmão defumado em torradas e nos sentamos embolados no chão, sob o olhar atento de um retrato do avô de Bahrin, ex-rei da Malásia. Fizemos piadas e rimos naquela tarde, envolvidos pela alegria e pelo otimismo refletidos pelas multidões britânicas na tela da televisão. Como muitas das 500 milhões de pessoas de todo o mundo que assistiram à transmissão internacional via satélite, estávamos ansiosos por ver a noiva atravessar recatadamente o corredor da igreja e o príncipe transformá-la em sua alteza real, antes de flutuarem para fora da catedral juntos, como marido e mulher, para viverem felizes para sempre. Foi estranho ver outra menina jovem ser iniciada em uma família real. Lembro-me de enviar a ela um silencioso "boa sorte" e desejar que seu treinamento protocolar tivesse sido mais completo do que o meu, três meses e meio antes.

Fizemos uma rápida viagem para a Malásia em agosto daquele ano, parando em Kuala Lumpur para comprar um anel de casamento atrasado para mim. Bahrin escolheu um conjunto de 22 diamantes em formato de flor, engastados em ouro amarelo. Como tinha um design grande e enfeitado demais para escapar aos olhos de qualquer pessoa, eu gostava de fazê-lo brilhar no sol e ver suas faíscas, ainda que tenha levado muito tempo para que eu me acostumasse com seu peso, sempre esbarrando na moldura das portas e o prendendo em minhas roupas e cabelo. (Hoje, não suporto mais jóias daquele tamanho — prefiro as menores, ou nada.)

Junto com a nova aquisição veio uma regra: Bahrin disse que, enquanto eu estivesse na Malásia, deveria usar o anel na mão direita, e não na esquerda, como no Ocidente. Para mim, fazia pouca diferença, pois meu anel de casamento não tinha qualquer semelhança com uma aliança de casamento, o que, na verdade, me deixou algo decepcionada. Quando mencionei isso a Bahrin, ele respondeu que sua família pensaria que ele era um sovina se tivesse me dado apenas uma aliança de ouro, em vez de um anel de diamantes. Internamente, não achava que isso fosse da conta de ninguém e parecia ridículo se preocupar com o que eles pensariam em termos de aliança de casamento.

Bahrin e eu seguimos para Terengganu um dia ou dois depois. Estávamos viajando para organizar alguns detalhes mais importantes de nossa iminente cerimônia formal de casamento, ou *Bersanding*, planejada para o ano-novo. Após o equivalente a apenas um registro civil, éramos agora obrigados a casar na maneira real tradicional, com toda pompa e protocolo devidos. Para começar, isso implicava escolher as cores, o design e o padrão do tecido de seda *songket* que seriam feitos para nossos trajes de casamento com muita antecedência, pois seria preciso muitas semanas para terminar a quantidade de pano necessária para os paramentos tradicionais da realeza.

Fomos levados até próximo à tecelagem em um dos carros da família, depois seguimos a pé, entre cabras e galinhas que corriam livres pelas bananeiras e palmeiras espalhadas pelo vilarejo. Um grande poço de concreto exatamente no meio das casas era a única fonte de água para as dez ou mais famílias que viviam lá. Para mim, pareceu estranho, com todo o verde luxurioso da selva em torno, que não houvesse uma única folha de grama por ali. As crianças brincavam na sujeira, à sombra de suas casas, de pés descalços e sujos. Usando vestidos baratos de algodão ou camisetas, nus na parte de baixo, agitavam-se em volta fazendo barulho, em uma mistura de todas as idades. Como todas as crianças, variavam das muito tímidas e envergonhadas para as mais corajosas e falantes, que nos olhavam diretamente e sorriam. O contraste com a opulência e o estilo de vida ordeiro da família de Bahrin chocou-me tremendamente.

Ali, o canteiro de espinafre funcionava como banheiro a poucos passos de suas casas. As cozinhas eram abertas às moscas. Não se ouvia falar em geladeira, essas coisas só existiam em revistas. Bahrin atravessou o

118

lugar sem piscar, mostrando que sequer registrava as condições paupérrimas em que essas pessoas viviam. Ele apenas seguiu em frente, alto e empertigado, imaculadamente vestido com roupas que, provavelmente, custavam mais do que toda aquela vila podia gastar em comida por um mês, até que chegamos à fábrica.

Estava quente e muito pegajoso na pequena casa de madeira que ficava sobre estacas, no meio da vila remota, e fazia as vezes de fábrica de *songket*. Sentamos juntos sobre um colchão de fibras trançadas de cores variadas, com o estalar dos teares pontuando nossa conversa. Seguida apenas pela pesca como fonte de renda para a pequena comunidade, a tecelagem do *songket* era uma habilidade passada de geração em geração. Essa comunidade específica de artesãos fornecia o *songket* para a família real havia mais tempo do que qualquer um podia lembrar.

Os teares exibiam tecidos semi-acabados ao longo das paredes. Tons de azul, vermelho e preto sombrio indicavam a variedade de encomendas que o estabelecimento aceitava. A maioria das tecelãs nos observava secretamente, mal contendo sua curiosidade enquanto olhávamos amostras e fotos com seu supervisor. Sorri amigavelmente para uma ou duas das meninas, e elas responderam abafando o riso, antes de, fingidamente, mergulharem ativamente em seu trabalho. As tecelãs tinham entre 13 e 20 anos. Vestiam o *baju kurung* de cima a baixo, véus ocultando os cabelos e o pescoço, deixando de fora apenas seus rostos, mãos e pés. Vestidas dessa maneira no calor sufocante, imaginei que deviam se sentir muito desconfortáveis dentro da sala mal ventilada.

Depois de muita discussão, finalmente decidimos pelo *songket* marrom-escuro, com detalhes em preto, entrelaçado com um moderno padrão geométrico em fios de ouro. Seriam entregues quinze metros com tempo suficiente para o alfaiate transformar o tecido em nossos trajes tradicionais de noivos. O supervisor mencionou um preço, que, para mim, pareceu razoável, mas Bahrin estava disposto a barganhar. Senti-me muito constrangida por ele tentar vencê-los no preço, considerando quantas semanas seriam necessárias para preparar a encomenda. Mas Bahrin fez prevalecer sua vontade e fomos embora, tendo chegado a um valor em uma negociação que achei indecente.

Uma vez de volta ao conforto de nosso carro com ar condicionado, comecei a questionar Bahrin cuidadosamente sobre informações e sua opinião sobre o vilarejo que acabávamos de deixar. De acordo com ele, a renda média naquela comunidade era algo entre 200 *ringgit* malaios por mês, ou cerca de 32 libras esterlinas. A maioria das vilas não era melhor ou pior do que aquela. Quase nenhuma tinha eletricidade ou água corrente, para não falar de rede de esgotos.

— Eles não conhecem nada melhor. Estão felizes vivendo assim — Bahrin afirmou. — Não passam de *orang darat*, gente do campo, caipiras. Não se preocupe com suas vidas, para eles, isso é normal. De qualquer forma, não são problema nosso — disse ele com firmeza, encerrando o tópico para não dar margem a questionamentos adicionais.

Começou a ocorrer-me que meu marido era cego, por escolha, à pobreza que contrastava de forma tão veemente com a abundância de sua família. Eu começava a compreender que a distância entre os "possuidores" e os "despossuídos" na Malásia não era apenas uma lacuna, mas um precipício intransponível, imaculado de um lado e podre do outro.

❄

A mãe de Bahrin demonstrou abertamente seu prazer comigo em nossa visita, organizando uma reunião de mulheres e garantindo que houvesse alguém para traduzir. Trocamos opiniões sobre as roupas de casamento e ela me deu uma lista de artigos a serem comprados na Austrália, para os *Hantar Belanjar*, ou presentes dos noivos, que o casal troca tradicionalmente como forma de dote e sinal de boa vontade. Tengku Zaleha também me disse que minha avó era mais do que bem-vinda à cerimônia e que a família real esperava conhecê-la. Como sinal para os demais membros da família de que ela me aceitava como nora, presenteou-me com os brincos de diamantes solitários que havia me emprestado antes, para a coroação. Era seu par favorito e ela me pediu que os colocasse imediatamente. Fiquei extremamente feliz por ela me aceitar abertamente, todas as cartas e cortesias tinham sido uma boa idéia, e era fácil e natural gostar dela em contrapartida, pois se tratava de uma mulher gentil e despretensiosa. Seu carinho gerou um sentimento de otimismo em relação à minha nova situação marital, que andava um pouco insegura neste aspecto. Também me deixou mais confiante poder contar com ao menos um relacionamento, ainda que tênue, com outra mulher naquele país estranho.

120

Vinte e seis

A soma total de minha vida estava organizada diante de mim, em 36 caixas, separadas por itens, lacradas e numeradas. Tudo o que eu era e tudo o que era meu estava naquelas caixas. Panda, Teddy e Lambkin foram cuidadosamente acomodados, prontos para o dia em que a criança em mim pudesse encontrar conforto na sua pelúcia gasta e encardida. Dezoito anos de livros, preciosos demais para serem deixados para trás, foram metidos em outras caixas junto com fotografias queridas, sapatilhas de balé e trastes mais mundanos de minha nova vida doméstica. Nossas árvores e enfeites de Natal estavam a caminho de climas mais quentes, assim como nossos acolchoados de penas e roupas de inverno. Se eu tinha que ir morar na Malásia, a Austrália iria comigo.

Era novembro de 1981 e eu estava deixando meu país sem qualquer receio. Meu futuro estava com meu marido e, para todos os fins, e como Bahrin me levou a acreditar, o plano era simplesmente transplantar nossa vida australiana para a Malásia. A realidade deste momento tão significativo demorou vários meses para me atingir. O ritmo dos preparativos, logística, venda da casa e arrumação das caixas deixaram pouco tempo para a contemplação, e eu também não era astuta o suficiente, aos 18 anos, para perceber que uma mudança entre continentes era bem mais do que uma viagem ou um interessante exercício de organização.

Eu estava casada com Bahrin e meu lugar era junto dele. O casamento, pelo que sabia, era para sempre. Se as coisas entre nós não se tornaram mais íntimas por mágica ou racionalmente claras desde o momento em que me tornara sua esposa, o tempo resolveria isso, pensava com otimismo. Eu era muito idealista quando nos casamos. Imaginava que, pelo simples fato de ser sua esposa, teria acesso a alguma chave invisível para destrancar seus pensamentos e sentimentos mais profundos, que ele se abriria para mim e enriqueceríamos nossa vida compartilhando e falando de todos os assuntos sob o sol. Mas, após seis meses de casada, comecei a criar desculpas para sua falta de carinho, seu jeito distante e o muro que o casamento parecia ter erguido entre nós. "Vai levar tempo", eu dizia a mim mesma. "Uma manhã, abrirei meus olhos e a ternura que ele demonstrava por mim terá voltado para sempre. É apenas uma questão de tempo e confiança."

❧

Se eu fechar os olhos e me esforçar, consigo visualizar eventos e lembrar de conversas daqueles primeiros meses morando na Malásia. Aparecem como flashes, como cartões-postais passando diante de mim. Se eu me concentrar, essas cenas individuais começam a ganhar dimensão e assumir uma profundidade de cores e sons que me levam de volta ao passado. Vejo a mim mesma quase como outra pessoa, um manequim sendo modelado e arrumado na forma da esposa perfeita, um acessório adequado para todos os eventos reais, sem controle sobre minhas próprias preferências, gostos e opiniões. Pareço ansiosa por agradar, pronta para ser reeducada. Uma observadora de minha própria existência.

Vejo uma adolescente, coberta por um véu, cheia de jóias e atordoada, sentada solitária em um trono. Ventiladores de teto giram suavemente sobre as cabeças de convidados, sentados diante da garota, observando seu comportamento intensamente, em busca de uma conduta insolente ou de um olhar de júbilo não apropriado, mas não há nada. Ela se senta imóvel, os olhos baixos, mãos sobre as pernas, aguardando. Uma pesada matrona avança em direção ao trono, as saias longas farfalham enquanto ela recebe um recipiente com água benta, sobre o qual descansa uma pequena vassourinha de aspersão. Uma criada inclina-se para a frente, virando as mãos da menina para cima, para mostrar grandes círculos de hena pintados sobre as palmas. As pontas de todos os seus dedos e unhas têm uma coloração marrom-avermelhada também. Ela ficou sentada sem se mover por horas antes, as mãos e os dedos mergulhados em uma mistura parecida com folhas úmidas de chá para obter esse efeito e colocá-la nesse momento de sua vida.

A *Istiadat Berinai*, ou cerimônia da hena, um símbolo de pureza, estabelece que ela seja abençoada, para garantir a fertilidade. Seu status de noiva é anunciado pelas mãos pintadas com hena, seu traje engomado de *songket* — que já pertencera a uma princesa real da geração anterior — e seu véu, uma relíquia de família, de seda pesada e bordado à mão com fios de ouro. Uma tiara de ouro maciço, parecida com raios de sol, fixa o véu no lugar. A tiara é pesada e sua alça de suporte rígida corta seu couro cabeludo logo acima da orelha direita. Ela precisa se submeter ao ritual *Berinai* com total desembaraço, distante dos acontecimentos ao seu redor, como se fosse uma escultura de pedra.

A matrona robusta, vestida com opulência, lança a água-benta sobre ela, com a escovinha de ouro, mas a menina no trono sequer afasta as gotas que atingem seu rosto, escorrem pelo queixo e pingam, sem ruído, sobre suas mãos abertas. Ela se mantém estoicamente sentada enquanto uma matriarca após outra repete os movimentos da bênção, sem hesitar, apenas olhando firme para a frente.

Mais tarde, sozinha em seu quarto, a menina olha para a figura estranha e exótica refletida no espelho. Olhos escuros, delineados com *kohl*, lábios vermelhos, como que picados por abelhas, o rosto de uma estranha desempenhando um papel, a face de Yasmin. Ela abana a cabeça de um lado para o outro, quase com ironia, e se pergunta aonde Jacqueline foi, agora que *lady* Yasmin chegou. E tudo o que consegue sentir é entorpecimento.

Como é difícil encontrar palavras para descrever meu outro eu, a garota no trono de noiva, a noiva famélica desmaiando de fraqueza e exaustão pelo calor em meio a convidados bem alimentados em seu próprio casamento. Tudo parece tão distante, tão remoto e divorciado da mulher que sou agora.

No dia seguinte à cerimônia *Berinai*, era nosso *Istiadat Bersandind*, ou casamento formal. Mil convidados, um pouco mais ou um pouco menos, foram convidados para a ocasião. Pavilhões foram erguidos nos terrenos de nosso novo lar em Terengganu, pelo departamento de obras públicas, para acomodar nossos convidados. Enfeitados com bandeiras do Estado e da realeza, além de centenas de luzes coloridas, a casa e os jardins pareciam um parque de diversões, faltando apenas a roda-gigante. Os trabalhadores, depois de removerem toda a mobília, instalaram nossos tronos nupciais e o palanque sob um toldo de seda, bordado com filigranas de ouro na forma de folhas e pequenas contas de ouro, costuradas por cortesãs ansiosas por ajudar. Os oficiais palacianos chegaram com caixas de enfeites de ouro puro, bandejas e a insígnia real.

No terreno dos fundos, onde foram colocados três palanques diante do verdadeiro festim de casamento, os serviçais do palácio organizaram enormes panelas, das quais saíam aromas inebriantes. Uma horda de damas, primas e tias de Bahrin, além das esposas dos oficiais do palácio, instalaram-se nos palanques que levavam ao nosso *Bersanding*, para ajudar na agitação dos preparativos essenciais para um casamento real. Durante 48 horas, 1.500 ovos tiveram que ser cozidos e tingidos de vermelho para serem incluídos na *bunga telur*, traduzido literalmente como "flor de ovos", o presente tradicional oferecido a cada convidado. Essas flores variam de um casamento para outro; no nosso caso, a *bunga telur* foi escolhida com muito cuidado por uma equipe de membros da família de Bahrin ao longo de vários meses. Elegantes cestas decoradas com filigranas de ouro e prata, cada uma contendo um ovo cozido pintado de vermelho, eram entremeadas por finas fitas amarelas e brancas, com um cartão impresso com nossos nomes, data de casamento e mensagem de agradecimento. Símbolos de fertilidade, esses enfeites eram lembranças apreciadas no país de Bahrin e considerados uma marca de status social e sofisticação, uma forma de medir o mérito da família anfitriã. Tratava-se de uma prática bastante comum entre os malaios colecionar dúzias dessas lembranças ao longo da vida e exibir as *bunga telur* em suas cristaleiras, com as oriundas de casamentos reais em posição de destaque na exposição. Taças de porcelana para ovos quentes atendiam à mesma finalidade e eram distribuídas para as dúzias de moradores das vilas e famílias dos empregados, que também compareciam informalmente à cerimônia, mas eram mantidos longe da aristocracia por barreiras físicas e sociais.

Na manhã de nosso *Bersanding*, foi realizado o *Hantar Belanjar*, ou troca de presentes entre os noivos. O costume real estabelecia que nós trocássemos 13 bandejas de presentes cada um. Os presentes do noivo para sua prometida deviam incluir uma bandeja de sementes de bétel (uma tradicional planta mascável com suave efeito narcótico), dinheiro, algum comestível doce e uma peça de roupa, simbolizando que ele seria capaz de prover todos os confortos necessários para ela. Os presentes, em bandejas de prata e cobre, são trocados em uma cerimônia formal, semelhante à aceitação de um dote por ambas as partes e colocados em exposição para serem inspecionados por todos os membros das respectivas famílias e avaliados quanto à apresentação artística e valor. Bahrin escolheu a maioria de seus presentes para mim, assim como sua apresentação: um vestido francês longo preto, em seda *chiffon*, com brilhos de ouro espalhados e dobrado cuidadosamente para ficar parecido com uma grande flor; jóias de diamante, que incluíam pulseira, anel, brincos e um pesado colar; sapatos pretos forrados de seda, para a noite, da grife Stephane Kelian; uma variedade de perfumes e óleos de banho Jean Desprez; 10 mil *ringgit* em espécie; uma bolsa metálica de ouro em formato de concha para usar de dia; e uma bandeja de semente de bétel, com todos os acessórios para seu consumo — tesoura, cesta e caixa.

Em troca, meus presentes para Bahrin foram escolhidos com cuidado, seguindo os conselhos de Tengku Zaleha: um conjunto de livros de mesa de arquitetura, detalhando prédios históricos e estruturas do mundo todo (escolhido por mim); uma maleta de fino couro borgonha, acompanhado de carteira e cinto combinando; um anel com uma esmeralda solitária; um corte de tecido *songket* antigo e um conjunto de Pino Sylvestre, sua colônia favorita.

O *Hantar Belanjar* foi entregue por serviçais uniformizados, usando cinturões amarelos mantidos no lugar por grandes broches de prata na forma do brasão real de Terengganu. Supervisionado pelas esposas dos oficiais da polícia e militares, nem Bahrin nem eu nos envolvemos na troca. Após a aceitação solene desses presentes pelos nossos representantes, conforme a tradição malaia, o palco estava montado para nosso "casamento público".

Durante os séculos que precederam a chegada do Islã à Malásia, essas práticas tradicionais do *Hantar Belanjar* e *Bersanding* eram as únicas formas reconhecidas de casamento pela sociedade malaia. Assim, mesmo que estivéssemos legalmente casados segundo a lei islâmica, a significação social de nosso "segundo casamento" não podia ser ignorada.

Como manda a tradição, no dia de seu *Bersanding*, a noiva precisa ser isolada de todas as influências externas, a não ser das mulheres de sua família. Isso significava que eu me encontrava banida em meu quarto, distante de todos os preparativos fascinantes que aconteciam do lado de fora. Deveria me dar ao luxo de ser paparicada e cuidada para meu grande momento, como o centro das atenções. Mas tudo o que eu conseguia pensar era em como conseguir alguma coisa para colocar no estômago. Todas as vezes que consegui chamar a atenção de algum criado ou parente e implorar por comida, eles sorriam, assentiam e prometiam que minha refeição chegaria em uma bandeja, em breve. Depois de oito horas, comecei realmente a duvidar de minha proficiência no idioma malaio. Eu sabia que tinha um longo caminho pela frente antes de ser fluente, mas também tinha certeza de que minha mímica desesperada de fome e o ronco de meu estômago eram suficientes para demonstrar meu estado famélico.

Às 19h30, estava quase pronta para a cerimônia formal. Olhando pelas cortinas de meu quarto, podia ver os convidados chegando em um fluxo rápido e contínuo e ouvia a banda militar começando a tocar. Periodicamente, a mãe e as tias de Bahrin vinham conferir o progresso de minha arrumação, meu estado de nervos e supervisionar minhas roupas, mas, ainda assim, nenhuma se lembrou de me trazer comida.

Eu havia causado consternação na família por preferir arrumar meu próprio cabelo e aplicar minha própria maquiagem, em vez de contratar um profissional. Já era bastante estranho vestir todos aqueles paramentos tradicionais sem estar submetida a um estilista tradicional. Eu me mantive inflexível sobre isso, estaria usando meu próprio rosto.

Bahrin tinha orgulho de sua herança real e realmente amava a riqueza da cultura de sua raça. Ele mesmo havia escolhido todos os meus adornos nupciais e optara pelo estilo mais autêntico e tradicional para mim. Muita elegância e antiguidades, mas pouco conforto e praticidade.

Meu vestido de noiva era incrivelmente enfeitado, mas bastante desconfortável e pesado. Estava calçada com sapatos dourados Charles Jourdan, com salto agulha de 10 cm, para eu ficar um pouco mais alta (a única concessão ao século XX) e pesadas tornozeleiras de ouro, que faziam barulho quando eu caminhava. Meu vestido era feito com o *songket* marrom, que havíamos encomendado meses antes, totalmente cortado e costurado como um *baju kebaya*, um casaco até o joelho, com colarinho virado e uma saia fechada. Justo e me cobrindo totalmente, era sufocante no calor úmido de 40 graus. Por baixo, eu vestia o usual espartilho sem alça de corpo inteiro, ajustado para dar a silhueta correta ao traje da noiva e eliminando totalmente qualquer movimento corporal normal de uma mulher — inclinar-se, respirar ou sentar, sem qualquer toque de conforto. Na verdade, ele me fazia lembrar as tábuas que as jovens da época vitoriana eram obrigadas a usar para melhorar a postura.

Em torno do pescoço e sobre o peito, estava pendurado um enorme *kalong*, ou colar, de discos de ouro ligados por uma corrente, caindo em três camadas. Meus pulsos estavam envolvidos por braceletes, que combinavam com as pesadas tornozeleiras, e meus dedos estavam pesados com anéis emprestados, com diamantes, rubis e esmeraldas.

Meu cabelo estava preso em um enorme coque na nuca, complementado por mechas de cabelo artificial para aumentar seu volume até ficar parecido com uma enorme bola de futebol. Vinte *bunga goyang*, flores tremulantes em ouro e presas a pequenas molas para aumentar seu efeito balouçante, foram inseridas na parte de trás do meu penteado, seguindo a orientação de um grupo de mulheres tagarelas que havia entrado em meu quarto para assistir à minha transformação.

O enfeite principal da cabeça foi baixado cuidadosamente e firmado cruelmente com tantos grampos de cabelo que eu poderia manter o suprimento de uma cadeia de salões de cabeleireiro por um ano. Feito de filigranas de ouro e pequenas molas ocultas sob camadas de flores modeladas, tinha o formato de um ventilador e tilintava e tremia a cada movimento. O toque final foi a peça para a testa, uma faixa trabalhada de ouro laminado e filigranas. Cobria minha testa e pressionava firmemente minhas têmporas, apoiando-se logo acima das sobrancelhas. O resultado era de tirar o fôlego, como alguma coisa saída das páginas de um livro de antropologia ou de vestuário medieval.

E assim chegou a hora de ir ao encontro de Bahrin, nos tronos nupciais, para nosso *Bersanding*. Acompanhada dos dois lados como uma inválida, dei pequenos passos ao longo do tapete vermelho e subi no palanque, para me sentar à esquerda de Bahrin. Nenhum de nós sequer olhou para o outro, pois isso era proibido. A noiva e o noivo devem manter o rosto rigidamente para a frente, sem nem mesmo levantar uma sobrancelha. Fomos flanqueados de cada lado por assistentes em trajes de corte, as filhas das cortesãs que nos acompanharam como damas de companhia e duas matronas palacianas, que supervisionavam os procedimentos.

127

Um pesado estande amarelo de madeira em camadas, usado apenas em casamentos reais, fora enviado do palácio. Na forma de estrelas abertas, cada camada fora coberta por arroz tingido de amarelo, dentro do qual a *bunga telur*, relíquia da família real, fora acomodada. Com 200 anos, essa *bunga telur* de ouro maciço tinha o formato de flores, completas, com caules e estames, e do meio de cada flor saía um ovo colorido.

Nos tempos antigos, como a maioria dos casamentos malaios era arranjada, o *Bersanding* tratava-se da primeira vez em que o noivo e a noiva se viam. Essa era uma das razões para as restrições impostas para o casal de noivos sentados estaticamente — talvez para desencorajar um olhar horrorizado que passasse pelos dois estranhos.

Nossas bênçãos matrimoniais foram dadas pelos membros mais velhos da família de Bahrin, começando pelo sultão e Tengku Ampuan, em uma cerimônia semelhante à minha *Berinai*, na noite anterior. Dessa vez, no entanto, nós dois recebemos a água-benta, seguida por punhados de arroz cru, para a fertilidade e prosperidade. Esse procedimento foi repetido por cerca de vinte outros VIPs, incluindo o Dowager Tengku Ampuan, o primeiro-ministro e sua esposa, parentes de Bahrin, tios e tias e minha querida avó, que havia sido trazida da Austrália para a ocasião.

Depois que nossos mais de mil convidados desfilaram diante de nós para nos ver sentados sem nos mexermos, chegou a hora de manifestarmos nosso respeito e homenagem formais ao sultão e Tengku Ampuan. Ele estava a pouco mais de 180 m do palanque, mas essa pequena distância revelou-se minha ruína. Quando estava prestes a fazer minha cortesia e beijar as mãos de sua alteza, o mundo começou a girar e, subitamente, tudo ficou escuro. A combinação de fome, tensão nervosa, calor e o peso dos trajes de noiva causaram-me uma enxaqueca e desmaiei. Devo ter sido uma imagem chocante, desabando no chão. Voltei a mim logo depois, quando seguravam uma bebida junto aos meus lábios para me reanimar.

Bahrin estava muito preocupado, assim como toda sua família. Não acho que o sultão soubesse como reagir diante do meu desmaio, no entanto — as mulheres de sua família não desmaiavam em público, e muito menos em seus próprios casamentos. Senti-me muito melhor depois que deixaram-me sentar por algum tempo ao ar refrigerado, mas não foram mais do que dez minutos antes de todos começarem a cochichar

128

que eu precisava cumprimentar os demais convidados e cortar o bolo de casamento.

Não consigo lembrar muito claramente de como pude me manter em pé por mais uma hora, cumprimentando cada convidado individualmente — ou do que disse a eles, uma vez que a grande maioria era de estranhos absolutos. Mas, segundo evidências fotográficas, consegui. Bahrin finalmente me levou para o pavilhão aberto, onde estava nosso bolo de casamento e onde completaríamos nossa obrigação final do dia — cortar o bolo amarelo-claro de três camadas, coberto por horrendas flores de açúcar.

Acho que o bolo foi o agouro definitivo sobre o futuro de nosso casamento: ele havia estragado sob o calor, azedando até a última migalha indigesta.

❋

Fomos acordados na manhã seguinte por um toque de alarme que não parava. Vinte minutos depois, finalmente descobrimos sua origem. Algum espertinho havia armado um relógio para tocar às 7 horas da manhã, antes de embrulhá-lo e o entregar como um de nossos presentes de casamento. O pacote estava no fundo da montanha de presentes que enchiam completamente nosso quarto de hóspedes e invadia o corredor. Por sorte, a cavalaria chegou na forma da família imediata de Bahrin, que viera ajudar a abrir os presentes, com o apoio de uma equipe de empregados para limpar a bagunça.

Quando todos os presentes estavam abertos, tínhamos eletrodomésticos suficientes para abrir uma loja bem abastecida. Ganhamos algumas dúzias de presentes: 13 conjuntos de chá de porcelana; nove ferros de passar roupa; 27 relógios de estilos variados, incluindo o alarme, que era uma réplica de porcelana branca do século XVII, que funcionava a pilha, encimado por pombas douradas; 15 conjuntos de cama de linho; 32 peças de cozinha Pyrex; quatro bandejas de bronze; um jogo de talheres de prata maciça para 24 pessoas; sete jogos de café; dois ventiladores potentes; 22 cortes de tecidos; 12 trajes masculinos de oração; seis sarongues femininos de *batik*; 15 peças de prata para mesa; seis bandejas de prata; um vaso de flores de prata; duas urnas portáteis de cobre para lavar as mãos; um porta-retratos Lanvin de prata e uma grande caixa de jóias redonda; vinte cortes de *songket*; quatro versos islâmicos do Alcorão para serem colocados sobre a porta; cinco ou seis caixas de luxo de perfumes e colônias masculinas; 12 toalhas de mesa; um jogo Noritake de jantar para 24 pessoas; um par de relógios Lanvin combinando, um masculino e outro feminino; uma reprodução de um telefone de 1920; diversos artigos de cristal; quatro tapetes de oração; seis conjuntos de roupas de bebê (em antecipação ou estímulo) e pelo menos 10 mil libras em espécie. Também havia uma grande variedade de jóias de ouro, diversos colares de pérola de tamanhos variados, jóias com diamantes incrustados em platina ou ouro de 22 quilates e um conjunto de jóias de safira e diamantes com design geométrico moderno, presente de Dowager Tengku Ampuan. Obviamente, minha pobreza nessa área havia sido notada e abordada. E por fim, mas certamente não menos importante, um presente dos parentes mais velhos de Bahrin: um enorme relógio de parede fluorescente de carrilhão, ornamentado nas bordas com inscrições do Alcorão em torno de uma imagem de um grande barco a vela feito inteiramente de porcas e parafusos, com a face do relógio digital na proa do barco.

Foi surpreendente como esse relógio simplesmente escorregou de minhas mãos e se espatifou no chão pouco depois de sair do embrulho.

Vinte e sete

É muito estranho estar em um mundo em que o tempo é marcado por um antigo chamado para as orações e os dias passam sem que sejam percebidos. Minha rotina em Terengganu era assim. Vivia suspensa em um limbo temporal, em que o mundo real existia apenas do lado de fora, na distante Austrália e em outros países, em que as estações mudavam e os anos eram marcados pelo Natal e pelas festas.

Meus dias não eram contados e não havia registros de aniversários. Por vários motivos, não envelheci nada desde os 18 anos, quando comecei minha vida de casada lá; mas por diversos outros, tornei-me uma velha e sábia mulher, com a máscara da ingenuidade arrancada do meu rosto.

A prioridade para mim era me tornar fluente no malaio clássico ou "alto", ou seja, a forma do idioma com toda sua terminologia antiquada peculiar aos círculos da realeza. Bahrin decretou que eu falasse apenas em malaio com ele e com o restante da família. Ele ponderou que, isolando-me de meu idioma natal por meio da imersão lingüística, seria forçada a me tornar fluente em tempo recorde. Ele estava certo. Não tive escolha a não ser me forçar a compreender o malaio e, em dois meses, era capaz de conduzir uma conversar relativamente complexa.

A tarefa seguinte da agenda era minha reeducação em detalhes de comportamento e decoro. Ser membro da família real imediata tem seus riscos nos domínios da etiqueta. Os malaios comuns devem saber coisas semelhantes em relação aos bons modos sociais, mas, para eles, especialmente se morarem na capital, Kuala Lumpur, o código de conduta era bem menos rígido e fácil de levar do que o que a sociedade esperava de mim. Eu deveria caminhar, falar, sentar, ficar em pé e comer segundo um código de protocolo não escrito. Apenas ocasionalmente, quando estava

ERA UMA VEZ UMA PRINCESA

sozinha com Tengku Zaleha e tia Zainah, essas regras podiam ser relaxadas ligeiramente. A não ser por raras exceções, em que eu era advertida com antecedência sobre a maneira socialmente aceitável de me comportar, quase sempre a família real permitia que eu fizesse alguma besteira e aprendesse a partir de algum tipo de osmose. Quando realmente cometia um erro grave, as senhoras mais velhas colocavam-me rapidamente na linha, com um sermão sobre o tamanho dos passos que eu deveria dar, ou como apontar delicadamente, sem usar o dedo indicador. Pior ainda quando era o próprio Bahrin que me pegava cometendo uma gafe indigna da realeza. Nesse caso, eu tinha que ficar sentada por horas enquanto ele me dava uma aula sobre minha nova posição e meus erros. Muitas vezes ele se parecia mais com um professor de etiqueta do que com um marido.

Como os membros mais jovens da família absorveram todas essas regras e normas é algo que sempre quis saber. Certamente, não havia tempo disponível para verdadeiras aulas sobre isso — seria um comportamento considerado inadequado e burguês. Prefiro achar que Bahrin e seus primos aprenderam as rígidas regras do protocolo pela imitação, uma alta dose de enfado, um firme distanciamento e correção constante por suas babás enquanto cresciam. Certamente, qualquer forma de resposta não medida era algo reservado à jovem realeza apenas quando estivessem de férias, ou estudando nos Estados Unidos ou na Inglaterra, momentaneamente livres dos olhares reprovadores dos cortesãos e dos serviçais.

Perdi minha própria espontaneidade no dia em que vi minha primeira tempestade tropical. Estávamos no final de janeiro de 1982 e a temporada das monções havia chegado, trazendo um pequeno alívio para o castigo do calor úmido. As temperaturas caíram para a faixa dos 20 graus e uma brisa agitava as frondes dos coqueiros de nosso jardim e penetrava pelas discretas roupas de corpo inteiro que as mulheres usavam.

Neste dia específico, eu estava ocupada, esvaziando os caixotes com nossos objetos pessoais, que finalmente haviam chegado da Austrália, depois de dois meses. Como estava na privacidade de minha própria casa, vestia roupas que me permitiam maior liberdade de movimento do que as longas saias que Bahrin preferia que eu usasse. Minha calça de corrida atoalhada com zíper na frente era bem mais funcional e adequada para esvaziar caixas. Enquanto procurava pelos meus tesouros havia muito perdidos e organizava os livros nas prateleiras com a ajuda de minha em-

132

pregada, comecei a ouvir pequenas batidas nas janelas que logo se transformaram em um barulho ensurdecedor. Era chuva. Doce, pura e irresistivelmente refrescante. Eu já quase esquecera como era seu ruído até ver a água cair em cascatas pelas calhas e escorrer pelo jardim. De algum jeito, saber que jamais haveria um inverno em minha nova casa quase me convencera, subconscientemente, que a chuva pesada pertencia à Austrália ou à Inglaterra, não à Malásia.

Senti-me arrastada para o lado de fora, até a varanda coberta, onde podia respirar a frescura e ver a poeira ser levada para longe dos caminhos e das árvores. Eu nunca tinha visto uma chuva tão torrencial. Caía com uma espécie de desespero sobre a terra, como se a única maneira de chegar ao fim fosse despencando pesadamente. Por alguns minutos, abri minhas mãos sob os beirais, pegando a água e me surpreendendo com seu calor. Esperava que fosse fria como gelo, e não tépida. Fui tomada por um impulso irresistível e, de repente, lá estava eu, rindo e dançando totalmente vestida sob a chuva que se precipitava do alto. Foi embriagante. Era como ficar sob uma cachoeira morna, purificadora e estimulante. Não senti frio ou culpa, apenas uma liberdade e uma alegria que jamais experimentara antes. Foi absolutamente maravilhoso — e então parou, interrompida por uma mão em minha nuca arrastando-me para trás, para fora do dilúvio e de minha felicidade molhada. Eu mal podia ouvir Bahrin sobre o barulho da chuva, enquanto ele gritava admoestações para mim e dizia que eu deveria sentir vergonha pelo espetáculo em que me transformara. Foi então que percebi que a maioria dos empregados e da família havia saído de suas respectivas casas e olhavam para mim, como se eu fosse uma louca, totalmente insana.

Por todo o tempo em que permaneci em Terengganu, jamais voltei a fazer algo espontâneo como aquilo novamente. Não valia o preço da humilhação e dos insultos. Eu não tinha coragem suficiente para arriscar e não me sentia segura a ponto de torcer o nariz para as convenções ou comportamentos que me constrangiam.

O preço que tive de pagar a Bahrin pela minha dança da chuva foi a incineração de meu lado "chinês". Sob seu comando, mostrei todos os meus tesouros, que acabara de tirar do carregamento australiano, para que fiscalizasse e confiscasse. Ele insistiu que eu incluísse nessa pilha de memórias uma pequena e antiga imagem do Buda que normalmente usava em

133

meu pescoço, sob minhas roupas. Ela havia sido deixada para mim pelo meu pai, que a usara até sua morte. O Buda era a ligação mais forte que eu tinha com meu pai. Não tinha qualquer significado religioso para mim, assim como a saia vermelha bordada com dragões e fênices, muito menos as pinturas chinesas em rolos de seda. Mas Bahrin resolveu atirar tudo no fogo que ele acendeu nos fundos da casa, alimentado ainda por roupas que ele considerava inadequadas e não condizentes com o Islã. Ironicamente, algumas das blusas, saias até a panturrilha e vestidos diurnos que ele agora considerava arriscado guardar em nossa casa eram exatamente as peças de roupa que ele havia me dado quando me cortejava.

Enquanto a fumaça da fogueira subia pelo jardim, Bahrin explicou que a "faxina geral" da minha vida era para meu próprio bem — eu não mais seria contaminada pelas impurezas da cultura ocidental ou de minha família chinesa. Agora, eu estaria livre para mergulhar em minhas novas religião e sociedade. Eu não conseguia dizer nada, não conseguia pensar em nada para dizer, apenas fiquei com meus braços apertados ao meu redor, vendo as únicas conexões tangíveis que eu tinha com meu pai virarem cinzas.

Ainda que ilegal e considerado pornografia na Malásia, a coleção de revistas *Playboy* de Bahrin permaneceu "não higienizada", guardadas seguramente no fundo de seu armário do escritório, sob suas cópias do Alcorão e livros da lei islâmica. Ele não titubeou em subornar os oficiais malaios da alfândega para permitir que as revistas fossem importadas, oferecendo três delas a cada um para que fingisse não vê-las. Minha não aceitação da ambigüidade dos padrões de Bahrin havia começado.

Uma das primeiras coisas com a qual precisei me entender em minha nova vida na Malásia foi a falta de privacidade inerente à sua cultura. Mesmo em nossa própria casa, a vida era governada pelas regras e normas do Islã, pelas expectativas da família real e pela complexidade natural, e quase histriônica, da "necessidade de saber" familiar.

Tengku Zaleha, minha sogra, vivia na casa ao lado da nossa. A janela de nosso quarto dava para o terraço em que ela se sentava, onde, junto com suas irmãs e serviçais, passava a tarde conversando e tomando chá. A proximidade significava que nada podia acontecer em minha casa sem que ela ficasse sabendo. Desde cedo, ela e uma de suas amigas, Che Gu Gayah, uma professora religiosa que falava um pouco de inglês, colocavam-me sentada para me ensinar as doutrinas fundamentais do casamento islâmico, com especial atenção aos aspectos da higiene.

Minha tarefa, elas explicaram, era agradar meu marido de todas as maneiras possíveis. Se ele dissesse que a Lua era verde com bolinhas rosas, eu devia concordar. Se ele quisesse uma massagem nos pés às 2 horas da manhã, eu deveria concordar com um sorriso alegre; eu jamais deveria deixar de fazer sexo com ele, a não ser por estar menstruada, o que, segundo o Islã, era considerado sujo; não só isso, mas a "contaminação" do marido pelo fluxo menstrual podia levar a uma influência indevida e a um controle sobre sua moral e mente por sua esposa. Eu precisava ser uma boa esposa, sempre alegre, com refeições e delicadezas prontas para agradar seu paladar. E, acima de tudo, eu deveria me apressar e engravidar o mais rapidamente possível, para provar meu valor. E não deveria falar muito; os homens preferiam que as mulheres não conversassem, a não ser que convidadas.

No quesito higiene, "todo o mundo" deveria saber que eu era uma mulher limpa. Após o ato sexual, elas me informaram, eu precisava me limpar com água do meu último fio de cabelo até a ponta de meus pés. Bahrin deveria fazer o mesmo. Minha sogra sabia, ela me disse, que eu não estava lavando minhas genitais com água todas as vezes que usava o banheiro. Isso era inaceitável na sociedade malaia, ela disse com um sorriso no rosto. Ela ficava do lado de fora da janela do banheiro para conferir meus hábitos e não ouvia a água da mangueira que ficava na parede do banheiro antes de eu dar a descarga. Era um hábito muito sujo, ela disse, uma coisa que elas se dispunham a perdoar devido à minha criação ocidental bárbara, mas que, de agora em diante, eu devia parar de usar o papel-higiênico, pois isso me afastava de Alá.

Todas essas pérolas de sabedoria me eram passadas em tom de conspiração, como se as duas mulheres estivessem me fazendo um grande favor ao me guiar pelo caminho do sucesso marital. Tengku Zaleha, ou Mak, como eu começara a chamá-la, garantiu-me que ela não faria nada menos por uma filha, caso tivesse sido abençoada com uma. Ela confessou que, inicialmente, estava em dúvida sobre nosso casamento, mas agora estava determinada a me apoiar totalmente para que nossa união fosse um sucesso e eu me ajustasse ao seu mundo. O que mais eu poderia fazer a não ser expressar minha gratidão por sua preocupação e cuidados, e prometer que viveria conforme as regras?

A mãe de Bahrin contratara uma empregada para morar conosco, chamada Wan Su, por um salário de 108 *ringgit* malaios, ou cerca de 35 libras por mês, com uma folga de meio dia por semana. As tarefas de Wan Su, segundo Mak, eram cozinhar e limpar. Outra mulher, Zah, cuidaria da roupa. Minhas tarefas, ela me disse, eram manter seu filho feliz, engravidar e não me incomodar muito com o trabalho doméstico — dedicando o tempo para me concentrar em Bahrin e me manter atraente. As mulheres de minha nova família, ela explicou, não perdiam tempo com tarefas domésticas; isso definitivamente desanimaria o marido e ele buscaria pastagens mais verdes.

— Deixe as tarefas domésticas para os empregados e concentre-se apenas no contentamento de seu marido — ensinou-me. — Além disso, Bahrin não gosta de sua comida. Ele precisa de comida malaia adequada para se manter forte.

Quando mencionei o assunto da ajuda doméstica e minha culinária, Bahrin concordou com sua mãe, acrescentando que eu deveria me dedicar a fazer bolos e sobremesas e um prato de massa de vez em quando. Quando lhe disse que não apreciava ter uma empregada dormindo na casa e que achava errado ela ter que dormir num colchonete de espuma no chão da sala, ele debochou de mim dizendo que eu tinha o coração mole e que, além disso, ela devia achar o máximo do luxo dormir sob um ventilador de teto.

O único resto de rebeldia que me sobrou foi usado para comprar uma cama dobrável para Wan Su e insistir que ela a usasse, além de lhe dar dois dias de folga por semana em vez de apenas metade de um, como era a prática usual entre a realeza. Minhas "condições trabalhistas ocidentais", como eram chamadas pelas tias, não me tornaram muito popular com as vizinhas. Elas me disseram que era perigoso dar uma folga maior e uma cama para a criada, pois certamente ela contaria isso para as outras e logo todas as empregadas da família iriam esperar pelo mesmo tratamento. Ao longo dos anos, eu teria pontos de atrito contínuos com os parentes devido às condições de trabalho *mat salleh*, do "homem branco", que eu adotava. Sempre fiquei espantada por elas justificarem sua própria mentalidade de desprezo pelas necessidades e sentimentos de seus empregados com a batida frase *orang kampung sanaja*, ou seja, "não passam de habitantes das vilas".

136

Vinte e oito

Lutei para manter a calma enquanto outra pontada de dor me fez gemer e engasgar, tentando respirar. Depois de trinta horas disso, todas as minhas resoluções de me manter estóica pareciam decididamente idealistas. Eu havia passado as últimas vinte horas sentada, com as pernas cruzadas e totalmente ereta sobre uma estreita mesa de exame em uma sala de cirurgia mal iluminada, com um sarongue de *batik* e blusa *gingham*. Minha única distração visual era um relógio de parede com uma foto da cidade sagrada de Meca.

Minha primeira contração aconteceu ao anoitecer do dia anterior, Dia dos Namorados. Lembro claramente de me sentir muito orgulhosa pela maneira como mantive a compostura e lidei com o que, na verdade, era apenas um aperto desconfortável. Obviamente, a dor do trabalho de parto era algo com que eu poderia lidar de maneira brilhante. Na verdade, eu tinha certeza de que o bebê pularia para fora entre um capítulo e outro do novo livro que eu estava lendo.

Vinte e oito horas e cerca de duzentas contrações mais tarde, estava pronta para dizer a todos que quisessem ouvir que tudo não passava de um erro, que eu decidira dar à luz em outro dia e que eu tinha um compromisso urgente em outro lugar.

Ficar sozinha na sala de parto por horas permite muito tempo para pensar e refletir sobre sua vida sob uma perspectiva algo confusa e angustiante, semelhante a um filme fora de foco.

＊

Minha gravidez fora confirmada na manhã de meu aniversário de 19 anos. Esperei meses para poder contar para Bahrin que teríamos um filho e fui ao médico com uma mistura de medo e expectativa. No momento em que soube com certeza que estava grávida, fiquei maravilhada e tomada de euforia diante da idéia de uma pequena vida crescendo dentro de mim. A reação de Bahrin foi de orgulho e auto-satisfação e, a partir do momento em que lhe contei, teve certeza de que eu carregava um filho homem. Minha esperança era de que essa criança fosse cimentar as rachaduras de nosso casamento a partir de um interesse comum, algo que fazia muita falta em nossa confusa união. Mas, acima de tudo, eu desejava essa criança com toda minha alma e meu coração. Eu estava determinada a proteger e cuidar dele ou dela, dar-lhe banho com todo amor e segurança que faltaram na minha própria infância. Meu foco e prioridades mudaram no momento em que soube da gravidez e, desde o início, comecei a preparar Bahrin e sua família para minha abordagem materna de "mão na massa", no melhor estilo australiano.

Deixei muito claro desde o primeiro dia que não teria uma babá para cuidar de nosso bebê, que o amamentaria no peito — o que era impensável entre a realeza afortunada — e que eu não seguiria toda a tradição sensacionalista de uma gravidez da nobreza. Dizer que eles não ficaram satisfeitos seria pouco; no entanto, foi mais fácil para eles considerar minha determinação como capricho de uma mulher grávida e não uma rebelião declarada.

Ao longo dos meses anteriores à confirmação da gravidez, Bahrin começou a me tratar com a indiferença normalmente dedicada aos serviçais. Ele começara a trabalhar como arquiteto na JKR, o departamento de obras públicas, logo após nossa *Bersanding*. Esse trabalho de 12 meses era uma espécie de "estágio" em arquitetura, antes que ele abrisse seu próprio escritório. Enquanto entregava-se ao seu aprendizado na JKR, eu aplicava-me ao meu próprio, colocando-me em dia com todos os refinamentos que faltavam para estar de acordo com os padrões estabelecidos para as mulheres da família de Bahrin.

Duas ou três vezes por semana, o tutor religioso da família real, Che Gu Ali, vinha à nossa casa para me ensinar a orar conforme os mandamentos do Islã e me ensinar árabe e a lei do Alcorão. Ali era baixo, gorducho e careca, orgulhoso de si mesmo pela fertilidade de sua esposa e pelos muitos filhos que ela tinha produzido. Sempre vestido com um *baju melayu* constando de uma camisa branca, sarongue, sandálias e solidéu de crochê, ele ria animadamente enquanto eu tentava que minha língua superasse as dificuldades das frases em árabe da lição do dia. Seu senso moral ditava que fôssemos rigidamente acompanhados sempre que estivéssemos juntos; isso significava ter certeza de que todas as portas e janelas permanecessem abertas na sala onde tínhamos as aulas ou que uma das minhas serventes também estivesse presente.

À medida que aprendia mais sobre o Islã e ouvia as interpretações de Ali sobre o Alcorão, percebi que essas precauções não eram para proteger minha castidade, mas para protegê-lo da malícia e volubilidade sexual a que estava exposto por estar na minha presença. Ele me ensinou que, segundo a crença islâmica, as mulheres não são apenas o sexo frágil, mas também o gênero mais inclinado a seduzir o outro devido à fraqueza moral e inteligência inferior. Em uma das aulas, diante da presença de Mak, ele explicou que as mulheres eram inerentemente más e tinham que ser educadas de forma a se afastarem de suas inclinações naturais para o pecado e a corrupção. Alá, ele continuou a explicar, colocou as mulheres na Terra para servir à espécie superior dos homens; nós temos a obrigação diante de Deus de refrear nossos impulsos de contradição inatos e ocultar nossos corpos com a vergonha e a humildade que eles exigiam.

Em outras palavras, as mulheres eram faróis sexuais ambulantes, prontas para capturar qualquer homem por meio de sua perfídia inata e de sua natureza maligna, uma praga colocada no mundo para ser usada pelo homem com fins de procriação de sua linhagem e facilitar seu conforto. O vislumbre de um joelho feminino podia confundir o cérebro de um homem, um cacho de cabelo poderia causar uma ereção imediata e um sopro de perfume ilícito era capaz de provocar a queda da sociedade islâmica. Só Alá sabe o que a perfeição redonda de um ombro feminino pode causar.

O que me impressionava era que Che Gu Ali, filho de um camponês, quase sem instrução, a não ser pelo Alcorão e pela escrita árabe, era considerado um acadêmico e árbitro sobre a maioria das coisas vivas. Ele havia estudado na universidade religiosa do Cairo, no Egito, onde os pré-requisitos não incluíam a proeminência intelectual ou a capacidade de acompanhar um debate. Até onde sei, conforme a descrição de Ali, os cursos de lá não incluíam a análise racional da doutrina islâmica, suposições ou questionamentos. Em vez disso, os homens que freqüentavam a escola, de todos os cantos do mundo — e somente homens podiam se matricular — tinham que conhecer todo o Alcorão e manter o compromisso inabalável de jamais apresentar questionamentos ou relações com o mundo moderno. Questionar ou debater, ou sequer tentar reinterpretar o Alcorão para torná-lo mais significativo para o século XX era considerado uma blasfêmia. O Islã, conforme ensinado na Malásia, dentro da família real malaia, não permitia mentes inquirideiras; as passagens e frases eram aprendidas por repetição, não pela razão.

O próprio Che Gu Ali não entendia as palavras em árabe que me ensinava, e minha condição de aluna e mulher impossibilitava que eu fizesse perguntas sobre as razões por trás da maioria dos decretos. De qualquer modo, duvido muito que ele mesmo tivesse a coragem de questionar seus próprios ensinamentos, pois acreditava com firmeza no inferno para os descrentes.

Ao longo das semanas, no entanto, aprendi muitas coisas sobre as práticas do Islã e suas leis. Em termos simples, um sistema de pontos por mérito ou demérito resumiam a vida de uma pessoa na hora da morte. Os pontos por mérito podiam ser obtidos por boas ações: jejum, oração, modéstia, humildade (fingida ou real), obras de caridade e autonegação. Esses pontos eram chamados de *parlar* e seriam o fator decisivo sobre sua entrada, ou não, no paraíso. Os pontos de demérito vinham do pecado: ganância, usar peruca, falar mal de outrem, praticar magia negra, fornicação, mentir, enganar e uma série de outras ações. Esses eram conhecidos como *dosar*. Literalmente, pontos *parlar* podiam cancelar pontos *dosar*, e vice-versa. Olhando ao meu redor, freqüentemente observava as pessoas da família real tentando estocar pontos *parlar* para o dia em que seus pontos *dosar* seriam contabilizados.

O paraíso, segundo me disseram, era um jardim de delícias repleto de *houries* com olhos de gazela, descritas como anjos do sexo feminino, seminuas e prontas para realizar todas as vontades dos habitantes do sexo masculino, afortunados por serem aceitos lá. No entanto, jamais ouvi falar de um estímulo equivalente oferecido às mulheres piedosas. O inferno, por outro lado, abrangia todas as maldades da humanidade, mil vezes aumentadas e aplicadas aos condenados em um círculo sem fim.

Minha sogra tinha sua própria lista pessoal de indicadores de deméritos incidentais, que poderiam condenar um miserável para sempre. Eram os seguintes: homens muçulmanos usando qualquer jóia de ouro ou prata; homem ou mulher que tenham um nome não mencionado no Alcorão ou em qualquer ensinamento islâmico; orar sem estar com o ânus limpo; e, especialmente para os homens, usar qualquer jóia no pescoço — isso, Mak me disse, levaria o pecador a ser arrastado pelo colar até o fogo do inferno. A conhecida piedade de Mak parecia ter mais origem no medo do que no desejo de praticar a filantropia.

A admissão no paraíso também parecia ter muito a ver com a linhagem genética. Tanto Bahrin quanto Che Gu Ali tinham a convicção de que a raça judia não tinha esperança de redenção e estava irremediavelmente destinada a queimar no inferno para sempre. Bahrin era tão anti-semita que, uma vez, destruiu vários livros meus de autores judeus; no entanto, esqueceu, convenientemente, que minha avó materna, ainda que católica praticante, tinha sangue judeu, e portanto, segundo a lei judia, eu também era judia. Covarde como eu era então, depois de receber um tapa com as costas das mãos por discordar dele sobre a impureza da raça judia, optei por não mencionar meus antecedentes para ele. Mesmo tendo sempre me sentido ultrajada pela perseguição ao povo de minha avó, meu senso de autopreservação superou meu orgulho.

Quanto mais convencido de sua própria importância e mais seguro se tornava de sua identidade de muçulmano da Malásia, vivendo em um Estado islâmico, mais evidente ficava seu preconceito contra os judeus, chineses e indianos. Ele saudava o Holocausto como uma forma brilhante de limpeza social e lamentava que não tivesse ido adiante e varrido para longe os judeus norte-americanos, ou os controladores de marionetes, como ele os chamava. Aplaudia e apoiava ativamente a facção terrorista da OLP, referia-se aos malaios indianos como *kelings*, um termo depreciativo oriundo de sua história como escravos importados para as plantações de borracha, e classificava os malaios chineses de cães imundos, os judeus da Ásia.

Bahrin tentou incutir em mim diversas outras lições que aprendeu crescendo como um nobre malaio. A mais importante delas, ele garantiu, era "não perder a expressão". Ensinou-me que jamais poderíamos demonstrar ao pior inimigo que não gostávamos dele, que se essa pessoa viesse à sua casa deveria ser tratada como um hóspede de honra. O segredo, ele disse, era esperar o momento exato para a vingança por qualquer

141

ofensa. Mesmo que isso levasse cinqüenta anos, a bonomia e o comportamento de um jogador de pôquer eram imperativos para a destruição de seu inimigo. A mesma coisa servia para os indianos e chineses: seu lema era usá-los enquanto necessários e depois descartá-los. Eu ficava imaginando até quando seria útil para ele e quando eu também seria dispensável.

❀

Minhas contrações agora estavam muito próximas, apertando minhas costas e barriga a cada quatro minutos. O médico havia rompido a bolsa horas antes, para tentar acelerar o parto, mas sem resultado; meu bebê parecia preferir o ritmo lento e contínuo em vez do caminho expresso.

Ao ser submetida a novas apalpadelas e sondagens da parteira, deixei minha mente vagar para longe da sala de parto e voltar no tempo, até o momento em que eu soube que caíra em uma armadilha ao vir para esse país, a partir do qual meu filho estava prestes a entrar no mundo, e me dei conta de que meu valor para Bahrin estava em meu rosto, minha capacidade de procriação, minha falta de laços familiares e a maleabilidade da juventude.

❀

Em um dia de calor calcinante, cerca de um mês antes de eu saber que estava grávida, rajá Ahmad, o pai de Bahrin, veio nos fazer uma visita. Organizei uma refeição especial, que incluía caranguejo picante, seu prato favorito. Abah, como ele pediu que eu o chamasse, e Bahrin chegariam em casa às 13 horas, voltando das orações de sexta-feira, na mesquita. A comida estava sob o *tudum saji*, telas para proteção contra os insetos; havia sido colocado gelo nas jarras de calda de rosas com leite condensado, que os dois homens apreciavam. Às 3 horas da tarde, ainda não haviam chegado. Às 4h30, o caranguejo começou a cheirar mal sob o calor e, às 5h30, eu não só estava ansiosa em relação a Bahrin, mas imaginando aonde eles teriam ido. Às 6 horas, o almoço e a sobremesa que havia preparado estavam estragados. Resolvi caminhar pelo jardim — e foi então que vi o BMW de Bahrin estacionado na esquina do jardim de sua tia Zainah, a duas casas da nossa.

142

Foi quando comecei a ver tudo vermelho, no estilo ocidental. Disparei em direção à casa, cruzando o caminho fervendo de cólera, apenas para encontrar os dois deitados nos sofás, dormindo profundamente, plenos após uma refeição suntuosa, cujos restos estavam espalhados sobre a mesa de jantar. Sacudi Bahrin para acordá-lo. Disse-lhe que ele e seu pai não tinham consideração e eram egoístas, pois ambos sabiam que eu havia preparado almoço para eles em casa. Enquanto Bahrin levantava-se e me seguia para longe do quintal de sua tia, eu disse que ele era um merda por sequer telefonar, pois sabia que eu era obrigada, segundo seus costumes, a não comer até que os homens da casa tivessem provado a comida. Gritei que ele e seu pai eram dois idiotas sem consideração por não terem ido comer os caranguejos que eles fizeram questão de escolher. Foi então que ele me deu um soco com a mão direita, jogando-me para trás sobre o chão de concreto. Ele me acertou com as costas da mão enquanto eu tentava me levantar e agarrou um punhado de cabelo com a mão esquerda. Fui muito estúpida, jamais deveria ter falado com ele daquele jeito. Tudo o que evitara fazer para não provocar sua ira foi apagado pelo meu acesso de raiva. E eu esqueci de me abaixar.

Bahrin arrastou-me pelo cabelo, gritando e brigando, ao longo do jardim de sua tia, pelo caminho particular que separava as duas casas, até entramos pela porta. Ele acertou meus braços, barriga e costas e chutou minhas pernas cada vez que eu tentava me levantar ou me libertar. Uma vez dentro do quarto, jogou-me no chão, trancou a porta, guardou a chave no bolso e fechou as cortinas hermeticamente.

Comecei a implorar para que ele me mandasse de volta para a Austrália, que me desse o divórcio, que me deixasse voltar para onde eu pertencia. Mas ele continuou a repetir que eu pertencia a ele, que a Malásia era minha casa agora e que, enquanto eu pertencesse a ele, jamais me deixaria ir. À medida que se empolgava, xingou-me de todos os palavrões que conhecia. Disse que eu era uma puta inútil e me acusou de não engravidar deliberadamente, para contrariá-lo. Disse que eu não valia nada, que era totalmente incapaz de sobreviver em qualquer lugar sem ele, que era louca e que as pessoas saberiam disso se eu tentasse contar a elas que ele havia me machucado. Ele continuou com as agressões pelo que pareceram várias horas. Solucei e implorei para voltar para casa. Finalmente,

143

depois de mais um chute e do comentário "ainda não acabei com você", ele me deixou sozinha, trancada no quarto escuro.

Não ousei acender a luz, com medo de que ele voltasse. Foi então que me dei conta de que todo o complexo real devia ter ouvido meus gritos e sabido da briga, mas ninguém veio investigar ou me ajudar. Eu sabia que não importava o que acontecesse, sua família estava ao lado dele — eu era apenas a estrangeira com o ventre.

Não tinha planos ou idéia de onde poderia ir. Tentei abrir a janela do quarto e esperar. Não tinha dinheiro, passaporte, refúgio ou qualquer pessoa com quem falar sobre Bahrin. E, se eu tentasse, quem iria acreditar? De qualquer modo, segundo a lei islâmica, Bahrin tinha todo o direito de bater em mim, desde que não deixasse marcas no meu rosto. Acima de tudo, eu pensava em uma maneira de fugir de noite, escapar de sua fúria renovada, que eu tinha certeza de que sentiria quando me visse novamente. Erguendo-me até o peitoril da janela, arrastei meu corpo e me virei, até minhas pernas penderem do lado de fora. Silenciosamente, agradeci o fato de Bahrin, ao contrário de muitos de seus familiares, odiar ter grades nas janelas. Segurando minha respiração, caí silenciosamente no chão, errando por pouco o canal de drenagem aberto que corria paralelamente à casa, e tentei me misturar às sombras.

Decidi ir para o mais longe da casa que eu podia. Sair do complexo significava ficar sob as luzes da rua que circundavam todas as casas reais, então optei por me dirigir à antiga casa, no fundo de nosso jardim, encostada no muro. Levei cerca de 10 minutos, ziguezagueando, de uma árvore para outra, até chegar aos degraus da velha casa. Um carro de uma casa vizinha fez com que eu mergulhasse ainda mais nas sombras sob a casa, onde eu decidira ficar. Senti-me em segurança, escondida nas sombras lançadas por duas largas colunas. Não saí até o amanhecer. Passar a noite encolhida na grama, com os mosquitos em volta, era preferível a me submeter a maiores abusos do meu marido. Uma vez, em torno das 10h30, Bahrin apareceu fazendo uma busca superficial pelo complexo, com uma lanterna, e esteve muito próximo de descobrir meu esconderijo. Consegui evitar o facho da lanterna, o que provavelmente foi bom, pois sua voz ainda estava tomada de raiva profunda.

Quando finalmente apareci, Bahrin decidira seguir por outro caminho para dobrar minha vontade. Ele recusou-se a falar comigo por mais de uma semana e se mudou para outro quarto. Seu pai voltara para Kuala Lumpur antes de eu reaparecer. Cerca de duas semanas depois de seu filho me bater, rajá Ahmad sofreu uma angina, o que resultou em sua hospitalização. Bahrin me culpou pelas dores no peito de seu pai e me mandou cuidar dele, em punição pelos meus feitos. Foi estranho, mas durante os dez dias em que cuidei de meu sogro em Kuala Lumpur, desenvolvemos uma afeição tácita, que permaneceu por muito tempo depois de seu período de recuperação. Abah confidenciou-me que não gostava muito de Bahrin e culpava o falecido sultão, seu sogro, pelo comportamento pedante de seu filho. Concordei silenciosamente, pois não ousava verbalizar críticas a meu marido por medo de que seu pai estivesse apenas querendo me levar a isso, para depois contar a Bahrin.

❀

A porta da sala de parto foi escancarada para revelar Dowager Tengku Ampuan. Omar, como ela era apelidada, entrou pela sala com seus saltos altos e postou-se à cabeceira de minha cama, no momento em que outra forte contração acontecia. Enquanto eu tentava suportar a dor, não consegui deixar de pensar na visão incongruente que era ela, em pé em uma sala de parto, coberta de pérolas e seda. Certamente, era original. Assim que enviuvou, contrariou uma série de restrições da realeza, estabelecendo uma amizade com uma jovem advogada de origem chinesa, o que gerou muitos boatos. De minha parte, eu a admirava e invejava. Livre das amarras de um casamento arranjado com um homem muito velho, e independente financeiramente, Omar não respondeu aos comentários e se manteve distante das intrigas de sua intrometida família adotiva.

Ela bateu rapidamente e de leve em meu joelho enquanto eu respirava profundamente e me contraía com a chegada de novas dores. Acho que Omar percebeu que esse não era o momento ideal para uma visita de bate-papo. Assim, com poucas palavras e cacarejos de apoio, foi embora tão rapidamente quanto havia entrado, deixando um leve perfume francês e uma fila de enfermeiras fazendo reverências diante de sua passagem. A esta altura, eu começava a desejar que ela tivesse me convidado para ir embora com ela.

Inclinei-me contra os travesseiros e pensei sobre como a visita de Omar fora estranha. Comecei a pensar nas mudanças que a maternidade provocaria em minha vida. Durante minha gravidez, meus *hobbies* haviam sido restringidos, para corresponder às superstições e medos da família. Todos os meus movimentos eram monitorados por alguém, para garantir que eu fosse mantida satisfeita e bem alimentada. Eu me sentia mais como uma valiosa égua reprodutora do que uma mulher com uma nova vida crescendo em seu interior.

✄

Superstições sobre a gravidez abundavam na cultura malaia, desde as restrições alimentares da futura mãe às causas de deformidade infantil. Cada restrição ou decreto sobre minha gravidez estabelecida pela família de Bahrin rescendia ignorância e crenças primitivas.

Antes da concepção, fui levada clandestinamente para visitar os estábulos reais, que ficavam nos terrenos do palácio então desocupado do príncipe herdeiro. Os cavalos de pólo da família eram mantidos lá, bem próximos da praia. Cerca de duas vezes, com a cumplicidade dos tratadores do estábulo e alguma quantia em dinheiro no lugar certo, vivi a alegria de pegar um dos cavalos menores para um passeio de manhã cedo pela beira do mar. Infelizmente, nada era mantido em segredo por muito tempo e foi apenas uma questão de dias até ser admoestada por Bahrin e sua mãe sobre o comportamento indecoroso e por colocar em risco as minhas chances de engravidar com uma cavalgada. Tentando encontrar uma defesa, assinalei que a princesa Anne era uma atleta olímpica que também tivera sucesso em parir quatro crianças, e que a rainha Elizabeth era uma amazona irretocável, mas sem resultado. Meus dias de cavalgada tinham acabado para sempre. Na opinião deles, meu ventre tinha que ser protegido a todo custo.

Até o anúncio de minha gravidez, comecei a preencher meu pouco tempo vago visitando um lar para crianças deficientes, na periferia da cidade. Descobri a existência da instituição acidentalmente, e esperava poder fazer alguma coisa por aquele grupo triste de crianças, encarceradas lá dentro. O prédio onde as crianças, variando de poucos meses até o final da adolescência, ficavam havia sido um centro de detenção para meninas rebeldes, mães solteiras e delinqüentes. Quando essas mulheres foram transferidas, as crianças foram trazidas de toda a Malásia.

Eram as desprezadas, abandonadas em pontos de ônibus ou largadas em hospitais, na esperança de que alguém cuidasse delas. Na Malásia, qualquer tipo de deformidade física ou problema mental era motivo de vergonha e rejeição por suas famílias. Nesta instituição de Terengganu, os problemas das crianças variavam de paralisia cerebral branda à síndrome de Down e cegueira, mas todas eram mantidas juntas.

Quando entrei pela primeira vez no asilo, fiquei chocada ao ver crianças deitadas sobre pesados colchões de borracha vermelha, cobertos por sarongues de *batik* em meio a poças da própria urina. Outras engatinhavam pelo chão de concreto vermelho, balançavam-se para frente e para trás junto às paredes e encostavam-se nas barras das janelas enquanto um único ventilador de teto em cada enfermaria girava desanimadamente, mal produzindo uma brisa. Não havia brinquedos, murais coloridos nas paredes, nada naqueles quartos que pudesse ser sequer considerado visualmente estimulante. Não se ouvia falar de qualquer tentativa de educar as crianças ou submetê-las à fisioterapia. O lugar era cuidado por pessoas sem treinamento, que batiam e brigavam com qualquer interno que fizesse alguma sujeira.

Fiquei chocada ao descobrir que havia até mesmo um conselho de diretores, formado por diversos membros da alta sociedade e uma mulher da realeza. Esse comitê não fazia nada para melhorar a qualidade de vida daquelas crianças, simplesmente coletando seus pontos *parlar* ao associar seus nomes à instituição; nenhum deles jamais considerara arregaçar as mangas e assumir uma abordagem prática em seus cargos. Para eles era muito mais confortável fazer excursões regulares de inspeção no prédio. Vestidos de seda e com cabelos impecáveis, o conselho manifestava seu pesar e sua tristeza diante das deficiências das crianças, recolhendo suas saias apressadamente se algum dos menores esticava a mão em direção a elas, agradecendo silenciosamente o fato de que suas próprias crianças em casa eram perfeitas e inteiras.

Quando disse a Bahrin e sua mãe que estava interessada em me envolver com a instituição, eles não hesitaram em autorizar, desde que eu só fosse lá enquanto Bahrin estivesse no escritório. Acho que eles pensaram que eu queria apenas me envolver com o conselho e não perceberam o que eu realmente tinha em mente.

Comecei a visitar as crianças, levando um velho gravador de fita cassete comigo, para tocar músicas para algumas delas. O que mais me impressionava era a vontade de apenas me tocarem. Sem jamais terem conhecido manifestações físicas de afeto durante toda a vida, o abraço era um novo conceito para eles, mas que aprenderam rapidamente. Havia uma garotinha em especial, que chamei de Mina. Ela tinha cerca de 5 ou 6 anos e enormes olhos pretos, cabelos curtos e cheios de cachos. Mina ria sempre que me via e esticava os braços para ser pega no colo. Junto das crianças, eu não tinha que me preocupar com qualquer rigidez protocolar ou regras a que estava sujeita em qualquer outro lugar de Terengganu. Podia ser apenas eu mesma — era só o que as crianças queriam, era tudo o que recebiam.

Tudo mudou, no entanto, no dia em que disse a Bahrin que estava grávida. Uma das primeiras coisas que ele me proibiu de fazer — e, nesse aspecto, recebeu o suporte total e inequívoco de toda a sua família — foi de visitar a instituição das crianças. Quando quis protestar, fui subjugada. Quando tentei argumentar racionalmente, não me ouviram. Quando ameacei continuar indo de qualquer jeito, Bahrin disse que me trancaria até que eu desse à luz. A família, no entanto, explicou-me pacientemente por que eu estava proibida de ir lá. Eles acreditavam firmemente que todas as influências externas afetavam o feto *in utero*. Segundo suas crenças, se eu fosse exposta a qualquer criança menos que perfeita, corria o risco de produzir um bebê retardado ou aleijado. Chamavam isso de síndrome de *kenang*, um tipo de transferência infecciosa da deformidade. Não importa quantos livros médicos ou sobre gravidez eu tenha mostrado para eles, recusavam-se a se deixar convencer. A família até mesmo citou um exemplo para mim: o filho mais novo do tio de Bahrin, Tengku Ibrahim, nascera com um braço levemente deformado. Isso, eles pronunciaram com sabedoria, foi por culpa de sua mãe, tia Rosita, que chutou e feriu um gato durante a gravidez. Como resultado, Zainol sofria de *kenang*.

Nada que eu dissesse ou fizesse levaria a família a desistir de suas crenças primitivas e supersticiosas. Fui severamente advertida a não tocar ou olhar para bonecas, especialmente do tipo que abria e fechava os olhos, pois isso resultaria em meu próprio filho nascer surdo, cego ou mudo. Mak apontou minha lavadeira, Zah, como um exemplo disso. O último filho de Zah nasceu cego e surdo, aparentemente porque ela segurou uma boneca.

Quando perguntei a Zah sobre sua tragédia familiar e me informei sobre cada mês de sua gravidez, fiquei convencida de que houve um surto de rubéola, ou sarampo, em sua vila em seu primeiro trimestre de gravidez, o que resultou na cegueira de seu filho. A vacinação contra a rubéola era praticamente desconhecida em Terengganu. Os muçulmanos mais devotos acreditam que é a vontade de Alá que as pessoas adoeçam e, por isso, a vacinação contra qualquer doença é extremamente rara.

No sétimo mês de gravidez, Mak insistiu para que eu me submetesse à tradicional cerimônia do banho, para garantir um parto fácil e impedir que os espíritos malignos interferissem no nascimento. Uma velha parteira do vilarejo foi levada à minha casa para examinar o formato de minha barriga protuberante. Depois de apalpar e empurrar e de diversos "hmmmms" significativos, aos quais me submeti sem concordar totalmente, ela anunciou que teria que reposicionar o bebê, pois ele estava na posição errada. Isso eu recusei categoricamente. Não importa o quanto minha sogra e suas irmãs tenham insistido, não correria o risco de romper a placenta ou ferir meu bebê apenas para obedecer suas práticas e tradições reais.

Minha recusa não me tornou mais popular, mas elas prosseguiram com o resto da cerimônia. Uma mulher religiosa e a parteira oraram e sopraram em um balde de água, colocando pedaços frescos de lima. Eu fui despida, ficando apenas com um sarongue de batik, e me mandaram ficar em pé no banheiro. Em seguida, começaram a aspergir a água-benta em mim, dos pés à cabeça, enquanto eu tinha que repetir alguns versos do Alcorão. Quando completei meu ritual do banho, Mak distribuiu esmolas para os pobres, para assegurar ainda mais a saúde do bebê e um parto fácil para mim.

Foi difícil conseguir manter minha própria perspectiva sobre o que estava acontecendo com meu corpo durante a gravidez. Tentei me manter o mais bem informada possível e passei a maior parte de minha gravidez seguindo os livros que consegui obter de fora do país. Os livros de Penelope Leach, do Reino Unido, foram uma fonte valiosíssima de informações, assim como um vídeo sobre partos, que consegui dos Estados

Unidos. Não havia cursos pré-natais em Terengganu e os médicos, assim como as mulheres da família, eram totalmente desencorajadores quando eu fazia perguntas sobre o processo. Assim, segui os exercícios pré-natais e de fortalecimento da musculatura da pélvis, conforme meus livros, e decidi o tipo trabalho de parto que eu desejava.

Sentia-me muito só na sala de parto. As enfermeiras entravam e saíam em seus turnos e o médico me visitava ocasionalmente para um exame, mas a maior parte do tempo fiquei entregue a meus próprios pensamentos. Não acho que a equipe médica estivesse muito satisfeita comigo, pois eu continuamente rejeitava suas ofertas de petidina — que eu sabia que passaria pela placenta e afetaria a capacidade de sucção do bebê, algo que eu queria evitar — e a ocitocina, com que eles queriam acelerar o parto. Um par de enfermeiras, em particular, continuava a insistir para que eu me deitasse durante as contrações, em vez de ficar sentada. Eu descobri que sentada era mais fácil enfrentar a dor, e também era a posição mais confortável. Mas as enfermeiras recusavam-se a ouvir meus argumentos e repetidamente me empurravam para baixo, para me deitar na cama, o que me fazia vomitar com a intensidade das contrações e me obrigava a lutar para sentar de novo. Comecei a entender como uma baleia encalhada na praia se sentia. Assustadoramente, eu realmente estava parecida com uma baleia. Dois dias antes de eu entrar em trabalho de parto, estava pesando maciços 76kg, o que era um bocado a ser carregado por uma estrutura de pouco mais de 1,50m, especialmente quando meu peso normal não chegava a 53kg.

Eu havia atingido a marca das trinta horas e começava a ter fantasias sobre praticar corrida ou pulos em uma cama elástica para acelerar as coisas. Eu sabia que o bebê mantinha um ritmo cardíaco saudável e que não havia sinais de estresse fetal, mas isso já começava a ficar um pouco ridículo. Começava a chegar ao limite de minha resistência e a oferta da enfermeira de um pouco de óxido nitroso e oxigênio para aliviar a dor começava a soar tentadora. Prometi a mim mesma dar mais meia hora para o bebê, depois recorreria ao gás. Enquanto isso, forcei minha mente a se afastar novamente, relembrando os últimos meses.

JACQUELINE PASCARL-GILLESPIE

Uma das coisas de que nunca tinha me dado conta sobre a vida na Malásia era como eu estava isolada de outras pessoas além do círculo familiar imediato de Bahrin. Amizades normais eram simplesmente impossíveis, devido a uma série de fatores. Bahrin determinou que eu não podia sair de casa sem sua permissão, a não ser para visitar suas tias ou sua mãe. De qualquer modo, eu não tinha a menor idéia de como criar o tipo de amizade de que precisava em Terengganu. Seu sistema de valores era muito diferente do meu. Ninguém lia livros — não havia sequer uma livraria em toda a cidade, a não ser a de livros religiosos — e conversas sobre balé ou música eram inexistentes. Bahrin também lia toda minha correspondência da Austrália e, normalmente, insistia em ler minhas respostas para minha avó, de forma que essa via de reflexão também estava fechada para mim.

Muito ocasionalmente, nós dois íamos a algum casamento de pessoas de fora da realeza, de um conhecido do trabalho ou algum evento social, nos quais colegas de colégio de Bahrin e suas esposas estavam presentes. Esses eventos normalmente eram insuportáveis para mim, pois jamais éramos tratados como convidados comuns e recebíamos tratamento nitidamente diferenciado. Isso me fazia sentir muito distante das outras mulheres da minha idade, especialmente quando algumas delas viam nisso uma oportunidade de me encurralar e fazer perguntas indiscretas sobre a vida e os hábitos da realeza. Em geral, eram perguntas tolas, como se o salão de badminton do palácio realmente se transformava em uma sala de cinema, quantas noites o sultão passava com cada uma de suas esposas ou quanto alguma de minhas parentes havia pagado por um colar que aparecera usando em uma foto de revista. Outro aspecto favorito da tagarelice dessas mulheres era fazer comentários ofensivos e inoportunos sobre minha sorte por ter me casado com alguém da realeza, como minha vida financeira estava resolvida e como eu era inteligente por ter conseguido capturá-lo. Eu tinha vontade de dizer a elas que eram bem-vindas à minha vida solitária, que eu não tinha percebido como estava muito melhor em meu próprio país. Mas eu não ousava lhes dizer a verdade; em vez disso, comecei a bancar o papel que elas esperavam de mim, desviando as perguntas invasivas com um sorriso gélido e silencioso de fingida incompreensão.

151

ERA UMA VEZ UMA PRINCESA

No entanto, fui encontrar conforto no lugar mais inesperado. A consorte do sultão, Tengku Ampuan Bariah, tornou-se minha confidente, amiga de confiança e aliada. "Endah", como eu a chamava, revelou-se a única pessoa a quem eu podia recorrer. Não lembro como descobrimos nosso elo em comum, mas, em algum momento da história, comecei a ser convidada para tomar o chá da tarde no palácio amiúde. Por sorte, ninguém, nem mesmo Bahrin, poderia me recusar a autorização para escapar para o refúgio fresco e pacífico que Endah criou para si mesma, em seus aposentos pessoais em Istana Badariah. Quando Endah começou a pedir que sua dama de companhia telefonasse para transmitir seus convites, Bahrin de início insistiu em me preparar, com exaustão, com os procedimentos protocolares corretos que eu deveria usar e recomendar para que me comportasse muito bem. Ele, na realidade, não fazia a menor idéia de como sua tia era verdadeiramente. Poucas pessoas sabiam da tristeza e humilhação por que ela passou durante todos os dias de sua vida na condição de rainha sem um herdeiro.

À medida que Endah e eu nos tornávamos próximas, ela afastou boa parte do protocolo formal que em geral governava seu contato com outras pessoas. Era uma mulher pequena, a pele maravilhosa, macia como seda, e a voz muito suave. Endah usava sempre o perfume Joy e preferia se vestir de maneira muito simples em sua vida privada, preferindo túnicas folgadas de seda e pantufas vermelhas quando estava dentro de casa. Uma excelente jogadora de badminton e cozinheira, ela cultivava rosas de todos os tipos e tinha o sorriso mais gentil que eu já vira. Nós ficávamos horas sentadas, folheando revistas e discutindo receitas de bolo, ou roupas. Eu mencionei ligeiramente os acessos de Bahrin e, como resultado, ela se ofereceu como desculpa para que eu encontrasse refúgio no palácio, sempre que necessário.

Algumas vezes, Endah me falava sobre o início de sua vida de casada, quando ela se tornou a princesa herdeira da corte de Terengganu. Tinha pouco mais de 16 anos quando se casou com o tio de Bahrin, e me contou, achando alguma graça, que na véspera do casamento ainda vestia seu uniforme de bandeirante. Filha do sultão do estado malaio de Selangor, tinha vários irmãos e irmãs. Sua família era razoavelmente progressista em termos muçulmanos, em parte pela influência da colonização britânica em Selangor. Ela não conhecera Ayah Mud, o tio Mahmud, antes do

152

casamento, mas lhe mostraram uma foto de seu noivo de 20 anos, assim, ela soube como ele se parecia.

Em seguida ao casamento, o casal foi enviado para estudar na Inglaterra. Ele foi para o colégio militar e ela foi obter um diploma de Economia Doméstica. Eles se instalaram em uma pequena propriedade rural, na pitoresca Surrey, em uma Inglaterra que ainda sofria com o racionamento. Um olhar distante aparecia na expressão de Endah e sua voz tornava-se saudosa quando começava a me contar sobre como eles cuidavam da casa juntos, sem serem incomodados por serviçais ou pelo protocolo real, nos primeiros anos de sua vida de casados. Ayah Mud andava de bicicleta pelas estradas do campo e eles muitas vezes caminhavam de mãos dadas até o cinema local, ou para as lojas da cidadezinha, ela vestindo meias com costura atrás e roupas ocidentais e ele de casaco *tweed*. Mas quando por fim voltaram para a Malásia, o relacionamento idílico mudou radicalmente. Os momentos de intimidade e companheirismo tranqüilo desapareceram. Suas vidas foram então dominadas pelas obrigações sociais, protocolo real e sua posição como herdeiros do trono de Terengganu — e pela pressão constante de produzir um herdeiro.

Apesar dos anos de esperança, orações e cirurgias, Endah não foi capaz de gerar o filho e herdeiro que ambos desejavam. Assim, um dia, Ayah Mud encontrou outra esposa, uma mulher de Cingapura chamada Sharifah Nong, para dar continuidade à sua linhagem. À medida que essa nova esposa produzia filhos um atrás do outro, ganhava ascendência sobre o afeto do príncipe herdeiro, até que Endah foi por fim relegada às ocasiões cerimoniais e retratos reais para os prédios oficiais. Quando Ayah Mud se tornou o sultão, os cortesãos de Terengganu haviam passado definitivamente para o lado de Sharifah Nong, a mãe do herdeiro do trono, ou firmado sua lealdade a Endah. Muitos deles, no entanto, apoiavam o lado de Endah da boca para fora e aproveitavam qualquer oportunidade para prestar homenagens hipócritas a Sharifah Nong, como a consorte *de fato*. Os irmãos e irmãs do sultão jogavam dos dois lados nesse jogo de manipulação maquiavélica. Todos tinham medo de Sharifah Nong. Sua crueldade era lendária pela precisão calculada, mantida sob um disfarce de ingenuidade e cordialidade. Mas todos sabiam que não se podia confiar nela: os resultados podiam ser devastadores. Tanto os cortesãos quanto os familiares tinham sempre o cuidado de presenteá-la com objetos do mesmo valor, ou mais caros, caso tivessem também mandado um presente para Endah.

Ayah Mud seguia uma programação rígida, de forma que meus momentos no palácio em geral aconteciam quando ele estava residindo com Sharifah Nong. Ele mantinha um cronograma de dois dias com Endah e dois com a outra esposa. Férias no exterior ou viagens para o estrangeiro eram divididas entre as duas mulheres, mas com mais freqüência a mãe de seu herdeiro era a companhia de todas as viagens que não incluíam missões oficiais. Quando Endah o acompanhava para a Europa ou Inglaterra, voltava sempre carregada de presentes atenciosos para mim: uma bolsa elegante, um corte de tecido ou um par de prendedores de cabelo ornamentados. Por várias vezes, trouxe pilhas de livros e revistas, para mesas de centro, sobre a princesa de Gales, achando que eu poderia adaptar algumas das roupas de Diana para combinar com os padrões malaios. Endah sabia que eu discordava das restrições de vestuário de meu país de adoção e da conformidade do design que eu devia seguir; assim, disse para algumas de suas cunhadas que não via motivo algum para eu não usar roupas com algum traço ocidental, desde que elas mantivessem um nível decente de discrição no comprimento da bainha, pescoço e mangas. Endah compreendia como, aos 19 anos, a perspectiva de vestir o mesmo corte de roupa pelo resto da vida era deprimente.

Foi um gesto muito inteligente de sua parte, pois a realeza malaia parecia ser fascinada pela princesa Diana e aprovava tudo o que ela vestia ou fazia. Nós duas nos divertíamos muito tentando ajustar as roupas de Diana em modelos adequados à sensibilidade de nossa corte. Algumas vezes, seria o acréscimo de uma saia a um vestido muito curto, ou aumentar o comprimento de uma das blusas de Diana, mantendo o colarinho franzido e a cintura justa da fotografia original. Mais tarde, quando ganhei mais confiança, Endah me estimulou a ser mais ousada e adotar meu próprio estilo. Não demorou para eu começar a usar mangas estilo dólmã e ombreiras em meus *baju kurungs* formais, além de tentar a providência com decotes em V ou costas levemente caídas. Eu instruía meu alfaiate preferido a criar para mim qualquer coisa que eu pudesse pensar para quebrar a monotonia de meu rígido vestuário islâmico, e ao mesmo tempo seguir as leis de recato e a interpretação rígida dos trajes tradicionais. Eu sabia que havia rompido uma barreira da moda quando minhas

154

roupas começaram a ser copiadas, em primeiro lugar por outras damas da realeza. Mais tarde, em decorrência da cobertura detalhada da mídia em todos os eventos reais, o público geral também começou a imitar boa parte de meu guarda-roupa.

A reação de Bahrin à evolução de meus trajes era bastante dividida. Por um lado, ele apreciava o fato de que eu estava constantemente em destaque na cobertura da televisão e das revistas, mas, por outro, minha não-conformidade o incomodava. Suspeito que, para ele, era confuso. Elogios a minha beleza e meu estilo traduziam-se em pontos a seu favor por ter me escolhido como esposa. Em oposição, minha rebelião gentil e aparentemente inocente em termos de vestuário diminuía seu controle sobre mim e, com o apoio de sua tia, Tengku Ampuan, era impossível para ele me castigar no nível em que achava que eu merecia. Em vez disso, para demonstrar sua desaprovação, jamais fez um elogio a uma roupa ou a minha aparência, nem uma só vez em quatro anos.

Endah era minha verdadeira confidente e aliada em Terengganu. Ela irrompeu em lágrimas no dia em que lhe contei que ia ter um bebê. Procurei compartilhar minha gravidez ao máximo com ela. Passávamos horas sentadas juntas, sob a sombra, em seu roseiral, diante do mar do Sul da China, enquanto eu bordava o enxoval do bebê. Ao lado de seu grande viveiro de pássaros tropicais, nós conversávamos ou simplesmente sentávamos caladas, com a brisa do oceano soprando ao nosso redor. Nos outros dias, eu encontrava refúgio do calor em um grupo de quartos que ela disponibilizou para meu uso, na ala antiga do palácio. Ali, abrigada com minha máquina de costura, fazia cortinas, babados para o berço e roupas de bebê, enquanto Endah entrava e saía do quarto para me espiar. Por umas duas vezes, ela agiu de forma sem precedentes, indo me visitar para ver o progresso do quarto do bebê, mas logo descobriu que isso não era a melhor coisa a ser feita. Como jamais visitara qualquer outro membro da família de seu marido, eles reagiram com ciúmes.

Mesmo que Endah não possa ter tido seus próprios filhos, ela adotou muitos, trazendo-os para morar no palácio. Mais tarde, quando já estavam mais velhos, mandou vários deles estudar no exterior e permitiu que seguissem suas próprias vidas nos Estados Unidos. Ela também estava criando um dos filhos naturais do sultão, Tengku Baharuddin, ou seja,

"Adik", como era apelidado. Adik era o filho mais novo do sultão com uma mulher da vila, por quem se sentira atraído e com quem ficou casado por um breve período. Depois de ela dar à luz, ele se divorciou dela e colocou o menino sob os cuidados de Endah, para criá-lo como seu.

A maior parte da minha gravidez não foi perturbada pelo temperamento de Bahrin. A única exceção foi o dia em que, em meu quinto mês, encontrei provas de sua infidelidade. Ele vinha passando um tempo considerável longe de Terengganu, a trabalho. Eu estava desfazendo sua bolsa de viagem enquanto sua mãe conversava comigo, quando encontrei um enorme pote de pó-de-arroz perfumado e uma calcinha enfiados no canto da mala. Enquanto sentava no chão, em estado de choque, Mak repetia sem parar, balançando a cabeça, "igual ao pai dele, igual ao pai dele". Senti-me como se tivesse levado um chute no estômago. A garota envolvida obviamente queria que eu descobrisse o relacionamento deles, mas duvidei que esses fossem os planos de Bahrin. Ele havia voltado de sua viagem muito animado, e alimentou minhas esperanças de que ainda gostasse um pouco de mim, pelo interesse que demonstrou por minha crescente barriga. Entendi, naquele momento, que o interesse era mais pela prova de sua masculinidade crescendo dentro de mim do que qualquer carinho que pudesse sentir pela minha pessoa.

Mak imediatamente disse que faria orações extras pelo nosso casamento e que tomaria providências para que alguns talismãs fossem feitos para mim, para atrair Bahrin de volta para meu lado. Ouvi suas reclamações enquanto minha cabeça enchia-se de fúria e mágoa. Ainda podia ouvi-la resmungando contra a queda moral do mundo enquanto atravessava o jardim em direção a sua casa. Resolvi exigir a verdade de Bahrin assim que ele viesse para casa almoçar. Não queria que os empregados ouvissem minha humilhação. Mandei Zah para casa mais cedo e Wan Su foi fazer compras. Esse foi meu primeiro erro.

Encontrei Bahrin na porta da frente, assim que ouvi seu carro estacionar, e o segui pela casa até o quarto. Quando ele foi pegar a maçaneta da porta, segurei a ofensiva peça íntima diante dele e pedi uma explicação. A princípio, ele tentou me dizer que era minha, uma declaração que ambos sabíamos ser uma mentira gritante. Então, disse que aquilo devia ter caído em sua mala de algum jeito e que ele não sabia como ou a quem pertencia. Quando respondi de volta que não acreditava em suas péssimas explicações e que sua mãe havia me dito que seu comportamento espelhava o de seu pai, ele mudou da arrogância e do sarcasmo para a agressão. Veio para cima de mim tão rapidamente que não consegui antecipar o golpe que me lançou voando pela porta aberta do corredor atrás de mim e escada abaixo, pelos seis ou sete degraus do terraço, que davam para um pátio de concreto. Aterrissei com um barulho surdo. Minhas pernas abriram-se sobre as escadas e minha cabeça acertou o concreto, com as vértebras da base de minha espinha e cotovelos recebendo a maior parte do impacto.

Pelo olhar de Bahrin, acho que estava tão chocado com a queda quanto eu. Ele correu para me ajudar, perguntando sem parar se o bebê estava bem. Eu estava tão preocupada quanto ele com a possibilidade de o bebê ter se ferido, mas podia senti-lo chutando e movendo-se normalmente. Eu é que estava esfolada e machucada. Instintivamente, fiz tudo o que pude para proteger minha barriga ao cair. Comecei a chorar e Bahrin me ajudou a ir para nosso quarto e a subir na cama. Mesmo assim, continuou a me mandar mentir a respeito da queda e saiu do quarto. Pouco depois, pude ouvi-lo ao telefone. Consegui ouvir as palavras "tropeçou", "um degrau", "desastrada", "apenas achei que deveria verificar", antes de desligar o telefone e voltar para o quarto.

Colocando-se na beira da cama, Bahrin pegou meu pulso em sua mão. Apertando levemente, disse-me que tinha telefonado para o médico e contado o que acontecera. Quando retruquei que apostava que ele não havia dito a verdade, respondeu que dissera ao médico *keling* tudo o que ele precisava saber e que não queria que eu o contradissesse. Falou que, se eu permitisse que alguém soubesse do acontecido, ele tiraria o bebê de mim no momento em que nascesse e me mandaria de volta para a Austrália sozinha. Bahrin sabia que tinha jogado sua carta principal e sabia também que eu acreditava que aquilo não era uma simples ameaça. Eu tinha perfeita noção de que havia precedentes estabelecidos para esse tipo de punição e concordei rigidamente com a cabeça, mandando que me deixasse sozinha.

Fiquei deitada em nossa enorme cama, todo meu corpo tremendo. Senti minhas costas começando a se contrair e rezei para que o bebê não tivesse se machucado. Não havia a menor possibilidade de eu arriscar perder meu filho, fosse por mais violência ou por desobedecer Bahrin.

157

A única coisa que importava era a criança. Fiquei deitada e soluçando por horas na cama. Chorei por nosso filho e pelo tipo de vida para o qual eu o estava trazendo, chorei pelo meu marido, que eu ainda achava que amava.

Em seguida, Bahrin fez com que sua família soubesse que eu tropeçara por descuido e caíra pelos degraus do pátio e que ele me advertira a ser mais cuidadosa, pelo bem da criança. Mak estava muito preocupada que eu tivesse me machucado com a queda e também pareceu um pouco cética com a explicação que Bahrin deu para meus machucados, mas ela, como as outras mulheres da família real, cresceu sob um código que proibia o questionamento da palavra de qualquer homem da família; assim, nada perguntou.

Em vez disso, chamou uma senhora mais velha da vila, Mok Soong, para me examinar e tratar meus músculos doloridos. Mok Soong era uma velhinha octogenária minúscula, cuja face enrugada parecia uma noz sorridente e cujas mãos e pés estavam retorcidos pela idade. Tinha uma risada alegre e cacarejante e uma fascinação absoluta por televisão. Uma *tukang urut*, ou seja, massagista, Mak Soong começou a me visitar uma vez por semana, em virtude da insistência de minha sogra, para massagear minhas costas e garantir que estava tudo bem com o bebê. Mak e tia Zainah sentavam-se no meu quarto e ficavam falando, enquanto eu deitava em um colchão de espuma no chão e me submetia ao trabalho da massagista, cuja pequena estatura disfarçava sua força. O valor, Mak informou, para uma sessão de massagem de duas horas era de 10 *ringgit* malaios, ou cerca de 3,50 libras. Isso era tão irrisório por um trabalho tão árduo que eu sempre dava um pouco mais a ela, o que causava enorme alarido por parte de minha sogra e sua irmã, que reclamavam que eu estava inflacionando os preços no local.

As massagens de Mok Soong foram o único contato físico que eu tive de fato com qualquer outra pessoa durante minha gravidez. Há muito que Bahrin havia desistido do lado sexual de nosso relacionamento. Se acontecia de me ver nua, ficava muito satisfeito em dizer que eu era a coisa mais grotesca que ele já tinha visto. Mesmo antes de eu engravidar, ele gostava de aproveitar qualquer oportunidade para me dizer que eu deveria ser grata por ele ter me tornado uma muçulmana, pois eu tinha as pernas mais feias que ele já vira. Também dizia "já ter visto pernas

158

melhores em uma mesa". Comecei a ficar tão consciente de meu corpo que entrava em pânico para me cobrir completamente sempre que ele estava por perto.

Nesta época, consegui autorização de Bahrin para manter uma amizade com uma mulher americana expatriada chamada Fiona. O marido de Fiona, um piloto de helicóptero, fora enviado por sua empresa para Terengganu para manter a ligação aérea entre o continente e as plataformas de petróleo na costa. Conheci Bill, o marido de Fiona, nascido no Oregon, quando ele entrou de carro no complexo do palácio por engano. Convocada pelas tias, abaladas pela aparição de um homem branco estranho em seu jardim, fui instada a ser intérprete para elas. Aparentemente, Bill estava procurando uma casa para alugar antes da chegada de sua esposa e filho dos Estados Unidos. Após muita discussão entre as tias, Mak e eu decidimos ajudá-lo em sua busca. Mak, acho, finalmente cedeu ao meu olhar implorante, compreendendo que estava desesperada por alguma companhia ocidental. Ela me fez prometer, no entanto, que seria ela a levar as notícias para Bahrin. Foi uma condição com a qual concordei com alegria.

Bahrin estabeleceu regras muito rígidas sobre meu contato com os *mat sallehs*, como ele chamava Fiona e Bill. Eu só poderia falar no máximo duas horas por semana com Fiona e ela jamais poderia aparecer sem avisar em nossa casa quando Bahrin estivesse lá. Jamais, ele me advertiu, eu poderia mencionar a Fiona qualquer um de nossos detalhes pessoais do casamento. Eu deveria limitar nossas conversas a bebês, compras e Estados Unidos, bem como enfatizar meu lado malaio e desviar o assunto de minha nacionalidade australiana quando estivéssemos conversando. Minha vida com ele, como membro da realeza, era um tabu absoluto. "Quebre qualquer dessas regras e sua amizade será imediatamente encerrada", foi o que ele decretou. Eu sabia que Bahrin daria instruções às empregadas, assim como ao restante de sua família, para ser informado sobre meu comportamento, de forma que ousei infringir as regras poucas vezes. Ter uma mulher americana com quem conversar em inglês era precioso demais para estragar tudo com confidências sobre a verdade de meu casamento. Não via qualquer vantagem, não haveria mudanças em minha situação. Eu pertencia a Bahrin e meu lar era o dele, para o bem ou para o mal.

Sempre achei que estava mantendo Fiona a distância e considerava desonesto criar desculpas quando sabia que ela gostaria de passar mais tempo em minha casa e estava curiosa sobre o palácio. Mas era ótimo poder conversar com outra mulher sobre a chegada iminente de meu bebê. Fiona preenchia todas as lacunas que os livros pré-natais não abordavam, e eu também podia ver Terengganu através de seus olhos. Ela também odiava o lugar. Eu não a culpava. A vida como uma mulher branca em Terengganu era difícil e solitária. Vestir roupas ocidentais, ainda que muito discretas, não a protegia dos constrangimentos dos jovens malaios que andavam pelas ruas e pelas praias.

Um dia, Fiona chegou em minha casa aos prantos. Ela tinha ido à praia com sua filhinha, quando de repente foi cercada por sete jovens cantando "As panteras, as panteras". Os meninos começaram então a se masturbar em um círculo em torno dela e de sua filha, antes de se afastarem, com medo de dois pescadores que chegavam. Ela não usava roupa de banho, mas uma camiseta longa, calças de algodão e o cabelo louro preso em um rabo-de-cavalo. Tive de explicar a ela que todos os malaios da vila tinham uma visão estereotipada das louras européias, como se todas fossem praticamente prostitutas. Devido a sua própria mentalidade distorcida, eles se comportavam de maneira repugnante diante de qualquer mulher branca que encontrassem. Não acho que ela tenha conseguido se recuperar algum dia de seu choque e com certeza evitou ir à praia novamente sem seu marido.

Quando relatei a história de Fiona a Bahrin, ele me chocou ao dizer que ela provavelmente mereceu por estar sozinha na praia. Argumentei que ela estava com sua filhinha e que o comportamento dos meninos merecia ser informado à polícia. Ele então começou a replicar que apenas vagabundas iam à praia e que mulheres decentes ficavam em casa, cobertas de roupas. Eu deveria saber que tentar discutir com ele sobre a experiência de Fiona seria impossível, afinal de contas ele me proibiu de ir nadar na praia. Cheguei até mesmo a tentar convencê-lo a me deixar ir molhar os pés usando trajes de banho sob uma longa túnica, mas ele declarou que mesmo isso era arriscado demais caso a roupa ficasse molhada. Como ele esqueceu rápido nossa semana idílica em Kuantan, quando me fotografou na praia de maiô, com os cabelos soltos soprados pelo vento. Eu não morava a mais de 100 metros das águas azuis do mar do Sul da China, mas jamais pude entrar nelas.

160

O estoicismo por fim deu lugar ao realismo, quando me virei para a enfermeira e pedi um pouco do famoso gás, para aliviar a dor. Quando finalmente peguei o jeito de inalar o oxigênio com óxido nitroso e comecei a sentir seus efeitos, toda a situação na sala de parto começou a assumir uma perspectiva cômica. Pelo menos, era o que eu achava — afinal de contas, eles não chamam aquilo de "gás do riso" à toa.

No entanto, deitada na cama sofrendo dores lancinantes, tentando fazer passar o que parecia ser uma imensa bola de basquete rapidamente fez com que toda a comicidade desaparecesse quando entrei na fase de "transição". Transição parece mais um postura de ioga feita em uma estação de trem do que o momento anterior a você se tornar mãe, mas não tinha nada de tranqüilo. Era como se alguém subitamente gritasse "aos seus postos!", na sala de parto. Bandejas de instrumentos chacoalharam ao serem colocadas em posição. Diversos estalos precisos foram ouvidos quando a equipe vestiu suas luvas de borracha. E, com velocidade alarmante, o que havia sido minha cama nas últimas 32 horas foi transformado em uma estrutura mais parecida com uma assadeira de frango. Fui rudemente empurrada sobre minhas costas e minhas pernas puxadas para cima enquanto as enfermeiras amarravam meus tornozelos aos suportes, ignorando por completo meus protestos em contrário. Por mais que me contorcesse, descobri que era impossível soltar minhas pernas abertas em uma posição humilhante, respirar e empurrar ao mesmo tempo.

Mente, corpo, intelecto, recato. Eu não tinha condições de dizer o que essas palavras significavam naquele momento, eram totalmente sem sentido. Durante aqueles minutos extraordinários, o instinto não tinha nome ou razão — apenas era. O instinto fez com que meu filho nascesse, não foi um médico. Foi a coisa mais saudável, lógica e pura que já fiz — dar à luz uma vida.

Ele chorou quando os médicos sugaram suas vias respiratórias, mas parou no momento em que o colocaram nos meus braços. E, enquanto eu olhava para seu rosto pequenino e perplexo, soube o que era o amor verdadeiro, inequívoco e total pela primeira vez em minha vida.

161

Vinte e nove

Ocasionalmente, nos momentos de incerteza, fico pensando se deveria ter feito as coisas de maneira diferente após o nascimento de Iddin. No entanto, negar meus instintos e anular meus sentimentos por meu filho teria sido enganá-lo, tanto quanto mentir para mim mesma. Assim, adotei uma brilhante aparência de conformidade e cooperação com o mundo em geral, enquanto, intimamente, resolvi que seguiria meu próprio caminho materno com meu filho.

Para o mundo, em 15 de fevereiro de 1983, eu dera à luz sua majestade Muhamad Baharuddin Ismail Shah bin Raja Kamarul Bahrin Shah. Seu nome fora decidido muitos meses antes de sua chegada. Como alguém poderia impor um nome tão imponente e complicado a um ser tão pequeno e indefeso? Eu não podia. Olhando para ele, soube que deveria ser chamado pela abreviação de Baharuddin, Iddin — pronuncia-se "Eden" —, e felizmente a família de Bahrin concordou.

Rajá era seu título hereditário, assim como o Shah, no final. Muhamad, ou Maomé, é o nome do profeta muçulmano e foi escolhido por sua avó para garantir sua entrada no paraíso. Baharuddin, o nome do meio de seu avô, entrou para a lista. Foi seguido por Ismail, em homenagem ao falecido sultão, avô de Bahrin. Raja Kamarul Bahrin Shah, os primeiros nomes de Bahrin, eram repetidos como um tipo de sobrenome, seguindo uma prática tradicional. Tudo isso para um pequeno bebê, que pesava 3,1kg.

Após 12 meses vivendo em Terengganu, consternação virou meu sobrenome. Era isso que eu parecia gerar continuamente na família de Bahrin. Consternação porque insisti em amamentá-lo no peito e por me recusar com afinco a seguir o *pantan*, uma espécie de dieta rígida e código de comportamento obrigatório que as mães recém-paridas deviam seguir durante o resguardo, por um período de cem dias após o parto. O período de confinamento é considerado uma fase de impureza e recuperação pelos muçulmanos malaios. Uma época em que o contato físico, e até mesmo dormir na mesma cama que seu marido é proibido. O *pantan* abrange uma série de coisas do cotidiano e estabelece que a mãe não consuma comidas consideradas "frias": frutas de qualquer tipo, verduras, gelo, água fria ou bebidas geladas. Temem que sua vagina permaneça muito larga e se torne indesejável para o marido. Comida seca e sem tempero é prescrita para a mulher de resguardo e, normalmente, consiste em uma dieta insípida de peixe grelhado, arroz cozido e pimenta-do-reino moída na hora. Consideram que essas comidas aumentam o calor natural do corpo e ajudam na regeneração do útero. O calor é considerado um fator importante para recuperar a elasticidade da vagina após o parto. As mulheres jovens são aconselhadas a usar meias e casacos de lã, apesar do intenso calor tropical, e é considerado muito perigoso dar passos largos durante o *pantan*, pois o útero pode sair e ficar pendurado na altura do joelho. Que estranha imagem veio à minha mente quando Mak e várias tias solenemente explicaram as conseqüências de minha rebelião.

Ficaram absolutamente horrorizadas quando pedi água gelada uma hora após o parto. Tenho certeza de que percebi uma série de olhares secretos das mulheres da família me fuzilando, enquanto aguardavam, com a respiração suspensa, pelo prolapso de meu útero diante de seus olhos.

A alegria absoluta com a chegada de meu menino — e o equilíbrio relativo que isso trouxe para meu relacionamento com Bahrin — foi intercalada com a ansiedade e preocupação com sua saúde durante os seis primeiros meses de sua vida. Iddin começou a apresentar uma hemorragia no intestino, sendo que cada episódio era anunciado pelo seu choro inconsolável e dor evidente. Quando ele completou 30 dias, foi internado no Hospital Geral de Kuala Lumpur, para observação e tratamento. O médico de Iddin em Terengganu suspeitou de "invaginação intestinal", uma condição em que parte do intestino fecha-se sobre ele mesmo. A condição pode ser fatal se a cirurgia não for realizada de imediato. Insisti em permanecer no hospital com ele, pois estava amamentando. Isso levou as autoridades do hospital a reservar toda uma ala para nosso uso. Na verdade, parecia um tanto absurdo estar sozinha com meu filho em uma sala enorme, onde normalmente eram acomodados vinte pacientes, mas a família real insistiu que eu não podia, de forma alguma, dormir cercada de "pessoas comuns".

O Hospital Geral de Kuala Lumpur era imundo ao extremo — pisos esburacados de concreto vermelho, tomado por mosquitos e cercado de valas abertas. O banheiro anexo à enfermaria em que ficamos estava cheio de baratas, a privada era no nível do solo, um buraco no chão, marcada com vários sinais de pessoas que erraram o alvo, e era impossível usar o chuveiro. Certa manhã, acordei e descobri que estávamos abandonados em uma ilha no meio da sala, cercados por um lago de fezes de 5cm — as privadas do ambulatório haviam transbordado durante a noite. Para avisar as enfermeiras sobre nossa condição, tive que abrir meu caminho sobre a imundície, calçando chinelos de dedo, com ânsias de vômito enquanto segurava Iddin o mais acima da sujeira que conseguia.

No Hospital Geral, Iddin passou de um médico para outro, exame após exame, submetido a radiografias e exames de sangue, apalpadelas e sondagens, até por fim ter uma agulha de soro enfiada em sua testa, tudo sem um diagnóstico definitivo. Finalmente, quando os sangramentos pararam, insisti que nos deixassem voltar para Terengganu, onde conseguimos nos acomodar em um ritmo próximo ao que seria uma família por alguns meses tranqüilos. A atitude de Bahrin em relação à doença de Iddin era de preocupação e medo, mas ele era desesperadoramente submisso aos médicos em geral e fiquei irritada demais com sua atitude "o que será, será".

O destino, "o que será, será", era a razão por trás de muitas decisões e opiniões frustrantes adotadas por várias pessoas do círculo em que agora eu vivia. Velada em diferentes termos, a frase "*nasib Tuhan*", ou "a vontade de Deus", parecia servir para tragédias e triunfos da mesma maneira. Era e é uma das mais difíceis atitudes com a qual se chegar a um entendimento. Acredito ser uma abordagem tão fatalista da vida que o comentário *nasib Tuhan* sempre me fazia ranger os dentes e ficar com vontade de gritar contra tanta apatia e dar de ombros. Eu ansiava por apontar a diferença, e algumas vezes apontei, entre permitir que uma cobra te mordesse e sair de seu caminho.

Um exemplo disso era o que aconteceu quando uma criança com o palato aberto nasceu poucas horas depois de Iddin, na mesma clínica. A boquinha da menina era tão deformada que ela não tinha como sugar do peito ou de uma mamadeira. À noite, eu ouvia a criança chorando no berçário ao lado, enquanto as enfermeiras, com pouco sucesso, tentavam colocar leite em sua boca com uma colher de chá. Temi que a criança morresse por falta de nutrientes, então, logo cedo de manhã, aproveitei um momento para falar com a mãe da criança em particular.

Quando perguntei gentilmente, disse-me que ela e o marido eram de uma vila da periferia e que era seu primeiro filho. O casal havia economizado para cobrir os custos do parto em uma clínica particular, optando, como eu, por evitar o Hospital Geral de Terengganu, devido aos altos índices de mortalidade materna e infantil. Após alguma conversa geral sobre nossos recém-nascidos e nossas preocupações com eles, expliquei-lhes que era muito freqüente que os médicos pudessem operar um palato aberto e que, em países como Inglaterra, Estados Unidos e Austrália, esse tipo de operação era comum e bem-sucedida. Disse a ela que poderia conseguir que ela e o bebê voassem para Kuala Lumpur para se consultar com um cirurgião e prometi que cobriria todas as despesas da criança. Mas minha abordagem australiana entusiasmada não era o que ela desejava ouvir. Olhando-me nos olhos, e com um tom de quase piedade, ela disse "*nasib Tuhan*", e deu de ombros. A vontade de Alá era, ela acreditava, a causa da deformação de sua filha, havia sido predeterminado, era o destino; não importa o que Alá desejasse para a criança, iria acontecer. Não cabia a meros mortais discutir com os altos desígnios de Deus, ela explicou-me pacientemente, como se eu fosse uma menina impetuosa. O palato aberto de seu bebê deveria ser aceito sem rancor, e Alá seria obedecido.

Minhas tentativas de argumentar com ela foram infrutíferas. Assinalei que, se Alá tinha tornado possível aos médicos fazerem novas descobertas científicas, realizar operações e consertar as coisas, então certamente Alá esperava que usássemos suas habilidades. Deus, eu disse, tinha dado um cérebro aos seres humanos para ser usado e a habilidade de desenvolver conhecimento que não existia quando o Alcorão foi escrito, há centenas de anos. Mas meus argumentos não deram em nada. Mencionei ensinamentos do Alcorão e tentei raciocinar com ela que mesmo Deus não nos proibia de sair da frente de um ônibus para salvar as nossas vidas, mas ela olhou para mim como se eu dissesse blasfêmias, convidando-a para entrar em uma seita de satanistas. Minhas palavras a aterrorizavam e, com

165

ironia, percebi que ela lamentava minha incapacidade de apenas aceitar o que ela percebia como inevitável. Nossa conversa terminou abruptamente, quando seu marido chegou para levá-la para casa. Eu os vi da janela do andar de cima, enquanto subiam em uma lambreta para a longa viagem. Ela segurava o bebê junto ao peito com um braço e a cintura do marido com o outro. Quando eles viraram a esquina e desapareceram, fiquei com vontade de gritar, gritar e gritar, até que a população de Terengganu acordasse de sua apatia e entrasse no século XX. Senti como se aquela pequena criança representasse minha incapacidade de pertencer ao país de meu marido — um lugar em que a vida humana, além de barata, não valia o esforço de uma luta por ela. Dez dias depois, soube que o bebê com o palato aberto estava morto.

Os estrangeiros nunca vêem a Malásia como o país realmente é. Ficam na bolha rarefeita que sua condição de turistas permite. Aproveitam as praias, o clima tropical e a comida, aceitam a hospitalidade dos moradores e comentam entre si como são generosos, receptivos e civilizados, ou como os costumes locais são exóticos. O que eles não sabem, e não compreenderiam mesmo que soubessem, é a grande diferença entre ser tratado como um hóspede de honra ou um parceiro de negócios em potencial e viver permanentemente no país, como uma mulher malaia muçulmana — ou, ainda pior, como uma mulher malaia muçulmana e membro da família real.

Para mim, como mulher, a diferença me atingiu como um raio, prendendo-me em seu caminho, paralisando minha vontade e obliterando minha independência e auto-estima. Como se poderia explicar que, à medida que nossos meses e anos de casamento passavam, as expectativas de meu marido aumentassem? As expectativas de Bahrin abrangiam até mesmo a maneira como eu pensava, me movia e falava. Para ele, quanto mais tempo eu ficasse na Malásia, mais me tornaria subserviente e estúpida. Era como se uma pequena parte do meu verdadeiro eu estivesse trancado e só aflorasse quando eu estava com Iddin. Então, podia rir, cantar e alimentar a alegria em meu coração, seguindo meus instintos e sentindo que eu ainda era um ser humano. Mas parecia que, quanto mais passava o tempo de nosso casamento, menos Bahrin me respeitava e amava.

Eu era uma fonte constante de exasperação para ele. Era despreparada para lidar com todas as funções oficiais esperadas de mim, uma vez que nunca haviam me dado qualquer treinamento sobre o que, com exatidão, em termos cerimoniais, era a "forma" certa. Eu não tinha a mais remota idéia de como organizar uma cerimônia de luto real, algo que deveria ter sido programado e implementado com os encantos e menus corretos com regularidade, para que o falecido sultão, avô de Bahrin, tivesse assegurada sua paz de espírito. Como reservar os santos imãs e encomendar cabritos para o sacrifício e dádivas para a população local — isso era feito com base no peso ou pelo valor monetário? Meu marido com freqüência solicitava esses eventos em cima da hora e ficava zangado quando eu olhava para ele sem resposta, gaguejando que pediria orientação para Mak. Podia me sentir despencando ainda mais em sua estima e sendo considerada uma retardada.

As expectativas mais formais das cerimônias não eram tão desgastantes, eu podia me esconder por trás da coordenação perfeita de sapatos, bolsa e jóias, nem um fio de cabelo fora do lugar e uma maquiagem perfeita. Nas intermináveis cerimônias de nomeação ou de inauguração de escolas, eu ia quase sempre acompanhando Endah, em sua comitiva oficial, seguindo suas instruções e observando uma leve, porém encorajadora, inclinação de sua cabeça quando tinha alguma dúvida sobre o protocolo. Essas exibições públicas e eventos reais particulares eram verdadeiros pesadelos para mim. Sempre me senti deslocada e inquieta, ainda que isso fosse muito melhor do que o escrutínio e menosprezo de Bahrin.

Depois do nascimento de Iddin, nossas relações íntimas tornaram-se mais violentas e degradantes. O sexo nunca foi um grande motivador de nossa relação e, certamente para Bahrin, uma vez por semana era mais do que suficiente, mas agora o tom de nossa intimidade havia mudado — Bahrin começou a me usar sem qualquer equilíbrio. Comecei a ter medo de fazer sexo com ele devido a sua violência crescente. Ele tinha prazer em me imobilizar e me usar como um tipo de instrumento de masturbação. Eu era estapeada, ridicularizada e xingada, não podia me mexer nem responder de qualquer maneira. Se eu ousasse me mexer, ele sibilava em meu ouvido que apenas putas ocidentais faziam aquilo, que eu era sua esposa e não uma prostituta paga. No final, que vinha rapidamente, ele me jogava para longe dele e ia logo a seguir tomar banho, da cabeça aos pés. Algumas vezes, me forçava a tomar banho também, mencionando os pontos *parlar* que podiam ser obtidos; em outras, eu me encolhia na cama e choramingava ao ouvir a água correr no banheiro enquanto ele se lavava.

Era muito pior se Bahrin estivesse zangado comigo por alguma indiscrição ou desobediência de menor ou maior importância. Ele então usava meu cabelo como arma. Imobilizava-me enrolando toda a extensão de meus longos cabelos em seu punho, impossibilitando-me de reagir. Não ousava bater de volta; ele me assustava tanto que eu temia como ele poderia retaliar.

Para piorar, ele fazia essas coisas na frente de Iddin, que compartilhava nosso quarto sob minha insistência, pois eu ainda estava amamentando. Uma vez ele ficou totalmente enfurecido pois eu esquecera de desligar o aquecedor elétrico da água. Gritando para mim que eu era uma esposa inútil e descuidada, uma cadela *mat salle*, começou a me empurrar e me bater no rosto, jogando no chão meus cosméticos que estavam na penteadeira e lançou a cesta de brinquedos de bebê voando pelo ar. Isso acordou Iddin com um susto e ele começou a chorar. Ele ficou de pé em seu berço e começou a se balançar contra as grades, mas Bahrin não deixou que eu o pegasse para acalmá-lo. Em vez disso, gritou para que Iddin ficasse quieto e avançou para mim, agarrando um punhado de meus cabelos, gritando que ia me ensinar uma lição de uma vez por todas. Ele rasgou minha camisola e começou a bater minha cabeça contra a parede, próximo à porta do banheiro. Depois, virou-me, pressionando meu rosto contra a moldura da porta, torceu minha cabeça para o lado, de forma que pudesse falar em meu ouvido. "Lembre-se disso da próxima vez que desperdiçar meu dinheiro", ouvi ele dizer e, com um movimento rápido que fez com que eu me sentisse dilacerada, começou a me sodomizar. Eu gritava de dor e implorava para que ele parasse, mas ele ignorou meus apelos. O tempo todo eu ouvia Iddin chorando atrás de nós, assustado. Odiei Bahrin de tal forma neste momento que desejei poder matá-lo.

Quando finalmente ensinou minha "lição", escancarou a porta do banheiro e me jogou sobre os ladrilhos, dizendo "lave-se, sua puta *kaffir* imunda".

Já tinha ouvido histórias sobre crianças pequenas, internas em orfanatos superlotados, abandonadas às dúzias em países como a Romênia, que não se desenvolviam pelo simples motivo de não terem recebido qualquer forma de amor ou afeto físico. Eu podia realmente entender o motivo. Sei o que é sentir como se o coração estivesse em pedaços, como é querer um abraço a ponto de sentir dor física, ou ansiar por um toque gentil, ou simplesmente dormir próximo a outro ser humano e sentir seu corpo aquecendo o seu, ou sentir sua respiração na expectativa de um beijo de amor.

Era assim minha vida de casada com Bahrin. Eu sempre achava que a culpa era minha por ele aparentemente não me amar da maneira como eu precisava ser amada. Ele usava o afeto físico como uma arma para me colocar a seus pés. Eu tinha que aguardar por uma autorização verbal para poder dormir perto dele à noite e racionava seus carinhos a um aperto superficial de sua mão, quando eu explodia de alegria.

Em alguns momentos, sabia que ele estava zangado consigo mesmo por ainda precisar de mim como objeto de alívio sexual; ainda assim eu esperava finalmente conquistar sua aprovação. Minha vida girava em torno de obter sua aprovação e me proteger de seus acessos. Em casa, eu evitava falar, a não ser que falassem comigo, exatamente como ele ordenara. Eu servia primeiro seu prato, sempre tomando cuidado para seguir perfeitamente o protocolo real com que ele me martelara na cabeça, e me sentava de pernas cruzadas no chão por horas, massageando suas pernas quando ele ordenava — tudo na esperança de receber um sorriso de aprovação. Seu controle sobre mim era tal que eu vivia sempre com medo da rejeição e acreditava na minha própria inutilidade. Eu estava completamente isolada das atitudes e facilidades normais de um país ocidental. O alívio que o contato com pessoas que pensassem de forma parecida com a minha poderia me trazer era inexistente. Meu isolamento dentro de minha própria casa significava que eu não tinha qualquer ponto de sanidade como referência. Havia pouca esperança de receber socorro de qualquer pessoa da família real de Terengganu; seus ditos e atitudes implacáveis só serviam para me subjugar.

Eu não tinha me dado conta de como era australiana até ir morar na Malásia. Meu prazer, e única ligação com o distante mundo exterior que havia sido minha verdadeira casa, eram as assinaturas de uma revista feminina australiana e da *Vanity Fair*, que chegavam seis semanas depois de publicadas. Eu virava as páginas e tentava absorver a Austrália e os

169

acontecimentos do mundo exterior por meio das histórias impressas. Era como se uma parte de mim estivesse aprisionada dentro dessas páginas e outra parte estivesse lendo sobre uma cultura distante e estranha. Eu era Jacqueline através do espelho, capaz de ver mas não de tocar, compreender mentalmente mas jamais experimentar fisicamente. Era como se minha verdadeira essência estivesse congelada e pequenas labaredas me tocassem apenas para me manter funcionando como um autômato. Depois de um longo tempo, aprendi a suprimir a maior parte de minhas emoções e me recolher dentro da concha que era ser *lady* Yasmin, esposa do rajá Bahrin e membro da família real. No que dizia respeito a Bahrin, eu era sua criação, sua propriedade, sua mercadoria adquirida em uma liquidação, ainda que mal escolhida. Se ele achava que tinha me enjaulado, estava certo, eu não tinha para onde ir e nada a fazer. Algumas vezes, no entanto, seu troféu enjaulado podia ser uma ave bem incômoda, de fato.

A década de 1980 foram os anos da aeróbica; aquecedores de pernas, malhas de corpo inteiro e faixas de cabeça tornaram-se artigos essenciais no guarda-roupa de muita gente. A atriz e rainha da ginástica Jane Fonda cunhou a expressão "*Go for the burn*", ou "malhar até arder", que ecoou pelo mundo como uma convocação para que todos fossem malhar e queimar suas calorias. Em meado da década de 1980, a palavra "aeróbica" chegou a Terengganu em vídeos estrangeiros, revistas e programas ocasionais de televisão.

Durante uma visita aos Estados Unidos, Endah descobriu os exercícios de Jane Fonda e trouxe a "bíblia" da aeróbica para mim. Uma tarde, sentadas juntas em sua sala, folheando o livro, começamos a alimentar um plano que ambas achávamos ousado demais: uma aula de aeróbica no estilo Jane Fonda para Endah e seu time de badminton. O time era formado em sua maioria por senhoras de meia-idade e acima do peso, as esposas dos cortesãos e "cavalheiros do reino" que, ao longo dos anos, encontrava-se socialmente para jogar e fofocar. Endah resolveu que eu seria a professora, pois era a única mulher com experiência em exercícios físicos, e que suas parceiras de badminton participariam das aulas na quadra fechada anexa ao palácio (quisessem ou não). Ainda que eu tentasse argumentar que o balé era muito diferente da ginástica aeróbica, não discuti muito e aproveitei feliz a chance de me mexer com a música e quebrar a monotonia de minha vida. Endah prometeu conseguir a permissão de Bahrin e Mak, de forma que pudesse dar aulas duas vezes por semana. Era realmente delicioso perceber que Bahrin não podia me proibir de dar aulas para a Tengku Ampuan de Terengganu, sua tia e consorte do sultão. Ao menos uma vez, alguém era superior a ele e poderia tornar sua vida desconfortável caso discordasse.

Para me preparar, consegui obter uma cópia pirata do vídeo de exercícios, para poder ver a movimentação e as técnicas usadas. Eu tinha muitas reservas quanto ao nível de flexibilidade necessária e à suspeita desagradável de que algumas das senhoras convocadas a participar das aulas desmaiariam caso soubessem o que as esperava. Desenvolvi uma forma híbrida de exercícios, muito mais suave do que os de Jane Fonda, mas incorporando os mesmos movimentos e usando música de dança energética e em alto volume pré-selecionada e gravada.

O dia de nossa primeira aula chegou. Fui para o palácio e segui para o anexo de badminton que, nos tempos anteriores aos vídeos, também funcionava como sala particular de cinema. Lá dentro, encontrei Endah cercada por um grupo de vinte mulheres volumosas e falantes, vestidas com uma estranha variedade de túnicas e roupas de ginástica masculinas da Adidas. Todas as janelas de parede inteira estavam vedadas com cortinas e, depois que entrei, as portas foram trancadas para impedir olhares masculinos curiosos. Endah tinha pensado em tudo: sistema de som, colchonetes e uma babá para cuidar de Iddin enquanto eu dava aula. Só faltava começar. Uma reação espantada circulou pela sala quando tirei minha roupa e revelei minha malha e meia-calça, felizmente salvas de meus dias de bailarina, velhas, mas ainda usáveis. Pela reação das senhoras, era como se eu estivesse nua diante delas.

Elas acomodaram-se rapidamente e estavam ansiosas por começar. Durante a primeira série de exercícios, passei de uma em uma, corrigindo a postura e tentando que mantivessem algum ritmo. To'puan Farah, uma das figuras mais animadas do grupo, manifestou sua opinião que, segundo sua cópia pirateada do vídeo de exercícios da Jane Fonda, o que eu estava ensinando não era suficientemente difícil: ela queria malhar até arderem os músculos, *"go for the burn"*. E não havia muito o que eu pudesse fazer para impedi-las. Algumas das senhoras aplicaram-se com tanta intensidade aos exercícios que o salão começou a parecer

171

uma sauna a vapor. Mesmo que eu tentasse convencê-las de que não era prudente começar os exercícios de forma tão violenta, nenhuma delas demonstrou o menor sinal de acreditar em mim. Ao vê-las, tive a intuição de que boa parte do grupo estaria sentindo mais do que a "ardência" no dia seguinte, depois que seus músculos tivessem tempo de enrijecer em protesto contra a punição inesperada.

Depois de uma sessão de dez minutos de relaxamento no chão, da qual insisti em que todas participassem, fui surpreendida e fiquei perplexa ao ouvir Endah (depois de se assegurar que estávamos todas vestidas decentemente de novo) chamar os empregados para servir um lanche. Ao entrar no salão, os serventes uniformizados afastaram com rapidez as toalhas brancas de uma fila de mesas de armar, que eu não tinha visto, para revelar um banquete de bolos de creme, tortas e docinhos, além de bebidas rosadas à base de leite, chá e café em bules de prata. Fiquei estupefata. Cada caloria que haviam acabado de queimar estava sendo reposta em triplo diante dos meus olhos. O que havia começado como uma sessão de condicionamento físico acabou em um chá da tarde para *gourmands*!

No dia seguinte, ouvi que vários homens dos escalões superiores da sociedade de Terengganu estavam perplexos diante da súbita dificuldade de suas mulheres em caminhar, sentar ou se movimentar pela casa sem sentir dores extremas. E, quanto às orações, recebi diversos relatórios de membros da nova turma de aeróbica informando que haviam sido acometidas de uma súbita rigidez que as impedia de ajoelhar ou realizar os movimentos corporais necessários para os rituais das preces. Tenho que admitir que não pude resistir a adotar uma atitude do tipo "Eu bem que avisei" quando esses relatos começaram a chegar até mim. Mas, em termos gerais, nossas sessões de aeróbicas foram declaradas um sucesso por Endah e suas senhoras, e prosseguiram por vários meses, incorporando uma rotina de exercícios energéticos e posterior comilança.

Trinta

A doença de Iddin reapareceu misteriosamente quando ele completou 6 meses, fazendo com que eu entrasse em pânico, pois não confiava no sistema médico da Malásia. Desta vez, fiz pé firme contra Bahrin e insisti que ele me deixasse ir para casa e levar Iddin para Melbourne. Bahrin brigou comigo por insistir em buscar a opinião de um médico australiano. Ele disse que eu tinha que parar de esperar encontrar a medicina ocidental na Malásia e me acusou de estar reagindo de forma exagerada. Recusei-me a recuar e fui apoiada por minha sogra, que também concordou que a causa da hemorragia de Iddin tinha que ser diagnosticada da maneira mais rápida e precisa possível na Austrália. Eu não ia deixar meu bebê ser apalpado e apertado sem necessidade pelos mesmos médicos de Kuala Lumpur.

Bahrin por fim cedeu, mencionando o serviço médico gratuito do sistema de saúde da Austrália, disponível para todos os cidadãos australianos. Ele realmente estava satisfeito pelo fato de que não ia ter que gastar um tostão para cuidar da saúde de Iddin. Após o nascimento de Iddin, decidíramos registrá-lo como australiano. Bahrin desejava que nosso filho fosse educado em Melbourne como ele mesmo havia sido e também consideramos a possibilidade de voltar a morar lá um dia. Assim, Iddin recebeu uma certidão de nascimento do Alto-Comissariado Australiano em Kuala Lumpur, após termos preenchido uma solicitação conjunta testemunhada pelo secretário particular do sultão. A autossatisfação de Bahrin fez com que me sentisse mal. Tínhamos dinheiro mais do que suficiente para pagar por cuidados médicos competentes e, de qualquer modo, meu marido gastava mais dinheiro com suas roupas do que eu achava que custaria a soma total da conta pelo tratamento de Iddin.

Coincidentemente, Iddin e eu pudemos acompanhar o sultão e sua família a bordo de um vôo da Singapore Airlines para a Austrália, onde eles iam matricular Ima e Anna, as duas filhas mais jovens, em um internato. Uma vez lá, no entanto, eu estava por conta própria e grata pelo período tranqüilo com meu filho, sem o assédio constante dos ajudantes e secretários particulares que formavam o séquito de viagem do sultão.

Passei vários dias dormindo em uma cadeira junto ao leito de Iddin no Royal Children's Hospital de Melbourne. Recusei-me a deixá-lo sozinho no hospital, pois ainda estava amamentando e, de qualquer modo, ele chorava sempre que eu saía de sua linha de visão. Depois de cinco dias, durante os quais o sangramento parou, e de uma série sem fim de testes e exames, os especialistas declararam acreditar que Iddin, talvez, tivesse pólipos passando por seu intestino. Fui orientada pelo cirurgião a observar a dieta de Iddin com atenção, para garantir que ele jamais ficasse constipado, e que continuasse a amamentá-lo pelo maior tempo possível para evitar quaisquer alergias que o leite de vaca pudesse causar. Saí do hospital muito aliviada e grata por finalmente estar confiante em um diagnóstico sobre a condição de Iddin. Depois, fui direto mostrar meu filho para sua bisavó, minha vovó.

Ela ficou encantada por encontrar Iddin pela primeira vez e passou todos os momentos possíveis de nossa estada conosco. Bahrin juntou-se a nós em Melbourne para um período rápido de férias e, durante dez maravilhosos dias, o Bahrin que conheci e por quem me apaixonara reapareceu. Era como se, de repente, ele acordasse de um longo sono. Caminhamos de mãos dadas pela rua, Bahrin orgulhosamente empurrando o carrinho de Iddin, e passamos horas conversando enquanto comíamos em restaurantes e comprávamos roupas para Iddin.

Antes de eu deixar Terengganu, Endah me fez algumas encomendas. Munida de uma enorme soma em dinheiro e instruções completas, saí em busca de uma série de itens para ela: sapatos de grife com bordados em ouro de Manolo Blahnik, sapatos de salto forrados de seda de Salvatore Ferragamo e duas bolsas para usar durante o dia — uma em cetim com um intrincado trabalho de contas e outra em metal dourado da Dior. Bahrin não apresentou objeções às minhas compras para Endah, desde que não atrapalhasse sua orgia de gastos em suas lojas favoritas.

174

Por alguns breves dias, eu me deliciei caminhando a passos largos, usando jeans e suéter, sentindo-me como uma pessoa comum e comendo pizza até quase passar mal. No entanto, e rápido demais, chegou a hora de voltar para Terengganu e para a vida sufocante que eu levava lá. Foi absolutamente horrível deixar minha avó para trás, sabendo que ela perderia boa parte do crescimento de Iddin. Também era assustador que, no instante em que puséssemos o pé para fora do avião em Kuala Lumpur, Bahrin voltasse ao seu eu malaio e à frieza que eu passara a esperar dele.

O tempo que separou minha primeira gravidez da segunda parece ter sido dedicado a buscar a aprovação de meu marido. Eu faria qualquer coisa para obter o reconhecimento de Bahrin, para que compartilhássemos um pouco mais do que o mesmo endereço e um filho. Olhando para trás, sinto ter gasto cada momento na presença de Bahrin agitando-me nervosamente, tentando penetrar em sua consciência e extrair de lá alguma coisa que não fosse aborrecimento e desprezo. Porém, mais do que tudo, eu queria que ele me dissesse que era feliz com nosso casamento, com sua vida, com nosso filho e, acima de tudo, comigo. Algumas vezes, ardendo de expectativa e solidão devido a seu distanciamento emocional, eu perguntava a ele se era feliz. Segurando minha respiração, esperava por sua resposta, rezando para que ele se virasse para mim sorrindo, envolvesse-me em seus braços e declarasse com ênfase que "Sim!". Mas isso jamais aconteceu. Em vez disso, ele dizia "Estou contente, e é o bastante", com uma expressão de resignação no rosto que fazia com que eu me sentisse duplamente magoada por sua indiferença e sua falta de paixão.

Nada do que eu fizesse ou dissesse provocava qualquer expansão de seu pronunciamento, ou uma reação mais profunda, ou algum entusiasmo pela vida. A resignação e a aceitação de Bahrin por estar "contente" feriam-me mais do que um tapa no rosto e destruíam toda minha esperança. "Contente" era uma palavra tão sem graça, sem amplitude ou promessas. Era como se Bahrin me dissesse que não tinha motivo algum para esperar qualquer coisa a mais de nosso casamento e que seu estoicismo diante da vida que tinha pela frente, com nada mais do que um contentamento morno, era algo admirável.

ERA UMA VEZ UMA PRINCESA

O contentamento de Bahrin não afrouxou seu domínio sobre mim. Servia ao menos para aprofundar seu sentimento de propriedade. Coisas simples, como uma conta bancária em meu nome, estavam fora de questão e eram "totalmente inadequadas", segundo Bahrin, pois eu não ganhava dinheiro. Além disso, não era um costume da família que as mulheres tivessem contas em banco. Na sua opinião, ele era o chefe da casa e eu sequer era confiável para ter acesso a uma conta doméstica. O talão de cheques era domínio exclusivamente seu. Todos os meses, ele me dava uma quantia em dinheiro para as despesas da casa e salários dos empregados. Eu tinha que pedir dinheiro extra se precisasse para alguma conta inesperada ou manutenção da casa. Quando, em virtude da contaminação por ferrugem em nosso reservatório de água potável, tivemos que instalar uma nova caixa-d'água do lado de fora, ele explodiu e esbravejou, dizendo que era minha culpa, que eu havia criado a necessidade de uma nova caixa porque era uma australiana preguiçosa, obcecada por coisas novas.

Finalmente, quando o novo tanque foi construído e o encanamento instalado, ele, de repente, recusou-se a me dar o dinheiro para pagar pela obra. Encerrou as discussões e foi viajar para outro estado, "a negócios". Mak e eu ficamos com a questão de como pagar pela caixa-d'água recém-instalada. Ambas sabíamos que, uma vez tendo feito uma afirmativa como aquela, Bahrin jamais alteraria sua decisão. Com sua mãe resmungando comentários sobre o fato de Bahrin ter sido sempre *kedukut*, ou seja, avarento, desde criança, nós duas começamos a investigar formas de conseguir 700 *ringgit* malaios. Todo meu dinheiro do *Hantar Belanjar* se acabara havia tempo na compra de um novo fogão elétrico, geladeira e móveis. A única alternativa que me restou era tentar vender algumas de minhas jóias para saldar a dívida. Isso foi providenciado por Mak, por meio de um intermediário, garantindo que minha identidade como vendedora fosse preservada. Foi uma medida que tive que adotar diversas vezes ao longo dos anos quando, devido a um acesso de ressentimento, Bahrin segurava o dinheiro da casa ou recusava-se a pagar as contas de eletricidade ou de telefone, acusando minha má gestão ou desperdício como justificativa. Mesmo assim, se o cardápio do jantar não estivesse à altura de seus padrões, devido à falta de dinheiro para as compras, eu não só ouvia um sermão sobre o desleixo com os cuidados da casa, mas também levava uma surra.

176

Destrinchar o sistema de compras em Terengganu foi algo que eu jamais consegui. Para os principiantes, os mercados não se pareciam em nada com os corredores limpos de comida e prateleiras refrigeradas para as carnes de Melbourne ou de qualquer lugar do mundo ocidental. Eu ficava chocada por seus mercados de comida serem tão incrivelmente sujos, com valas abertas, infestados de moscas e lixo, entre estandes de peixe colocados lado a lado. Não era raro ver cestas de vime cheias de restos e cascas de frutas rolando de um lado para outro enquanto os ratos brigavam entre si pelos bocados mais suculentos. Não havia refrigeração para as carnes e peixes e nenhuma bancada de aço inoxidável à vista. A carne bovina era um artigo desconhecido em Terengganu e o filé, importado dos Estados Unidos e trazido por via aérea de Kuala Lumpur, só podia ser obtido nos hotéis turísticos.

Verduras e carne fresca eram os artigos mais caros de nossa lista de compras e uma extravagância para as pessoas comuns. A carne vermelha disponível para a maioria da população, incluindo a família real, era de búfalo, dura como uma sola de sapato e muito suspeita em seu frescor. Na verdade, não era mesmo possível encontrar cortes como filé-mignon, T-bone ou alcatra: a carne de búfalo era vendida em blocos, pedaços indescritíveis de carne em tiras, de alguma parte não identificada do animal. A galinha era muito cara, e era morta e depenada na hora, pelo comprador. Nós não comíamos muita galinha. Eu não gostava de comprá-las em virtude da quantidade de gordura causada pela aplicação de injeções de antibióticos e esteróides sem supervisão científica, freqüentes na Malásia para aumentar o tamanho. Essas injeções inchavam as galinhas de tal modo que uma inspeção mais cuidadosa da carcaça revelava uma substância amarelada escorrendo nitidamente entre a pele e a carne. Peixe era a base da maior parte da dieta malaia, variando de anchovas secas a filés de atum, ou *ikan tendiri*.

No salão principal do mercado, um lugar escuro e imundo, carne de búfalo, peixe, camarões e carcaças de galinha, além de ocasionais quartos de cabrito, ficavam a descoberto sobre lajes de pedra, próximos a sarjetas abertas, por onde escorria o sangue misturado com água e entranhas de peixes. Frutas, verduras, nozes, arroz e iguarias pré-cozidas, além de artigos de estação, como ovos de tartaruga e frutas como o durião, eram vendidos ao ar livre, em uma área contígua ao salão. Ali, velhas encarquilhadas gritavam ao lado das cestas de comida, chamando os clientes, com os pés enfiados em sandálias de dedo de plástico e dentes enegrecidos por anos mascando sementes de bétel. Fui ativamente desencorajada a freqüentar o mercado pelas mulheres da família. Nenhuma delas jamais foi vista em qualquer lugar próximo ao mercado. Todas as suas compras eram feitas pelas cozinheiras ou motoristas. Devo admitir que, após umas poucas idas ao mercado acompanhada de uma empregada, também fiquei mais inclinada a deixar as compras a cargo de nossa cozinheira, o que passei a fazer. Sempre havia alguma confusão sobre as quantidades e pedidos, uma vez que poucas empregadas domésticas que trabalhavam para a família real sabiam ler.

Tengku Zaleha, minha sogra, insistia que nossas empregadas cozinhassem no *dapur*, ou seja, na cozinha do lado de fora, um barraco realmente não muito adequado para ser habitado, que dirá para preparação da comida. Ela não gostava do cheiro da cozinha e também preferia que a comida fosse feita em fogões a querosene, no *dapur*, sem o uso de gás. Em sua cozinha de estilo ocidental, dentro de casa, havia uma geladeira e um fogão elétrico de duas chapas para requentar a comida e preparar as refeições de seus gatos. Durante minha vida na Malásia, tivemos uma ou duas cozinheiras, dependendo do estado de espírito de Mak. Ela realmente achava que cabia a ela contratar e demitir minhas cozinheiras, além de suas próprias, muitas vezes sem qualquer motivo. As serviçais caíam em seu desagrado e eram substituídas por outra no espaço de 24 horas.

Apesar de ela ter demonstrado apenas carinho e apoio para mim durante meu casamento com Bahrin, viver com a sogra não é das coisas mais fáceis. Mak ia e vinha de minha casa para a dela, sem qualquer tipo de constrangimento, e esperava que eu fizesse o mesmo. Nas poucas ocasiões em que Bahrin permitia que eu e Iddin o acompanhássemos para Kuala Lumpur, ao voltar para casa, sempre constatava que Mak resolvera reorganizar totalmente meus armários e móveis. Até mesmo minha roupa de baixo não estava a salvo. Ela também a mudava de lugar, algumas vezes organizando meu guarda-roupa e doando para a caridade roupas que achava que eu não usava mais. Devido à minha situação, era obrigada, por etiqueta, a não reclamar com ela ou proibi-la de fazer essas coisas desagradáveis. Na única vez em que fiz isso, ela se recusou a falar comigo por várias semanas e me mandava mensagens por suas irmãs ou empregadas. Eu tinha que ter mais tato: tinha que me manter muda.

178

Aprendi desde cedo em minha nova vida que perder o apoio de minha sogra nesta sociedade estranha fazia de mim uma pária diante de toda a família, correndo o risco de que, com essa retirada de suporte, fosse feita a inevitável sugestão para que a atual nora fosse negociada por um modelo mais novo e adequado. Uma das características que me redimia aos olhos da família real era minha aceitação total como nora por parte de Tengku Zaleha, apesar de eu ser uma estrangeira. Isso e meu relacionamento com Endah. Com essas duas protetoras por trás de mim, poucos cometiam a temeridade de me esnobar.

Mak fumava como uma chaminé e tinha uma fixação quase compulsiva em relação a se lavar, o que fazia com que passasse duas ou três horas por dia no banheiro. Era uma mulher que jamais preparara uma refeição, lavara sua própria roupa ou lera um livro que não fosse o Alcorão ou textos sagrados do Islã. Ela era totalmente apaixonada por gatos e tinha um bando de 15 felinos, nenhum dos quais era capaz de fazer nada de errado. A subserviência à superioridade masculina era profundamente entranhada nela, dando o tom de sua perspectiva para todos os aspectos da vida diária e desvalorizando a si mesma. Tengku Zaleha era filha do sultão de Terengganu, o falecido rei da Malásia, que teve um total de quatro esposas e dez filhos. Ela cresceu alimentada por uma dieta básica de intriga palaciana e familiar, em que a rivalidade entre os irmãos corria solta. Seu falecido pai, um homem manipulador e autoritário, controlava todos os aspectos das vidas de seus filhos e netos, sem se preocupar com a perspectiva de eles terem que seguir seus próprios caminhos depois que ele morresse. As meninas da família eram especialmente afetadas por sua condição social e criação, saindo da influência de seu pai para a dos maridos, por meio de casamentos arranjados.

Mak não tinha idéia sobre o lado doméstico da vida e achava o conceito de cuidar de casa uma novidade em vez de uma tarefa. Uma tarde, teve um impulso e resolveu que seria muito divertido lavar sua própria roupa e esvaziou uma caixa inteira de detergente em uma pequena bacia de plástico, com água até a borda, na qual mergulhou uma de suas roupas de seda. Sua irmã Zainah e eu, além das empregadas, assistimos divertidas enquanto ela agachava-se na beira de seu terraço, esfregando, enxaguando e rindo deliciada com a normalidade de suas ações.

Diante da chegada de seu primeiro neto, ela e tia Zainah entraram em um estado de frenesi. Eu era obrigada a vigiá-las cuidadosamente quando Iddin era pequeno, pois não tinham a menor idéia sobre os princípios básicos de higiene e de como segurar um bebê. Nenhuma das duas jamais cuidara de seus próprios filhos. Uma bateria de empregados, fornecida pelo sultão, tomava conta de seus rebentos, trocando fraldas, dando mamadeiras e deixando-as livres, em geral, para descansar.

Uma cena cômica aconteceu pouco depois do nascimento de Iddin, que jamais vou esquecer. Eu estava muito ocupada fazendo biscoitos e bolos para o festival do *Hari Raya*, o fim do mês muçulmano do jejum, e Mak e tia Zainah ofereceram-se para trocar a fralda de Iddin. Como eu só usava fraldas descartáveis, sem alfinetes envolvidos, não achei que essa simples operação pudesse ser tão problemática. Entreguei Iddin para suas ansiosas admiradoras. Após mais de 45 minutos sem que o trio saísse do quarto, fui investigar. Encontrei Mak e tia Zainah tendo convulsões causadas por risos nervosos, com as faces vermelhas de vergonha, um pacote inteiro de fraldas descartadas e inúteis pelo chão e Iddin deitado nu da cintura para baixo no trocador. Parecia que essas duas senhoras de meia-idade não eram capazes de colocar um bebê dentro de uma fralda descartável sem que o creme de óleo de castor estragasse as fitas adesivas, inutilizando fralda após fralda.

O fato a lamentar sobre Mak era sua tendência à hipocondria e seu fascínio por drogas de venda controlada, que usava como panacéia para o tédio e a infelicidade de sua vida. Sei, por havermos conversado, que ela lamentava muito conhecer tão pouco seu filho, Bahrin. O único problema é que não tinha a menor idéia de como estabelecer um vínculo com ele aos 28 anos.

A atitude de Bahrin com sua mãe, quando estava sozinho comigo, expressava apenas desagrado. Ele me disse, em várias ocasiões, que considerava qualquer atenção ou conversa com ela um gesto de piedade filial obrigatório conforme estabelecido pelo Alcorão. Era muito triste que essa obrigação moral não chegasse ao respeito intelectual ou atenção por Mak, pois mesmo sendo muito cuidadoso em ocultar seu desagrado por ela sob a rigidez da cortesia e lhe dando dinheiro, mesmo assim ela tinha consciência da ausência de sentimentos dele e, muitas vezes, lamentava por não ter cuidado de Bahrin quando bebê da mesma maneira como eu cuidava de seu neto Iddin. Mas os protocolos reais e o medo absoluto do falecido sultão impediram qualquer contato desse tipo.

Mak fez tudo o que podia para tentar me manter junto a Bahrin, da única maneira que ela e sua família sabiam. Com diversos novos sinais de infidelidades de Bahrin, ela me levava para ver o *bomoh* da moda, o equivalente a um curandeiro com inclinações espirituais, então em voga entre as mulheres da família. Sem se importar com meus protestos de descrença nessas estranhas práticas mágicas, ela insistia que eu atendesse seus desejos. De minha parte, acabei por me render e ia atrás dela para vilarejos remotos, ao encontro de uma série de charlatães do sexo masculino e feminino, que se promoviam como remediadores de corações partidos. Esses *bomohs* praticavam formas de misticismo profundamente entranhadas na tradição malaia, que eram malvistos segundo os princípios do Islã. Assim, para deixar suas poções e encantos mais aceitáveis para seus clientes tementes a Deus, eles murmuravam versos do Alcorão enquanto escreviam em pedaços de tecido, queimavam fotografias e "abençoavam" a água-benta — tudo em nome de Alá — recebendo uma considerável soma em dinheiro como remuneração por seus incômodos.

Quanto mais eu conhecia o misticismo praticado na Malásia, mais impressionada ficava com a aparente aceitação e uso de *bomohs* pela população em geral. Eram pessoas supersticiosas, e até mesmo os médicos mais sofisticados que conheci não negavam a existência de *gins*, ou gênios. Os gênios, segundo meu professor de religião Che Gu Ali, habitavam a terra e causavam males e danos inenarráveis se fossem ofendidos. Supostamente citando passagens do texto islâmico, ele disse que os *gins* podiam ser evocados por orações e encantamentos, para proteger uma casa ou destruir a sanidade de seus habitantes. Esse era um dos motivos por que os versos do Alcorão eram colocados sobre as portas de entrada das casas: para proteger contra o mal. Imagine só, Che Gu Ali também acreditava que a primeira caminhada do homem na Lua, pela tripulação da Apollo 12, não passara de truques de Hollywood. Ele acreditava que Neil Armstrong caminhara sobre um cenário de filme muito bem feito, não sobre a superfície lunar. Isso, ele enunciava solenemente, era mais uma "peça de propaganda dos traiçoeiros americanos", algo que nenhum muçulmano jamais engoliria.

181

Trinta e um

Iddin cresceu em um ritmo incrível, transformando-se em uma criança inteligente e linda. Ele tinha um sorriso encantador e uma gargalhada deliciosa explodia sempre que recebia cócegas. Passávamos horas juntos, enrodilhados na minha enorme cama, enquanto eu lia histórias para ele e cantava músicas infantis. Ele gostava especialmente de brincar de "esse porquinho foi ao mercado" — eu apenas tinha que ter cuidado para não usar a palavra "porquinho" perto de Bahrin, pois as restrições muçulmanas aos porcos estendiam-se até mesmo às rimas infantis. Eu me preocupava com as crenças e restrições colocadas em sua educação, pois Iddin estava perdendo todo o tipo de brincadeira e estímulo que as criancinhas australianas e européias tinham normalmente, coisas simples como se sujar em um quadrado de areia e brincar com água. Era motivo de furor quando eu insistia em deixar Iddin ir brincar na sombra do lado de fora sob minha supervisão. Como ele já tinha quase 2 anos, e com um irmão ou irmã a caminho, eu estava determinada a fazer dele um garotinho confiante e robusto, o que, no que me dizia respeito, significava deixar que aproveitasse sua infância — com direita a sujeira e tudo o mais. Brincar no jardim tornou-se um dos passatempos prediletos de Iddin, além de acompanhar meu cabrito de estimação, Noneng, e sua mãe, Susu.

Adquiri Susu e Noneng logo depois do nascimento de Iddin. Pelo costume e religião, eu era proibida de ter um cachorro; a melhor coisa então, decidi, era uma cabra. Susu era uma cabra branca, de pêlo curto, que estava ficando velha e só escapou do açougueiro por eu tê-la comprado a tempo, junto com seu filhote. Noneng era um bichinho brincalhão e animado, cheio de vida e muito afetuoso, com um pêlo caramelo com toques de preto. Consegui semidomesticá-lo e deixava que entrasse em casa às vezes, quando Bahrin estava no escritório. Infelizmente, Noneng não entendia que a porta da casa só podia ser usada mediante convite, e entrava na sala para se acomodar no sofá, onde começava a berrar, recusando-se a se mexer até que eu coçasse atrás de sua orelha. Eu tinha um cercado para cabras no jardim, para acomodar os animais, e um galinheiro onde soltei as galinhas que acrescentei mais tarde ao pequeno zoológico. Minha crescente coleção de animais de estimação era uma fonte de perplexidade para os vizinhos da família, que abanavam suas cabeças diante de minhas ações e me chamavam de excêntrica.

Estava enganada ao achar que a chegada de Iddin faria com que o gelo diminuísse entre mim e Bahrin. Eu era praticamente uma mãe sozinha, uma vez que a principal contribuição de Bahrin para a vida de nosso filho era um passeio de carro ocasional durante a tarde, quando eu e ele sentávamos nos bancos da frente e Iddin dava gargalhadas no banco de trás. As horas que ele passava brincando com Iddin eram poucas e espaçadas. Bahrin recusava-se a entender que uma criança não podia ser simplesmente ligada e desligada. Isso criava dificuldades, pois Bahrin não brincava com Iddin por longos períodos de tempo. Uma correria ou cosquinhas rápidas, um passeio com ele nas costas em volta do jardim e mais nada. De uma hora para outra, ele se afastava de Iddin, deixando-o confuso e querendo mais. Bahrin fechou-se para seu filho tão completamente quanto me excluíra de seu coração. Era muito difícil lidar com Iddin quanto isso acontecia, pois ele, invariavelmente, começava a chorar, sem entender, como eu, que, para seu pai, as novidades perdiam a graça rapidamente.

No final de 1984, descobri que estava novamente grávida. Sabia exatamente quando o bebê ia nascer, pois podia identificar a hora exata da concepção, já que as ocasiões em que isso podia ter acontecido eram muito poucas e distantes. Desta vez, quando disse a Bahrin que estava grávida, ele não demonstrou maior entusiasmo, apenas um interesse educado sobre a data de nascimento. Essa gravidez exigiu bem mais de mim do que a de Iddin, sugando minha energia e tornando difícil acompanhar um rapazinho cheio de energia. Eu ainda amamentava Iddin na hora de dormir, conforme a recomendação dos médicos de Melbourne e a prescrição do Alcorão, que determinava que o período mínimo de amamentação para uma mãe muçulmana era de 2 anos, mesmo que

Iddin já estivesse comendo sólidos e bebendo suco no copo. O outro motivo pelo qual optei por continuar amamentando Iddin era porque não se conseguia leite fresco na Malásia e as fórmulas em pó disponíveis em Terengganu eram produtos descarregados por enormes multinacionais nos países do Terceiro Mundo, com as datas de validade há muito vencidas. Meu plano era desmamar Iddin no quarto ou quinto mês de gravidez, para abrir caminho para o novo bebê. Queria estabelecer uma forte ligação entre Iddin e o irmãozinho ou irmãzinha, evitando a rivalidade entre os dois o máximo possível. Esperava que Iddin se sentisse seguro com meu amor por ele para aceitar "seu" novo bebê, como ele chamava, sem muitos problemas.

❧

Antes de ter filhos, meu dia girava em torno de Bahrin. Depois de Iddin nascer, e no que dizia respeito a Bahrin, continuava a ser assim.

Acordava bem cedo, para ter certeza de que o café-da-manhã estava pronto para ele. Bahrin podia fazer suas orações matinais, dependendo de seu humor e da fé que estivesse sentindo naquela manhã. Ele não era especialmente dedicado às suas orações, a não ser quando havia público para testemunhar suas súplicas a Alá. Nesses momentos, sua santidade servia para consumo público e ele realizava as abluções com muito empenho, vestindo seu sarongue e abrindo seu tapete de orações. Após três anos de casados, me acostumara ao seu personagem público, a estudada humildade que ele descrevia para mim como sendo um comportamento suficientemente real e inteligente para fazer com que as pessoas achassem que ele as considerava iguais. Bahrin me contava com orgulho que isso era algo que ele aprendera desde cedo nos tempos de escola e descobrira ser uma ferramenta útil. Religião e humildade, ele me ensinou, eram as chaves necessárias para seus negócios e futuro político. Bancar o príncipe aficionado por futebol, religioso e humilde atendia seus propósitos e ele era muito hábil nessas atividades. Algumas vezes eu assistia impressionada a como ele fazia empregados humilharem-se e clientes de negócios ficarem encantados com sua maneira calculada de desarmá-los. Eu imaginava comigo mesma se algum deles jamais tivera a percepção de que estavam diante de um perfeito fingidor em atividade, um homem que se escondia por trás de uma fachada e que criava uma ilusão, sempre com uma agenda política em mente.

Era só depois de Bahrin ir para o escritório que eu podia dar atenção total para Iddin. Seus banhos matinais e horário de brincadeiras eram as melhores partes do meu dia. Ele era um verdadeiro bebê aquático e adorava mergulhar. Acho que se eu deixasse, Iddin passaria a maior parte do tempo sem roupas e dentro do banho. Mak chegava assim que Bahrin saía para o trabalho. Ela raramente se aventurava por perto de nossa casa quando Bahrin estava lá — temia seu mau humor súbito e seu temperamento, que descrevia como *bekeng*, ou seja, forte. Juntas, nos sentávamos com Iddin para brincar e, durante seu sono da manhã, Mak recitava o Alcorão enquanto eu lia laboriosamente os jornais malaios e ingleses. Isso era mais um hábito, pois sabia que as três páginas de "notícias" eram censuradas ao extremo pelo governo e nada aparecia nos jornais sem ter sido bem examinado. Em cada página eu buscava uma menção à Austrália ou a algum lugar mais próximo da minha formação; em geral, não havia muita coisa de maior importância exceto pelas notícias da família real, a maioria das quais eu já sabia pela sempre presente e eficiente rede de fofocas.

Bahrin, que nessa época já tinha aberto seu próprio escritório, chegava em casa na hora do almoço para uma refeição completa de quatro pratos, voltando para o escritório depois de um cochilo. Para preencher o vazio de minhas horas da tarde, li e reli diversos livros. Lá não era um lugar onde as novelas reinavam supremas. A televisão só funcionava a partir das 16 horas e, mesmo assim, era tão censurada que as cenas de beijos entre pessoas de sexo diferente, incluindo os bem comportados, eram cortadas. Sem livrarias em Terengganu, a não ser as religiosas, eu era forçada a importar livros pelo serviço de frete de Cingapura e Kuala Lumpur e, algumas vezes, até mesmo de Londres.

Porém, mesmo minhas leituras eram estreitamente controladas por Bahrin, que usava essa pequena pressão contra mim, muitas vezes me proibindo de ler por dias, como punição por alguma falta real ou imaginária. Ele sabia muito bem que os livros eram minha única forma de escape, minha janela para o mundo exterior e um passatempo que eu amava. Do alto de sua ira, ele com freqüência me xingava e gritava que eu não devia ler, que era a única mulher de sua família que fazia isso e que

185

minha leitura era para afrontá-lo. Ele me acusava de tentar ser diferente e arrogante, envenenando minha mente com "publicações *mat salleh* imundas". Bahrin usava cada vez mais esse tipo de expressão para toda e qualquer coisa, desde um livro de Charles Dickens à maneira como eu me sentava. Eu fazia o máximo para digerir ou ignorar seus insultos e sua ira. Aprendi que agir de outra forma só servia para inflamar ainda mais sua fúria e, além disso, eu ainda queria agradar meu marido.

Agradar Bahrin não era uma coisa simples de se conseguir. Ele era exigente e pedante em relação a tantas coisas que eu vivia aterrorizada, tomando cuidado para não estragar nada. Suas roupas e a maneira como eram cuidadas eram uma fonte constante de ansiedade para mim. Nosso quarto de vestir guardava todas as suas roupas, as minhas ficavam em armários na área de serviço da casa, pois não havia espaço para ambos. Seus sapatos ficavam em uma prateleira do lado de fora do quarto de vestir, mocassins ingleses imaculadamente polidos e adornados com borlas, no tamanho 39. Ainda me lembro do barulho de Bahrin escolhendo seus sapatos na prateleira a cada dia, e deixando que caíssem no chão do terraço, diante de seus pés, prontos para calçar. No momento em que batiam no chão, faziam um barulho oco, que ecoava por toda a casa e assinalava sua partida iminente.

Tenho certeza de que Bahrin imitava seu falecido avô com sua obsessão por roupas. Ele também sempre se vestira de maneira impecável e suas roupas eram mantidas com tamanho cuidado que uma parte do palácio ainda era mantida em separado com seus pertences — exatamente como as havia deixado, os uniformes dobrados e os sapatos perfeitamente engraxados e guardados em sacolas contra a poeira. As rígidas regras domésticas de Bahrin sobre suas roupas eram muito específicas, detalhando até a última costura. Zah, a empregada encarregada de lavar e de passar, vivia sob medo mortal de desagradar Bahrin e passava horas cuidando de suas roupas. Todas as camisas tinham que ficar cobertas por sacos plásticos, em cabides, abotoadas a partir do segundo botão e viradas para a esquerda. Deviam ser penduradas em blocos de cores, rosa com rosa, branca com branca, amarela com amarela e listrada com listrada. Também eram agrupadas pelo tamanho das mangas: manga curta rosa com manga curta rosa e assim por diante. Cada camisa era engomada e pendurada sem amassar a que estava ao lado — teriam que ser repassadas se a menor ruga aparecesse após um mês dentro do armário. Como precaução, numerei todas as camisas de Bahrin com uma caneta à prova d'água de 1 a 169. Fiz isso porque recebia vários tapas e chutes quando ele não conseguia encontrar uma camisa específica, assim eu poderia saber qual camisa tinha ido aonde. Tenho certeza de que algumas de suas camisas não voltaram de suas viagens de Kuala Lumpur. Eu não tinha certeza se ele as havia deixado no quarto do hotel ou na casa de seu pai, e essa era a única maneira que consegui imaginar para não perder o rastro.

As calças obedeciam a um conjunto diferente de regras. Cada uma devia ficar pendurada em seu próprio pesado cabide de madeira, para impedir a formação da mais leve ruga no meio da perna, como quando era pendurada em cabides de arame. Os blocos de cores também eram obrigatórios, assim como uma maneira precisa de pendurá-las, a cintura do lado esquerdo do cabide e as pernas do lado direito. Bahrin tinha o hábito enervante de fazer inspeções de surpresa em seu armário, durante as quais eu tinha que ficar no quarto enquanto ele examinava cada camisa e sua mão corria sob as calças para verificar se estavam penduradas com a mesma medida dos dois lados. Para prevenir seu desagrado, eu normalmente verificava as condições de seu armário todos os dias.

No quarto mês de gravidez, comecei a ter enxaquecas que me cegavam e me jogavam na cama por vários dias de uma vez. Era uma luta conseguir cuidar de Iddin, que dirá supervisionar cada mínimo detalhe da casa. Certa manhã, eu estava deitada em nossa cama, com as cortinas cerradas para impedir a entrada do sol, uma bolsa de gelo sobre minha cabeça e o ar-condicionado no máximo, esperando que a queda da temperatura pudesse aliviar a pressão que eu sentia por trás de meus olhos, quando Bahrin entrou explodindo no quarto. Ele foi em direção à cama e me arrastou rudemente até o quarto de vestir, resmungando:

— Olhe só para isso, olhe só para isto!

Eu não sabia do que ele estava falando. Eu mal podia ver, pois o quarto estava girando e eu tentava ao máximo não vomitar enquanto oscilava pela tontura.

— O que há de errado, querido? — falei, tentando focar os meus olhos.

— Isso, isso! — gritou Bahrin, gesticulando selvagemente em direção à fila de calças. — Sua vagabunda australiana, inútil e preguiçosa.

ERA UMA VEZ UMA PRINCESA

Não consegue cuidar de minhas roupas corretamente! Não estão iguais, não estão certas! Eu queria vestir essas, mas agora não posso porque estão amassadas no joelho — gritava para mim, cada palavra proferida em *staccato*, e, com ódio absoluto, atirou um par de calças no meu rosto.

— Mas foi um acidente. Não fui eu, por favor, me ouça. Zah pendurou as calças depois de passá-las, não fui eu.

— Não me importa. É sua responsabilidade supervisionar os empregados. Você não passa de uma cadela de merda, uma cadela *mat salleh* inútil.

Eu não vi o cabide de madeira vindo em minha direção, mas certamente senti seu impacto quando ele se quebrou em meu nariz e me acertou sob o olho esquerdo. Dobrei-me enquanto meu nariz começava a sangrar, instintivamente, encolhendo-me no caso de ele querer me acertar um chute, preocupada ao máximo em proteger o bebê. Implorei que ele não batesse mais em mim, que pensasse no bebê. Jurei que jamais deixaria isso acontecer de novo e que eu mesma ia repassar suas roupas. Sua resposta foi agarrar um punhado de meu cabelo, usando-o para me arrastar de volta para o quarto, onde me jogou no chão e gritou novos insultos. Continuei encolhida no chão, apavorada com o que ele podia fazer em seguida, tentando, em vão, parar o fluxo de sangue de meu nariz com meu vestido, enquanto ele continuava a me recriminar por minha inutilidade e estupidez. Finalmente, ele disse que estava me confinando em meu quarto e que eu deveria permanecer lá e não criar problemas, ou iria me arrepender. Dizendo isso, saiu do quarto batendo a porta atrás de si e trancou-a.

Não me lembro de muita coisa sobre os dias que se seguiram após o episódio da calça, apenas que era uma prisioneira em minha própria casa e que Iddin era trazido para mim a intervalos regulares. Bahrin disse a todos que eu tinha escorregado e caído no banheiro, batendo o meu rosto na pia, e que ainda sofria de enxaqueca. Mak não me fez perguntas e evitou me olhar diretamente nos olhos. Eu não precisava que Bahrin dissesse o que ele faria se eu tentasse contar a qualquer um o que, na realidade, tinha acontecido com meu nariz e, de qualquer modo, ele era meu marido e eu o tinha desagradado — eu não podia esperar muito mais. Uma mulher era impotente para protestar e homem algum a quem eu recorresse defenderia uma teoria de que uma mulher tivesse o direito de castigar seu marido por suas ações disciplinares.

188

Não tinha forças para deixá-lo, não tinha ninguém a quem recorrer. Era como se ele tivesse destruído toda minha autoconfiança. Estava convencida de que não valia nada, de que era feia e fracassada por não ser capaz de manter um casamento feliz. E, com ironia, eu ainda esperava que aqueles vislumbres esporádicos de sua *"persona* ocidental", que afloravam de uma hora para outra nos momentos mais inesperados, voltassem permanentemente e, como mágica, trouxessem de volta o homem pelo qual eu me apaixonara há tanto tempo em uma primavera em Melbourne.

Com o avanço de minha gravidez e sentindo o bebê se movendo dentro de mim com a promessa de uma nova vida, meu casamento parecia se arrastar como um animal mortalmente ferido, enquanto eu tentava não enxergar seu fim. Refugiei-me em meu papel de mãe de Iddin e passava o maior tempo possível com Endah, no palácio, a salvo em meu quarto especial, olhando para o mar do Sul da China ou sentada no roseiral, vendo Iddin brincar à sombra do caramanchão. Minha saúde deteriorara rápido desde o episódio da calça. Comecei a sofrer de taquicardia, uma condição que fazia o coração disparar, triplicando a velocidade, e comecei a temer pelo bebê. Achava difícil reter a comida e não conseguia manter o peso necessário para o desenvolvimento do bebê. Bahrin passava apenas uma ou duas noites em casa; estava trabalhando, indo a jantares ou viajando a negócios para Kuala Lumpur ou Cingapura. E quando estava em casa, eu tentava reconquistá-lo, desesperada por criar uma vida familiar para nossos filhos, o que sempre me deixava humilhada e desprezada.

Mak continuava a sugerir a ajuda dos *bomohs* para me ajudar a trazer seu filho de volta para meu lado e me arrastava para encontrar as velhas, que me ofereciam poções que deveriam ser misturadas à comida de Bahrin, para garantir sua fidelidade. Minha sogra aceitava essas poções com gratidão e as trazia para casa como se fossem o Santo Graal, ela mesma misturando-as ao café de Bahrin, quando eu me recusava a fazer isso, e justificava suas ações em nome de seus netos. Se eu estivesse realmente desesperada, Mak me disse, adotando o tom de alguém que estivesse prestes a cometer um pecado mortal, ela conhecia um novo *bomoh*, ao norte do estado de Kelantan, que trabalhava com os restos usados dos absorventes da esposa, queimando-os, moendo-os e os abençoando com orações, o que os transformava em um poderoso ingrediente a ser misturado à comida do marido, sem que ele soubesse. Ela disse que, mesmo sabendo que esse tipo de magia era um grave pecado, desejava arriscar por mim e pelas crianças. Respondi que lhe era muito grata por seu amor e apoio, mas assinalei que estava grávida e não dispunha dos ingredientes corretos e que realmente não concordava com aquela prática. Diante disso, ela começou a se dedicar a um mundo de alternativas, desde costurar talismãs feitos com a roupa de baixo de Bahrin e versos do Alcorão em seu travesseiro, para garantir que ele sonhasse comigo, a trazer um *bomoh* para benzer a casa e expulsar as más influências. Não a impedi de realizar seus exercícios inofensivos; estava preocupada demais com meu futuro, o do meu filho e da criança em minha barriga.

Bahrin começou a me lembrar com cada vez mais freqüência que eu não tinha status de residente oficial na Malásia e que meu visto dependia apenas de sua boa vontade. Ele destacava que podia tirar Iddin de mim e me deportar de seu país com um gesto de seu mindinho, se quisesse. Acusava-me de sempre ter sido diferente, de nunca pensar da mesma maneira que as outras mulheres.

Algumas vezes, Bahrin gritava comigo para que eu crescesse, quando o confrontava com provas de suas infidelidades e me dizia que eu era insana e inútil como esposa. Para ele, minha juventude na época em que nos casamos tinha sido um fator de atração, percebia a pouca idade como algo equivalente à maleabilidade — mas, de alguma maneira, aquela atração acabou quando percebeu que, à medida que eu crescia, infelizmente ia desenvolvendo minhas próprias opiniões, que apareceram mais cedo devido à minha jovem maternidade. Vivia em uma gangorra de emoções, que oscilava do desespero em manter meu marido e consertar meu casamento ao terror extremo de ser submetida ainda mais aos seus insultos e violência.

Comecei a entender melhor por que as mulheres da família real cobriam-se de tantas jóias que ofuscariam até mesmo as coleções médias de joalheiros europeus. As jóias eram sua única forma de segurança. Poucas mulheres tinham conta em banco nos círculos em que eu me movia e dificilmente alguma tinha meios de se sustentar. Como se a espada de Dâmocles estivesse sobre suas cabeças, viviam com medo constante, com freqüência bem fundado, de que seus maridos as trocassem por um novo modelo e que elas fossem relegadas ao "quarto dos fundos", com tudo o que isso significava, incluindo a precariedade financeira de ser uma das esposas mais velhas. Sempre, até aquele momento, fora incapaz de compreender por que essas mulheres achavam que eu era estúpida ao gastar meu dinheiro com móveis para a casa e comprando plantas para o jardim, em vez de seguir seus exemplos e comprar ouro e jóias para os dias difíceis. Minha família adotiva realizava chás da tarde como se fossem as reuniões inglesas e americanas para a venda de recipientes plásticos Tupperware — a não ser pelo fato de que suas reuniões tratavam de jóias cravejadas de diamantes, rubis e esmeraldas. Fui a uma dessas reuniões uma vez e assisti, fascinada, a um vendedor espalhar sacos de ouro, pérolas e lançar pedras preciosas sobre as mesinhas de café. Bandejas de anéis de diamantes, conjuntos completos de colares e cordões de pérolas naturais eram passadas de mão em mão de maneira casual, como se fossem cosméticos numa reunião de vendas da Avon. As jóias eram a moeda da segurança, uma despesa justificável e necessária, facilmente explicável para seus maridos assim como rapidamente convertidas em dinheiro, caso a necessidade aparecesse. Era triste ver como todas essas mulheres que conheci em Terengganu viam seus casamentos de maneira tão pragmática e fatalista a ponto de planejarem o dia em que não mais seriam amadas.

Trinta e dois

A vida em uma corte real é cheia de contradições, acontecimentos obscuros e opulência. Boa parte disso não guarda qualquer semelhança com a sanidade ou com a lógica. O primeiro escalão da família real vivia em uma existência rarefeita, tão distante da vida do cidadão médio da população que chegava a ser obsceno. Os carros estrangeiros nas garagens eram pintados com o amarelo real, vulgar, mas obrigatório: Rolls-Royces, Corniche e modelos conversíveis, longos Cadillacs e limusines Mercedes. Esses eram os veículos cerimoniais. Mas havia os brinquedos dos membros mais jovens: Ferraris, Porsches e BMWs. Os Range Rovers estavam começando a ficar populares depois que descobriram que a realeza britânica os estava adotando como seus veículos de lazer. Todos tínhamos placas especiais de um dígito em nossos carros, para garantir que qualquer um, menos os ignorantes, soubessem quem era o dono e provável motorista. Era assim que os policiais evitavam parar qualquer membro da realeza por excesso de velocidade e escapavam das desagradáveis conseqüências de uma ação desaconselhável.

Os carros clássicos eram outra preferência, ainda que principalmente da geração mais velha. Eram mantidos em perfeitas condições e pouco usados. Desde o clássico Alfa Romeo Spider, que o pai de Bahrin dirigia, ao Mercedes Sport conversível e o Rolls-Royce 1920 — só servia o que houvesse de melhor. Como a nobreza não pagava taxas de importação, as coleções de nossa família e de outros parentes das casas reais da vizinhança eram abrangentes e cresciam constantemente. Bahrin e seu primo Ihsan eram proprietários de um carro esporte feito sob encomenda e com estofado personalizado que ficava guardado nas instalações reais. Os meninos ainda não eram adolescentes quando se tornaram os orgu-

192

lhosos proprietários do que havia de melhor do design esportivo britânico. Construído na Inglaterra, nos anos 1960, foi dado a eles durante a visita oficial de seu avô (então rei da Malásia) ao Irã. O shah e a imperatriz Farah Diba eram amigos de longa data da família de Bahrin e suas fotografias permaneceram orgulhosamente no lugar, na mesa lateral do *foyer* do palácio Istana Badariah muito depois da revolução e do advento do Ayatollah Khomeini. Omar, a avó adotiva de Bahrin, ainda fazia visitas regulares à ex-imperatriz Farah Diba, nos Estados Unidos, onde ela mantinha uma seleta, porém ativa, corte no exílio.

As contradições apresentavam-se sem qualquer padrão, razão ou previsibilidade. Ainda que a piedade e o Islã fossem íntimos, a dura verdade estava muito mais distante da doutrina religiosa do que alguém de fora da realeza malaia poderia afirmar ou admitir, naquela época e ainda hoje. Uma cumplicidade de silêncio existia, submetendo uma família à outra, cada primo ao seu próximo, em uma rançosa fachada de superioridade moral.

Todas as casas de governantes da Malásia são parentes, muitas vezes por casamentos entre primos de primeiro grau. As circunstâncias reuniam os parentes de diferentes estados, socialmente ou em cerimônias. Assim, não era incomum ouvir falar de um fim de semana em um *resort* popular sendo organizado pelos jovens solteiros de diversas cortes. Uma excursão aparentemente inocente, mas o resultado do fim de semana não podia ser considerado diversão inofensiva.

Um primo atormentado e quase chorando, de 22 anos, cambaleou para dentro de minha sala em uma tarde de domingo, despejando uma torrente de palavras sobre mim e Bahrin. O que aconteceu naquele *resort* foi um exercício de intimidação masculina de dominação e brutalidade. Andando de um lado para outro por toda a sala, ele descreveu a noite anterior. Um dos outros primos havia levado sua namorada secretamente para o encontro. Uma menina de 18 anos que não pertencia à aristocracia, "May" estava buscando uma carreira de cantora e tinha esperança de assinar um contrato de gravação. Ela não era da mesma classe e, com certeza, não era um relacionamento que nenhum deles considerava que pudesse resultar em casamento, mas, naquela época, ainda que sem o consentimento real e escondidos de seus parentes, era um namoro romântico e relativamente estável. A noite caiu e a presença de May acabou

193

por ser descoberta pelos outros jovens da nobreza e seus guarda-costas, que a tinham encontrado no quarto de seu namorado. Isso foi suficiente para declarar aberta a temporada de assédio sobre ela, a única mulher presente. Dois príncipes herdeiros também participavam da reunião e, a essa altura, já tinham consumido várias garrafas de uísque. Mediante suas ordens, May foi arrastada pelos guarda-costas para uma das suítes e teve suas roupas arrancadas. Imobilizada na cama pelos seguranças, diante de seu namorado e seus primos, os dois príncipes, herdeiros dos tronos de seus respectivos estados e futuros reis da Malásia, revezaram-se em turnos, estuprando-a e batendo nela. Quando terminaram, convidaram os demais para participar.

Seu namorado, ele nos disse, não fez nada.

Nem mesmo a gerência do hotel, que foi chamada por seus gritos de socorro. O poder real era onipresente e convincente.

Ninguém fez nada.

Assim que o dia clareou, os seguranças enfiaram um maço de notas em sua bolsa e jogaram a menina desarrumada e violada em um ônibus para o sul.

Eu senti culpa e covardia — também não fiz nada.

O *droit de seigneur* deixava qualquer um que não tivesse sangue real ou ligações com a nobreza vulnerável às vontades e acesso de qualquer um da minha extensa família. Ima, a jovem filha do sultão que gostava de brincar com os meninos, estava tendo encontros clandestinos com um jovem do vilarejo, de quem ficara amiga quando escapava do palácio para ir jogar futebol. Por sorte para o menino, o último encontro foi organizado em um dos diversos quartos vazios do palácio Istana Pantai, onde ela morava com sua mãe, Sharifah Nong. Em geral, a rotina de Ayah Mud era regular como um relógio. No entanto, por algum motivo que nunca foi descoberto, Sua Alteza Real chegou inesperadamente na casa de sua segunda esposa e de imediato foi até o quarto onde Ima e o amigo estavam jogando cartas — completamente vestidos e em lados diferentes da mesa. Em uma explosão de fúria, Ayah Mud sacou um revólver e bateu com a coronha no menino, jogando-o para o lado de fora, inconsciente. Tudo isso me foi contado em sussurros excitados pelas minhas tias, irmãs do sultão, depois que sua esposa, Sharifah Nong, indiscreta a maior parte do tempo, despejou seus problemas para a família. "Graças a Alá", disse tia Zainah, "seria muito complicado se ele tivesse puxado o gatilho e matado o menino."

Como relatado no *London Times*, as famílias reais malaias tinham um histórico com armas de fogo de episódios que muitas vezes resultavam em conseqüências funestas quando a arma caía nas mãos de um dos membros mais inflamados. Um sultão (quando ainda era herdeiro da coroa), governador de um dos estados do Sul, aborreceu-se com um executivo de origem chinesa que, inadvertidamente, ultrapassou seu carro não identificado em uma via expressa. Perseguindo-o em alta velocidade, o sultão alcançou o atônito motorista, arrancou-o de seu carro e meteu uma bala em sua cabeça. Esse incidente chegou às manchetes internacionais, especialmente porque o príncipe herdeiro foi perdoado por suas ações.

Ocorrências obscuras muitas vezes tinham um efeito direto sobre mim. Foi necessário que eu lutasse com unhas e dentes para que pudesse amamentar Iddin. Isso não era considerado adequado e foi preciso um bocado de pesquisas bem-feitas de citações do Alcorão e protestos de minha parte para que Bahrin e sua família concordassem. Imaginei que eu era a primeira mulher da família a amamentar um filho desde a virada do século. A decisão da princesa de Gales de amamentar o príncipe William também foi de grande ajuda, mas a questão só foi resolvida quando a rainha Noor e o rei Hussein, da Jordânia, fizeram uma visita oficial à Malásia. A rainha Noor (antes Lisa Halaby, uma mulher norte-americana) recusara-se a deixar seu bebê em casa, pois também o estava amamentando. A equipe do Agung (o rei da Malásia), nossas famílias e os cortesãos estavam animados e, inicialmente, perdidos sobre como acomodariam uma rainha que amamentava e seu filho, mas, de alguma maneira, conseguiram resolver. Serei sempre grata à decisão de sua majestade, a rainha Noor, e pelo apoio que sua alteza, seu marido, concedeu a ela, pois isso me deu os argumentos de que precisava, com uma rainha islâmica fincando pé sobre uma questão tão importante.

Diante de companhias tão elevadas como a rainha Noor e a princesa de Gales, a amamentação entrou na moda rapidamente e, na época em que eu estava grávida de novo, diversas outras mães da realeza começaram dar o peito a seus filhos, muitas vezes pedindo conselhos para mim sobre as técnicas. A ironia não era a escolha, mas o motivo.

ERA UMA VEZ UMA PRINCESA

❧

O dia de meu aniversário de 22 anos foi qualquer coisa, menos feliz. A ansiedade pela proximidade do nascimento de nosso segundo filho fez com que eu apelasse a Bahrin por um esforço completo e conjunto de nós dois para tentar salvar nosso casamento. Eu tinha medo do futuro, temia pelo nosso novo bebê e por Iddin e pelos efeitos que o temperamento cada vez mais violento de seu pai pudesse ter sobre ele a longo prazo, pois Iddin muitas vezes testemunhava seus acessos de ira.

Ensaiei meu apelo a Bahrin e fui muito cuidadosa em manter minha compostura enquanto falava. Infelizmente, isso pareceu enfurecê-lo mais do que as lágrimas e ele teve um ataque de raiva, gritando que eu era uma vadia que não valia nada e que ele tinha me feito um grande favor ao casar comigo, uma puta *kaffir* fedorenta.

Só pude reagir com o desespero que senti aprofundar-se dentro de mim, um sentimento de miséria que parecia ser aumentado pelos movimentos do bebê. Depois que Bahrin lançou um olhar de ódio para mim, virou-se e me deixou sentada na varanda na noite quente, comecei a chorar — violentos tremores carregados de dor apertavam meu peito e faziam com que eu me sentisse como se me cortassem o ar e meu mundo despencasse morro abaixo.

Em algum momento antes da alvorada, fui chamada por Bahrin, pedindo que eu falasse com ele. Ele me disse para segui-lo até o quarto de vestir, onde passara a noite, e se sentou ao meu lado, no chão. Apoiando na porta do *closet*, ele parecia agitado, como se não soubesse o que dizer agora que eu realmente estava diante dele. Quanto a mim, estava preocupada, sem saber se fora chamada para apanhar mais ou se alguma tragédia tinha acontecido e ele queria me contar.

O que saiu de sua boca foi chocante e confuso.

— Yasmin — ele disse —, realmente quero que as coisas se acertem entre nós. Sinto muito por tudo. Eu só queria poder fazer você feliz.

Pareceu ficar mais aflito enquanto prosseguia e começou a enlaçar e soltar seus joelhos, dobrados junto ao peito.

— Algumas vezes simplesmente não sei o que estou fazendo. Alguma coisa em meu cérebro dá um estalo e não consigo controlar minha raiva.

Eu queria muito ter uma vida normal com você quando nos casamos, só não sei como.

E começou a chorar, soluçando enquanto se balançava para frente e para trás diante de mim, como eu estivera fazendo algumas horas antes.

O que ele disse em seguida ficou guardado comigo por anos, assombrando minha lembrança dele e resumindo sua incapacidade de jamais ter um relacionamento "normal" em termos ocidentais:

— Eu realmente quero que você seja feliz. Sinto muito por todas as vezes que bati em você. Sinto muito mesmo. Quero fazê-la feliz, mas sei que não consigo. Posso lhe dar o que precisa e merece, o que quiser. Você precisa de um homem que possa fazê-la feliz, fazê-la rir e lhe dar toda a atenção e amor de que precisa, alguém que possa abraçá-la e beijá-la o tempo todo e ser seu amigo. Eu gostaria de encontrar esse homem e dar você a ele, para fazê-la feliz. Mas, se eu fizesse isso, ainda seria seu marido e você ainda pertenceria a mim, ele seria apenas para fazê-la feliz e dar-lhe o que você precisa.

Eu não disse nada. Estava muito chocada para conseguir absorver tudo aquilo. Neste momento, ambos estávamos chorando, sentados no chão, lado a lado, com o luar entrando pela janela aberta, criando sombras lúgubres sobre o piso de mármore. Estiquei a mão para Bahrin. Ele estava sofrendo muito e eu não suportava vê-lo daquele jeito. Puxei-o para o meu peito e o senti descansar sobre meu ventre inchado, onde estava nosso bebê. O que aconteceria conosco dali em diante? Seria esse um sinal de que Bahrin tinha passado por algum tipo de experiência catártica e agora estava voltando a si? Eu não conseguia compreender sua mudança de atitude, nem mesmo começar a entender o tipo de relacionamento que teríamos então. Enquanto o segurava contra mim, queria muito acreditar que ele estava arrependido pela maneira como vinha me tratando, mas não entendia toda a extensão do significado de sua última declaração. Eu estava cansada e exausta, pesada com a gravidez e com o parto bastante atrasado. Será que ele estava fazendo alguma brincadeira cruel comigo? Estaria dizendo que eu era seu imóvel que podia ser dado para alguma outra pessoa? Eu simplesmente não sabia e estava exausta de viver em uma montanha-russa de medo e incerteza. Pegamos juntos no sono, deitados na cama extra. Um otimismo forçado e também um enorme cansaço são as últimas coisas de que me lembro, antes de finalmente adormecer.

ERA UMA VEZ UMA PRINCESA

Nossa filha, Shah, nasceu menos de 48 horas depois, no dia 7 de julho de 1985. Uma trouxinha delicada, com cabelo escuro em suaves cachos sobre sua cabecinha, ela chegara após um trabalho induzido de 13 horas e um parto desgastante.

Fui deixada sozinha na sala de parto. O médico calculou que eu não iria parir tão cedo e voltou para casa para uma rodada de golfe e um almoço. Porém, os planos mais bem elaborados não funcionam de maneira tão simples e comecei a ter um sentimento de certeza de que o nascimento era iminente. Chamei a enfermeira e disse isso a ela. Sua resposta foi irônica e ela me disse que eu estava errada — mas entrou em pânico ao me examinar e ver que eu de fato estava certa.

A enfermeira-chefe chamou duas assistentes, moças da vila sem treinamento, vestindo sarongues brancos. Agitadamente, mandou que me mantivessem deitada e que segurassem meus joelhos juntos, para que eu não pudesse empurrar enquanto ela entrava em contato com o médico. Implorei que ela mesma fizesse o parto, pois era uma parteira qualificada, mas ela respondeu que não valia a pena arriscar seu emprego interferindo em um parto real, pois eu deveria dar à luz na presença de um médico.

As duas moças me imobilizaram na horizontal, enquanto os espasmos do parto repetiam-se, uma delas sobre meu peito e outra segurando minhas pernas e mantendo-as juntas firmemente. Eu não conseguia suprimir o instinto de empurrar enquanto meu corpo se dobrava em protesto contra a dor e o atraso forçado. Era como se todo meu corpo estivesse sendo dilacerado enquanto o bebê lutava para nascer contra seus protestos e esforços. Minutos depois o médico chegou, examinou-me rapidamente e conseguiu enfiar as mãos nas luvas de borracha a tempo de pegar Shahirah no momento em que eu tinha uma contração fortíssima e sentia minha filha escorregar para fora.

Ela não chorou imediatamente. Percebi que o cordão estava enrolado em seu pescoço duas ou três vezes e que todo seu corpo tinha uma cor acinzentada. Segurei minha respiração enquanto aguardava um som vindo dela e rezei para que ela fizesse algum ruído que me mostrasse que estava bem. Após um momento em que o tempo parecia estar congelado,

198

como se o mundo estivesse tomando fôlego, Shahirah soltou um lamento que fez com que lágrimas de felicidade começassem a correr pelo meu rosto. Estiquei meus braços para ela e a deitei sobre meu peito, aninhando-a bem próxima enquanto ela se agarrava firmemente e começava a sugar meu leite. Fiquei maravilhada com sua fragilidade. Ela era tão magrinha, muito menor do que Iddin em seu nascimento, e sentia muito frio. Soube naquele momento e para sempre, quando ela abriu os olhos exaustos e olhou com concentração para meu rosto, que eu pertencia a ela para sempre — eu era mãe novamente.

Bahrin entrou na sala de parto poucos minutos depois para ver nossa nova filha. Estiquei minha mão para ele, enquanto vinha em direção à cama, sorrindo; levantou Shahirah levemente, para que eu a visse melhor. Mas em vez de segurar minha mão, ele a colocou firmemente de volta nas cobertas, com tapinhas rápidos, olhando para o bebê enquanto fazia isso.

— Amo você — murmurei baixinho, só para ele ouvir, enquanto olhava esperançosamente para seu rosto.

— Eu sei — respondeu secamente, batendo em meu joelho e virando-se para ir embora. Na porta, parou e se virou: — Venho ver você mais tarde — e, abrindo caminho pelas portas vaivém, foi embora.

Iddin foi trazido para me ver uma hora depois do nascimento de Shah. Eu havia deixado isso pré-arranjado com Mak, pois queria ter certeza de que o processo de ligação entre o bebê e ele começasse logo que possível. Ele entrou pulando alegremente no quarto e estava prestes a me abraçar quando seus olhos se abriram como dois pratos e ele ficou paralisado, olhando para a irmãzinha. Eu me inclinei para beijá-lo e abraçá-lo bem apertado, enquanto o apresentava a sua irmã e ele ficava na ponta dos pés para ver melhor. Minha sogra e tia Zainah ficaram horrorizadas quando disse para Iddin se meter na cama comigo, apavoradas com minha suposta delicadeza. Eu as ignorei e ajudei Iddin a encontrar uma posição confortável e coloquei um travesseiro sobre seu colo. Ele ficou fascinado quando coloquei sua irmãzinha em seus braços. Olhou para ela intensamente e ficou paralisado quando ela fez um som — abrindo os olhos devagar e fixando-os nele. Quando ela agarrou seu dedo, ele levantou seu rosto radiante e disse:

— Essa é minha irmã, serei muito gentil — e voltou a sorrir para ela.

Mais tarde naquela noite, peguei Shahirah de seu berço ao lado de minha cama. Ela estava entorpecida de frio, pois não havia incubadeiras na clínica para mantê-la aquecida; assim, eu a aconcheguei dentro de minha camisola e coloquei cobertores sobre nós duas para gerar mais calor para ela. Shah passou toda a noite assim, aninhada contra o meu corpo, alimentando-se do meu seio e cochilando entre as mamadas.

— Raja Shahirah Aishah — sussurrei para ela enquanto beijava sua testa —, o que foi que eu fiz trazendo você para uma vida como essa?

Trinta e três

Apesar das revelações de Bahrin antes de Shahirah nascer, ele retomou seu comportamento arredio assim que voltei para casa, da clínica, com o bebê, desaparecendo por duas semanas em Kuala Lumpur e ignorando os comentários que sua atitude gerou na família.

Durante as primeiras semanas de vida de Shahirah, vi-me envolvida em uma disputa com minha sogra. Mak anunciou que ela estava tomando as providências para que o *sunnat* de Shahirah ocorresse antes de ela completar quarenta dias. Fiquei horrorizada com a declaração casual de Mak sobre sua única neta. O *sunnat* é a circuncisão das meninas, também conhecida como clitoridectomia, um procedimento realizado por uma parteira da vila, sem esterilização ou anestesia, em que o clitóris da menina é amputado. Argumentei com Mak e sua irmã Zainah por dias, expressando minha oposição e objeção contra a mutilação de minha filhinha. Durante essas discussões muitas vezes acaloradas, descobri que as mulheres da família real em geral tinham apenas poucos dias quando a clitoridectomia era feita, e que tanto a minha sogra quanto as suas irmãs haviam sido mutiladas dessa forma. Por fim compreendi a atitude delas em relação ao sexo. Elas haviam me orientado, numerosas vezes, a simplesmente me submeter às "necessidades" de Bahrin, e ficar deitada sem me mexer até ele acabar. Isso é o que fizeram durante toda a vida de casadas. Não esperavam qualquer prazer do sexo, apenas gravidez. Assim deduzi que elas, provavelmente, jamais tivessem experimentado um orgasmo — não que fosse uma especialista na área. Entre essas informações reveladoras, elas se deram conta de que eu não tinha sido circuncidada e que, dessa forma, andava por aí em estado de impureza, um fato que consideraram chocante, mas sobre o qual não podiam fazer nada.

201

ERA UMA VEZ UMA PRINCESA

Não havia a menor possibilidade sobre a Terra de eu submeter minha filha à barbárie da clitoridectomia, um costume tribal importado para a Malásia do Oriente Médio e considerado uma forma de controlar o temperamento e a paixão das mulheres. Conforme foi descrito para mim, uma pequena reunião íntima de mulheres da família era realizada, durante a qual elas comiam alimentos preparados especialmente, rindo e fofocando em uma atmosfera festiva. A criança seria trazida e sua genitália exposta para a parteira, que aplicaria uma pedra de gelo, em vez de anestesia adequada, e depois cortaria o clitóris e área adjacente com uma lâmina de barbear.

Vetar essa operação exigiu um equilíbrio delicado de diplomacia e xadrez. Quando mencionei a Bahrin minha oposição, ele respondeu que, como pai da criança, receberia *parlar* por autorizar a operação e achava que não deveria ser muito ruim se isso a acalmasse e a impedisse de se tornar como eu, depois de adulta. Percebendo que deveria seguir outro caminho para impedir que o procedimento fosse adiante, procurei argumentos ao meu redor desesperadamente, por fim me voltando para meu conhecimento recém-adquirido do Alcorão. Depois de muitos debates com Che Gu Ali, consegui provar a todos que o *sunnat* para as mulheres segundo a lei do Islã não era compulsório, apenas uma prática recomendada — que não aparecia no Alcorão, mas se tornara popular ao ser adotada por um determinado profeta muçulmano há muito tempo. Venci aquele *round*, mas não consegui parar de temer que, no momento em que me virasse, alguém entrasse e mutilasse minha filha irreparavelmente.

Bahrin obteve sua própria vingança pela minha oposição ao *sunnat* de Shahirah. Veio de Kuala Lumpur para a celebração de quarenta dias do nascimento dela, que incluiu um *talil* em memória ao seu avô. Tradicionalmente, o pai do recém-nascido convidava uma série de religiosos para o jantar, durante o qual faziam preces pelo bem-estar da criança e também para todos os membros mortos da família do bebê. Uma grande quantidade de comida era oferecida aos convidados, *curries*, arroz, conservas e doces, tudo distribuído sobre toalhas de mesa brancas e ima culadas, em torno das quais todos os homens convidados se sentavam. As sobras da festa normalmente eram enviadas para parentes e para os pobres da região.

Um dia antes do *talil* de Shahirah, eu estava relaxando na sala e brincando com Iddin e o bebê quando ouvi os berros aterrorizados de um cabrito. Percebi imediatamente que era Noneng, meu cabrito de estimação. Corri para fora e encontrei uma cena que ainda me assusta. Noneng estava pendurado de cabeça para baixo, amarrado pelas pernas de trás, balançando em uma das vigas de suporte da casa antiga do jardim. Estava cercado de homens com turbantes, dos quais reconheci alguns, e Bahrin, que estava um pouco de lado.

— O que vocês estão fazendo com Noneng? — gritei, enquanto um deles apertava as cordas e levantava meu bichinho ainda mais.

— Estou providenciando carne fresca para o *talil* de amanhã à noite — riu Bahrin, em resposta.

— Não! Você não pode! Não! — gritei e corri em direção ao grupo. Fui detida pela mão firme de minha sogra, que tentou fazer com que me afastasse e não deixou que eu avançasse.

Já era muito tarde, de qualquer modo, pois naquele momento vi o brilho de uma faca enquanto ela cortava a garganta de meu animalzinho amado e ouvia seu grito torturado — e depois, o silêncio.

— Odeio você, odeio você! — gritei com Bahrin enquanto caía no chão e começava a chorar. Cercada pelos criados e por Mak, fui levada de volta para a casa, onde vomitei pelo que pareceram horas, a imagem da tortura de Noneng voltando repetidamente para a minha cabeça.

Na noite seguinte, depois que todos os convidados haviam partido, Bahrin entrou em nosso quarto com uma bandeja de comida para mim. Olhando-me com frieza, mandou que eu comesse. Como ele já previra, recusei o *curry* que estava no prato. Fora feito com meu cabrito, um animal que eu criara carinhosamente.

Minha recusa pareceu satisfazer Bahrin de uma maneira perversa. Foi a desculpa de que precisava para colocar-me a seus pés. Ele me agarrou pelo cabelo e me puxou para o chão, fazendo com que eu caísse com as pernas abertas e imobilizando meus braços junto ao meu corpo.

— Você vai comer essa comida boa e nutritiva. Vai fazer o que estou mandando.

— Não!

— Então terei que forçar você, não é mesmo, Yasmin? Por que você tem sempre que tornar as coisas tão difíceis? — ele perguntou enquanto

ERA UMA VEZ UMA PRINCESA

agarrava um pedaço de carne e a balançava diante do meu rosto. — Esse cabrito me custou muito dinheiro para ser alimentado e mantido. Agora, economizei, cozinhando-o.

Comecei a cerrar minha boca enquanto ele tentava enfiar o pedaço entre meus dentes. Cuspi e lutei, tentando afastá-lo de mim, mas sem sucesso. Por fim, ele abriu minha boca à força e empurrou a carne para dentro, cobrindo meus lábios firmemente com suas mãos, para impedir que eu cuspisse em seu rosto.

— Mastiga, sua cadela, mastiga!

Balancei minha cabeça. Ele então começou a batê-la contra o chão de mármore, sibilando "mastiga", a cada impacto. Finalmente, tive que desistir. A expressão de seus olhos era terrivelmente determinada. Achei que, naquele momento, ele poderia continuar batendo com minha cabeça no chão até me matar, se eu não obedecesse.

— Agora engula — ele mandou, com um sorriso. — Boa menina — elogiou debochadamente enquanto eu fazia o que ele mandava e tentava não vomitar. Depois, levantou-se e me deixou sozinha no quarto. Ouvi quando deu a partida em seu novo carro e saiu.

✿

Depois de duas ou três semanas desse acontecimento, nosso casamento continuou em sua espiral descendente. Muitas peças do quebra-cabeça começaram a se encaixar: recibos de cartão de crédito nos bolsos de Bahrin de jóias de 10 mil libras, restrições mais rígidas à minha movimentação por Terengganu, telefonemas encerrados misteriosamente quando eu entrava na sala, itens de roupa desaparecidos e um súbito decreto me proibindo de sair de casa a não ser que eu telefonasse para ele primeiro. Mesmo minhas visitas ao cabeleireiro no Pantai Hotel foram proibidas, até que eu me sentisse mais aprisionada e enjaulada do que nunca. E, por fim, as últimas peças completaram o desenho com um telefonema da esposa de um dos ex-colegas de escola de Bahrin, Kasim, uma pessoa que eu conhecia superficialmente.

A esposa de Kasim me convidou para ir a sua casa, pois tinha algo importante para me contar. Minha curiosidade foi despertada pela natureza estranha de seu convite, assim, obtive a permissão de Bahrin para visitá-la

204

e fui naquela tarde, com as crianças. Ela observou meu rosto cuidadosamente enquanto colocava uma fotografia sobre a mesa de café, na minha frente. Era de uma mulher chamada Elmi Salleh, uma cantora noturna fracassada de Cingapura. Quando lancei um olhar inquiridor para a esposa de Kasim, ela começou a explicar por que tinha trazido aquela foto, tirada de um anúncio, para que eu visse. Elmi, ela me contou, havia sido trazida para Terengganu por Bahrin, que conseguira um contrato ampliado para que ela cantasse no Pantai Hotel. Ela vinha se apresentando lá havia vários meses e só há pouco tempo voltara para Cingapura. Essa mulher, me disse, estava tendo um caso com Bahrin. Era uma relação bem pública e eu era praticamente a última a saber. Ela achou que eu deveria saber o que estava acontecendo, antes que fosse tarde demais.

Senti o mais puro e absoluto ódio por Bahrin naquele momento, enquanto olhava para a imagem de sua amante diante de mim. Vestida com calças de lycra e um tomara-que-caia, parecia ter saído de um filme como *Grease*. Os cabelos aparados como de um menino, era exatamente o oposto de mim, sua esposa. Eu, com meus longos cachos e ombros totalmente cobertos, segundo as instruções de meu marido; eu, com o cabelo até a cintura, que Bahrin proibira de cortar; eu, proibida até mesmo de ir às aulas de aeróbica no palácio, que vivia com medo mortal de meu marido por ofender minimamente sua sensibilidade islâmica, para quê? Para que ele pudesse dormir com outra mulher, uma cantora de bar vulgar, com um filho de 8 anos? Para que meu marido pudesse me bater e humilhar e me tratar como lixo? Ou então ele podia manter uma garota australiana como uma experiência de conversão ao Islã, enquanto ia dançar com uma prostituta malaia que havia se grudado nele porque estava na moda, em seus círculos, conseguir dinheiro e apoio de um membro da família real? E aqui estava eu, sendo informada por uma pessoa relativamente estranha, cujos motivos não estavam muito claros. Será que estava me contando para que pudesse comentar minha reação com suas amigas? Será que estava apenas preocupada e lamentava o tratamento que eu vinha recebendo de Bahrin? Ou seria porque sentia vergonha por um homem de seu país enganar sua esposa estrangeira e tratá-la como uma idiota? Eu não sabia, e também não me importava. Sabia apenas que tinha que voltar para casa, enfrentar Bahrin e dar um fim a toda essa situação doentia.

Eu o encurralei no quarto, trancando a porta. Perdi toda a minha compostura. Queria ouvir a verdade dele, não importava como. A princípio, ele negou, dizendo que a esposa de Kasim estava sendo maliciosa. Depois, disse que eu havia enlouquecido e imaginado tudo, que as jóias no valor de 10 mil libras haviam sido um suborno para um político e que eu seria trancafiada em uma instituição mental se continuasse com esses delírios. Mas, desta vez, recusei-me a ser derrotada e fiquei histérica, totalmente exaltada e destituída de todo orgulho, falando de forma descontrolada e enfurecida. Eu o ameacei e gritei. Senti como se lutasse pela vida de meus filhos e seu futuro.

E depois, como um choque elétrico, lembrei-me de algo que até então ficara inexplicado. Uma recente ida ao ginecologista revelou que eu tinha contraído uma infecção de algum jeito, tratada com penicilina. Na época, pressionei Bahrin, pois o médico se recusou a me dar um diagnóstico preciso, preferindo telefonar para meu marido, para conversar. Agora eu sabia o que era e de onde tinha vindo. Senti-me violada e enojada pela contaminação. Tive que me segurar e me apoiar na moldura da porta.

Perguntei a ele como pudera me manipular todos esses anos, insistindo para que eu me convertesse ao Islã e seguisse os mandamentos de sua religião, quando ele andava por aí com essa mulher malaia com um comportamento ocidental muito mais vergonhoso do que o meu. Peguei minhas tesouras de costura que estavam sobre a mesa e disse para ele ficar exatamente onde estava, enquanto gritava mais ofensas. Antes de ele saber o que eu estava fazendo, juntei meus cabelos em dois punhados, de cada lado de minha cabeça, e os cortei com dois movimentos rápidos das lâminas, atirando cerca de 40cm de cabelo no rosto de Bahrin. Tudo o que consegui pensar naquela hora era como sempre insistira para que eu não cortasse meu cabelo curto e como ele sempre conseguia transformar meu cabelo em uma arma contra mim.

— Bem, nunca mais! — gritei para ele. — Nunca mais. — Se podia escolher uma piranha de cabelo curto em vez de mim, então nunca mais ia me dizer como manter meu cabelo novamente.

Chorei, implorei, ameacei consultar seu tio, o sultão, sobre seu comportamento. Lembrei a ele de seus juramentos sagrados sobre o Alcorão e disse que o exporia como o cretino que ele realmente era diante de toda a congregação na mesquita principal. Desta vez, ele não me assustou; desta vez, eu não ia desistir.

Finalmente sua mãe chegou, batendo na porta e exigindo que a deixássemos entrar. Quando entrou, despejei toda a história sórdida, que ela ouviu horrorizada. Então começou a censurar seu filho. Bahrin baixou a cabeça envergonhado; sincero ou não, pelo menos não estava mais tentando negar. Mak o advertiu de que, no que lhe dizia respeito, eu era a única mulher que ela aceitaria como nora. Ela o fez lembrar de seus juramentos sagrados sobre o Alcorão, de não ter outra esposa e da responsabilidade que ele tinha por ter me conhecido tão jovem e trazido de meu próprio país para a Malásia para ser sua esposa.

Bahrin mexia os dedos e ia de um pé para outro, como um garotinho de escola recalcitrante, flagrado ao atacar a geladeira no meio da noite. Atendendo os pedidos de sua mãe, pegou o Alcorão, que ficava no quarto, empenhando sua promessa de que cortaria todas as suas conexões com a cantora, como sua mãe mandou, e com todas as outras mulheres com quem tinha tido casos, e que iria voltar a ter uma vida normal comigo e com seus filhos. Depois de fazer isso, para a satisfação de Mak, ela o dispensou e pegou-me em seus braços, enquanto eu começava a chorar descontroladamente pela perda de meu cabelo e de meu amor-próprio.

Trinta e quatro

Bahrin e eu mantivemos uma trégua de indiferença neutra, a polidez escorrendo de cada palavra dita um ao outro. Ele também era totalmente indiferente a Shahirah e mal reconhecia sua existência, a ponto de eu precisar implorar que tirasse uma foto com as duas crianças. Eu não queria que nossa filha crescesse achando que seu pai não tivesse jamais se interessado por ela. Queria que ela pudesse olhar as fotos e se identificar com ele. Quanto a mim, mergulhei no mundo das crianças, lendo histórias para Iddin e empurrando Shahirah em volta do jardim dezenas de vezes por dia, pois ainda estava praticamente confinada em casa.

Endah ficou chocada quando fui visitá-la pela primeira vez depois de ter cortado todo meu cabelo. Eu parecia mais um corvo depenado do que uma mulher que apenas tivesse decidido mudar o corte do cabelo por um capricho. Com muito tato, ela quase não me fez perguntas, sentindo que eu fora até ela em busca da tranqüilidade de que precisava desesperadamente em minha vida. Ela sentava-se em silêncio ao meu lado em uma das varandas abertas do palácio, com as crianças aos nossos pés, ou cuidando das flores do jardim enquanto eu olhava inexpressiva para o horizonte e para o mar.

No final de setembro, Bahrin anunciou que estava partindo em uma viagem de negócios nas Filipinas e na Indonésia e ficaria longe por dez dias. Ele ia de carro, em seu novo Mercedes Benz, até Kuala Lumpur, onde o deixaria para manutenção antes de pegar o avião para o estrangeiro. Tentei recuperar um mínimo de aprovação arduamente antes que ele partisse, oferecendo-me para fazer suas malas e preparando suas comidas favoritas, mas o tempo todo me senti como se estivesse sentada nua no olho de um furacão, esperando o próximo dilúvio cair sobre mim.

E o dilúvio chegou, dez dias depois, em 19 de outubro de 1985.

Bahrin chegou em casa à meia-noite da noite anterior e imediatamente me levou para a cama com uma ferocidade e brutalidade que quase atingiu minha cabeça. Ele me machucou e me usou como uma coisa, não como uma pessoa. De manhã, saiu para o trabalho, se despedindo de maneira educada, mas fria. Enquanto via seu carro entrar na rua principal, o telefone começou a tocar. Corri para dentro de casa, atendi e ouvi a voz da esposa de Kasim. Uma vez mais ela me chamou para ir à sua casa, e novamente concordei. Deixei Iddin com a avó e dirigi para o outro lado da cidade, com Shahirah em seu assento de bebê no banco de trás. Quando cheguei, a esposa de Kasim pediu que eu me sentasse. Ela não estava sozinha. A sogra e a cunhada também estavam presentes. Podia sentir a tensão no ar, pois elas conversavam discretamente e esperavam por mim para revelar o motivo por terem me chamado lá. Mas eu não consegui perguntar.

Por fim, sentindo minha relutância, a esposa de Kasim olhou furtivamente de uma mulher para outra e trouxe um jornal. Abrindo-o diante de mim, apontou para um grande artigo e uma fotografia. Meu mundo começou a girar e meu corpo ficou gelado enquanto eu pegava o jornal e tentava ler o texto em malaio. Mas a manchete e a fotografia eram tudo o que eu precisava.

Aquilo me acertou no meio dos olhos: "Elmi se casa discretamente com jovem malaio." A fotografia mostrava uma Elmi risonha, vestindo um *baju kurung* formal, sentada com seu gorducho filho mais velho de 8 anos, segurando um álbum de casamento. O texto do artigo dizia que Elmi havia encontrado o jovem executivo malaio de Kuala Lumpur a bordo de um avião e havia começado um romance com ele depois que ele a reconheceu como a famosa cantora de boates. Continuava explicando que ela não desejava nada mais do que cuidar da casa para seu novo marido e que continuaria sua carreira de cantora quando surgisse a oportunidade. Segundo as citações, seu novo marido era muito tímido e não foi entrevistado para a reportagem.

Soube, mesmo sem qualquer menção ao nome do novo marido de Elmi, que se tratava de Bahrin. Uma raiva cega começou a tomar conta de mim enquanto relia o artigo. Estava bem óbvio que essa matéria de jornal tinha a finalidade de ser um anúncio para mim. Só o fato de ela ter o cuidado de não mencionar a identidade de seu marido, nem acrescentar que era apenas sua concubina legal e não a primeira esposa, era bastante revelador.

Peguei Shahirah em seu carregador, atirei-me para fora daquela casa sem dizer nem mais uma palavra e entrei no carro. Meu coração estava batendo tão forte que achei que ia explodir. Meu único pensamento era chegar ao escritório de Bahrin e descobrir toda a verdade. Não consigo me lembrar o caminho que fiz até seu escritório. Lembro apenas do olhar chocado no rosto da secretária enquanto entrei porta adentro, carregando Shahirah em seu assento de bebê e gritando o nome de Bahrin. Meu marido não estava lá, a senhorita Lim informou, enquanto colocava Shahirah em segurança sobre sua mesa e abria passagem para o escritório particular de Bahrin. Lá dentro, comecei a revirar suas gavetas e armários, procurando a verdade. Quando finalmente encontrei, senti como se tivesse levado um chute no estômago. Dentro de minha bolsa de viagem Lancel, sob sua mesa, descobri várias coisas, incluindo uma nova certidão de casamento, datada de uma semana, declarando que ele era solteiro no momento de seu casamento com Elmi, e fotos de casamento do alegre casal. O clássico corte de tecido *songket* que eu havia lhe dado de presente em nosso casamento era claramente visível nas fotografias como seu traje de casamento. Havia recibos de hotel e mais fotografias, que mostravam o lugar de sua lua-de-mel e cerimônia de casamento: o Kuantan Hyatt Hotel, onde nós tínhamos passado nossa semana idílica antes de ficarmos noivos. Na verdade, ele colocou Elmi exatamente nas mesmas posições na praia em que tinha me fotografado há tanto tempo.

Eu estava esmagada por uma sensação de ultraje tão grande que comecei a destruir seu escritório descontroladamente. Ao ver seu diploma de arquitetura pendurado na parede, arranquei-o, estilhacei o vidro em sua mesa e rasguei o papel em pedaços — eu o havia ajudado a completar sua graduação, sentada no chão de nossa casa em Melbourne, datilografando sua dissertação, noite após noite. Uma a uma, destruí as delicadas pinturas persas que eu havia emoldurado com cuidado para seu escritório, depois tentei rasgar sua bolsa cheia de roupas da lua-de-mel. Quando por fim fiquei satisfeita, saí de sua sala desafiadoramente furiosa e comecei a repreender sua equipe, muitos dos quais tinham aceitado minha hospitalidade com alegria ao longo dos anos e, conforme as provas em minhas mãos, obviamente tinham participado do engodo, para a minha decepção. Gritando com sua secretária, mandei que telefonasse para Bahrin para encontrar-me em casa, peguei minha filha e saí, batendo a porta atrás de mim. A senhorita Lim, mais tarde, disse que eu tinha levado a criança para dentro do escritório de Bahrin e a colocado em perigo, quebrando os vidros das molduras um após outro em torno de sua cabeça.

As lágrimas corriam pelo meu rosto enquanto eu soluçava descontrolada. Prendi Shahirah no cinto de segurança, ajustei a marcha para alta velocidade e disparei para casa, como se minha vida dependesse disso. Fui direto para a casa de Mak, para pegar Iddin. Ela obviamente havia sido alertada sobre o que acontecera, pois não estava sozinha. Presentes estavam Che Gu Ali, tia Zainah e vários outros, para quem derramei minha dor e vergonha. Então, com os pneus cantando e uma batida da porta, Bahrin chegou. Ele entrou na casa e veio direto sobre mim, acertando um golpe em meu peito que me fez cambalear pela sala. Os outros tentaram segurá-lo, mas ele apenas me atacou novamente, gritando ofensas e dizendo que eu era uma piranha ocidental sem educação que não sabia o que era decoro.

Serviu de muito pouco consolo quando ele disse à mãe que não sabia que a nova esposa ia usar a imprensa para tornar público seu casamento e que estava muito zangado com ela. Ele não pretendia me contar sobre seu novo casamento, ia apenas manter duas famílias em cidades diferentes.

Isso e a presença de outras pessoas me deixaram mais brava e comecei a gritar com ele, chamando-o de todos os nomes possíveis e contando a todos como ele havia jurado sobre o Alcorão que jamais teria outra esposa. Bahrin gritou de volta, dizendo que seu casamento não era da minha conta e que eu tinha que deixar meu nariz de fora de assuntos que não me diziam respeito.

Realmente não me diziam respeito, gritei de volta. Ele mentira na certidão de casamento, dizendo que era solteiro e que não tinha filhos, indo furtivamente para outro estado para se casar, sabendo que, em Terengganu, precisaria do consentimento escrito de sua primeira esposa para ter uma segunda mulher. Ele seguiu o instinto de seu pênis como se fosse um touro sedento por sexo, pouco se importando onde o enfiava. Era um covarde e um merda, eu lhe disse.

Estávamos no meio da sala de jantar de Mak quando ele agarrou meu pescoço e me jogou contra a parede, sob os interruptores de luz.

— Cuidado com suas palavras — advertiu. — Eu vou me divorciar e tomar as crianças. Se eu me divorciar, você será expulsa da Malásia e nunca mais verá seus filhos. Estou falando sério, você nunca mais verá seus filhos novamente. Fui muito paciente com você, Yasmin, mas não me pressione demais, ou vai se arrepender.

Tudo o que podia ver era meu futuro passando diante de meus olhos: a miséria de ser uma esposa renegada em um país estranho, a probabilidade de perder meus filhos para outra mulher e o desespero de ser total e cirurgicamente cortada da vida como eu a conhecia. Eu sabia que as ameaças de Bahrin não eram gratuitas — já havia acontecido diversas vezes antes na família real, a mulher indesejada expulsa de casa e seus filhos entregues para serem criados por outra esposa mais nova e preferida. Tia Rosita e Tengku Ibrahim eram exemplos disso: os filhos de tia Rosita haviam sido criados por outra mulher que os controlava com mão de ferro. Eu vira a humilhação de Endah e assisti com meus próprios olhos à degradação da mulher mais velha engravidando ao mesmo tempo em que a mais nova e a viciosa competição que era comum nas casas em que isso acontecia.

Na mais completa desolação e desespero, fui para a cozinha e tentei cortar meus pulsos antes que a faca fosse tirada de mim por Che Gu Ali. Eu apenas queria acabar com a dor e com tudo de vez; não podia passar o resto dos meus anos agüentando esse tipo de humilhação e abuso. Ouvi a voz de Bahrin no fundo, antes de desmaiar, reclamando com Ali por tirar a faca de mim e dizendo que as coisas seriam mais simples para ele se eu estivesse morta.

Recobrei a consciência mais tarde em meu próprio quarto, quando trouxeram Shahirah para que eu a alimentasse. Iddin, segundo me disseram, fora levado para a casa de tia Zainah, para que eu pudesse me acalmar. Mak sentou-se na cama ao meu lado, segurando minha mão e murmurando que não havia quase nada que ela pudesse fazer para ajudar a melhorar a situação. Ela me disse, com orgulho, que se recusaria a encontrar com a cantora de boate e que falaria com seu irmão, o sultão, para que Elmi fosse impedida de entrar no estado de Terengganu. Ela não seria recebida no palácio ou em qualquer outro lugar no círculo das pessoas importantes que freqüentávamos. Suas palavras não me atingiram. Eu estava despedaçada demais para articular as palavras de gratidão esperadas, morta por dentro para sequer me importar.

Os dias seguintes se passaram numa neblina, afastada apenas quando traziam as crianças para mim. Uma após outra, as mulheres da família real vieram me ver em meu quarto, entrando como se eu fosse uma espécie de cadáver esperando ser enterrado e elas viessem prestar suas últimas homenagens. Apoiavam-se na beira da cama, expressando seus sentimentos e me dando conselhos não solicitados, a maioria dos quais a favor de que eu me fizesse cega para o novo casamento de meu marido. Fui aconselhada inúmeras vezes para "fingir que não sabia, fingir que ele apenas saiu de noite a negócios e dar-lhe as boas-vindas quando chegasse em casa, com alegria, conforto e uma cama quente depois de ele ter passado a noite com a outra". Outras adotaram uma visão ainda mais pragmática das coisas, sugerindo que eu não deveria me preocupar demais, pois ainda era a esposa principal e a única que podia comparecer às cerimônias do palácio. Outra ofereceu a opinião de que, enquanto eu recebesse o dinheiro da casa, roupas e jóias, deveria seguir adiante como se nada tivesse mudado. E assim essa procissão surreal continuou pela minha cama, com elas abanando suas cabeças e agradecendo a Alá por não estarem deitadas no meu lugar.

Passaram-se muitos dias antes que eu fosse autorizada a deixar os confins de minha casa. Bahrin ordenou que eu fosse mantida em meu quarto até "voltar a mim", de forma que não lhe criasse novos constrangimentos. Meu castigo tinha que ser rígido, minha comida racionada a uma refeição em dias alternados e meu contato com as crianças reduzido ao mínimo. Mak tinha que pedir autorização especial a Bahrin para que eu pudesse visitar Endah e mesmo assim ele só concordava porque achava que ela poderia me ensinar a aceitar minha nova situação.

Endah não fez nada parecido, mas sabia a coisa certa a ser feita. Ela me abraçou quando me sentei a seus pés e pousou minha cabeça em seu colo, enquanto eu chorava e chorava sem parar. Ela me convenceu a comer, argumentando que perderia o leite e não poderia alimentar Shah se isso acontecesse.

Antes de deixar o palácio naquele dia, consegui telefonar para o Alto-Comissariado Australiano em Kuala Lumpur. Contei ao representante consular sobre minha situação, acrescentando que as duas crianças também eram australianas. Perguntei a ele se poderia buscar asilo no Alto-Comissariado, pois temia o que meu marido pudesse fazer em seguida. Sua resposta deixou muito claro que eu estava totalmente por conta própria.

— Madame, senhora rajá Bahrin, a senhora é muito bem-vinda ao Alto-Comissariado se achar que está em perigo, mas preciso lhe dizer que, se uma solicitação nos for feita para entregar seus filhos, teremos que obedecer. Sinto muito, mas não podemos arriscar um incidente diplomático.

Tentei argumentar, lembrando que nós três éramos cidadãos australianos, mas sem resultado. A posição de minha embaixada ficou muito clara: eles me ajudariam, mas não se arriscariam a provocar a ira dos malaios protegendo meus filhos australianos. Agradeci automaticamente e encerrei a conversa, deixando o palácio e entrando no banco de trás do carro que Endah enviou para mim.

Eu estava derrotada. Não tinha a quem recorrer.

Trinta e cinco

Nos primeiros dias de novembro de 1985, recebi a notícia de que minha avó sofrera um infarto sério e havia caído por um lance de escadas de concreto no condomínio onde morava. Eu estava fora de mim, temendo por sua condição, que, segundo me disseram por telefone, não era boa. Ela estava sob tratamento intensivo no Alfred Hospital, em Melbourne, com um braço quebrado e uma costela deslocada, além de estar com o lado esquerdo do corpo paralisado e com uma concussão.

Naquela altura, Bahrin infligia-me abusos físicos e emocionais diariamente. Ao entrar no quarto, começava a me repreender, dizendo que eu mesma provocara aquilo para mim mesma, batendo em meu rosto quando eu tentava ignorá-lo. Ele repetia que ia me chutar para fora do país e tirar as crianças de mim.

Implorei por um divórcio inúmeras vezes, mas ele se recusava, dizendo que eu pertencia a ele e que cabia a ele decidir o destino de nosso casamento, não a mim. Era como se fosse minha seção de tortura diária. Eu prendia minha respiração quando chegava a hora de trazer as crianças para mim, temendo que elas não viessem, que ele já tivesse levado a cabo sua ameaça. Enquanto via meu peso cair e meu rosto ficar encovado e cinza, lutava para manter meu suprimento de leite para Shahirah.

Quando chegaram as notícias sobre minha avó, implorei a Bahrin para que me deixasse ir a Austrália para vê-la. A princípio, ele se recusou sumariamente a sequer considerar a possibilidade, dizendo que esperava que ela morresse logo e sozinha. Depois, começou a me provocar, dizendo que ele até consideraria me deixar ir, mas que eu deveria escolher qual dos bebês eu iria levar. Outras vezes, decretava que eu fosse sozinha e ficasse lá e que as crianças seriam entregues para serem criadas por sua nova esposa.

ERA UMA VEZ UMA PRINCESA

Esses jogos emocionalmente destrutivos prosseguiram até que o sultão criticou Bahrin por me maltratar e recomendou que me deixasse voltar para a Austrália com as duas crianças. Era uma ordem que Bahrin não podia ignorar e continuar vivendo em Terengganu; assim, com relutância, disse que eu podia ir.

E assim, a procissão de matronas recomeçou, cada uma me aconselhando a ir para a Austrália, visitar minha avó e gastar rios de dinheiro para me sentir melhor. Disseram que seria prudente ficar longe de Terengganu por algum tempo e de todas as pressões recentes. Algumas das tias até mesmo me deram dinheiro para gastar comigo mesma enquanto eu estivesse lá, achando que isso diminuiria minha dor.

Os três dias anteriores à minha partida foram um pesadelo. A preocupação com minha avó combinada com o profundo desespero diante do estado geral de minha vida faziam com que eu chorasse o tempo todo. Além disso, havia a espionagem adicional que Bahrin determinou que os empregados fizessem em seu nome. Cada item que eu colocava em minha mala era inspecionado e conferido, nenhuma roupa ocidental foi incluída. Estranhamente, roupas formais para a noite também foram colocadas em minha mala pela empregada, segundo instruções de Bahrin.

Ele decretou que nós iríamos, na noite de meu retorno da Austrália, ao casamento de seu primo, em Kuala Lumpur. Foi uma declaração que considerei surreal, diante da situação — não me agradava a possibilidade de exibir minha humilhação absoluta para o deleite do público. Ainda assim, por simples hábito, eu sabia que iria cumprir suas ordens, sem ousar objetar.

As jóias que coloquei na bagagem para o casamento foram o mínimo. Essa era a minha rebelião. Nenhuma das minhas jóias de mais valor entrou em minhas malas. Deixei a maioria no cofre do palácio, acomodadas em suas caixas amarelas e vermelhas com o timbre real e lacradas com cera vermelha e fita adesiva, mas antes, identificadas com um carimbo e com uma etiqueta de segurança por um funcionário da corte. Fiquei apenas com um pequeno conjunto de diamantes e as peças que eu considerava de "uso diário" — anéis, colares de ouro e um pequeno colar de pérolas — guardados na bagagem de mão. Eu estava saturada de ficar parecida com uma árvore de Natal coberta de pedraria fina e fria

216

não escolhida por mim. Mesmo assim eu precisava, segundo as ordens de Bahrin, estar preparada para brilhar e sorrir no casamento, como se nada houvesse acontecido. Mas não tinha a menor intenção de fingir. Como poderia mostrar um rosto radiante de realização doméstica; como ele poderia, honestamente, esperar que eu fizesse isso? Em total contradição, ele voltou horas mais tarde, parando diante de mim enquanto eu amamentava Shahirah, e dizendo que ia me enviar com o bebê de volta, de vez, para a Austrália. Ele me manteve em um estado de descontrole emocional. Eu não sabia o que iria acontecer na hora de minha partida, só podia esperar e rezar para não perder meus filhos.

Fui chamada ao palácio para me despedir de Endah. Nos encontramos em seus aposentos particulares, sentamos juntas na cama e brincamos com Iddin e Shahirah. Ela me pediu para tirar uma foto dela com as crianças, segurando Shahirah bem perto e beijou sua bochecha repetidamente. Mais tarde, pegou minhas mãos nas dela e me disse que queria que eu fosse feliz, que não desejava me ver levando o tipo de vida que ela teve. Depois, pegou um grosso maço de notas de dinheiro inglês de seu bolso e o botou em minhas mãos, dizendo:

— Isso é para sua avó, caso ela precise de alguma coisa no hospital, e para você e as crianças, para usar como você achar melhor. — Protestei diante da quantia e disse-lhe que usaria para comprar alguma coisa especial para ela em Melbourne e que traria o troco de volta. Ela apenas sorriu e balançou sua cabeça, repetindo: — Use o dinheiro para você mesma, Yasmin, e para as crianças. — Ela insistiu com grande intensidade: — Você deve usar o dinheiro como achar melhor. — Depois se levantou e me abraçou com força, beijando-me gentilmente na bochecha. Colocou sua mão em meu rosto e me olhou com lágrimas nos olhos, depois, virou-se e saiu da sala, sem olhar para trás.

Bahrin gostava de me submeter a jogos psicológicos. Com freqüência, levava Iddin para longe de mim por horas sem fim, dizendo-me para que eu me despedisse de meu filho, pois não o veria novamente. Na noite marcada para nossa viagem, ele entrou quarto adentro, pegou Iddin, que dormia na cama comigo, e jogou-o nos ombros. Quando implorei para

ERA UMA VEZ UMA PRINCESA

dizer o que estava fazendo, respondeu que eu talvez não voltasse a ver Iddin novamente.

Bahrin ficou com ele por mais de 12 horas e só o devolveu uma hora antes do vôo para Kuala Lumpur. Eu me agarrei ao meu filho aliviada quando ele correu para mim, beijando sua cabeça e sentindo seus braços em torno de meu pescoço. Durante essas longas horas de agonia, fiquei rigidamente sentada em minha cadeira de balanço, vendo o dia amanhecer e temendo que as duas crianças fossem arrancadas de mim e que eu fosse jogada no avião, sozinha.

Finalmente, uma batida na porta indicou que os carros haviam chegado — estava na hora de ir para o aeroporto. Bahrin estava em pé na sala, mão na cintura, o olhar com uma expressão impenetrável. Despedi-me dos poucos membros da família presentes, enquanto os criados observavam. A atmosfera era intensamente vigiada. Não ousei encontrar os olhos de Bahrin quando ele esticou a mão para que eu a beijasse. Em vez disso, fiz uma reverência profunda, sua mão pousando levemente na minha, e toquei o dorso de seu pulso com meus lábios. Depois, juntando-me a Shahirah e Iddin no banco de trás do Mercedes que nos esperava, partimos com uma escolta policial à frente, em alta velocidade.

Enquanto os carros estacionavam no aeroporto, meu estômago ficou embrulhado de apreensão, pois percebi que o carro de Bahrin nos seguira até o terminal. Depois de prestar minhas homenagens a ele e ter saído, só podia acreditar que ele pretendia tirar as crianças de meus braços no último minuto. Mesmo quando ele me puxou para o lado, fingindo se despedir, e sussurrou "Eu não quero você, você é uma piranha australiana inútil, não precisa voltar correndo, apenas dê o fora", não acreditei na realidade de nossa partida. E depois, sem mais palavras, virou-se subitamente e saiu do aeroporto.

Cambaleei para dentro do avião Fokker Friendship faltando poucos minutos para a decolagem, Shahirah em segurança em um *baby bag* em meu peito e Iddin firmemente seguro pela mão. Quando cheguei ao meu lugar, o único pensamento que tinha em minha mente era que eu precisava me afastar para pensar; que, se eu não fizesse isso, com certeza iria sufocar e morrer.

Aguardei durante algumas horas no hotel do aeroporto de Kuala Lumpur, sobressaltando-me nervosa sempre que alguém batia na porta

218

ou o telefone tocava. Iddin ficou sentado no chão, brincando com sua coleção de carrinhos Matchbox, indiferente ao que estava acontecendo ao seu redor. Outros parentes reais, incluindo tia Zainah, vieram até nós no hotel, empurrando dinheiro para cima de mim e encorajando-me a aproveitar o tempo em Melbourne para me acomodar à minha nova situação marital. Era difícil aceitar a sugestão geral de que eu conseguiria fechar os olhos para a desintegração de nosso casamento caso meu poder de compra fosse aumentado. Dei pouca importância a esse conselho pueril, temendo que, a qualquer momento, Bahrin entrasse pela porta e levasse meus filhos embora. Quando o ajudante-de-ordens do sultão, major Shaf'ie, que estava a negócios em Kuala Lumpur, telefonou do saguão, eu estava pronta para sair voando pela janela com as duas crianças se isso me ajudasse a escapar. Suspirei lentamente e senti meus ombros relaxarem quando ficou claro que o major queria apenas saber se poderia ser de algum auxílio.

Quando por fim me arrastei até meu avião para Melbourne, não consegui acreditar que estávamos realmente a caminho até sairmos do espaço aéreo da Malásia. Eu estava bastante convicta, até aquele momento, de que Bahrin conseguiria me expulsar de seu país sem Iddin e Shahirah. Quando finalmente soube que isso não aconteceria, comecei a chorar e assim permaneci até perceber que estava chamando atenção. Em resposta à preocupação dos comissários de bordo, deixei escapar as palavras "meu marido acabou de morrer", e pedi que me deixassem sozinha.

Na verdade, não era meu marido que tinha acabado de morrer. Eram todas as esperanças e os sonhos que eu já tivera.

Trinta e seis

Minha chegada em casa foi muito diferente da minha visita anterior a Melbourne. Naquela ocasião, o avião foi recebido por oficiais do Departamento de Relações Exteriores australiano; não houve inspeção na alfândega ou entrevistas no setor de imigração, apenas um carro nos esperando do lado de fora da porta para nos levar rapidamente para o hotel e uma pessoa para receber a bagagem. Não houve tratamento VIP desta vez, quando me arrastei com as crianças pelo corredor de chegada e entrei na fila atrás dos demais passageiros que desembarcavam. Foi quase um número de malabarismo, Shahirah dormindo no *baby bag* em meu peito e Iddin exausto no carrinho de bebê, enquanto eu empurrava nossas malas pelos corredores do terminal.

Depois de passar pelas formalidades, consegui que entrássemos em um táxi e seguimos para o apartamento de minha avó. Chorei por todo o caminho até lá, para a extrema consternação do motorista, que foi bastante educado e não me fez perguntas. Deixei a bagagem no apartamento vazio e fui direto para o hospital, para ver minha avó. Foi realmente chocante vê-la deitada lá, em um leito estreito e frio do hospital — ela parecia tão pequena e frágil, o rosto machucado e inchado, quase irreconhecível, e o braço oculto pelo gesso. Sentei a seu lado na cama, segurando sua mão na minha, enquanto Iddin perambulava pelo chão e Shahirah retorcia-se em meus braços. Agora, mais do que nunca, eu desejava poder apenas deitar minha cabeça no colo de minha avó, como fazia quando era criança. De maneira egoísta, eu tinha vontade de acordá-la e despejar toda a história de como minha vida havia se degenerado em um caos absoluto e sentir aquele retorno certo e seguro de suas mãos fortes escovando meus cabelos habilmente, desmanchando os nós e devolvendo, por breves instantes, minha paz de espírito. Mas isso era impossível.

Vovó ainda não estava consciente e não estaria forte o suficiente para meus problemas por um longo tempo. Assim, fiquei apenas por alguns instantes e depois saímos, eu tentando fazer com que as crianças ficassem o mais quietas possível pelos corredores do hospital até emergir em um dia cinzento de Melbourne.

Mais tarde, quando entrei no pequeno apartamento de minha avó, tudo pelo que eu tinha passado por fim me atingiu, e comecei a chorar descontroladamente. Ainda não consigo lembrar como eu e as crianças atravessamos os três dias seguintes. Sei que nos alimentamos de torradas e leite e que, de algum jeito, ainda consegui amamentar Shahirah, mas a maior parte do tempo eu estava tão devastada emocionalmente que não conseguia fazer mais nada além de deitar e chorar. Eu estava tão incerta sobre o que o futuro guardava para nós três que achei preferível deixar de encarar a realidade de nossa situação até conseguir secar minhas lágrimas — era muito mais seguro me afastar do mundo e ficar na segurança do apartamento de minha avó.

Enfim, voltei à superfície alguns dias depois, com os olhos fundos e o coração vazio. Resolvi que precisava fazer o melhor por Iddin e Shahirah. Eu sabia que minhas decisões tinham que ser tomadas exclusivamente em função das crianças. Iddin e Shahirah tinham que ter esperança em suas vidas e eu tinha que ter certeza de fazer o melhor que pudesse por eles.

Uma das primeiras coisas que fiz foi procurar meu velho amigo, Peter Wallace, e abrir meu coração para ele. Peter sugeriu que eu procurasse orientação legal para poder entender melhor minha situação e me ajudou a obter os nomes de alguns escritórios de advocacia. Paralelamente, ele encheu de comida a geladeira e os armários de minha avó para mim, pois ainda estava muito abalada para ir ao supermercado e toda a energia que me restava era suficiente apenas para atender às mais básicas necessidades das crianças. Meu peso despencou para menos de 47 quilos e meus pensamentos eram tomados por rompantes de dor, desespero e medo. Parecia que eu jamais me sentiria feliz ou alegre de novo e que o máximo que poderia desejar era conseguir oferecer uma vida feliz e normal para meus filhos.

Minha primeira visita ao escritório dos advogados Stedman, Cameron, Meares e Hall, que ficava em um discreto edifício cinza no coração conservador da cidade, inspirou-me mais confiança do que eu sentira em um longo tempo. Gostei de imediato de Lillian Webb, a advogada designada para atender minha entrevista inicial: realista e muito astuta, era uma mulher de cabelos escuros, pequena e atraente, de cerca de 30 anos, com voz profunda e expressiva e risada rouca. Ela ouviu meu relato de maneira muito concentrada, apertando os olhos enquanto tomava notas sem fim e ne lançava perguntas pertinentes, que exigiam respostas concisas. E, tão importante quanto, ela se adaptou com perfeição à presença necessária de Shahirah e Iddin em seu escritório, um fato que ficava muito distante das circunstâncias normais de uma entrevista inicial com um advogado. Finalmente, depois de esboçar o plano básico de eventos que, segundo ela, se seguiriam caso eu resolvesse acionar as engrenagens legais, Lillian respirou fundo e declarou acreditar que eu tinha uma boa chance não só de ganhar a custódia das crianças, mas também de poder permanecer na Austrália e não voltar para Terengganu, se essa fosse minha vontade.

Era uma grande decisão a ser tomada; assim, voltei para o apartamento de minha avó para pesar os prós e os contras durante a noite. Eu não tinha a menor idéia se conseguiria dar conta da situação sendo uma mãe solteira; eu nunca lidara com as coisas antes sem a ajuda de empregados e dos parentes de meu marido. Mas estava certa de que não queria que meus filhos crescessem em uma atmosfera de violência e abuso, nem correr o risco de que Bahrin cumprisse sua ameaça e os levasse para longe de mim. Eu estava decidida a ficar com Iddin e Shahirah, vê-los crescer e dar-lhes todo o amor e a segurança que não havia recebido quando criança. Eu queria que eles se tornassem pessoas capazes de pensar de maneira independente, que desenvolvessem a tolerância e o respeito próprio; e queria que Shahirah crescesse como um ser humano de primeira classe e não fosse tratada como algo de menor importância simplesmente por ser mulher. Também sabia que eu não sobreviveria se voltasse para a Malásia e que não teria a menor utilidade para meus filhos se estivesse morta. Na manhã seguinte, telefonei para Lillian Webb e disse a ela para seguir em frente com todo o trabalho legal — as crianças e eu estávamos em casa para ficar.

222

No dia 20 de novembro, telefonei para Bahrin na esperança de convencê-lo a vir para Melbourne e conversar sobre uma reconciliação, mas foi uma ligação perdida. Mak me disse que Bahrin tinha deixado Terengganu para ficar com Elmi. "Você está esquecendo todos os seus problemas e se divertindo em Melbourne?", foi o que minha sogra perguntou.

Agora, meu curso estava traçado. Eu tinha que fazer de tudo para garantir que a vida das crianças não estivesse em risco. No dia 27 de novembro de 1985, obtive a custódia exclusiva temporária unilateral de Iddin e Shahirah e o direito de permanecer em meu próprio país com eles. Eu só podia agradecer pela insistência de Bahrin para que as crianças fossem registradas como australianas e que tivessem certidões de nascimento da Austrália. Meu advogado, Noel Ackman, risonhamente me chamava de "princesa" enquanto saíamos do tribunal, um termo que me causava arrepios diante da realidade do que aquele título na realidade significava. Noel e Lillian foram uma equipe maravilhosa, dando-me confiança de, que o que eu estava fazendo era o certo e amparando-me durante os momentos de tensão no tribunal. Noel, com seu senso de humor e seus olhos decididos, fez com que eu conseguisse me manter de cabeça erguida e decidida naquele dia. Para ser honesta comigo mesma, tenho que admitir que, lá no fundo de minha mente, eu alimentava uma minúscula esperança de que Bahrin e eu pudéssemos, por algum milagre, ser capazes de reconciliar nossas diferenças e viver uma vida normal com as crianças na Austrália, e que alguma coisa mágica fosse acontecer para que ele voltasse à razão, mas, racionalmente, eu sabia que isso era um último apego ingênuo a um casamento que já estava morto.

No dia 4 de dezembro de 1985, enviei um telegrama para minha sogra para informá-la de que eu não voltaria para a Malásia, conforme planejado, e de que as crianças e eu estávamos em segurança. Achei mais sensato não envolvê-la em minha decisão mais do que o absolutamente necessário; assim, fui breve e não entrei em maiores detalhes.

Logo que Bahrin soube que eu tinha mudado de idéia e não voltaria para a Malásia conforme os planos originais, percebi que teríamos que nos esconder por algum tempo, caso ele viesse para a Austrália em nosso encalço. Mesmo tendo sido enfático ao se despedir de mim no aeroporto, eu podia imaginar perfeitamente sua reação ao se dar conta que eu decidira seguir suas palavras ao pé da letra e a vingança que ele realizaria se

223

conseguisse ficar sozinho comigo. Assim, saí do apartamento de minha avó e me mudei para a casa de um velho amigo por duas semanas, enquanto procurava um apartamento.

Acomodar as crianças em um ambiente seguro passou a ser minha principal prioridade. Paz e estabilidade eram coisas que Iddin jamais conhecera de fato e eu estava decidida a garantir que ele nunca mais veria sua mãe sendo espancada novamente. De maneira bastante idealista, eu tinha uma visão para minha vida pelos próximos dez anos que me ajudaria a seguir em frente sempre que eu me sentisse desanimada. Eu não queria muito mais do que viver com as crianças tranqüilamente nos subúrbios e ser uma "mãe companheira", dirigindo um carro familiar e participando das atividades escolares das crianças. Não tinha vontade de me casar de novo ou me destacar da multidão, apenas um desejo absoluto de me misturar às pessoas comuns e dar aos meus filhos a oportunidade de fazer o mesmo.

Dar um passo de cada vez era como eu vivia na volta para casa. Reajustar-me a uma sociedade normal era a coisa mais difícil a fazer. Precisei de muito tempo para acreditar que poderia me movimentar livremente de um lugar para outro sem primeiro pedir permissão para Bahrin, e aceitar que eu era responsável pela minha própria vida. As roupas foram outra grande revelação. Eu só trouxera trajes muçulmanos da Malásia e apenas o suficiente para cerca de uma semana, que era o tempo que eu havia planejado ficar em Melbourne; assim, tive que comprar mais. Escolhi uma saia longa e discreta, uma camisa de manga curta para combinar e calças *jeans* de pregas. Na primeira vez que vesti essas roupas e fui para a rua, senti-me totalmente nua e tinha certeza de que o mundo inteiro me olhava horrorizado. Levei vários dias para me sentir confortável em roupas ocidentais sem me achar indecente. Após anos usando saias até o chão, mostrar minhas pernas era muita ousadia, de fato.

Iddin lidou muito bem com seu novo ambiente. O fato de eu estar sozinha não era uma mudança em suas circunstâncias normais; aos 2 anos e 8 meses, ele não percebia a ausência de seu pai, talvez porque Bahrin raramente estava em casa em Terengganu. Aos poucos, via meu filhinho ficando mais seguro de si, e a expressão assustada em seu rosto, tão freqüente na Malásia, aparecia cada vez menos. Após duas semanas, comecei a perceber que ele havia parado de se encolher diante de ruídos súbitos, que seu rosto tinha uma cor mais viva e que ele começava a atacar a vida com o prazer e o entusiasmo que uma criança de sua idade deve ter. Iddin certamente deliciava-se com sua liberdade física recém-descoberta, correndo pelos amplos espaços abertos do parque local, caindo na sujeira e fazendo bolos de lama, uma atividade que lhe fora proibida pela etiqueta real. Eu o via correr em minha direção do outro lado do parque, segurando algum tesouro descoberto em sua mão, para mostrar para mim e para sua irmãzinha; as atividades comuns que as crianças em geral têm eram aventuras incompreensíveis para ele até nossa chegada na Austrália.

Depois de muita procura, encontrei uma casa confortável em South Oakleigh, com um pequeno jardim para eles brincarem. Mobiliei nossa primeira casa com uma estranha variedade de doações e coisas compradas, dois tapetes claros e algumas gravuras baratas que achei no mercado. Comprei o básico necessário para se viver, como roupas quentes para as crianças, cobertores, toalhas, lençóis e uma máquina de lavar com os fundos de emergência entregues a mim pelo primeiro julgamento, para a manutenção de urgência. Esse dinheiro veio da venda de nossa casa em Carlton, que Bahrin insistiu em manter em banco australiano, para escapar ao fisco e facilitar nosso retorno para Melbourne em algum momento.

Eu era totalmente responsável por todo o dinheiro gasto e mantive um registro detalhado de cada centavo que usei para as crianças e para mim. Se for para lamentar por algo, arrependo-me de ter sido muito frugal, economizando em besteiras e gastando com bobagens; como não podia me permitir comprar um jogo de estofados, acabava comprando um sofá de espuma barato. Esse sofá era praticamente inútil para se sentar, a não ser que a pessoa tivesse 2 anos. Qualquer um maior e mais pesado do que isso estava sujeito ao hábito desconcertante do sofá de se dobrar sobre a pessoa como uma banana amassada, expondo a vítima a riscos de sufocação e deslocamento permanente do quadril.

Quando finalmente reuni coragem para telefonar para Bahrin, no dia 16 de dezembro, Mak me disse que ele ainda não tinha voltado para casa e que ela não sabia onde ele estava. Dei a ela meu novo número de telefone em Melbourne, deixei recado para que Bahrin me telefonasse e logo encerrei a conversa. Mais tarde, no mesmo dia, Bahrin telefonou

225

para Lillian exigindo saber o que tinha acontecido com o dinheiro de sua conta do banco ANZ, em Melbourne. Aparentemente ele decidira sacar nosso pé-de-meia e fora informado sobre o nome de minha advogada pelo banco. Em nenhum momento ele perguntou a ela sobre as crianças ou sobre mim, apenas sobre o dinheiro.

Mais tarde, naquela noite, ligou para mim. Quando peguei o fone, meu "alô" foi respondido com uma torrente de insultos e ameaças. A princípio, ele ordenou que eu voltasse para a Malásia logo, dizendo que era despreparada para cuidar de minha vida e de duas crianças pequenas. Disse que eu jamais conseguiria fazer isso sozinha, que eu era uma inútil completa e estúpida demais para enfrentá-lo. Quando disse a ele que não pretendia seguir suas ordens, ele mudou a direção, dizendo que me amava e sentia muita saudade de mim. Minha resposta foi que eu gostaria de tentar uma reconciliação, mas que ele teria que vir para a Austrália para conversar e que isso incluiria seu divórcio de Elmi e nos mudarmos para a Austrália. Ele ficou em silêncio diante dessa sugestão e, subitamente, explodiu, gritando no telefone que mataria a minha avó se eu não voltasse de imediato, que ele me mataria, mas primeiro ia me ensinar uma lição por ter sido desobediente. Desliguei o telefone, tremendo da cabeça aos pés e achando que ia vomitar. Mesmo a uma enorme distância, Bahrin ainda era capaz de me aterrorizar e abalar minha fé em mim mesma. Fui para a cama naquela noite em agonia, questionando minha capacidade e se minha decisão era a correta.

No meio da noite, Shahirah acordou para mamar e eu a trouxe para a minha cama, apertando seu corpinho enquanto ela sugava. Minutos depois, Iddin cambaleou até minha cama e se meteu sob as cobertas unindo-se a nós, voltando a dormir sem sequer um murmúrio. Fiquei acordada quase toda a noite, vendo o luar brincar com o perfil de meus filhos adormecidos ao meu lado, ouvindo suas respirações profundas e tranqüilas e seus leves resmungos, enquanto os sonhos perturbavam levemente seus rostos. Eu temia o próximo movimento de Bahrin e rezava para que eu e as crianças conseguíssemos enfrentar o que vinha pela frente inteiros e juntos.

Pensando nas palavras de Bahrin, achei que seria prudente avisar minha avó sobre possíveis problemas. Ela mostrou-se alternadamente desafiadora e apreensiva quando lhe contei a verdade sobre meu casamento fracassado e as ameaças de Bahrin e decidi que ela ficaria com alguns amigos até que as coisas se acalmassem. Ela continuou a melhorar devagar, recuperando o movimento de seu lado esquerdo e seu senso de humor. Sua fala continuou um pouco engrolada, mas ela perseverou obstinadamente com a terapia. Imensa alegria e alívio transpareceram em seu rosto quando lhe contei que viéramos para ficar e estou certa de que essa novidade aumentou sua determinação para recuperar sua força.

Eu e as crianças tivemos nosso primeiro Natal de verdade juntos em nosso pequeno apartamento. Foi maravilhoso ouvir as músicas natalinas pelo rádio e comprar presentes para Iddin e Shahirah. O Natal era uma das épocas mais difíceis para mim na Malásia, um dia em que a saudade de casa era esmagadora, agravada pela complicação adicional da proibição de Bahrin de nem mesmo marcar o dia com uma troca de presentes ou cantando músicas de Natal. Durante todos os anos em Terengganu, a única vez que minha preciosa árvore de Natal saiu da caixa foi quando Bahrin a emprestou para seus empregados filipinos, para sua celebração particular. Mas o Natal de 1985 foi totalmente diferente. Iddin e eu escolhemos um pinheiro de verdade para a sala, ainda que um meio torto, e o decoramos com enfeites herdados de minha avó e comprados no supermercado local; cantamos *Rodolfo, a rena do nariz vermelho* aos brados, enquanto eu dirigia o carro velho que comprara por 600 libras; o próprio Iddin pendurou as meias para ele e Shahirah diante da chaminé, para serem recheadas por Papai Noel.

No entanto, era apenas a calmaria antes da tormenta. No fundo de minha mente, eu sabia que Bahrin jamais nos deixaria viver em paz antes de conseguir sua vingança.

Trinta e sete

Legalmente, era obrigatório que Bahrin fosse notificado de minha ação pela custódia das crianças na Vara de Família da Austrália e de seu direito de contestar essa ação. Como ele se recusou a receber a documentação do advogado de Cingapura contratado para esse fim, e que para tal viajou para Kuala Terengganu, foi necessário apresentar os documentos e todos os fatos do caso para Bahrin por meio de um anúncio no jornal malaio de língua inglesa, o *New Straits Times*, no dia 24 de dezembro de 1985. Eu realmente não queria que minha humilhação se tornasse ainda mais pública do que já era, mas não tinha escolha. Assim, tornou-se de conhecimento público que eu tinha voltado para a Austrália com meus filhos e meu marido havia me trocado por uma cantora de boate. Eu tinha a honra duvidosa de ser a primeira mulher da família real malaia a deixar a família com suas próprias crianças nos braços, após o fracasso de seu casamento.

Eu sabia que Bahrin jamais me perdoaria por tornar pública a intimidade sacrossanta dos atos de sua família ou pelo fato de que minhas ações estavam em total contradição com o que ele disse ao irmão de sua segunda mulher: que eu morava na Austrália havia mais de dois anos e que já iniciáramos o processo de divórcio. O irmão de Elmi supostamente havia ficado chocado ao saber que eu, na verdade, ainda morava em nossa casa na época em que sua irmã se casou com Bahrin e que Shahirah acabara de nascer, mas isso não pareceu abalar sua resolução de que uma aliança com um membro da família real era valiosa demais para ser complicada pelo simples fato de haver outra esposa e dois filhos.

O ano de 1986 chegou me trazendo ao mesmo tempo esperança e medo. A qualquer momento, esperava que Bahrin entrasse pela porta e me espancasse até me transformar em uma pasta e levasse as crianças embora depois que estivesse satisfeito. Eu tinha certeza de que ele não ia simplesmente me deixar partir com as crianças. Aos 13 dias do mês de janeiro de 1986, recebi outro telefonema de Bahrin, desta vez para me dizer que ele vinha para a Austrália e que desejava uma reconciliação — mas que não se divorciaria de sua cantora de boate.

Bahrin chegou em Melbourne no dia 19 de janeiro e imediatamente contratou advogados de um dos maiores escritórios da cidade. Ele seguiu seu rumo normal: obter o que de melhor o dinheiro podia pagar, e aquilo que o dinheiro não pudesse comprar, as mentiras cobririam.

Foi interessante e nojento observar como a fraternidade dos advogados de minha própria cidade alinhou-se com uma facção ou com a outra — os comentários circulavam pela Vara de Família sobre os méritos do meu caso. Um par de advogados foi ouvido dizendo que "eu fizera minha cama e agora devia me deitar nela". Outros pareciam fascinados diante de qualquer sinal de sangue real ou favorecimento e deixavam clara sua opinião de que o trono de qualquer país era mais importante do que os direitos de uma mulher australiana insignificante e seus filhos. Outros comentaram, pelos bares freqüentados pela fraternidade dos advogados, que eu fizera o inominável, uma traição ao me casar com um homem que, além de não ser australiano, era um muçulmano, perdendo o direito a qualquer socorro de meu próprio país. E assim, mesmo que a Vara de Família da Austrália não tivesse proferido qualquer sentença, fui julgada nos corredores de suas instalações por uma minoria de pessoas que olhava tudo como se fosse um debate intelectual e não um processo que mantinha a vida de meus filhos em uma gangorra.

Fui convocada a comparecer na Vara de Família da Austrália na rua Bourke, 570, em Melbourne, no dia 29 de janeiro de 1986, por uma ação dos advogados de Bahrin. A batalha havia começado.

Noel Ackman, envolvido com outro assunto, não podia me representar novamente, e assim foi necessário apresentar o caso para um novo advogado, John Udorovic. Dizer que John ficou um pouco desconcertado em nossa primeira reunião provavelmente seria modéstia. Nosso compromisso estava marcado para as 8h30, em seu escritório, no dia 29 de janeiro. Como Lillian advertiu que passaríamos a maior parte do dia no tribunal, não tive escolha a não ser levar Shahirah comigo. Depois de deixar Iddin com meus bons amigos Sue e Rob MacArthur, minha intenção era deixar

229

Shah na creche oferecida pelo tribunal, para que pudesse estar por perto e amamentá-la durante o dia. Mas a creche só abria às 9 horas e assim, nós duas, pela mais absoluta necessidade, chegamos juntas à minha primeira reunião com o novo advogado. Acho que, talvez, tenha sido a primeira vez que um cliente chegou ao escritório de John totalmente equipado, com maleta, carrinho de bebê e bolsa de fraldas, mas suspeito que Lillian já o tinha avisado de que eu não era o tipo de cliente que achava que os advogados deviam fazer todo o trabalho sozinhos. Enquanto ouvia suas opiniões sobre o caso e seu intenso questionário sobre o que eu desejava para as crianças e para mim mesma, tentei avaliar o grau de confiança que podia ter naquele homem alto, de volumosos cabelos e bigode pretos. A princípio, achei que ele fosse muito distante e que eu não era bem-vinda em seu escritório com meu bebê — mas só até ver seus olhos amolecerem e toda a sua atitude mudar enquanto olhava Shahirah no carrinho e beliscava sua bochecha. Neste momento, soube que ele faria o melhor por nós.

A primeira tática do advogado de Bahrin no tribunal foi atacar, acusando-me de seqüestrar as crianças e dizendo que a Austrália não era o fórum para discutir nossas dificuldades conjugais. Ele também alegou que Iddin estava na linha sucessória do trono de Terengganu e que sua ausência da Malásia atrapalhava a sucessão. Também foram feitas alegações de que eu falsificara a assinatura de Bahrin em seu pedido para uma certidão de nascimento australiana para Iddin, ainda que tenham sido retiradas assim que os defensores de Bahrin viram a solicitação com sua assinatura e a alegação manuscrita para o mesmo fim.

Sentei no lado oposto ao de Bahrin na sala, não querendo olhar em sua direção e tentando manter o controle enquanto mais besteiras sem sentido eram ditas sobre as perspectivas reais de Iddin. Mesmo a 6m de distância, sentia a ira de Bahrin contra mim. Era uma vibração palpável, que eu sabia ser refreada apenas pelo fato de não estarmos sozinhos.

Então ele jogou o que considerava ser sua carta principal: uma ordem do tribunal islâmico, emitida poucos dias antes em Terengganu. Essa ordem do tribunal *Khadi* não mencionava que eu, a acusada, estava, na verdade, morando na Austrália, tendo sido enviada para lá pelo meu marido. Parecia levar o juiz muçulmano a acreditar que eu e as crianças simplesmente estávamos em algum outro lugar em Terengganu e que eu me recusava a dormir com Bahrin. Esse documento islâmico acusava-me de ser uma esposa desobediente e determinava que eu voltasse a coabitar com meu marido, restaurasse seus direitos conjugais e voltasse com as crianças para sua esfera de influência. Na prática, o que o lado de Bahrin exigia do juiz australiano era minha deportação imediata de meu próprio país para a Malásia com base na afirmação de que eu era uma esposa recalcitrante. Uma solicitação também foi feita para o meu atual endereço e telefone. Ainda bem que foi considerado suficiente informar apenas o número do telefone, que, de qualquer modo, Bahrin já tinha.

Diante de todo esse novo material, o juiz Brian Treyvaud convocou um adiamento para a próxima semana, pois era óbvio que o caso começava a ficar bem mais complicado do que o esperado. Questões de jurisdição e sucessão real tinham sido acrescentadas para complicar ainda mais os problemas e ofuscar a questão principal — o simples direito de que eu e as crianças pudéssemos viver em paz, na Austrália.

Depois, Bahrin solicitou o acesso a Iddin durante o período de suspensão do tribunal, apenas adicionando um pedido por Shahirah depois de sugerido pelo juiz. Finalmente foi determinado que Bahrin tivesse acesso supervisionado em um local público no próximo domingo.

Ao sair do tribunal com Lillian e John, senti-me fisicamente doente e fraca, em pânico diante da proposta de que eu voltasse a viver com Bahrin segundo a ordem de um tribunal islâmico. Ao passar por Bahrin no corredor, tive a sensação de que meus joelhos estavam prestes a se fechar e lembro vagamente de Lillian sussurrar para mim "continue andando".

Nos dias, semanas e meses que se seguiram, foram as crianças e Lillian que me mantiveram andando. Sempre que eu vacilava, sempre que sentia que não conseguiria ir adiante contra a barreira intransponível de dinheiro, mentiras, poder, ira gelada e determinação de Bahrin para me destruir, me virava silenciosamente para olhar para meus filhos e sua alegria crescente. Eu sabia que não podia lhes dar uma mãe que não merecesse o respeito deles, nem permitir que tivessem uma vida desprovida dos valores normais de humanidade. Sempre que meu espírito de luta fraquejava e eu tinha vontade de me encolher em um canto sob um manto de entorpecimento, Lillian me perguntava se eu ainda tinha os mesmos motivos que havia declarado naquele dia de novembro de 1985, para querer continuar em meu país, e eu sempre respondia que "sim". Ela, mais do que qualquer outra pessoa, ficou ao meu lado e lutou com afinco pelos meus direitos, muitas vezes sacrificando sua própria vida pessoal e em detrimento de sua saúde. Trabalhávamos como uma equipe, discutindo os termos para responder aos depoimentos das testemunhas, pesquisando precedentes e abrindo caminho pelo emaranhado das leis islâmicas e malaias para refutar todas as alegações absurdas que Bahrin tentava fazer no tribunal.

Mas isso nem de longe era uma tarefa fácil de se levar adiante. Provar, por exemplo, que o tio de Bahrin, o sultão de Terengganu, indicou os juízes islâmicos em seu próprio estado e ameaçou a própria subsistência deles foi muito difícil. Por várias noites, fiquei até tarde na casa de estudantes malaios de Direito, que estavam fazendo pós-graduação na Monash University, tentando persuadi-los a dar opiniões sinceras sobre os depoimentos das testemunhas para serem apresentadas aos tribunais australianos. Dois dos jovens concordaram, de início, em depor sobre a influência e interferência legal que um sultão tinha na Malásia e os prováveis preconceitos que isso causaria em qualquer ação contra mim, mas, no último momento, ambos foram ao escritório de Lillian para declarar que, pensando bem, não valia a pena arruinar suas carreiras totalmente ou a de seus familiares enfrentando o governante de Terengganu. O que seriam simples questões de pesquisa muitas vezes apresentavam enormes dificuldades e nos víamos bloqueados para obter as mais básicas informações sobre o Código Civil da Malásia. Serei eternamente grata a Jennifer Took, uma advogada australiana apoiada por seu escritório, em Cingapura, que, sem jamais ter se encontrado comigo ou com Lillian, levantou precedentes e pesquisou fatos de suma importância para nós.

Fui capaz de mostrar ao tribunal que Iddin era, aproximadamente, o sétimo na linha do trono de Terengganu e, ainda assim, isso seria improvável devido à lei de primogenitura — o sangue real de Iddin de Terengganu vinha apenas de sua avó que, por ser mulher, não tinha qualquer direito. Também provei que ele estava igualmente duas ou três vezes mais distante do trono de *Perak*, ou seja, o Estado Real.

Parecia que, uma vez mais, Bahrin havia arrancado das crianças e de mim qualquer sombra de normalidade. As semanas seguintes se passaram com idas e voltas ao tribunal, enquanto Bahrin experimentava uma manobra após a outra para atrasar os tribunais australianos em nossa disputa pela custódia. Minhas noites se passaram em um borrão enquanto eu lia cuidadosamente os depoimentos de Bahrin, assinalando qualquer discrepância para Lillian e John. Lillian e eu imploramos e conseguimos emprestados livros sobre a lei constitucional malaia em busca de argumentos. Filtramos contradições e ambigüidades em cada palavra colocada nos depoimentos legais de Bahrin para que John tivesse mais munição ao defender meu caso. E, em meio a tudo isso, tentei tranqüilizar Iddin e manter meu suprimento de leite para Shahirah. Eu vivia em meio a um turbilhão de fraldas, bebês e documentos legais, o tempo todo imaginando se algum dia teria paz e temendo perder meus filhos caso o juiz não compreendesse meus argumentos.

O padrão matinal para nós, nos dias em que eu deveria comparecer ao tribunal, era levar as crianças de carro até a casa dos MacArthur e deixar Iddin com Sue. Felizmente, logo a casa deles tornou-se o lugar de visitas favorito de Iddin, pois ele passava o dia brincando com o filho deles, Ben, da mesma idade que ele. Em seguida, eu e Shahirah íamos para a cidade no horário de pico do trânsito e eu deixava meu carro velho em um estacionamento não muito longe do tribunal. O gerente, Tony, sempre me ajudava a soltar Shahirah do carro, tirar a caixa de documentos, a maleta, a sacola de fraldas e o carrinho. Em seguida, carregava tudo isso comigo desde o quarto andar do edifício-garagem (onde ele me dava um desconto na taxa do estacionamento) até o térreo e equilibrava a carga no alto do carrinho de Shah, pronta para caminhar até o escritório de Lillian.

Uma vez lá, eu e Lillian revisávamos todos os fatos necessários para o litígio do dia, eu amamentava Shah, juramentava os depoimentos e telefonava para John, para que ele nos encontrasse no tribunal em breve. Lillian começava a trabalhar às 6h30, para poder cuidar de seus outros casos. De seu escritório, me ajudava a empurrar Shahirah, e todos os documentos, por dois quarteirões, até o tribunal, normalmente carregando duas maletas repletas de papéis e os braços cheios de arquivos e livros. Depois de deixar Shahirah na creche do tribunal, eu estava pronta para me juntar a Lillian e John na sala de audiências para os acontecimentos do dia. O ritmo de crescimento de Shahirah e seus balbucios alegres só eram acompanhados pela pilha crescente de papéis relativos ao julgamento. Eu tinha pontadas de culpa por não poder simplesmente parar tudo com um estalar de dedos e me dedicar apenas aos avanços e sorrisos de meu bebê.

As discussões levavam horas, mas, pelo menos, nesta fase, Bahrin teve que retirar suas alegações de seqüestro. Consegui provar que tinha vindo para a Austrália por ordem de Bahrin e que ele se casara com Elmi mesmo ainda estando casado comigo. Eu não tinha a intenção de ficar na Austrália quando vim para casa; não sabia o que iria fazer quando cheguei a Melbourne. As discussões então passaram para as questões de jurisdição e da importância da realeza de Bahrin.

Meu descanso em meio a tudo isso era escapar durante os recessos para ir amamentar Shahirah. Ela erguia os braços para mim quando eu entrava na sala e chorava até eu pegá-la e colocá-la em meu peito. Eu me sentava em uma das cadeiras de encosto duro na creche, angustiada pelo futuro enquanto via seu rostinho aninhado confiantemente em mim, a mão brincando com minha blusa ou com minha boca enquanto mamava. Para mim, era como se tivéssemos sido soprados como as folhas de uma árvore em uma ventania, sem ter onde repousar, jogados de um lado para o outro, para cima e para baixo, sem controle sobre nosso destino.

E os telefonemas de Bahrin começaram quando eu estava em meu pior momento, tarde da noite e de manhã bem cedo, cansando-me mais ainda, fazendo com que eu me sentisse em uma armadilha, como um animal selvagem hipnotizado pelo facho de uma lanterna. Ele me confundia, algumas vezes pedindo uma reconciliação, outras exigindo minha capitulação, mas sempre me lembrando de minha inutilidade, minha idiotice e meu total desamparo diante de sua vontade e sua violência, caso ele optasse por exercê-las. De alguma maneira estranha e terrível, esses telefonemas tinham um efeito hipnótico. Se eu estivesse sozinha com as crianças, eles me mantinham fixa, petrificada demais para conseguir desligar o telefone na cara deste homem que havia sido meu mestre e senhor em todos os sentidos dessas palavras.

Finalmente, ele exigiu um encontro no escritório de seu advogado certa manhã.

— Pretendo me divorciar de Elmi — anunciou orgulhosamente, como se eu devesse parabenizá-lo. — Yasmin, você precisa entender. Eu estava sob *kenang* com ela, e já estou indo a um *bomoh* para me tratar.

— Bahrin, não quero me encontrar com você, nem ouvir falar de *bomohs* e essas coisas. Por favor, apenas me deixe em paz com as crianças — respondi. Mas ele continuou a ameaçar e a tentar me enganar.

— Pelo bem das crianças — continuou falando, sabendo que esse era meu ponto mais fraco. Exausta, me rendi.

Uma vez no prédio baixo, revestido de pedra azul, em que ficava o escritório de seus advogados, fui levada para cima, até uma pequena sala de reuniões, onde Bahrin e uma advogada estavam esperando. Ao me sentar na cadeira reservada para mim do outro lado da mesa, foi como se eu fosse uma garotinha que tivesse chegado atrasada na sala de aula. E este continuaria a ser o tom da reunião. Bahrin e sua advogada começaram a esboçar os termos de uma reconciliação que implicaria na minha volta para a Malásia, exatamente para a mesma vida que eu levava antes. Em resposta, tudo o que Bahrin prometeu foi me perdoar pela minha ridícula postura na Austrália e que me levaria de volta.

Em vez de me sentir ultrajada por sua atitude magnânima, me vi ilogicamente tentando explicar para a sua advogada, uma mulher, como essa proposta era inaceitável e os motivos pelos quais meu retorno para a Malásia era impossível. Tentei fazê-la entender como era minha vida lá e que tipo de vida eu poderia ansiar para os meus filhos se voltássemos, esperando que ela ponderasse com seu cliente e o convencesse a nos deixar em paz. Mas ela apenas olhou para mim de maneira condescendente enquanto eu tentava descrever a existência estranha que tínhamos lá, o isolamento, a violência e as bárbaras superstições que regiam nosso dia-a-dia. Até perceber como era inútil tentar contar a ela essas coisas, tentar mostrar a ela o verdadeiro lado da realidade de Bahrin, enquanto, diante dela, ele desempenhava o papel de seu personagem "ocidental": educado, com um comportamento e aparência imaculados, falando de maneira cuidadosamente moderada — do mesmo modo que nos dias em que me cortejava. Eu quase podia sentir as palavras não ditas, mas trocadas entre eles, enquanto minha voz ia perdendo a força na minha defesa. O silêncio era claro; Bahrin havia me pintado para seus representantes legais como uma mulher instável, quase fanática, que falava de um homem que não se parecia com seu cliente real repleto de urbanidade, uma esposa amargurada e rejeitada.

Percebi então que a reunião fora um grande erro e me levantei para ir embora, mas não antes de Bahrin pedir um momento a sós comigo, com o que sua advogada concordou imediatamente. Quando ficamos sozinhos, ele se sentou formando um ângulo reto comigo, na outra cadeira de cor escura.

— Yasmin, desejo que você volte. Eu te amo — ele disse, e depois, enfiando a mão rapidamente em seu bolso direito, apareceu com uma pequena caixa de veludo vermelho, abrindo-a para me mostrar um anel de diamante. — Veja, eu realmente te amo. Comprei isso para você — ele disse e colocou a caixa aberta em meu colo. — Tudo vai ficar bem agora, é só você voltar.

Senti meu estômago dar um nó de raiva ao olhar para meu colo e ver o diamante acomodado em sua caixa, refletindo a luz das lâmpadas fluorescentes do teto.

— Você realmente acha que, depois de tudo o que me fez, de cada machucado, da humilhação, da solidão, das ameaças de tirar as crianças e ferir minha avó, que um anel de diamantes seria suficiente para eu voltar para você? E você sequer mencionou aquela piranha com quem você se casou! Ela sabe que você está pedindo para que eu volte?

— Minha esposa não lhe diz respeito — Bahrin declarou secamente. — Não é assunto seu.

— Você é realmente um bosta, Bahrin. Não se preocupa com ninguém, a não ser consigo mesmo; não se preocupa com Iddin e Shah, nem comigo. Eu nunca, jamais voltarei a viver em Terengganu. Shah e Iddin merecem uma vida melhor do que com você.

— Escute, sua cadelinha — ele disse em um sussurro, que ninguém poderia ouvir. — Eu tenho isso e não pense que não vou usar quando você voltar para casa. — Ele sacudiu um pedaço de papel diante de mim. Imediatamente reconheci ser um documento das autoridades religiosas de Terengganu, com o selo real sobre o texto e pude ver meu nome em árabe no topo. — Vou levar você de volta para Terengganu, sua vagabunda de merda. Você sabe disso, não sabe? Seu juiz australiano desmiolado não deseja criar uma guerra diplomática; ele vai devolver você para mim, você vai se arrepender por ter me causado tantos problemas. Eles vão usar o *rotan* em você, seis vezes, e você vai apodrecer na cadeia pelo tempo que eu quiser. Lembre-se que Kasim é o inspetor da divisão especial.

Tudo isso ele cuspiu sobre mim enquanto a força de seus olhos esbugalhados me mantinha sentada. Eu não duvidava da verdade do que ele dizia e que realmente cumpriria cada palavra. Consegui me levantar e abrir caminho até a saída e, quando fiz isso, o anel em sua caixa caiu no carpete. Cambaleei para fora, soluçando, sob o sol de verão e, de algum jeito, consegui ir até o escritório de Lillian. Quando contei a ela o que havia acontecido, ela ficou furiosa comigo por ir a um encontro com Bahrin sozinha e com raiva dos advogados dele por terem encorajado isso sem seu conhecimento. Mas, para mim, essa era a menor das preocupações. Era como se minha vida real de repente reaparecesse e eu estivesse me enganando ao alimentar a esperança de algum dia me livrar de Bahrin. Lillian precisou de um longo tempo para me acalmar e convencer que Bahrin ainda não tinha vencido, até eu finalmente deixar seu escritório e ir buscar as crianças. Eu ainda estava muito abalada.

❖

As batalhas no tribunal nunca eram simples. Bahrin chegou até mesmo a trazer, da Malásia, com grande despesa, um advogado malaio para explicar para a corte o funcionamento da lei islâmica. O nosso lado, infelizmente, não conseguiu encontrar uma testemunha especializada da Malásia disposta a vir nos ajudar, mesmo que tivéssemos o dinheiro para trazer essa pessoa, homem ou mulher, para o nosso lado.

Mas Bahrin ainda não havia acabado com suas propostas para mim. Na terça-feira, 4 de fevereiro, ele me telefonou com uma última proposta repugnante: queria comprar Iddin de mim. Garantindo que eu viveria como uma mulher rica pelo resto da minha vida, ele queria separar as crianças, deixando Shahirah e eu na Austrália. Ele intimidou, seduziu, ofendeu e gritou comigo, ameaçando jamais descansar até me destruir e levar as duas crianças, dizendo que eu jamais conseguiria manter uma vida longe dele. Ouvi tudo isso incapaz de desligar o telefone, depois escorreguei pela parede da sala, soluçando e atordoada, com medo e profundo desespero. Era como se Bahrin ainda controlasse até mesmo minha respiração. Eu estava aterrorizada por uma voz que vinha pela linha telefônica.

Lembro muito pouco do que aconteceu nas horas seguintes. Lembro de Iddin diante de mim, chorando. Lembro de segurar Shahirah e ele junto ao meu peito e embalá-los para frente e para trás. Consegui falar no telefone com Lillian, mas não sei exatamente o que disse a ela. Sei que mergulhei no abismo da desolação total naquele dia e desejei fechar meus olhos e não acordar mais. Mas não fiz isso. Em algum lugar, em meio às brumas que tomaram conta de minha mente, percebi que meus filhos ainda precisavam de mim.

Trinta e oito

Deixei a casa de Sue e Rob MacArthur às 8 horas do dia 11 de fevereiro de 1986, dando um beijo de despedida em Iddin como se fosse a última vez. Até mesmo pedi que Rob tirasse uma foto de Iddin ao meu lado, na varanda da frente, momentos antes de eu sair. Estava me preparando para o pior naquele dia, pronta para ver meu filhinho ser levado para longe de mim pela polícia e enviado de avião para a Malásia às 16 horas, caso o julgamento resultasse contrário a nós. Eu sabia que podia esperar alguma trégua antes que levassem Shahirah: ela ainda estava sendo amamentada, eu era sua única fonte de alimento; também sabia que Bahrin não estava interessado na filha e não iria pressionar para obtê-la. Apenas lancei um olhar sobre os ombros enquanto levava Shahirah pelo portão verde e vi Iddin de pé sobre o degrau, dando adeus com a pata de seu ursinho Paddington, rindo alegremente. Engoli o nó em minha garganta, soprando um último beijo para ele e abrindo a porta do carro.

Lillian, sua assistente Sue Stephenson e Noel Ackman sentaram-se no lado esquerdo da sala de audiências, comigo um pouco atrás; caixas de arquivos, livros jurídicos, canetas e papéis cobriam a mesa diante deles. John Udorovic chegou no meio dos acontecimentos e sentou-se atrás de Lillian. No lado direito da sala estava o esquadrão de pesos-pesados de Bahrin: dois advogados, sendo que um deles tinha o título de QC — Conselheiro Real do Commonwealth, ou Queen's Counsel –, dois ou três procuradores e seu especialista em direito malaio. Todos aguardamos a entrada do juiz e minha mente disparou pelos pontos que ele teria que abordar. As acusações de seqüestro apresentadas por Bahrin já haviam sido julgadas sem mérito há muito tempo; depois de muito questionamento, Bahrin admitiu que eu não havia seqüestrado as crianças e que ele mesmo havia me mandado para Melbourne. O juiz ficou satisfeito e aceitou que minhas ações não haviam sido premeditadas. O que deveria ser abordado agora era a petição do outro lado para que todo o processo fosse retirado da atual jurisdição e transferido para a Malásia. Não houve pedido de custódia da parte de Bahrin para as crianças, apenas seu pedido para que elas e eu fôssemos deportados de nosso próprio país para a Malásia.

No caso de o juiz decidir dessa maneira, nós havíamos solicitado mais de uma dúzia de salvaguardas para serem usadas contra qualquer decisão nesse sentido. Isso incluía uma garantia pessoal do ministro malaio de assuntos internos de que, se Bahrin recebesse a custódia das crianças e, em seguida, se divorciasse de mim, eu poderia permanecer na Malásia para ficar perto deles. Essa era uma das minhas principais preocupações, pois ele havia me ameaçado de deportação e, caso se divorciasse de mim, eu não teria residência legal lá e nenhuma chance de obter um visto de residente. Também exigimos que Bahrin recebesse, do mesmo ministro, documentos de garantia de que eu seria imune a processos e encarceramentos sob a Lei de Segurança Nacional da Malásia, que permite que qualquer pessoa morando no país seja mantida na prisão indefinidamente, sem qualquer acusação. Nós tínhamos medo de que esse viesse a ser meu destino caso fizesse alegações abertas no tribunal sobre o alto nível de corrupção e fraudes nos corredores políticos e governamentais da Malásia. Garantias juramentadas também foram exigidas de Bahrin para retirar todas as ações dos tribunais islâmicos da Malásia e conduzir os litígios apenas nos tribunais civis, que, mais ou menos, seguiam o Código Civil inglês. Isso era importante, pois conseguíramos provar que os tribunais islâmicos seriam preconceituosos contra mim em qualquer ação contrária à família real. Também havia questões envolvendo o suporte financeiro das crianças e meu, caso tivesse que voltar para a Malásia, disponibilização de um apartamento em Kuala Lumpur, a capital do país, e não em Terengganu, e uma soma em dinheiro de Bahrin a ser colocada em um fundo para cobrir meus custos legais na Malásia.

Finalmente, o juiz Treyvaud entrou na sala de audiência e todos nos levantamos, enquanto Bahrin me lançava um olhar de confiança absoluta que me deixou totalmente abalada. Sua excelência determinou que as crianças e eu voltássemos para a Malásia para levar adiante o processo pela custódia nos tribunais civis, que Bahrin cumprisse todas as minhas exigências de segurança, que todos os processos e julgamentos no tribunal islâmico de Terengganu fossem arquivados por solicitação de Bahrin e que ele também deveria, sob juramento, não iniciar nenhuma outra ação contra mim nos tribunais islâmicos e restringir todas as ações legais aos tribunais civis da Malásia.

Lillian e John viraram-se instantaneamente em suas cadeiras para segurar as minhas mãos. Em voz baixa, John disse:

— Vamos recorrer, simples assim, vamos recorrer, todos sabem disso.

Noel deu de ombros, com seu jeito descontraído e disse:

— Vamos recorrer.

Lillian, ao ver as lágrimas começando a encher meus olhos e ouvindo o grunhido que se formava em minha garganta, apertou minha mão com firmeza.

— Não ouse chorar, não ouse desistir — sibilou ela com firmeza, apertando minha mão uma vez mais antes de virar para a frente para ouvir a sentença do juiz.

Ousei olhar para o lado de Bahrin, onde estava claro que ninguém ficara feliz com o julgamento também. Bahrin tinha um olhar furioso e seus advogados sacudiam a cabeça com desgosto. Obviamente, esperavam que tudo seguisse seus termos. Eu me virei, satisfeita por ver que Bahrin não estava feliz por ouvir um juiz australiano dizer que ele não poderia usar o tribunal islâmico contra mim. Quando os murmúrios e conferências rápidas terminaram dos dois lados da sala do tribunal, Noel ficou de pé e com calma disse ao juiz Treyvaud que recorreríamos. Ele foi rapidamente seguido pelo advogado de Bahrin, que declarou a mesma coisa. O próprio juiz não pareceu surpreso por ambos os lados estarem decididos a recorrer contra sua decisão e adiou qualquer ação subseqüente por vários dias.

Deixei a sala de audiência como se agora vivesse em um estado de animação suspensa. Eu, na verdade, não entendia as implicações de todo o processo de recurso e me sentia como se tivesse que respirar o mais profundamente e rapidamente possível para inalar o máximo de ar australiano que pudesse, antes de ser forçada a deixar o país. Mas pelo menos eu tinha o conforto de saber que Shahirah, Iddin e eu poderíamos estar juntos em seu aniversário de 3 anos, no sábado.

Saímos do prédio juntos, em formação compacta; "meu time", como passei a considerá-los, começou a usar jargão jurídico ao meu redor, falando de precedentes, prazos e registros de recursos, que eu mal podia entender. A única coisa em que pensava ao encher o carrinho de arquivos e bolsas e ao segurar Shahirah, balbuciando em meu ouvido e puxando meu vestido, era que eu teria as crianças comigo por pelo menos mais alguns dias e que não teria que me despedir delas — ainda.

Bahrin partiu da Austrália no dia 13 de fevereiro, deixando seus advogados encarregados de representá-lo no tribunal e sem pedir para estar com as crianças. Para nós, não havia nada certo, nenhum plano podia realmente ser feito, nossos futuros continuavam sem solução e nossas vidas seriam colocadas nas mãos dos tribunais de recursos.

Ao longo das semanas seguintes, procurei trazer a normalidade de volta à vida das crianças. Shahirah estava engatinhando e Iddin começara a fazer desenhos com cores fortes e a pedir um bichinho de estimação. Comecei a fazer amigos e a receber o apoio e o amor irrestritos de Sue e Rob MacArthur e de seus dois filhos, Nicholas e Ben, que eram amigos muito especiais de Iddin e carinhosos com Shahirah. Mas não importa quanto eu quisesse fingir que estávamos em casa em definitivo, a realidade das complicadas conferências legais das quais tinha que participar e as sessões intermináveis de estudo e pesquisa que tinha com Lillian mantinham-me a par da fragilidade de nossas existências na Austrália e de toda a luta que ainda seria necessária para conseguirmos viver lá.

Lillian montou uma equipe formidável para apresentar o recurso: Sue Stephenson, E. W. (Bill) Gillard QC, um homem muito alto, magro e agradável, com sobrancelhas hirsutas e olhos escuros e inteligentes, e o advogado John Cantwell, quieto e tranqüilo, com a concentração de um jogador de xadrez. Foram essas as pessoas que trabalharam dia e noite para preparar o recurso no tempo recorde de dez dias e que voaram para a cidade de Adelaide, no sul da Austrália (o sistema legal de meu próprio país estava relutando em acelerar o processo de recurso para uma família real estrangeira, assim, a realocação da audiência foi necessária para pularmos a fila) para recorrer diante da banca completa (três juízes juntos) da Vara de Família no dia 13 de março e defender o caso. Era totalmente inviável para mim ir a Adelaide, e desnecessário, pois o recurso não precisaria de testemunhos para oferecer provas. Toda a questão seria resolvida com base no material escrito e dos argumentos e defesas apresentados pelos conselheiros reais de cada lado.

241

Em particular, eu achava que a velocidade com que o recurso fora feito tinha alguma relação com a pressão governamental e com o fato de que a Austrália não queria se envolver em outro escândalo diplomático com a Malásia. Na época, dois australianos, Barlow e Chambers, estavam enfrentando a pena de morte na Malásia por tráfico de drogas e já havia um bocado de ressentimento correndo entre os dois países. Normalmente, os recursos levavam de seis meses a um ano antes de os tribunais se reunirem e, em geral, eram conduzidos na cidade de origem, neste caso, Melbourne.

Eu não tinha escolha a não ser aguardar na casa de Sue e Rob pelo telefonema de Lillian relatando os acontecimentos. Era terrível estar tão afastada da briga em Adelaide. Tentei seguir normalmente com a vida nos dois dias que se seguiram, alimentando as crianças, dando-lhes banho e lendo histórias para Iddin, Shahirah, Ben e Nicholas para passar o tempo, mas não conseguia segurar os pulos cada vez que o telefone tocava, e dormia muito pouco durante a noite. A audiência para o recurso ocorreu nos dias 13 e 14 de março, quando minha equipe estabeleceu diversos novos precedentes para a lei de recursos, incluindo poder apresentar novas provas enviadas por fax. Por fim, dois dias não foram suficientes para os dois lados discutirem o caso e a questão foi novamente adiada e devolvida para Melbourne para continuar em uma audiência nos dias 3 e 4 de abril de 1986. Isso significou mais espera. Não tinha certeza se ficava feliz pelo prolongamento ou se preferia uma decisão definitiva sobre nossas vidas o mais rápido possível. Mas aproveitei cada dia que passei com Iddin e Shah, caso fosse o último.

Quando maio chegou, ainda não havia sinais sobre quando o julgamento do recurso seria apresentado. Como poderia levar meses até ouvirmos alguma coisa, decidi dar os próximos passos para nossa vida definitiva na Austrália, e nos mudamos para uma casa que pertencia ao pai de meu amigo Peter, no frondoso subúrbio de East Malvern. Como Shah engatinhava cada vez mais rápido e Iddin ia ficando cada vez mais ativo, ficou claro que o apartamento com o jardinzinho logo seria muito pequeno para duas crianças crescendo alegremente. O tio James, pai de Peter, ofereceu a velha casa por uma fração do aluguel normal no confortável subúrbio de classe média. Tinha um jardim enorme, com árvores frutíferas e muito espaço para as aventuras das crianças. Tio James vivia em uma enorme casa antiga ao lado, com uma quadra de tênis nos fundos, onde Iddin podia andar em seu triciclo. Todo o acordo seria absolutamente maravilhoso para as crianças. Havia um problema, no entanto: a casa estivera vazia por mais de cinco anos e jamais fora reformada ao longo de seus setenta anos de existência, o que acarretou a impossibilidade de habitar em parte da propriedade. Mas eu estava determinada a tê-la para Iddin e Shahirah e não seriam detalhes como estes, como a falta de piso no banheiro, paredes mofadas ou a ausência de um fogão que me impediriam — assim, tornei-me uma reformadora.

Ao dar um passo para trás para avaliar meu trabalho, comecei a pensar sobre o que as damas da nobreza de Terengganu diriam se me vissem agora. Ali estava eu, vestida com um macacão imundo, um lenço no cabelo para me proteger da sujeira ao redor, botas de operário nos pés e Shahirah pendurada em minhas costas em um suporte infantil. Iddin estava ainda mais sujo do que eu, se é que isso era possível, mas parecia se deliciar em seu papel de assistente, correndo em torno da casa, juntando pedaços do papel de parede que tínhamos arrancado e enchendo o carrinho de mão com ele para que o tio James os jogasse fora depois. Era o início de junho de 1986 e as noites iam ficando mais frias com a chegada do inverno, mas, finalmente, comecei a ver alguns progressos depois da mudança. Arranquei todo o papel de parede desbotado e manchado, com vapor, raspando e, algumas vezes, usando os dedos até ficar sem unhas. Essa era uma atividade que Iddin gostava, rasgar enormes pedaços do papel que estavam na sua altura, poupando-me o trabalho de ficar me arrastando sobre os joelhos para fazer isso.

Depois de lavar as paredes com solvente, pretendia emassar as rachaduras e buracos, embossar tudo de novo e pintar o interior em tons quentes de damasco laranja. Já tinha colocado um novo piso no chão do banheiro e, com ajuda de Peter, instalado uma pia de segunda mão e rejuntado os ladrilhos do boxe. Não tínhamos mais que ir até a casa de tio James para usar o banheiro, o que já era uma grande coisa. O novo fogão foi comprado em uma liquidação de produtos usados, foi instalado e começou a funcionar com perfeição e, naquele fim de semana, Peter me ajudou a cimentar o chão da área de serviço, do lado de fora, que já estava quase seco. O único problema era que, para permitir que a água escorresse, nós deixamos o chão muito inclinado e, por isso, a máquina de lavar provavelmente teria que se equilibrar em uma ladeira. Alguns outros amigos chegaram dois ou três dias antes, para me ajudar a arrancar os carpetes velhos e sujos de alguns quartos. Eu pretendia alugar uma máquina para eu mesma lixar, polir e vedar as tábuas do chão, pois tapetes novos eram muito caros. O quarto das crianças era o único realmente confortável e bem acabado da casa, e o resto ia se ajeitando de maneira lenta, porém contínua.

Isso tudo sendo "inútil, estúpida e incapaz de cuidar de mim mesma e das crianças", eu pensei, enquanto arrancava o lenço da cabeça, tirava Shahirah do suporte em minhas costas e a colocava em meu peito, sentando-me na cadeira da cozinha. Eu aprendera a cuidar de mim mesma e das crianças, sabia usar uma serra, um martelo e uma furadeira elétrica. Apenas rezava para poder viver nessa casa que tínhamos criado. Olhando pela janela, vi Iddin brincando no jardim dos fundos, pulando em um enorme monte de folhas vermelhas e douradas do outono, seu rosto irradiando alegria enquanto gritava e jogava punhados de folhas para o ar.

Até então, eu sempre seguira a lei, voltando para casa e registrando minha presença nos tribunais, submetendo-me a sua jurisdição e não me escondendo onde Bahrin não pudesse me encontrar. Mas agora, à medida que um dia acabava em outro e o julgamento do recurso não acontecia, comecei a imaginar, após oito meses em casa, o que faria caso a decisão fosse contra mim.

Comecei a pensar nas opções: poderia seguir o que o juiz determinasse; poderia recorrer mais uma vez, desta vez ao Supremo Tribunal da Austrália, caso me mandassem de volta para a Malásia; ou podia apenas desaparecer com meus filhos. Como uma reação instintiva, a última opção parecia ser a mais atraente, mas pensei mais profundamente sobre o que isso significaria para as crianças — arrancá-las de lá, tirar Iddin do jardim-de-infância e, talvez, viver fugindo, fingindo ser pessoas diferentes — percebi que estaria retirando qualquer possibilidade de segurança e normalidade que eu com muita luta tentei construir para eles nos meses anteriores. Assim, descartei-a.

Eu iria, concluí, esgotar todas as vias legais para proteger nossa vida juntos e manter registros meticulosos o tempo todo para poder responder a qualquer pergunta que as crianças tivessem quando fossem mais velhas sobre meus motivos e ações.

Desci da escada o mais cuidadosamente possível para não deixar cair a brocha ou derrubar a bandeja de tinta que estivera usando para terminar o teto da sala, e pulei para agarrar o telefone antes que seus toques acordassem Shahirah de seu cochilo. No momento em que peguei o telefone, a campainha da porta tocou, acordando o bebê e fazendo-a chorar. Sem fôlego, gritei na direção da porta da frente que estava indo e disse "alô", no telefone.

— Vencemos, nós vencemos! — Lillian gritava pela linha telefônica. — Você e as crianças podem ficar!

— Quando? Como? — consegui soltar.

— Espere um minuto. Vou ler um resumo para você. — Ouvi Lillian mexendo na papelada e sua voz voltou para o telefone. — Em 27 de junho de 1986, blablablá. Ordens do tribunal e julgamento. (i) Que o recurso da esposa seja aceito, blablablá. (ii) Que a esposa tenha a custódia exclusiva das crianças. (iii) Que o marido não possa retirar as crianças do estado de Victoria e do Commonwealth da Austrália. (iv) Que os recursos concorrentes do marido sejam arquivados. Parabéns, bem-vinda à casa!

Eu mal consigo lembrar de ter desligado o telefone, mas lembro de pegar Shahirah no berço e abrir a porta para minha amiga Susan, que ficou esperando todo o tempo na chuva, em minha varanda desprotegida, aguardando pacientemente que eu abrisse a porta.

Temendo que algo terrível tivesse acontecido, Susan agarrou meu braço, preocupada, até eu conseguir deixar sair um selvagem "nós vencemos!" para ela. Eu estava bastante atordoada, mas estranhamente não me sentia exultante ou com vontade de pular de alegria, como fantasiei que faria ao pensar naquele momento de noite, na cama. Depois de contar os detalhes para Susan, até onde eu sabia, passei Shah para os braços dela e fui até meu quarto, escancarando meu armário e tirando o *baju kurung* que sempre fora forçada a usar na corte, devido à minha falta de roupas. Jogando o cabide na cama, fiz uma bola com o vestido e voltei para a sala, onde Susan estava sentada com Shahirah. Afastei a pesada tela de proteção da lareira, joguei o odiado *baju kurung* no fogo e fiquei vendo as labaredas tomarem conta da seda.

— Agora, estamos em casa de verdade — disse, enquanto Susan me olhava boquiaberta, e comecei a chorar na mesma hora.

Trinta e nove

Eu e as crianças crescemos muito nos quatro anos que se seguiram à vitória de nosso recurso. Construir uma nova vida não é fácil e acho ironicamente divertido o fato de eu mais ou menos ter saído de um palácio para uma pensão de uma tacada só. Mas não me arrependo de nada. Não tinha o tempo ou a inclinação para sentir falta da vida vazia que levava na Malásia; as decisões que tomei foram as corretas tanto para mim quanto para as crianças. Ruminar o passado teria me ancorado lá, presa de minha própria autopiedade, justo o que Bahrin esperava de mim. Em lugar disso, permiti a mim mesma olhar para a frente e jamais falar com detalhes de Terengganu, até mesmo com os amigos mais próximos. O futuro era tudo o que me interessava e a única coisa que eu podia considerar, sozinha, com duas crianças pequenas.

Voltei a trabalhar assim que me senti em condições, chegando a ter três atividades para conseguir fechar o mês. Achei que, com Shah ainda mamando no peito parcialmente, essa seria uma solução mais conveniente para conciliar as necessidades das crianças com as exigências financeiras. Datilografava para estudantes, cuidava de crianças, participava de pesquisas de mercado e preparava bolos para uma pequena delicatéssen. Mais tarde, trabalhei como garçonete em meio expediente, na hora do almoço de um movimentado bistrô do centro da cidade. Isso significava que eu só estava longe de Shah e Iddin por um breve período do dia e o trabalho acomodava-se bem com os horários do jardim-de-infância de Iddin e a ajuda para ficar com as crianças de minha amiga Susan.

Mas, acima de tudo, os primeiros quatro anos em casa foram um período de cura, de descobrir que eu não era uma pessoa inútil e redescobrir meu amor-próprio e confiança, duas coisas que levaram um tempo enorme para recuperar. É engraçado como o respeito por si mesmo é algo tão intangível e sua ausência tão difícil de reconhecer quando ele foi corroído por um longo tempo. Só dei falta de minha auto-estima quando a perdi, junto com uma parte essencial de mim mesma. Não achava que merecia nada melhor. Era difícil discordar de qualquer pessoa de maneira direta e eu mantinha uma batalha interna contínua para não saltar como um cachorrinho treinado tentando agradar seu mestre e ganhar sua aprovação sempre que estava com outros adultos. Bahrin havia feito uma boa programação. Eu me sentia suja e fracassada, e esse é um poço profundo, difícil de sair. Quanto ao meu coração, estava tão machucado e cheio de cicatrizes que duvidava que algum dia teria espaço para outra pessoa além de Iddin e Shah.

Passei quatro longos anos na Malásia, quatro anos sem saber a música que fazia sucesso no rádio, os filmes que haviam passado no cinema, quatro anos sabendo muito pouco do mundo exterior a Terengganu e de total ignorância sobre a situação política da Austrália e do resto do mundo. Reagan e Thatcher eram simples legendas debaixo de fotografias de personagens indefinidos dos jornais, e os altos e baixos das bolsas de valores soavam como brincadeiras na montanha-russa de um parque de diversões. Os novos caixas eletrônicos nas esquinas das ruas me deixavam assustada e perplexa diante dos saltos tecnológicos, enquanto minhas experiências na Malásia me tornaram mais esgotada e experiente do que muitos de meus contemporâneos. Por um longo tempo, senti como se tivesse existido apenas parcialmente em relação ao mundo cotidiano. Sentia-me fora do ritmo, alienada e muito mais velha do que minha turma, mas, ao mesmo tempo, brigava para ser a mãe que Iddin e Shah precisavam. Ser transplantada de repente de volta para meu próprio país fez com que percebesse o tanto de juventude que Bahrin tirou de mim, ou melhor, que permiti que ele tirasse.

Por volta de 1986, escrevi para o imã principal de Terengganu, o líder do tribunal islâmico, pedindo o divórcio de Bahrin e assegurando não ter objeções a que ele realizasse o decreto tradicional de divórcio. Optei por esse caminho por ser o mais simples e rápido para obter minha liberdade, além de ser o mais barato — não havia possibilidade de eu bancar uma nova batalha legal. Deliberadamente, não pedi qualquer acordo sobre bens, dinheiro, nada, tampouco esperava, ou desejava, outra coisa a não ser minha liberdade com as crianças. A família podia ficar com as bugi-

ERA UMA VEZ UMA PRINCESA

gangas, as obras de arte, as jóias e as roupas; desde que meu carro velho pudesse me levar de A para B, não tinha por que lamentar a perda de meu BMW ou a falta de um Rolls-Royce. O que poderia fazer em minha nova vida com finos copos de vinho de cristal Waterford e talheres de prata? Em nome da praticidade, meus pratos tinham apenas uma referência: eram à prova de máquinas lava-louças. Meus livros eram a única coisa que eu realmente lamentava ter perdido. Eles tinham sido meus verdadeiros amigos e uma fonte de consolo e educação. Pensar neles acabando em uma fogueira feita por Bahrin me deixava muito triste. Elmi podia usar meus diamantes em seu pescoço e meus anéis em seus dedos — eles seriam sempre minhas "roupas usadas". Não tinha vontade de me apegar a coisas mortas e nenhum desejo de continuar como a "primeira esposa" na repugnante *ménage-à-trois* que Bahrin criou em sua perversão. Não queria nunca mais pertencer a alguém, só desejava uma chance de descobrir o que ainda existia de mim.

Bahrin voltou à Austrália em 6 de setembro de 1986, contando com o acesso imediato às crianças e sem qualquer consideração pelas conveniências da vida diária de ninguém, a não ser a dele mesmo. Sendo quem era, causou um frenesi nos tribunais ao exigir uma "audiência urgente" totalmente desnecessária para ter acesso às crianças. Ele parecia não ter a menor noção de que o mundo não girava em torno de suas vontades e desejos imediatos, e esperava que seu posto na realeza tivesse o mesmo peso na Austrália do que em seu próprio país. Eu jamais havia dado qualquer indicação de ter objeções a que as crianças estivessem com o pai; na verdade, fiz tudo para facilitar que eles se falassem pelo telefone, mas ele raramente fazia algum esforço nesse sentido.

Acredito que os motivos que ele anunciou para que todos voltassem ao tribunal eram um estratagema para poder exigir meu novo endereço em East Malvern. Eu não me importava que ele tivesse meu telefone, assim poderia falar com as crianças, mas tinha muito medo de que, uma vez de posse de nosso endereço, perdêssemos nossa segurança e privacidade. No banco das testemunhas, disse ao juiz que acreditava ter sido seguida algumas vezes por um detetive particular, contratado por Bahrin, e que temia sua motivação e preferia manter nosso endereço em segredo. Após um interrogatório minucioso de John Udorovi, Bahrin por fim admitiu que tinha mandado um detetive particular me fotografar, mas negou

248

que o tivesse contratado para me seguir. Fui obrigada a engolir minha exasperação com o sistema legal quando o juiz determinou que Bahrin tivesse nosso endereço completo imediatamente. Eu queria que o juiz reconhecesse a ameaça à nossa segurança, mas segurei minha língua e engoli as palavras, dando-me conta da inutilidade de enfrentar o sistema e compreendendo que o tribunal precisaria de provas reais de que Bahrin pretendia me fazer mal.

No segundo dia, John e Lillian decidiram fazer algumas surpresas para Bahrin, uma vez que ele arrastou a todos para o tribunal sobre bases falsas. Decidimos que, uma vez que ele estava na Austrália, deveríamos aproveitar a oportunidade e tentar uma ordem judicial para que Bahrin devolvesse os bens que eu havia deixado na Malásia e outra estabelecendo o pagamento de uma pensão. Sempre preocupado com as aparências, Bahrin veio preparado para essa possibilidade, alegando estar empobrecido desde que pousara em Melbourne. Ele dispensou seus representantes legais de alto custo no tribunal, dizendo que não tinha mais como pagá-los, e registrou-se no hotel mais barato que a cidade poderia oferecer. Também fez um pedido para receber auxílio financeiro de um fundo do governo australiano para contribuintes. Eu estava muito cética de que ele pudesse ir ao tribunal sem orientação legal e não foi surpresa quando ele foi visto usando a porta dos fundos para ir visitar as instalações de seu "ex-advogado" assim que a audiência foi concluída.

John lidou com as notícias da súbita queda de Bahrin de maneira impecável. Antes de a sessão no tribunal começar, ele caminhou casualmente até Bahrin, apertou sua mão e o cumprimentou por seu novo relógio da marca Ferrari. Depois, entrou no tribunal e demoliu as alegações de Bahrin de que não teria como enviar dinheiro para a manutenção das crianças, com um golpe final, chamando a atenção do juiz para o novo relógio caríssimo de Bahrin, cujo valor estimado era bem superior a muitos milhares de libras, que ele usava ostensivamente em seu pulso direito.

Finalmente, o juiz determinou que Bahrin fizesse pagamentos mensais e jurasse sobre o Alcorão que enviaria minhas posses — roupas, fotografias, livros, roupas de cama, louças — e os brinquedos e livros das crianças para nós, em Melbourne. Não prendi o fôlego em antecipação. Não esperava a chegada da pensão nem que Bahrin mantivesse sua palavra, era apenas pelo princípio da questão. Dez meses se passaram até que minhas coisas me fossem finalmente enviadas por Bahrin, e mesmo então ele não cumpriu seu juramento feito sobre o Alcorão, diante do juiz. As duas caixas que recebi continham vestidos de grávida muçulmanos, toalhas amassadas que pareciam ter sido rasgadas com imensa raiva, alguns de meus trajes de dança de Bali e meu vestido de casamento de *songket* — artigos não exatamente essenciais para a vida de uma mulher ocidental. Nenhuma das roupas ou brinquedos das crianças foram incluídas. Também foi determinado que Bahrin me informasse por escrito, com um mês de antecedência, sobre suas intenções de visitar a Austrália para ver Iddin e Shahirah, de forma que eu pudesse tomar as providências para que seus planos não interferissem com outras programações que pudesse ter feito para as crianças e para mim. Essa condição foi estabelecida segundo sugestão minha, para ajudar a aliviar a situação difícil e para que Bahrin tivesse a certeza de estar com as crianças quando quisesse. Não foram feitas determinações para acesso permanente pelo tribunal e isso não foi solicitado por Bahrin para o futuro.

No entanto, Bahrin usou a oportunidade da sessão de setembro do tribunal para encenar seu personagem de "realeza contrariada" ao extremo. No banco de testemunhas, ele se virou para o juiz e, de maneira apaixonada, declarou considerar sua *jihad* pessoal, ou seja, a guerra sagrada muçulmana, retirar seu filho Iddin da Austrália. Não acho que qualquer um no tribunal, a não ser eu, tenha compreendido o significado da declaração de Bahrin. Sua excelência certamente parecia não compreender a fúria ou a paixão por trás daquela breve palavra estrangeira. Suas conotações, embaladas em milhares de anos de incompreensão e interesses próprios, revelavam silenciosamente para mim o quanto Bahrin me odiava e o que ele estava preparado para fazer para obter sua vingança. Fiquei enojada por ele apresentar sua ameaça em termos da religião islâmica. Uma *jihad* não era algo que homens corajosos brandissem contra mulheres e crianças, tratava-se de uma batalha violenta, de vida ou morte, em nome de Alá e em defesa da religião islâmica. Segundo os ensinamentos do Islã, o guerreiro que perdesse a vida em batalha, defendendo sua religião e estilo de vida muçulmanos, era considerado um mártir glorioso com acesso imediato e garantido ao paraíso. Tentei achar graça de sua declaração como forma de intimidar o juiz e a mim. Porém, por mais que me esforçasse e mesmo ouvindo as ponderações racionais de Lillian e John após a audiência, não consegui evitar que o fato de Bahrin mencionar a *jihad* deixou plantada uma fria semente de medo no fundo de minha mente, que me sobressaltava sempre que a campainha da porta tocava inesperadamente ou quando ouvia sons inesperados em casa no meio da noite.

A única coisa boa que Bahrin trouxe em sua visita de uma semana foi o nosso decreto de divórcio de Terengganu, assinado, lacrado e oficial. Desde 3 de setembro de 1986 eu pertencia a mim mesma sem sequer saber disso.

Nossas vidas seguiram em frente depois que consegui me reequilibrar, e a passagem do tempo foi marcada pelas primeiras tentativas de caminhar de Shahirah, auxiliada por seu irmão mais velho, por feriados na praia, festas de aniversário com jogos animados e bolos de chocolate, e pela árvore de Natal, que ficava em um canto da sala. Quando fecho meus olhos, aqueles dias passam pela minha mente como flashes de um filme, alegres e barulhentos, frases perdidas e risadas, lágrimas e cochichos, tudo dentro de minha cabeça. Um piquenique de ursos de pelúcia no parque, crianças e amigos sentados em uma manta, no sol; tentativas de esquiar em que as crianças brilharam e eu fracassei abissalmente; momentos tranqüilos, aconchegados com um livro, Iddin em um joelho e Shah em outro, enquanto eu lia para eles; nós três cantando, ouvindo fitas de *Vila Sésamo* e *Play School* no carro; a paixão de Iddin pela música "Kokomo", dos Beach Boys, que ele cantarolava ligeiramente desafinado. Tudo isso está em minha mente, como se tivesse acontecido ontem. Também houve momentos em que criar sozinha as crianças não era tão fácil ou cor-de-rosa, quando eu desejava ser mais paciente ou não ter começado a gritar tão rapidamente, quando me sentia tão só que ligava a televisão para ouvir uma voz adulta, ou atrapalhada por não saber ensinar Iddin a urinar em pé. O fato de termos conseguido atravessar esse período, de coisas boas e ruins, juntos como uma família pode ser creditado mais à paciência das crianças com sua mãe, além de suas personalidades únicas e maravilhosas, do que a mim.

Os anos de Iddin no jardim-de-infância me transformaram de mãe em motorista. Sua popularidade com os meninos e meninas de sua turma levavam sua vida social a ser mais ativa do que a minha, e eu me mantinha ocupada buscando-o ou levando outras crianças para todos os lados de East Malvern. Ele desenvolveu o gosto por desenhar e uma paixão pelos cavaleiros da távola redonda e por Robin Hood, passando horas com seus amigos construindo esconderijos no jardim e "cavalgando" ao redor do velho pé de damasco que se espalhava pelo gramado e oferecia galhos baixos e firmes para serem montarias valorosas para os índios, caubóis, cavaleiros e bando alegre da floresta de East Malvern. Mesmo tão jovem, Iddin estava sempre disposto a assumir responsabilidades, oferecendo-se para juntar gravetos para o fogo, esvaziar a máquina de lavar louça ou me ajudar a guardar as roupas lavadas. Eu me preocupava com esse lado sério de sua natureza, não queria que ele achasse que deveria ocupar o espaço vazio criado por ter apenas um dos pais em casa. Manter o equilíbrio entre ensinar Iddin a ser responsável e não deixar que ele fosse engolido por um mundo prematuramente adulto era algo que eu tinha que ter em mente o tempo todo. À medida que crescia, ele algumas vezes ouvia o noticiário com grande atenção e depois me dava sua opinião sobre os últimos acontecimentos mundiais. Não tinha tempo para a injustiça, como ele dizia, e, na sua maneira simples, não podia entender por que algumas pessoas no mundo tinham que passar fome enquanto as lojas tinham tanta comida. Qual a resposta para isso? Eu não sei.

Shahirah quase sempre estava incluída nas brincadeiras de Iddin com seus amigos. Ela tinha virado um tipo de mascote para os mais velhos, bastante capaz de se agüentar sozinha nas brincadeiras do irmão e igualmente capaz de reclamar em altos brados se achava que estavam se aproveitando do fato de ela ser menor. Seu apelido virou "eu também", mostrando que ela nunca se deixava ficar para trás. Era a mais porquinha dos dois, tinha a capacidade de atrair a sujeira como um ímã, nossa família brincava que, se Shah estivesse de vestido branco, sentada em uma sala branca, conseguiria sair de lá coberta de porcaria. Gregária por natureza, Shahirah amava tudo ao extremo, fossem as cores do arco-íris que ela desenhava ou o volume em que cantava. Shah não tinha meias medidas e poucas inibições; quando havia gente envolvida, ela queria abrir seus braços e abraçar todo o mundo.

Nossa vida se completava pelo círculo de bons amigos confiáveis, que haviam se tornado mais próximos do que se fossem nossa família. Passávamos nossas férias de verão na praia, com Sue e Rob MacArthur e seus filhos, Nicholas e Ben, que eram como primos de Iddin e Shahirah, e, nas tardes chuvosas de inverno, ficávamos com o tio James. Nos momentos especiais, como quando comemorávamos nossos aniversários e apresentações de balé, além do batizado de Iddin e Shah em 1988, nossos amigos mais próximos sempre se reuniam: os MacArthurs, Susan Cole e seus filhos, Josette, Mason e Spencer, os McMenamins e seus filhos, Natalie e Lewis, e a família Jenner-Baker. Sentávamos juntos nas apresentações natalinas de fim de ano e escondíamos ovos de Páscoa para as crianças uns dos outros, e, todos os anos, passávamos a véspera de Natal juntos em nossa casa, tomando gemada, trocando lembrancinhas e assistindo à tradicional apresentação de corais natalinos na tevê.

Minha avó era sempre uma convidada de honra nessas celebrações, recebendo as homenagens em uma cadeira confortável e as atenções das crianças e adultos da mesma forma. Ela divertia-se muito ensinando os seus bisnetos a dançar Charleston e valsa, e deliciava-se ao abrir os braços para receber abraços e aconchegá-los no conforto de seu colo. As crianças não percebiam as falhas de memória de vovó ou se ela repetia as mesmas histórias vezes sem fim. Iddin sentava-se em seu colo, ouvindo com paciência seus relatos e gentilmente ajudando-a caso ela se perdesse no meio da história.

Eu mesma descobri uma leve mudança no equilíbrio de minha relação com vovó. Um dia, fui sua netinha mimada, cujo cabelo ela escovava e acariciava por horas sem fim, mas agora fora promovida para a posição de mulher adulta. Fiquei chocada com suas francas revelações sobre sexualidade e o rumo que sua vida tomou, as avaliações de sua filha — minha mãe — e a tristeza com que falou de um filho natimorto. Acompanhando-a em um cálice de porto certa noite, percebi que ela via sua vida como um fracasso, incompleta e mal-resolvida. Fez algum comentário vago sobre ter tido poucas opções e ficou pensando sobre como teria sido envelhecer ao lado de meu avô. Disse que não tinha nada para mostrar de sua vida, a não ser eu. Dentro dos estritos parâmetros da vida de minha avó, realizações familiares, aniversários de casamento e um marido grisalho eram a medida do sucesso; mesmo uma visita semanal a um túmulo desgastado pelo tempo teria sido preferível à sua condição de mulher em um limbo marital. "Mas as coisas agora são diferentes", ela acrescentou rapidamente. "Você tem escolhas e oportunidades, e ninguém para apontar o dedo contra você."

Se ela soubesse. Eu sofria com os mesmos constrangimentos e expectativas sobre a família nuclear que ela tinha sofrido durante os moralistas "anos da depressão". Bem no fundo, é claro, eu gostaria de brincar de "a família feliz". Gostaria de poder dividir o esforço de sustentar duas crianças com alguém. Queria o conforto de poder trocar pensamentos íntimos e sonhos com alguém em quem eu realmente confiasse e amasse, queria dividir minha vida com outro adulto que me aceitasse como eu era, alguém que comprasse o pacote completo. No entanto, o que desejamos e o que recebemos muitas vezes são coisas completamente diferentes. Por alguns anos depois de meu divórcio, fiz algumas tentativas sem direção de desenvolver um relacionamento com outro homem, mas nunca ficava satisfeita com o resultado. Algumas vezes, quase irracionalmente, eu me sentia grata pelo simples fato de que eles quisessem sair comigo, uma mãe de duas crianças, e ficava furiosa por me sentir desta maneira. Uma pessoa com quem saí mais de uma vez chegou a insistir que, sempre que saíssemos com as crianças, a conta do restaurante fosse dividida por quatro — eu pagando 3/4 do total para cobrir a refeição das crianças. Shah tinha 1 ano e meio e Iddin tinha 4, na época; não eram exatamente um peso para o bolso em uma refeição. Tentei jantar uma vez com um Adônis alto e louro. Essa provou ser uma experiência de monotonia extrema e posso dizer, com toda a certeza, que ele sentia mais prazer em dar um beijo de boa-noite no espelho do que em mim. Outros me deixavam exasperada por sua falta de maturidade e sensibilidade. Eu começava a me odiar por simplesmente sair com alguém para evitar a solidão. Além disso, estava perdida se fosse ficar sempre me desculpando pela existência das crianças. Elas eram bem comportadas, inteligentes e carinhosas, que, obviamente, mereciam mais do que serem tratadas como apêndices indesejados e constrangedores para qualquer pretendente em potencial.

Assim que nossa volta para a Austrália foi aceita como algo permanente pela família de Bahrin, comecei a me corresponder de maneira bem regular com alguns deles. Minha amiga mais leal e compreensiva continuou a ser sua alteza real, Tengku Ampuan, Endah, que aproveitava todas as oportunidades para me manter atualizada sobre suas notícias e maquinações da família. Conversávamos pelo telefone, às vezes, e trocávamos fotografias. Endah também me enviou alguns de meus álbuns de fotografia pessoais e meu casaco de pele, que deixei com ela, por segurança. Ela conseguiu isso em uma de suas visitas ocasionais a Perth, no oeste da Austrália, quando acompanhou o sultão para uma inspeção da mansão que ele construiu lá. Ambas ficamos amargamente desapontadas com o veto de seu marido a qualquer sugestão que ela fizesse a uma viagem paralela a Melbourne, mas achamos que seria mais prudente não forçar o assunto com ele, pois Endah não queria ter de agüentar as pesadas conseqüências de seu temperamento imprevisível.

O rajá Ahmad, pai de Bahrin, também escrevia de vez em quando, incluindo fotografias de seu filho recém-nascido com sua terceira esposa; parecia estranho que o pai de meus filhos tivesse um irmão mais novo do que as crianças. As cartas e cartões de meu sogro não vinham carregados de recriminações ou críticas, apenas mencionavam que ele sentia saudades das crianças. Eu respondia que ele era bem-vindo para vir nos visitar quando quisesse, um ponto que repeti sempre que respondi para qualquer membro da família em Terengganu.

As outras tias de Bahrin também escreveram para mim. Tia Rosita, em especial, manifestava apoio e compreensão em suas cartas, felicitando-me por finalmente estar livre de Bahrin e expressando o desejo de que eu encontrasse outra pessoa e me acomodasse. Essa era uma mudança de atitude bastante inesperada para mim, mas acho que foi provocada pela arrogância e desdém de Bahrin por seu tio ter escolhido uma esposa chinesa, e que isso, no final das contas, não passou despercebido por ela. Tia Zainah mantinha-me informada sobre as fofocas como só ela sabia, enviando notícias dos últimos escândalos e ligações, e enviando mensagens de Mak para as crianças e para mim. Eu também era grata pelas receitas malaias que ela incluía em algumas de suas cartas, que costumava experimentar e recriar em pratos que nunca fora permitida ou encorajada a cozinhar enquanto morei lá. A filha de Zainah, Diana, escrevia esporadicamente; seu novo emprego e a gravidez a mantinham ocupada. Eu sempre tive a impressão, por meio das cartas de Diana, que ela preferia se manter o mais longe possível da nobreza de Terengganu, por isso a decisão de trabalhar na capital do país, Kuala Lumpur. Mas ela ainda conseguia escrever como uma jovem mãe para outra e, depois que sua filha nasceu, enviei instruções para minha sogra para que todos os artigos de bebê e brinquedos fossem dados para a filha de Diana, minha nova prima.

Para Mak, a correspondência não era tão fácil. Seus familiares garranchos infantis, gravados com dificuldade no papel, entristeciam-me. Suas frases afetadas e básicas eram um sinal de sua limitada alfabetização, de uma educação voltada com exclusividade para os aspectos religiosos e decorativos, deixando-a despreparada para agir em defesa própria, oralmente ou por escrito.

Era fácil imaginar as mulheres da família se reunindo na casa de Mak, ao redor de bolos, doces e calda de frutos de rosa, reclinadas em almofadas, com um ou dois serviçais massageando os pés ou as costas das tias e lendo minhas cartas em voz alta. Eu as vi reunirem-se assim centenas de vezes, enquanto matraqueavam excitadas por terem se visto (ou a mim, devido à minha moda rebelde) na televisão, em alguma recepção ou inauguração oficial. Toda a vida existia dentro de sua bolha insular de realeza — ou era o que achavam. Agora, elas estavam diante da realidade de que alguém não deixava de existir se a bolha era forçada ou rompida.

Nenhuma das cartas que recebi das mulheres da família jamais apresentou sinais de raiva ou ostracismo — pelo contrário, a amizade por mim era sempre reafirmada e, em algumas, percebi um toque de inveja reprimida, talvez porque eu estava de posse de uma liberdade com que elas podiam apenas sonhar.

Bahrin, no entanto, não era alguém que gostasse de se comunicar, fosse por telefone ou carta. Às vezes, passavam-se meses entre seus telefonemas para as crianças. Cheguei até mesmo a oferecer acesso telefônico ilimitado a ele, mas isso não gerava qualquer tipo de resposta entusiasmada. As linhas de comunicação com as crianças eram mantidas abertas para ele, mas, obviamente, ele não achava que o esforço valesse a pena. Algumas vezes, eu tentava despertar seu interesse pela escolaridade de Iddin, solicitando que tomássemos decisões conjuntas sobre escolas particulares, mas recebia pouca ou nenhuma resposta.

Eu achava que encorajar a participação de Bahrin nas vidas de Iddin e Shahirah seria uma maneira de criar um relacionamento entre ele e as crianças. Esperava que essa fosse uma maneira de ajudá-lo a aceitar que as crianças e eu tínhamos uma nova vida e que a inclusão de suas

ACIMA, À ESQUERDA: Detesto esta foto, tirada por um dos namorados de minha mãe. Ela deixou bem claro que minha vida seria um inferno se eu não colaborasse naquela tarde. Eu tinha 7 anos.

ACIMA, À DIREITA: Meu pai, quando era estudante.

ABAIXO: Estreando os trajes muçulmanos a pedido de Bahrin, quando fui a Terengganu pela primeira vez, aos 17 anos.

ACIMA, À ESQUERDA: Tengku Farah (filha mais velha do sultão Mahmud) e eu, nos jardins de Istana Badariah, em janeiro de 1981.

ACIMA, À DIREITA: O falecido avô de Bahrin, sultão Ismail Nasiruddin Shah, e sua consorte, Tengku Ampuan Intan Zaharah (Omar), acomodados em seus tronos. Ele controlava sua família com tirania.

ABAIXO: Minha sala de estar particular na casa de Terengganu. Toda a realeza achava muito estranho que eu enchesse a casa com plantas e móveis domésticos.

ACIMA: Bahrin recebendo um tratamento facial.

ABAIXO, À ESQUERDA: Aos 19 anos e 7 meses, grávida de Iddin. Mesmo tendo engordado muito, eu estava feliz pelo fato de uma nova vida crescer dentro de mim.

ABAIXO, À DIREITA: Para o mundo externo, eu tinha dado à luz a Yang Amat Mulia Raja Muhamad Baharuddin Ismail Shah ibni Yang Amat Mulia Raja Kamarul Bahrin Shah, mas, para mim, ele é, e sempre será, apenas Iddin. Tirei esta foto quando ele tinha 28 dias.

ACIMA, À ESQUERDA: Iddin e Bahrin vestindo *baju melayu* combinando em uma cerimônia no palácio.

ACIMA, À DIREITA: Com 1 ano de idade, Iddin era fascinado por trens. Aqui, cortamos seu bolo de aniversário – eu estava muito satisfeita comigo mesma, pois tinha copiado o bolo de uma revista e o assei sozinha, para grande desgosto de meus parentes reais.

ABAIXO: Iddin, aos 2 anos, vestindo trajes árabes trazidos para ele por um peregrino de Meca. Ele achou hilariante se vestir assim.

 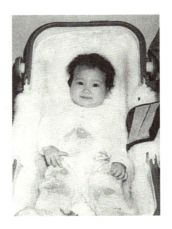

ACIMA, À ESQUERDA: Tive de discutir, implorar e chorar para convencer Bahrin a tirar essa foto com as duas crianças. Eu estava decidida a que Shahirah tivesse ao menos uma foto de bebê com o pai. Menos de um mês depois, ele se casou com a cantora de boate.

ACIMA, À DIREITA: Shahirah, maravilhosa, aos 4 meses, 28 de novembro de 1985.

ABAIXO: A última vez que vi Endah (sua alteza real Tengku Ampuan Bariah). Da direita para a esquerda: Iddin, Endah segurando Shahirah e Tengku Baharuddin (Tengku Adik). No dia seguinte, voltei para a Austrália.

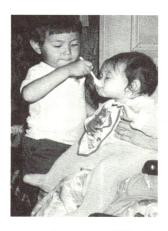 

ACIMA, À ESQUERDA: Iddin alimentando Shahirah em um dos poucos momentos de paz durante a batalha judicial, em janeiro de 1986. Eles sempre foram incrivelmente próximos.

ACIMA, À DIREITA: Com Iddin e Paddington, nos degraus da casa dos MacArthur, em 11 de fevereiro de 1986. Eu sabia que poderia ser a despedida de Iddin, caso a decisão do tribunal fosse contrária a nós.

ABAIXO: Minha advogada e amiga, Lillian Webb, com as crianças (tendo à direita apenas umas poucas pastas de nosso caso).

ACIMA: Iddin brincando na banheira.

ABAIXO, À ESQUERDA: Dizem que banho de lama é ótimo para a pele...

ABAIXO, À DIREITA: Iddin em sua cerimônia de lobinho dos escoteiros – ele queria tanto entrar para a tropa que eu tive de treinar para ser líder dos lobinhos e garantir sua inscrição!

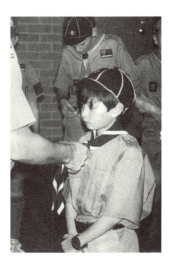

ACIMA: Iddin, aos 6 anos, e Shahirah, aos 3, em 1989.
Os fins de semana com passeios no parque eram perfeitos.

ABAIXO: Um curioso Iddin.
Essa é uma de minhas fotos favoritas, tirada em 1989.

ACIMA, À ESQUERDA: Mesmo depois de minha volta para casa, Endah manteve o contato, enviando fotos como esta, de 1989.

ACIMA, À DIREITA: Nosso último Natal, em 1989, na casa de East Malvern. Shahirah insistiu em vestir a saia de bailarina e o chapéu que eu tinha feito para ela ir à missa naquele dia.

ABAIXO: Vovó, Iddin e Shah, Natal de 1989.

ACIMA: Em abril de 1990, finalmente éramos uma família – sem qualquer noção de que dois anos seria tudo o que teríamos juntos. Fila de trás (esquerda para a direita): minha amiga Lyn, Tyson, Drew e Skye; fila da frente: Iddin em seu *kilt*, Iain, eu e Shahirah.

ABAIXO: Shahirah, com 5 anos de idade, roubando a cena do ministro das Comunicações na primeira página do jornal *Age*.

ACIMA, À ESQUERDA: Shahirah e suas habituais exibições de escaladora, em 1990.

ACIMA, À DIREITA: Iddin, com seu sorriso sem dentes, e Shah, no Natal de 1990.

ABAIXO: Como geralmente sou a fotógrafa, essa é uma das raras fotos em que apareço com as crianças, maio de 1990.

ACIMA: Eu, cercada pelos brinquedos de Shahirah e segurando Whitey. Vinte e um dias depois do seqüestro, finalmente permiti que a mídia fotografasse os quartos das crianças.
(© *Sydney Daily Telegraph*)

ABAIXO, À ESQUERDA: A fiel Muckle depois do seqüestro, com o tênis favorito de Iddin. (© *Sydney Daily Telegraph*)

ABAIXO, À DIREITA: Iddin e Shahirah, oito meses depois do seqüestro, sendo exibidos para a mídia em uma seção de fotos cuidadosamente orquestrada em uma mesquita de Terengganu. Toda a espontaneidade e exuberância parecem esmagados.

ACIMA, À ESQUERDA: Durante a produção de *Empty Arms – Broken Hearts*, com Pamela Green e sua filha, Yasmeen.

ACIMA, À DIREITA: Este livro não existiria sem o estímulo de minha amiga Valerie "vamos dar um jeito" Hardy.

ABAIXO: Uma família reunida: Pam e seus filhos em Surrey, em 1997, após seu seqüestro de sete anos ter sido resolvido.
Da esquerda para a direita: Sami, Pam, eu, Yasmeen e Sawi.

ACIMA: Aqui é a África, onde voltei a encontrar a paz
e reaprendi a ser feliz.

ABAIXO, À ESQUERDA: No meio da *boma* massai, em Engkonganarok,
no Quênia, com Naipanti, minha filha adotiva.

ABAIXO, À DIREITA: Com minha filha adotiva, Rasoa, no orfanato
Mukuru, em Nairobi, Quênia. Tive de procurar em todos os cantos
da Austrália para encontrar uma boneca negra,
pois não queria lhe dar uma Barbie.

ESQUERDA: Com o voluntário e amigo Scott Kelleher, no Quênia, trabalhando como embaixadora da organização humanitária World Vision.

ABAIXO: Book Power, África, 1997. Assistir as crianças lendo seu primeiro livro é um privilégio que jamais será superado.

ACIMA: Book Power na cidade bombardeada de Tuzla, na Bósnia. Em seguida, as crianças da escola e eu pulamos como cangurus, dançando a conga a poucos metros de um dos milhares de campos minados espalhados pelo país.

ABAIXO, À ESQUERDA: Fora da cidade de Brcko, com um dos soldados de minha escolta, tenente das Forças de Estabilização das Nações Unidas. Passei todo o dia em um comboio militar armado de tanques e veículos blindados patrulhando as seções eleitorais.

ABAIXO, À DIREITA: Evidências de que o tempo passou muito rápido. Aniversário de 21 anos de minha outra "filha", Skye, 1998.

opiniões e percepções seria uma excelente maneira para ele aceitar a realidade da situação. Isso se mostrou um esforço fútil, no entanto, pois a atitude de Bahrin em relação às crianças parecia um resíduo de seu comportamento que conheci durante nosso casamento — incompreensão, petulância e desinteresse. A única época em que ele enviava algo para as crianças era em seus aniversários, quando mandava seu presente e cartão anuais para Iddin; o aniversário de Shahirah passava totalmente sem registro por parte de seu pai, até ela completar 6 anos, quando ele enviou um presente e um cartão pela primeira vez na vida dela.

Na maior parte do tempo, Bahrin mantinha-se como uma figura de fundo, envolta em sombras. Suas visitas a Melbourne eram esporádicas e concebidas para causar o máximo de caos em nossas vidas. Normalmente se passavam 13 ou 14 meses até que ele aterrissasse sobre nós em sua valiosa visita anual, e, quando voava para a Austrália, encontrava-se com as crianças por cinco ou seis dias, no máximo, conforme seus compromissos marcados e reuniões de negócios. Essas visitas não eram fonte de alegria para nenhuma das duas crianças e, normalmente, resultavam em Iddin voltando para casa reclamando que Shahirah não estava sendo bem cuidada por Bahrin. Após uma noite que eles passaram com o pai, busquei as crianças e vi que Shahirah passou a noite com uma fralda imunda, cheia de fezes. Iddin explicou que discutiu com Bahrin o melhor que pode sobre como o pai tratava Shahirah, mas não foi capaz de levar o assunto adiante. Contou que Shahirah era colocada para dormir no chão, sobre um cobertor, enquanto ele e Bahrin dividiam a cama dupla, e que seu pai recusara-se a providenciar um berço para Shahirah. Eu sentia que essa diferença gritante que Bahrin fazia entre as crianças era algo insensível demais para ser introduzido na relação perfeitamente saudável e equilibrada que Iddin e Shah tinham. Como explicar a um menino carinhoso e atento que seu pai não achava que sua irmãzinha merecia presentes ou agrados por ser menina? Esse, infelizmente, seria o padrão das visitas de Bahrin por vários anos. Tentei fazer com que tratasse as crianças da mesma forma de diversas maneiras: apelos pessoais, conversas educadas e, por fim, cartas legais, mas sem resultado.

Acho que a total incapacidade de Bahrin para cuidar das crianças ficou clara quando recebi um telefonema no final da tarde, de uma mulher dizendo que encontrara Iddin e Shahirah presos dentro de um elevador no hotel Victoria. A mulher, uma turista de Taiwan, explicou que Iddin disse a ela que seu pai os trancara no quarto do hotel e saiu para fazer compras. Por sorte, Iddin sabia o número do telefone de nossa casa e pediu à turista que o ajudasse a ligar para mim. Quando finalmente falei com ele, estava desorientado, dizendo que tinham ficado com medo depois de terem sido deixados entregues aos seus próprios recursos e decidiram que queriam voltar para casa. Eu estava pronta para entrar no carro e disparar para buscá-los quando Bahrin voltou para o hotel. Segundo ele mesmo admitiu, ele passou a tarde fazendo compras na Georges, uma sofisticada loja de departamentos, que era para Melbourne o que a Harvey Nichols era para Londres ou a Barneys para Nova York. Fiquei furiosa com ele por deixar nossos filhos pequenos por conta própria, em um quarto de hotel fedorento, mas ele recusou-se a admitir que tivesse feito qualquer coisa errada. Nossos filhos tinham 6 e 4 anos, respectivamente, como ele podia ser tão irresponsável?

Receio que sua atitude indiferente tenha feito com que eu perdesse o controle — a única coisa que eu vinha, estudadamente, tentando evitar ao longo dos anos. Minha língua tomou conta da situação como se uma onda enorme de indignação e ressentimento subisse de meu peito.

— Não é preciso muita inteligência para ser um reprodutor — um touro descerebrado e um tubo de ensaio são suficientes —, mas é preciso um homem de verdade para ser um pai — gritei, antes de bater com o telefone.

Quarenta

Comecei a procurar algum tipo de carreira para mim quando Shahirah, aos 3 anos, passou a freqüentar o jardim-de-infância. Queria oferecer um futuro para as crianças e poder garantir que nada faltasse para elas. Considerei estudar Direito. Aos 25 anos, poderia entrar na universidade sem as exigências normais de um diploma de segundo grau. Cheguei mesmo a me inscrever para ser admitida antes de encarar a realidade de minha situação. Somando o preço da creche, livros e despesas gerais para cuidar de duas crianças ao longo dos anos que levaria para obter meu diploma, os custos seriam proibitivos. Eu também não acreditava que poderia obter o que buscava sem que Iddin e Shahirah pagassem um preço muito alto pelas aspirações de sua mãe. Além disso, não queria perder o amadurecimento deles.

Depois de trabalhar por vários meses em esquema de meio expediente em uma estação de televisão, no departamento de publicidade, comecei a trabalhar para uma série de agências de empregos temporários, como secretária ou, quando necessário, como recepcionista. As agências encaminhavam-me para trabalhos que podiam durar de um dia a um mês. A flexibilidade de trabalhar para uma agência permitia que eu escolhesse os trabalhos e acomodasse as atividades conforme os horários das crianças. Tive sorte. Conseguia fazer o trabalho de olhos fechados e ganhava um bom dinheiro, pago por hora. Especializei-me em cobrir ausências em agências de publicidade e de relações públicas, vendo minha confiança crescer de um trabalho para outro, pois muitos dos meus empregadores temporários pediam para que eu ficasse em tempo integral. Finalmente, depois de uma permanência mais longa em um estúdio de artes gráficas e publicidade, aceitei a oferta para trabalhar em horário integral. A agência tinha muitos clientes e meus empregadores garantiram que eu não ficaria amarrada a tarefas administrativas indefinidamente mas, com a crescente expansão da empresa, teria a oportunidade de voltar para as relações públicas e para o lado criativo do negócio. A atitude da empresa em relação ao fato de eu ser uma mãe trabalhadora foi de apoio e ofereceram-me a opção de levar o trabalho inacabado para casa, em vez de ter que fazer hora extra.

Uma vez comprometida com a semana de quarenta horas, fui atingida pela realidade do que isso significava. Em troca de uma semana de salário, eu tinha a custosa tarefa de administrar babás e programas de cuidados infantis pós-escola como todos os outros pais que trabalhavam. Que pesadelo! Acordar às 6h30, apressar as crianças para se levantarem e vesti-las às 6h45, correr com seu café-da-manhã enquanto implorava para que acelerassem e comessem, o tempo todo brandindo uma faca de pão numa mão, coberta de manteiga de amendoim para as merendas, e um pincel de maquiagem na outra, aplicando o rímel em meu rosto devastado diante da pia da cozinha. Sair de casa antes das 7h30 para deixar Shahirah e Iddin na babá antes da escola e depois abrir caminho pelo trânsito na hora de pico para chegar no escritório às 8h30.

O final do dia era igualmente enlouquecedor: sair correndo do escritório para pegar Shahirah na babá antes das 17h45 e voar até a escola para buscar Iddin antes das 18 horas; começar a preparar o jantar enquanto ouvia as leituras de Iddin e suas notícias; dar banho, lavar e secar o cabelo de Shahirah; sentar à mesa de jantar antes de colocá-los na cama, para ter o privilégio de começar tudo de novo no dia seguinte. Eu agüentei por nove meses, tempo suficiente para ganhar o dinheiro necessário para comprar um carro de segunda mão, e pedi demissão. Sentia muita falta das crianças e sabia que jamais poderia repor as horas perdidas de suas vidas em que eu pagava outras pessoas para ficarem com elas. Comecei a odiar o som de minha voz dizendo para eles se apressarem.

Voltar ao trabalho temporário não se mostrou tão lucrativo quanto antes, pois a recessão, nessa época, já tinha tomado conta dos negócios em geral. Complementei nossa renda trabalhando temporariamente como consultora autônoma de relações públicas e, mais tarde, abrindo uma pequena empresa pessoal; comecei também a dar aulas de dança na escola de balé do Teatro Nacional.

260

John Savage entrou na minha vida em março de 1989, trazendo de volta a minha auto-estima perdida com uma vingança. Ficamos juntos por seis meses e foi um relacionamento que mudaria a maneira como eu via a mim mesma para sempre. Um respeitado ator de filmes e teatro nos Estados Unidos, John veio a Melbourne para atuar em um longa-metragem australiano, *Vítimas do desejo*. Criado em Vermont e no estado de Nova York, segundo a rigorosa igreja reformista holandesa, John rebelou-se, casando jovem e iniciando uma carreira de ator, enfrentando as exigências da paternidade com sacrifício. As pressões e tentações de Hollywood contribuíram para o fracasso de seu casamento e o levaram a uma busca "por si mesmo". Quando fomos apresentados por amigos em comum, não tinha a menor idéia de sua reputação profissional ou de sua carreira cinematográfica, que incluía *Hair* e *O franco-atirador*, pelo qual recebeu uma indicação para o Oscar, e, mais recentemente, a trilogia *O poderoso chefão*; tudo o que eu sabia era que a atração foi mútua. Com seus penetrantes olhos azuis, sorriso amplo e cabelos louros desgrenhados, sua habilidade em ligar e desligar sua presença de palco em um estalar de dedos me fascinava, assim como seu jeito de se sentar nos cantos da sala, simplesmente absorvendo os maneirismos dos presentes como um perfeito camaleão.

John me ensinou a esperar bem mais de um relacionamento do que eu jamais pensara e me convenceu a olhar no espelho e gostar realmente do que via. Ele desenvolveu uma amizade independente com Iddin e Shahirah, sem deixar nada de lado, e os incluía em nossas aventuras a cavalo, jantares em restaurante e, com uma gentileza aparentemente sem esforço, em nossas conversas também. Em especial, no entanto, ele falava com eles, não diante deles, e ouvia o que tinham a dizer com a atenção em geral reservada para discussões profundas sobre as escolhas da vida. Com John, a vida era feita de portas que se abriam uma atrás da outra para novas emoções, e sua natureza profunda e, muitas vezes, extravagante, me deixava em pânico quando chegava carregado de presentes para nós três. Até minha avó caiu vítima de seus encantos, quando John ofereceu-lhe um espetacular Dia das Mães, incluindo a vista da cobertura de sua suíte do hotel, champanhe, um almoço completo, com quatro pratos, flores e chocolates feitos à mão. Algumas vezes, me perguntava a quem ele estava querendo impressionar.

Conversamos sobre casamento — chegamos até mesmo a examinar o delicado assunto dos acordos pré-nupciais — mas, mesmo amando John, faltavam algumas pequenas peças do quebra-cabeça e o tipo de amor que eu tinha por ele simplesmente não bastava. Alguma coisa quase inexplicável parecia me impedir de dizer "sim". Eu sabia, por nossas longas conversas, que John via a mim e as crianças como sua chave para a normalidade e que ele lamentava amargamente não ser um pai presente para seus filhos adolescentes, Jennifer e Lachlan, mas me senti incapaz de oferecer a ele sua passagem para fora do circuito de Hollywood e da Broadway e para longe de todos os demônios que o mantinham amarrado lá.

Quando John finalmente deixou a Austrália, no começo ainda continuou a me telefonar diariamente, pedindo para que eu mudasse de idéia. Ele viajou para a África do Sul e envolveu-se cada vez mais com as atividades da organização filantrópica World Vision; depois, embarcou em projetos de outros filmes na Europa, sempre sem fixar raízes e lutando para fugir das tentações. Nós continuamos amigos, mantendo contato por telefone ou por cartas ocasionais, mas a maioria das vezes era por meio de mensagens, que vinham dos lugares mais estranhos do mundo, em minha secretária eletrônica nas horas mais estranhas do dia ou da noite, enviando seu amor e recados especiais para os "wombats", como ele chamava Iddin e Shahirah, referindo-se a um pequeno mamífero australiano.

John foi, e ainda é, um tipo de defensor das crianças. Quando enfrentou o comportamento autocrático de meu ex-marido em uma de suas rápidas incursões pela paternidade, John deixou muito claro para Bahrin que era totalmente inaceitável fazer com que Shahirah dormisse no chão do hotel. Poucos segundos antes de deixarmos as crianças no quarto de hotel de Bahrin para passarem a noite, John cochichou em meu ouvido que ia tratar das acomodações noturnas para Shah com o pai dela. Mal tive tempo de abrir minha boca, com uma piscadela e levantando as sobrancelhas em uma expressão irônica, ele bateu confiantemente na porta. Bahrin ficou desconcertado diante de minha materialização com as crianças e um estranho americano, de quem era óbvio que as crianças gostavam. O que o abalou mais ainda foi a aparência física de John: barba de quatro dias para as filmagens, botas enlameadas e um casaco surrado de fazendeiro. Com uma expressão de "sou apenas um caubói americano meio lento" estampada no rosto, John entrou pelo quarto atulhado de Bahrin e perguntou inocentemente onde estavam as camas das crianças. Constrangido e na defensiva, Bahrin respondeu bruscamente que o berço de Shahirah ainda não tinha chegado. John estava preparado para isso e comentou que, aos 4 anos, ela já era grande demais para um berço e que uma cama seria muito melhor. Da mesma forma apressada com que abriu a boca para protestar, Bahrin a fechou novamente, diante do olhar penetrante de John e seu sorriso fixo.

Fiquei totalmente paralisada; jamais tinha visto Bahrin recuar tão rápido antes. Beijei as crianças depressa, ignorando seus protestos de que queriam vir comigo e com John, e saímos pela porta — mas não antes de ouvir a voz de John dizendo claramente a Shahirah:

— Amanhã, quero que você me conte como dormiu bem na cama linda e confortável que Abah está providenciando para você.

Foi necessário que eu fechasse minha boca com a mão para abafar o riso enquanto John me empurrava para dentro do elevador e saía correndo comigo do edifício.

Sempre teremos uma forte amizade. Conversamos todas as vezes em que alguma coisa importante acontece na vida de cada um e nos mantemos informados com notícias de nossas respectivas famílias. Assim, foi em março de 1990, depois de passar três dias procurando John em algum lugar da Itália, onde ele estava filmando o último filme da série *O poderoso chefão*, que contei a ele que ia me casar.

❋

A vida é cheia de possibilidades e coincidências, oportunidades perdidas e encontros fortuitos. Um desses encontros, em um dia claro de verão, trouxe Iain para perto de mim. Depois que John deixou a Austrália, fiz algumas tentativas desanimadas para encontrar outras pessoas, com resultados trágicos. Eu me dei conta de que não podia mais ficar em segundo ou terceiro lugar em uma relação; assim, decidi ficar longe dos homens e mantê-los apenas como amigos. Suponho que isso é como sacudir um pano vermelho diante do nariz de um touro; a vida fica muito tentada a

263

ERA UMA VEZ UMA PRINCESA

provar que você está errada — e foi o que aconteceu no dia 2 de dezembro de 1989, o dia em que fui buscar minha amiga Viv em um endereço desconhecido que ela havia me dado. A porta da frente foi aberta por um homem bonito, com cabelo e bigode castanhos, que sorriu e me convidou para entrar com as crianças. Ele se apresentou como Iain Gillespie e nos conduziu para a sala, onde minha amiga esperava.

Passamos uma manhã realmente agradável e alegre, batendo papo, ignorando os sinais de minha amiga de que tínhamos que ir. Essas três horas voaram. Falamos de música e filmes e mencionei que eu tinha visto um documentário emocionante na noite anterior, chamado *Suzi's Story*, ou seja, a história de Suzi. Continuei descrevendo o filme, sobre uma família de Sydney atingida pelo vírus da AIDS, e estava no meio de uma frase quando percebi uma expressão aflita em Viv e hesitei.

— Obrigado, que bom que você gostou do filme — Iain disse com seus olhos castanhos desviando-se de meu rosto espantado para Viv, divertindo-se.

Ao ver minha confusão, ele explicou que era documentarista e jornalista de televisão, que havia escrito, produzido e dirigido o documentário que eu estava elogiando. Fiquei totalmente sem jeito, mas minha falta de conhecimento foi estratégica e rapidamente esquecida. Para desfazer meu desconforto, Iain começou a tocar violão, encantando as crianças com suas letras sem sentido e melodias divertidas. Elas foram cativadas pelo seu calor, assim como sua mãe. Na verdade, tenho que admitir que me vi cantando com ele e me divertindo tanto quanto Iddin e Shahirah — tanto que fiquei triste ao ver que já tinha passado da hora de irmos embora. Internamente, segurei minha respiração e rezei para que ele pedisse meu telefone. Eu sabia que queria voltar a encontrar esse homem, esperava apenas que ele sentisse o mesmo. Quando finalmente nos levantamos, ele de fato pediu meu número, rabiscando na lateral de uma caixa de lenços de papel. Descobri mais tarde que ele tinha detido Viv quando estávamos saindo e perguntado se ela achava que eu sairia com ele, caso me convidasse. Ela respondeu afirmativamente e foi isso que aconteceu.

Quando ele ligou, no dia seguinte, soltei um suspiro de alívio. Durante essas horas, fiquei imaginando a caixa de lenços de papel sendo jogada no lixo por uma arrumadeira por demais zelosa e, como resultado, eu jamais descobriria se a atração que sentira por Iain era recíproca. Quan-

264

do ele sugeriu que fôssemos jantar naquela noite, em um tom hesitante, porém ousado, aceitei imediatamente, esperando conseguir uma babá para as crianças tão em cima da hora e cruzando os dedos para que ele mantivesse o interesse na atmosfera rarefeita de um primeiro encontro, da mesma forma que na própria sala de sua casa.

A campainha foi respondida pelo latido do cachorro e grito das crianças enquanto todos corríamos para a porta da frente. De repente, lá estava ele, de pé diante de mim, olhando-me como se esperasse que outra pessoa abrisse a porta.

— Jacqueline? — disse com um meio sorriso surpreso, enquanto eu acalmava as crianças e Buffy, o cachorro.

— Olá, Iain, bem-vindo ao meu asilo de loucos. Estou pronta quando você estiver.

— Ótimo, reservei o restaurante para as 20 horas.

Com uma última recomendação para que Iddin e Shahirah ficassem bem com Karen, a babá, beijos e abraços de boa-noite, saímos pelo caminho do jardim até seu carro. Enquanto ele abria a porta e me acomodava em seu velho Jaguar Mark II, tive a nítida impressão de que me olhava de lado, mas não pude descobrir por quê.

Durante o jantar em um pequeno restaurante francês, com nome italiano, o Tolarno's, ele foi inteligente e engraçado, com um sorriso aberto por todo seu rosto, que deixava o seu olhar caloroso, alegre a acessível. O jantar com Iain não foi um desapontamento e o achei ainda mais interessante do que lembrava, ainda que tivesse que ser firme com ele quando seus instintos jornalísticos levavam a conversa no sentido de uma interrogação marginal sobre os sinais que Viv lhe tinha dado sobre meu casamento anterior na Malásia. Esse era um tópico que eu evitava com afinco, a não ser para meus amigos mais próximos. Ri a noite inteira e me diverti com suas histórias extravagantes e as vozes insanas de personagens que ele imitava com grande prazer — era como ter à mesa toda a turma dos *Goons*, um antigo programa de rádio humorístico da BBC, que ainda era transmitido na Austrália.

Na volta para casa, seu velho carro começou a engasgar até que, finalmente, no alto da minha rua, resfolegou, arfou um pouco e recusou-se a seguir adiante. Isso tudo para passear com estilo. Se isso era uma armação de sua parte para passar a noite, ele estava prestes a ser acordado de maneira bem rude. Comentei com Iain que o carro quebrado não era um truque muito original, mas ele riu e garantiu-me enfaticamente que sempre tinha problemas com seu velho Jaguar e só saíra com ele para me impressionar. Enquanto caminhávamos pelos 100 metros que faltavam até minha casa, o mistério de seus olhares de soslaio no início da noite foi resolvido.

— Quando você abriu a porta da frente hoje...

— Sim?

— Bem, eu não reconheci você. Você estava tão diferente. Quero dizer, não parecia você.

— Você quer dizer que eu estava bem-vestida, maquiada e medianamente apresentável? — provoquei.

— É, hum, quero dizer, não, bem, sim. Não sei, você pareceu diferente de como eu lembrava de você — disse, tentando desesperadamente livrar-se do embaraço enquanto eu me divertia em não facilitar sua fuga. — Você simplesmente estava tão linda — continuou. — Eu não tinha me dado conta de como você é linda até vê-la esta noite.

— Então, por que você me convidou para sair? — perguntei, segurando a respiração, esperando pela resposta ideal.

— Porque eu realmente gostei de você, de conversar com você e te achei muito interessante. Mas não tinha idéia de que era atraente, é, quero dizer...

— Sei o que você quer dizer — eu o interrompi, ficando com pena dele. — Eu estava sem maquiagem, um olho vermelho por causa de um acidente com minhas lentes de contato naquela manhã e estava vestida para ajudar na mudança de Viv. Mas você ligou assim mesmo. — Sorri para ele.

— Sim, liguei. E foi extremamente sensato de minha parte.

— Foi mesmo — respondi. — Certamente, foi.

Saímos todas as noites daquela semana e passamos todas as horas livres do dia juntos. O tempo era limitado, pois Iain estava com viagem marcada para a China para a sexta-feira e, mesmo que ele fosse passar apenas dez dias, a perspectiva de nossa separação tão pouco tempo depois de termos nos conhecido contribuiu para a sensação de urgência. Comicamente, ele me ligava duas vezes por dia de Pequim, gerando uma conta de telefone de centenas de libras, pois falávamos uma hora a cada ligação, confirmando para mim que a velocidade com que disparávamos em direção a alguma forma de relacionamento não era ridícula nem in-

266

sana, mesmo para um jornalista cínico e cansado como ele, como costumava referir-se a si mesmo.

Finalmente, lá estava ele, saindo pelas portas do aeroporto e sorrindo para mim com alguma insegurança. Quando seu rosto se iluminou ao me ver, afastei de minha mente todas as reservas sobre no que estávamos nos metendo. Ele estava em casa e íamos começar deste ponto.

Nossos filhos se entenderam imediatamente. Iain tinha três filhos de casamentos anteriores: Skye, de 11, Tyson, de 17, e Drew, de 15. Surpreendentemente, foram as três crianças mais jovens que primeiro tocaram no assunto casamento. Depois de amontoarem-se no quarto de Skye, emergiram lá de dentro para anunciar:

— Quando todos nós nos casarmos, vamos precisar de uma casa maior.

Eles também pensaram em como iríamos não só combinar as duas famílias, mas também nossa coleção de animais de estimação. Iain sempre diz que eu o pedi em casamento, mas digo que nos pedimos um ao outro e ambos dissemos "sim".

O casamento aconteceu cinco meses depois, em uma bela cerimônia na igreja, cercados por nossos filhos e amigos. Tio James me levou até o altar, Skye, Shahirah e uma amiga, Wai Lin, foram minhas damas de honra. Susan Cole organizou um tranqüilo chá-de-panela, mas se recusou a ser madrinha, alegando que ela media mais de 1,80m e eu era pelo menos 30cm mais baixa e que as fotografias ficariam ridículas. Usei um vestido marfim de seda e renda, com mangas até o cotovelo e um decote baixo e recortado. Meu véu era um corte simples de renda, mantido no lugar por um cordão de pérolas. Levei um buquê de gardênias, nardos e rosas amarelas. As meninas usaram vestidos de seda cor de marfim, sendo que Skye e Shahirah usaram o tartã do clã de Iain sobre um dos ombros. Em lugar de buquês, elas levaram ramalhetes presos ao pulso. Iain vestiu o traje escocês completo, incluindo a saia kilt, em deferência à sua herança familiar. Iddin insistiu em usar a mesma coisa. Os padrinhos foram os filhos de Iain — Tyson e Drew.

Depois que Iain e eu fizemos nossos votos um para o outro, foi a vez das crianças. Eles se organizaram para dizer seus próprios votos, aceitando uns aos outros como irmãos e irmãs. Foram inflexíveis quanto a nos tornarmos uma família unida e isso se refletiu nos termos de sua declaração pública, que não deixava margens para dúvidas. A cerimônia da igreja foi seguida por uma festa informal e relaxada em nossa nova casa, com nossas respectivas avós, amigos e um gaiteiro escocês trajado a caráter. Foi, e ainda é, um dos dias mais felizes de toda minha vida, repleto de risadas, lágrimas, dança e rostos excitados e radiantes. Também guardava a promessa de que aquilo era apenas o começo, como Iain continuamente me lembrava.

Acomodamos nossa nova vida juntos em uma velha e adorável casa vitoriana em Hawthorn. Foi preciso muito tempo e muito bater de pernas para encontrar uma casa grande o suficiente para acomodar nós sete, pois decidimos que não seria justo empilhar todo mundo em um espaço pequeno e esperar que as crianças formassem uma família instantaneamente. A nova casa tinha muito espaço e todos, do maior ao menor, tinham seu próprio espaço.

Descobri que tinha que aprender rapidamente a ser organizada, tendo que cuidar de tanta gente. Levou algum tempo para me acostumar a cozinhar para uma turma entre os 7 e os 17 anos, mas logo peguei o jeito. Ajustei meu dia de trabalho conforme os horários de levar e buscar as crianças na escola e dirigia entre o jardim-de-infância de Shah, a escola de Iddin e o colégio de Skye com intervalos de cinco minutos. Nos primeiros meses, sempre me confundia sobre onde eu deveria estar e para qual escola ir — dia certo, escola errada, ou escola certa, dia errado.

Iddin insistiu em usar o sobrenome Gillespie quando foi transferido para a escola primária de Canterbury, e Shahirah seguiu seu exemplo. Iain e eu estávamos um pouco preocupados com essa idéia, mas Iddin argumentou tão fortemente sobre como nós agora éramos todos da mesma família, que deixamos ele decidir, enfatizando, no entanto, que Bahrin era, e sempre seria, seu verdadeiro pai.

Nossa vida fluiu, cheia de crianças, família e um ao outro. Passávamos os fins de semana e feriados na fazenda de 20 hectares de Iain, em South Gippsland, perto da velha fazenda leiteira de meus padrinhos. A mãe e o padrasto de Iain moravam lá e, quando nossa família dormia lá, usávamos o celeiro reformado, que era apenas moderadamente confortável, mas que as crianças adoravam. Diziam que era como acampar. Pelo menos, tinha água corrente e descarga na privada, ainda que a existência de água quente dependesse de eu juntar lenha para o boiler. Os dias na fazenda se passavam com mergulhos na represa, caminhadas por trilhas e descanso. Para circular, usávamos pequenas motocicletas. É um lugar idílico, no alto de uma montanha com vista para a baía de Westernport. Um bando de cangurus circulava livremente por lá, e *goannas* gigantes (lagartos de 1m de comprimento) moravam nas árvores. Um pequeno riacho, com um leito de argila branca, volteava pela parte mais baixa e, de vez em quando, pedras preciosas podiam ser encontradas sob a água.

Iain trabalhava na rede Ten Television como repórter investigativo e produtor, além de documentarista. Eu ainda dava aulas em meio expediente na Escola de Balé do Teatro Nacional, realizava trabalhos ocasionais de relações públicas e trabalhava com Iain.

Parecia que finalmente tinha encontrado a felicidade com um homem maravilhoso cuja intenção era me fazer rir quase o tempo todo. A cada novo amanhecer eu acordava com um sorriso e esperava, ansiosa, pelo que o dia traria. Agora éramos uma família. Shah e Iddin cresciam rápido, contentes e bem ajustados. Ambos estabeleceram suas próprias relações especiais com Iain e optaram por chamá-lo de "papai", por sua própria iniciativa. Felizmente, Skye e eu desenvolvemos uma amizade realmente especial, que a levou à decisão de me chamar de "mãe". Foi preciso um bocado de trabalho para permitir que o relacionamento encontrasse seu próprio equilíbrio, mas valeu a pena. Tyson e Drew passavam os fins de semana e feriados com a gente e se transformaram nos ídolos de Iddin. Com uma diferença de idade de apenas oito anos, Tyson e eu ficamos amigos, além de familiares, e eu me considero uma pessoa de muita sorte por nosso relacionamento ser tão bom.

Muitas vezes, passávamos as noites ouvindo Iain tocando violão e cantando músicas engraçadas. Shah e Iain, em especial, criaram suas rotinas para oferecer apresentações perfeitas. Iain tocava e cantava *Mr. Froggy went a-courting*, uma popular canção infantil australiana, e Shah dançava e cantava com ele. As duas meninas começaram a ter aulas de balé no Teatro Nacional e Iddin entrou para os escoteiros. Ele tinha tanta vontade de virar um lobinho que eu tive que concordar em me transformar na mãe-loba Akelá e entrar para o bando como supervisora!

No Natal, aniversários e outras datas, nossos amigos se reuniam em nossa casa, transbordando de um quarto para outro, enchendo nosso lar de risadas. Eu gostava da diversão e aproveitava qualquer desculpa para

269

convidar as pessoas. Abrir as portas era uma tradição da véspera de Natal para os adultos e crianças. Eu preparava uma gemada deliciosa com um toque de licor e as mesas gemiam sob o peso da comida empilhada sobre elas. Em nosso primeiro Natal em família, me voluntariei para preparar o tradicional peru para a ceia, para 18 pessoas. Aprendi a ser menos disposta a atividades voluntárias depois daquela experiência. Enfrentar o clã de escoceses da família de meu marido, todos dispostos a pegar a coxa do peru, foi mais do que pude agüentar e me fez pensar que teria sido melhor uma centopéia assada do que uma ave de apenas duas pernas.

Quando o tempo estava bom, organizávamos passeios ciclísticos, chegando a percorrer mais de 30km por semana, acompanhados pelo cachorro. Iain providenciou uma cadeirinha especial para Shah em sua bicicleta, pois ela ainda era muito pequena para acompanhar nosso ritmo e não muito firme em sua própria bicicleta sem rodinhas. Consigo visualizar Iddin diante de mim, pedalando um pouco à minha frente, fazendo curvas e gritando com prazer, com o vento soprando seu casaco e o cachorro correndo para nos acompanhar. Levávamos bebidas e lanches para mastigar durante o caminho, percorrendo nossas trilhas favoritas: ao longo do rio Yarra até a velha garagem de barcos de Studley Park, onde descíamos das bicicletas e alugávamos um barco a remo para um intervalo no rio e guerras de água. Muitas vezes, Susan Cole, John Udorovic e seus filhos nos acompanhavam. Iain remava até chegarmos em um lugar onde atracar; depois, sacávamos nossas pistolas d'água e perseguíamos uns aos outros pela floresta, para ver quem ficava mais molhado no final.

Acho que a única coisa que maculou nossa vida perfeita juntos foram os quatro abortos que sofri e o problema da endometriose. Conceber não era o problema, eu tinha dificuldade em levar a gravidez até o fim. Tentei me manter otimista, especialmente depois dos percalços da cirurgia e dos exames, mas era por demais doloroso lidar com a perda, especialmente porque o processo de luto era difícil para as outras pessoas compreenderem. Iddin, Shah e Skye sempre ficavam desapontados com os abortos, pois todos queriam um bebê na família, mas, até o desfecho, vivíamos em pleno contentamento.

270

Quarenta e um

Sempre me pergunto quantas pessoas no mundo podem identificar o momento exato em que suas vidas mudaram irreparavelmente: destruídas, redefinidas, sem identidade e para sempre separadas da compreensão das pessoas ao seu redor.

Eu sabia, mesmo antes de me forçar a entrar naquele hotel na hora marcada, que essa porta era mais do que a entrada para um edifício qualquer — era a passagem para o inferno. Vi meu reflexo nos espelhos que cobriam o saguão e percebi, com satisfação, que meu rosto transparecia calma e não dava sinais do tumulto que tomava conta de mim sob a superfície, enquanto me dirigia aos telefones para discar para o quarto de Bahrin. Nenhuma resposta, mas eu já sabia que não haveria mesmo. Eles haviam partido.

Se eu tentar recriar a cronologia dos eventos e sentimentos de inquietação generalizada que culminaram em julho de 1992, preciso lembrar do telefonema de Bahrin, em fevereiro. Seu contato inesperado com as crianças na época do aniversário de Iddin não foi o que provocou o sentimento de inquietação de que as coisas não eram o que pareciam; foi algo na natureza do próprio telefonema que me fez ficar pensando por horas mais tarde. Na pressa de atender o que eu achava ser uma ligação internacional cara, apressei as crianças para que fossem falar. Só mais tarde me dei conta que os "bipes" normais das ligações internacionais não estavam acontecendo quando atendi o telefone. Em vez disso, ouvi os inconfundíveis tons que sinalizavam uma ligação de longa distância de dentro da Austrália. Quando mencionei essa estranha anomalia com Iain e alguns amigos, eles me acalmaram, dizendo que eu havia me enganado ou confundido o sinal de ligação internacional com o de ligação da Austrália. Não fiquei totalmente convencida, mas optei por seguir com o *status quo*, por ser o caminho mais fácil e com menos chances de provocar olhares e insinuações de excesso de proteção, ou piadas sobre paranóia.

Escrever essa parte de minha história significa verbalizar as cenas, pesadelos e inépcia que ocuparam a minha vida por todos os meses intermináveis que já se passaram. "Se eu ao menos tivesse...", é a frase com que me autoflagelo continuamente, acordada ou dormindo, basta estar respirando. Se eu ao menos tivesse o quê? Se ao menos tivesse ouvido meus instintos, se ao menos não tivesse escutado as outras pessoas, se ao menos não quisesse me comportar como um adulto maduro, se ao menos tivesse escutado Iddin e Shah e considerado o que eles queriam. Mas não fiz, e olhar para trás e pensar "e se" não mudará nossas vidas agora.

Recuperando-me de mais um aborto, desta vez de gêmeos, eu tinha voltado a trabalhar na rede de televisão e na estação de rádio, mas o esforço me deixou exaurida e deprimida. Tinha prometido que julho seria o mês em que tudo voltaria ao normal, a começar pelas festas de aniversário de 7 anos de Shahirah e do meu também. Depois das férias, faria uma surpresa para Iddin, com as aulas de saxofone que ele queria e Shah e eu íamos começar a construir a casa de bonecas pré-fabricada que eu encomendara. Todas as crianças da família voltariam para a escola e a vida ia se acertar em seu ritmo normal de reunião de pais, aulas de balé e longos passeios de bicicleta.

Bahrin telefonou depois de um silêncio de vários meses, para confirmar os detalhes de sua próxima visita, na semana seguinte. Achei estranho ele telefonar durante o horário escolar para falar ostensivamente com Iddin, quando sabia que as duas crianças estariam na escola. Mas como seu tom de voz era mais do que conciliatório, sem a beligerância usual, fiz o máximo para ser amigável. Ele foi tão gentil, para falar a verdade, que fiquei pensando no porquê. Quando o lembrei de que as crianças jamais estavam em casa naquela hora, ele iniciou uma grande conversa comigo, lamentando sobre a recente perda de meus bebês, esperando que eu estivesse bem e, educadamente, perguntando sobre a saúde de minha avó. Só depois me dei conta de que nunca havia falado nada com ele sobre minhas gravidezes recentes ou abortos. Depois, ele iniciou uma chocante mudança de atitude, algo com o que eu sempre sonhara, mas nunca achei que fosse ouvir.

— Olhe, Yasmin... desculpe, Jacqueline, desta vez, quando eu for ver as crianças, gostaria que as coisas fossem mais amigáveis entre nós. Pelo bem das crianças, devemos deixar o passado para trás e nos concentrar em fazê-las felizes. O que você acha?

Fiquei confusa. Não só não podia associar a voz cordial que estava ouvindo a Bahrin, como também estava atordoada demais a princípio para conseguir murmurar mais do que alguns sons de assentimento.

— Isso é tudo o que eu sempre quis, Bahrin — respondi. — Só quero tornar as coisas fáceis para Iddin e Shah, assim como Iain.

— Ótimo. Então, nos vemos na semana que vem. Por favor, envie lembranças para Iain e sua avó. Tchau — e desligou.

Isso me fez ficar sentada, espantada e desnorteada, olhando para o fone que eu ainda segurava e imaginando se, depois de todos aqueles anos de maledicência, ameaças e abusos, Bahrin finalmente tinha crescido.

Tentando encontrar algum sentido nessa reviravolta, liguei para Iain em seu escritório e para Lillian, no dela, e repeti literalmente o que acabara de acontecer. Iain ficou satisfeito, dizendo para eu receber aquilo como um sinal de que Bahrin enfim aceitara o que era melhor para as crianças e comportava-se de maneira racional e madura ao menos uma vez. A reação de Lillian foi idêntica à de Iain e ela desconsiderou a minha pergunta sobre o que haveria por trás com um muxoxo impaciente. Por algum motivo intangível, os cabelos de minha nuca estavam arrepiados e meu estômago ficou me incomodando muito tempo depois de colocar o telefone no gancho. Mas, naquela altura, essas eram minhas menores preocupações: tinha que organizar uma festa de aniversário e transporte para 15 crianças para uma casa de festas, onde Shah resolvera comemorar. Nosso presente para ela era uma boneca da Minnie Mouse, que ela ficara olhando com cobiça por vários meses. Simplesmente ver seu rosto quando abriu seu presente naquela manhã confirmou que não poderíamos ter escolhido nada melhor. Muito tempo depois deste dia ter chegado ao fim, lembro, aliviada, que consegui dar a Shah o tipo de festa que ela queria e podia ser grata por ter encorajado Iddin a levar dois de seus melhores amigos para lhe fazer companhia.

O dia 5 de julho de 1992, um domingo, foi um dia feliz em que todos os nossos amigos mais próximos e familiares vieram para nossa casa, para o meu aniversário. Eles ficaram até a noite, rindo e brincando, ao mesmo tempo que hordas de crianças selvagens e agitadas brincavam de esconder e de correr atrás umas das outras pela casa e pelo jardim, enquanto o sol se punha. Naquela data, eu me sentia finalmente feliz, segura e ansiosa por novos aniversários como aquele: crianças e amigos por toda a parte, uma carreira deslanchando, um marido carinhoso e a esperança de que a chegada de um bebê, em algum momento, viesse a solidificar nossa união ainda mais. A única coisa que me incomodava era o pensamento da chegada de Bahrin no dia seguinte e o fato de que Iddin e Shah passariam a noite com ele no hotel.

A segunda-feira amanheceu sombria e chuvosa, as crianças reclamando que não queriam ir para um hotel e que preferiam passar suas férias na fazenda, com os pais de Iain e com Skye. Iain fez um sermão para Iddin sobre os aspectos positivos do período de visita de seu pai e também proibiu que ele escrevesse nosso telefone em sua perna, com uma caneta hidrográfica, como vinha fazendo secretamente havia alguns anos. Iain disse a ele que aquilo não era necessário, que não havia perigo com Bahrin e que seria ótimo para Shah e ele ficarem com o pai, no hotel. A expressão de Iddin mostrou como ele era cético em relação a esse conselho.

Seu pai chegou no meio da tarde para buscá-los. Artificialmente cordial e educado, recusou a oferta de um café de Iain e perguntou se podia usar o telefone, para chamar um táxi de volta para o hotel. Shahirah começou a reclamar em voz alta que ela não queria ir com Abah, e Iddin ecoou seus sentimentos, enquanto Bahrin estava em pé diante da bancada da cozinha, com o fone seguro na mão. Percebi o branco do nó de seus dedos e a rigidez de seu pescoço, um sinal seguro de seu desagrado e da corrente de tensão que corria sob a superfície de sua expressão neutra. Desconsiderei suas reações, pelo fato de nossa cadela, Muckle, estar farejando seu calcanhar, tendo antes saudado sua aparição na porta da frente com rosnados e latidos furiosos. Bahrin odiava cães e sempre se sentiu intimidado pela proximidade com um deles. Apreciei em segredo seu desconforto e esperava que ele percebesse que nossos filhos adoravam sua cachorrinha de estimação e como ficavam à vontade junto dela. Para mim, isso ilustrava como eram diferentes dele, como eram normais e naturais. Os animais sempre fizeram parte da vida de nossa família — vacas, coelhos, cães, gatos, cavalos e cangurus — e nenhuma das crianças jamais conviveria com alguém que tivesse medo das criaturas que eles amavam. Olhando para trás agora, realmente acho que Muckle tinha a medida da situação e lamento tê-la impedido quando quis avançar entre as pernas de Bahrin. Quem dera ela tivesse arrancado um pedaço dele, ou então pulado direto em sua jugular. Em vez disso, ordenei que se sentasse aos meus pés, de onde ela continuou olhando meu ex-marido ameaçadoramente e seguindo seus menores movimentos com total atenção.

Dentro do novo espírito de cooperação que Bahrin e eu havíamos adotado, o convenci a deixar levá-lo de carro até a cidade, mencionando a inconveniência dos táxis e da chuva, mas sem ousar expressar a opinião de que a passagem das crianças de um ambiente para o outro poderia ser facilitado por essa demonstração de união e harmonia. Assim, lá fui eu arrebanhando Bahrin, Skye, Drew, Iddin e Shah para dentro do Arnold, nosso robusto Range Rover, para a viagem até a cidade. Bahrin e Iain apertaram-se as mãos diante da porta e as crianças deram beijos de despedida em Iain, com Shah, como sempre, passando os braços em torno do pescoço dele e dizendo em voz alta, "papai, eu te amo". Iddin e Shah não demonstravam o menor entusiasmo em passar a noite com Bahrin e não se fizeram de rogados em deixar isso bem claro para seu pai. Shah também insistiu em levar Whitey, seu cabritinho de pelúcia, que havia sido o primeiro presente de Natal de Iain para ela, para lhe fazer companhia à noite.

Nossa conversa durante o trajeto foi dolorosamente educada e eu me vi em apuros em busca de algum assunto comum. Tentei falar das crianças, da escola e seus passatempos, mas esse assunto não pareceu despertar grande interesse nele. Mudei então para arquitetura, indicando um prédio específico que achei que o interessaria, uma igreja que estava sendo maravilhosamente reformada e dessacralizada para sediar uma importante agência de publicidade. Sua resposta, com despeito e venenosa, chocou-me.

— Isso é repulsivo! Apenas *mat sallehs* usariam um lugar sagrado como escritório.

ERA UMA VEZ UMA PRINCESA

Cheguei a tentar justificar a restauração, não a demolição, de uma bela construção mas, ao perceber a inutilidade disso, deixei meus comentários morrerem e ficamos em silêncio, abandonando todas as tentativas de conversa. Felizmente, logo chegamos ao hotel e, enquanto a chuva caía, iniciou-se uma confusão de reclamações de Iddin e Shah, abraços e beijos de despedida e mensagens gritadas entre Skye e as crianças, enquanto Bahrin, com um suspiro explícito de alívio, abria sua porta com cuidado e descia do carro. Eu disse às crianças, com firmeza, que elas tinham que ficar com Abah e que nos encontraríamos de novo na quarta-feira, lembrando a elas que eu e Bahrin havíamos concordado que eles poderiam telefonar quando quisessem e para dar boa-noite. Esse lembrete acalmou-os um pouco e pulei depressa de volta para o carro, com um aceno e um beijo soprado pelo ar, deixando-os no caminho ao lado de Bahrin, seu pai, que não era muito mais do que um estranho para eles.

❦

O portão da frente bateu, anunciando a chegada de Iddin e Shah em casa, acompanhado pelos latidos histéricos de Muckle e pela campainha da porta. Abrindo a pesada porta branca, ouvi o choro de Shah do outro lado.

— Mamãe, ele não deixou eu trazer Whitey para casa. Não posso ir dormir sem ele — soluçou enquanto eu a pegava no colo. Olhei sobre a cabeça dela, inquiridoramente para Iddin.

— Abah não nos deixou trazer nada para casa com a gente, nem mesmo nossas escovas de dente. Ele disse que não tinha problema — Iddin explicou.

Olhei rapidamente para o portão e vi Bahrin levantar sua mão em um aceno para mim, enquanto entrava no táxi que o aguardava.

— Espere — gritei, a tempo de impedir o carro de dar a partida.

Deixando as crianças em pé na varanda, corri até o portão.

— Por que você não a deixou trazer seu cabrito para casa? Ela não vai dormir sem ele.

— Ela não precisa dele.

— Mas eu lhe disse como ela, como...

Antes que eu continuasse, ele me interrompeu, tentando claramente controlar sua raiva.

— Olha, eu não me importo, Yasmin, não tem importância. Ela pode pegá-lo de volta amanhã, quando eu levá-los de novo para o hotel. — E, com isso, bateu a porta do táxi, eficientemente cortando a conversa, e o carro foi embora.

Como eu gostaria de simplesmente ter cancelado o acordo de visitas naquele momento, mas não ousaria arriscar uma nova batalha nos tribunais. Pelo menos as crianças não estariam com Bahrin por mais do que duas noites. Mentalmente, agradeci minha visão por ter estipulado isso, pois, como Iddin e Shahirah não estavam familiarizados com o pai, o acesso a elas deveria ser fracionado ao longo da semana.

Depois de entrarmos, Shah atirou-se na cama soluçando por Whitey e sentei ao lado dela, acariciando seu cabelo e tentando convencê-la de que Whitey ficaria bem passando uma noite sozinho no hotel. Disse a ela que íamos jantar com alguns de nossos amigos favoritos naquela noite: Rob, Jo e seu filho Nicholas, que tinha a idade dela. Nada fez diferença, ela ainda estava soluçando quando fechei a porta do quarto e fui falar com Iddin. Eu estava completamente furiosa com Bahrin: por que ele era tão insensível e desatento? Qual era a dificuldade de preparar duas bolsas para uma noite e carregar um cabrito de pelúcia?

O jantar naquela noite foi alternadamente tranqüilo e tenso. Jo e Rob empenharam-se em criar um interlúdio alegre em meio a um período difícil, mas a noite foi marcada por Iddin e Shah usando qualquer desculpa para dizer, a quem quisesse ouvir, que não queriam voltar para o hotel e para Abah. Por volta das 20h30, quando estávamos tomando vinho do Porto e café, Shah anunciou que estava cansada e queria deitar até a hora de ir embora. Minutos depois, ela estava enrodilhada na cama de Jo e Rob e começou a chorar por Whitey. Ela implorou para que eu fosse de carro até o hotel, para buscá-lo, disse que não queria voltar lá nunca mais e pediu a Iain e a mim que não os mandasse de volta para seu pai no dia seguinte. Ela continuou a chorar até seu nariz começar a escorrer e seus ombros se sacudirem com soluços, enquanto eu a embalava em meu colo. Iddin entrou no quarto com Nicholas, que trazia um pequeno urso branco.

— Olha, Shah — Nicholas disse —, esse é meu ursinho favorito. Talvez ele faça você se sentir melhor. — Ele colocou o pequeno urso nas mãos de Shah.

277

— Obrigada — ela disse, com o lábio inferior tremendo enquanto tentava recuperar o fôlego.

Durante o trajeto para casa, Shah cochilou junto a seu irmão no banco traseiro, enquanto eu e Iain conversávamos em voz baixa sobre as crianças e Bahrin.

— Não se preocupe — Iain disse. — Ele vai embora na semana que vem e tudo vai acabar até o próximo ano.

— Mas eu não quero voltar amanhã — ouvimos a voz de Iddin vindo da traseira do carro. Nós achávamos que ele, como a irmã, estava adormecido, até ouvirmos seu comentário. — Lá é tão chato e ele não entende nada de nada e não temos nada o que fazer lá. Ele está tentando nos encher de presentes, brinquedos e coisas. Eu quero ficar com Skye na fazenda da vovó nas férias.

— Olhe — Iain disse a ele —, serão só mais alguns dias. Tente apenas aproveitar e iremos todos para a fazenda no próximo fim de semana para estar com a vovó. Essas não serão as únicas férias que você vai ter para ir visitar a vovó e o vovô.

Quarenta e dois

Quinta-feira, 9 de julho de 1992

Após receber o telefonema, às 5h10, dizendo que Kelvin estava morto, fiquei deitada ao lado de Iain e observei a noite se transformar em um dia cinzento. Não parecia real ouvir que Kelvin tinha partido; afinal de contas, eu e as crianças estivéramos com ele um dia antes. Shah desenhou um unicórnio e levou para ele; ela o beijou gentilmente na testa ao deixar o desenho em sua cama e sair silenciosamente do quarto. Iddin e Shah sabiam que Kelvin estava morrendo de AIDS e que ficava mais fraco a cada hora, mas insistiram em subir comigo quando fui visitá-lo. Eu mesma o beijei ao me despedir, com ele adormecido, saindo na ponta dos pés do quarto, sem saber que era a última vez que o via. Fiquei feliz por ele ter morrido em sua própria casa, cercado e cuidado por uma grande quantidade de amigos íntimos e recebendo um fluxo constante de visitas de ex-alunos, colegas e parceiros de balé. Ele tinha sua dignidade e amor; eram as coisas mais importantes para ele.

Kelvin Coe foi primeiro-bailarino da companhia Australian Ballet, um artista e professor de balé internacionalmente respeitado. Nós fomos conhecidos circunstanciais em meus anos de balé; Kelvin era um virtuose, um bailarino muito superior a mim, e alguém que eu admirava a distância por vários anos enquanto crescia. Mesmo quando dávamos aula na mesma escola e tínhamos os mesmos amigos, eu era muitíssimo encantada para fazer algo mais do que seguir sua direção em um *pas de deux* e murmurar respostas afirmativas. Mais recentemente, no entanto, me tornei muito próxima de Kelvin e de seu companheiro, Stuart, quando fiz o perfil da relação deles em uma reportagem especial para a televisão.

Eu tinha entrado para a equipe que cuidava de Kel e levava panelas de comida e bolos de chocolate de minha cozinha para a deles; assim, quando o telefone tocou de novo depois das 7 horas, eu sabia do que se tratava. Estava sendo chamada para trabalhar, para preparar seu obituário para o noticiário da tarde, exatamente como prometera a ele, meses atrás. Era raro para mim ir trabalhar direto quando as crianças estavam de férias. Meu trabalho no programa de rádio e nas reportagens especiais para a televisão era organizado conforme o horário escolar das crianças e eu tinha a flexibilidade de poder levá-los e buscá-los na escola todos os dias, o que era tão importante para Iddin, Shah e Skye quanto para mim. Desta vez seria uma exceção e eu sabia que eles aceitariam como a coisa certa a ser feita.

Eu já estava de pé e vestida quando as crianças chegaram à mesa do café-da-manhã. Eles receberam a notícia da morte de Kelvin com tristeza e compreensão e o comentário de Iddin foi especialmente significativo:

— Pelo menos ele não vai mais ficar doente e sofrendo. Ele não parecia feliz há muito tempo, mãe. — Eu beijei sua cabeça, concordando, e o abracei.

A equipe de filmagem chegou para me apanhar em casa às 11h30, em meio aos protestos das crianças sobre a segunda sessão do horário de convivência com o pai. Lembro de ter sido muito firme com ambos e explicar, em termos claros, que eles tinham que ir e que eu falaria com eles pelo telefone durante todo o dia e para dar boa-noite antes que fossem dormir. Depois de me despedir com abraços e beijos, me virei para Iain, prometendo ligar para casa durante o dia para ver como estavam as coisas. Iain ficaria em casa com Iddin e Shah até a hora oficial para entregar as crianças a Bahrin, às 17 horas. Nós sempre dávamos cobertura um ao outro; nosso trabalho normalmente permitia que um de nós estivesse em casa com as crianças e organizávamos nossos horários para acomodar os imprevistos da vida familiar.

— Vai ficar tudo bem, Jack — ele disse para me tranqüilizar, com um sorriso preocupado. — Eu e as crianças vamos nos divertir um pouco e Elizabeth vai me ajudar a preparar suas bolsas para quando ele chegar.

Ao me virar para acenar uma última vez antes de sair no carro da equipe, vi minha família em pé, na varanda, enviando beijos, fazendo palhaçadas e caretas para mim. E depois, me concentrei nas perguntas que faria na primeira entrevista daquele dia.

280

Liguei para as crianças em torno das 16 horas e disse que os amava "bilhões, trilhões e infinitamente" e que falaria com eles mais tarde, à noite no hotel. Sempre vou lembrar que Iddin me pediu uma última vez para suspender a visita iminente de seu pai e que eu, em meio aos problemas da edição e da corrida para completar a reportagem sobre Kelvin para o noticiário das 17 horas, respondi secamente com um "não" definitivo.

— Está bem, mãe — ele resmungou em um tom resignado e com um suspiro pesado. — Amo você. Fale com Shah.

— Oi, mamãe, amo você, amo você, amo você. Tchau, tchau, tchau, tchau — ela cantou no telefone.

Foi a última vez que falei com meus filhos.

Cheguei em casa bem tarde naquela noite, completamente deprimida e exausta. Iain tinha planejado um jantar em um restaurante próximo para nós e reforçou que as crianças foram apanhadas na hora certa pelo pai delas. Senti a falta deles naquela noite, de algum jeito suas vozes alegres e mãozinhas calorosas teriam me ajudado a reafirmar os lados positivos da vida depois de ter lidado com a morte e luto durante todo o dia. Acho que, acima de tudo, eu queria dizer a eles o quanto os amava. Portanto, foi com esse pensamento que peguei o telefone e disquei o número do hotel Victoria, onde Bahrin estava hospedado com as crianças.

Pelas 72 horas seguintes tentei falar com Iddin e Shah por telefone a intervalos regulares. A primeira ligação foi atendida por Bahrin no hotel. Ele não deixou que eu falasse com nenhuma das crianças, dizendo com firmeza que ambos estavam dormindo e que ligariam para mim de manhã. Esperei por toda a sexta-feira, mas eles jamais ligaram. Tentei me concentrar no programa de rádio do fim de semana que eu precisava preparar, mas não conseguia manter a concentração. De tarde, comecei a ligar para seu quarto em intervalos de uma hora, tentando me confortar, pensando racionalmente sobre a situação, dizendo a mim mesma que eles tinham saído para um passeio no zoológico ou para algum outro lugar e que logo estariam de volta — mas sem muita convicção em momento algum, enquanto era movida por esse estranho e incômodo sentido de urgência. Deixei uma mensagem atrás da outra na recepção do hotel até que a telefonista começou a reconhecer minha voz.

No sábado foi pior. Iain e eu tínhamos que concluir o trabalho de pré-produção para meu programa semanal de rádio, mas não consegui me concentrar nas tarefas diante de mim. Achei ainda mais difícil me conter e não ir direto para o hotel, ficar sentada lá até que Bahrin voltasse com as crianças. Se eu interferisse no horário combinado de sua visita às crianças, com o qual concordei voluntariamente, arriscava sofrer alguma sanção da Vara de Família e reiniciar as hostilidades com Bahrin. Também sabia que seria ridículo buscar ajuda da Polícia Federal australiana, que poderia ser considerada equivalente ao FBI dos Estados Unidos, mas muito menos equipada de homens e recursos, antes de haver qualquer evidência tangível de que alguma coisa estava faltando. Às 17 horas, minha mão era atraída pelo telefone e eu estava novamente ligando de hora em hora, deixando mensagens mecânicas com a telefonista do hotel. Cada vez que ela ouvia minha voz, gentilmente assegurava-me que ninguém do hotel havia visto Iddin e Shahirah entrarem ou saírem desde minha última ligação, mas que ela transmitiria minha mensagem assim que alguém os visse.

Meu estômago era um bolo, minhas costelas pressionavam meus pulmões como um colete de aço e tudo o que eu podia fazer era rezar para que o pior cenário possível, aquele que ficava girando em minha cabeça, fosse uma reação exagerada. Iain tentou insistentemente me acalmar e me lembrou que Bahrin e as crianças provavelmente tinham saído para algum lugar e estavam se divertindo muito; mas suas tentativas de conforto de nada adiantaram para me convencer ou tranqüilizar minha inquietação.

— Está tudo bem, vai ficar tudo bem — repetia ele para mim, tentando refrear o pânico crescente que me tomava conta.

— Ele não poderia ter feito isso, não depois de todo esse tempo, não poderia — eu ponderava. Seqüestrar as crianças depois de sete anos era ridículo, insano e absurdo; mas, bem no fundo, lá no âmago de meu ser, eu sabia que era exatamente o que Bahrin tinha feito, mesmo que me recusasse a verbalizar o que sabia ser verdade.

Às 20 horas, comecei a pensar se meu comportamento estava ficando irracional. Forcei-me a uma cota de um telefonema para o hotel a cada meia hora. Esperava apenas que os funcionários não ficassem exasperados com essa freqüência e cortassem meu único canal tangível para encontrar as crianças. O relógio chegou às 21 horas, sem qualquer indicação de que minhas mensagens tivessem sido recebidas. Cada fibra de meu corpo dizia que alguma coisa estava profundamente errada. Eu não podia esperar que o período de visita chegasse ao fim, às 12h30 do dia seguinte. Tinha de fazer algo: liguei para a divisão de família da Polícia Federal australiana. O policial com quem falei compreendeu minha ansiedade e concordou que a situação, como se apresentava, apontava para algo suspeito, mas sua explicação sobre procedimentos e a necessidade de provas concretas do desaparecimento das crianças não foi nada além do que eu já esperava. Não havia muito mais o que fazer a não ser aguardar a chegada do prazo combinado para a volta de Iddin e Shah. Antes disso, tudo o que o policial poderia fazer era um registro não oficial de minha chamada e de minhas preocupações e torcer pelo melhor.

Os minutos passavam como se fossem horas e, quando o relógio marcou 23 horas, eu sabia que seria necessário solicitar a ajuda dos funcionários do hotel. O gerente compreendeu imediatamente a seriedade da situação e me disse que aguardasse perto do telefone, que ele ligaria de volta após conversar com seus funcionários. Na verdade, ele fez mais do que isso — quando finalmente ligou, pintou um quadro apavorante, que me fez subir pelas paredes de desespero. Os quartos contíguos, divididos por Bahrin e pelas crianças, não tinham sinais de que alguém tivesse dormido lá; tampouco funcionários do hotel os viram entrar ou sair desde a noite de quinta-feira. Apenas a bagagem e os brinquedos espalhados pelos quartos me deram alguma esperança de que tudo era um grande mal-entendido e que Bahrin estava apenas querendo me torturar. Agradeci o gerente do hotel efusivamente por sua ajuda e desliguei, fortalecendo-me para a maior espera de minha vida: 13 horas e meia antes que eu pudesse saber a verdade. Meu controle emocional era praticamente inexistente neste estágio, tudo o que conseguia era não gritar com Iain enquanto ele continuava a garantir que eu estaria com as crianças no dia seguinte e que estava por demais agitada com a história toda. Mas eu sabia. Era como se Iddin e Shah tivessem um pulso batendo dentro do meu corpo, que eu nunca reconhecera antes, e agora estivesse enfraquecendo, deixando-me com uma dor aguda e o sentimento de que minha alma estava tateando na beira de um precipício.

Domingo, 12 de julho de 1992

De algum jeito, consegui apresentar o programa de rádio no dia seguinte, olhando continuamente para o relógio, desejando que seus ponteiros chegassem às 12 horas, sinalizando minha liberação. Iain e eu fomos direto para o hotel Victoria, para buscar as crianças. Estávamos 15 minutos adiantados e Iain insistiu que aguardássemos no carro até a hora marcada. Estávamos seguindo o jogo de Bahrin exatamente conforme as regras. Sentados juntos, do lado de fora do hotel, a chuva começou a cair pelas janelas do carro, formando poças enlameadas na rua. Pessoas sorrindo caminhavam pela água, abrindo guarda-chuvas apressadamente, e o cheiro de café fresco entrou pelo carro vindo do restaurante italiano próximo. Finalmente, o relógio marcou 12h30: chegara a hora de eu confrontar meu maior medo. Iain apertou minha mão com força, para me confortar, antes que eu abrisse a porta do hotel e colocasse um pé diante do outro para chegar até o balcão de telefones internos da recepção. Antes de tirar o fone do gancho, murmurei umas palavras confusas. Rezei para estar errada e para que, quando me virasse, desse com Iddin e Shah correndo pelo saguão em minha direção. Nada, a não ser meu pior medo.

Disquei. Sem resposta. Tentei novamente, caso tivesse errado o número, mesmo sabendo que isso não tinha acontecido — qualquer coisa para adiar o inevitável. Cuidando para manter a voz equilibrada e esmagando o tom histérico que atravessou minha voz, afastei-me do telefone e pedi para falar com a gerente. Ela entrou em ação de imediato, conduzindo-me para os elevadores e falando rapidamente sobre segurança, privacidade e questões legais. Suas palavras rodopiaram em minha mente. Concordei de forma atordoada com não importa o que ela tivesse acabado de dizer. Neste ponto, eu teria concordado com o demônio apenas para obter alguma informação sobre Iddin e Shah. Finalmente, depois de percorrer um corredor mal iluminado, ficamos diante da porta que escondia o futuro de meus filhos atrás de si.

— Lembre-se, você precisa concordar em não tocar em nada, senhora Gillespie — advertiu a gerente, enquanto colocava a chave na fechadura e abria a porta.

Atrás dela, o quarto estava deserto, mas revelava algo mais aterrorizador do que qualquer cena de um filme de horror. Olhei para baixo, mal percebendo que estava pisando sobre mais de uma dúzia de mensagens minhas, enfiadas por baixo da porta durante as últimas 24 horas. O primeiro quarto, obviamente, era o de Bahrin. Uma maleta estava aberta sobre o chão à direita, com o conteúdo espalhado. A cama estava intocada — um mau sinal. Passando pela porta de comunicação para o quarto contíguo, vi que Bahrin finalmente tinha dado uma cama para Shah, só que estava vazia, assim como a de Iddin. Neste quarto, eu podia quase imaginar o eco das vozes das crianças, ainda pelo ar. Balões e barbantes estavam pendurados no suporte central de luz, um pedaço de papel de presente sedoso estava colado na parede e um gigantesco cartão de aniversário estava ao lado dele.

Senti um nó no intestino ao perceber que Bahrin havia deixado o quarto preparado para ser encontrado por mim, com mensagens claras apenas para mim. Sobre a cama de Shah, Whitey e Minnie Mouse estavam sentados, testemunhas silenciosas do que havia acontecido lá. Próximo ao pé da cama estava o chapéu vermelho, estilo cloche, de Shah, que tínhamos escolhidos juntas algumas semanas antes para combinar com seu novo casaco de inverno, mas foi o que Bahrin fez com ele que fez meu estômago dar voltas e o quarto começar a balançar: o pequeno e brilhante objeto havia sido amassado e torcido com tal fúria vingativa que estava irremediavelmente estragado. A fonte de orgulho e alegria de Iddin, seus enormes tênis Reebok, que ele insistiu para eu comprar por meses e meses, estavam jogados em um canto, seu boné de beisebol, largado sobre a cama como se tivesse acabado de ser jogado lá. O tempo parecia ter parado neste quarto de hotel barato. Um vácuo criado por uma mente doentia determinada a se vingar totalmente. A cena me fez lembrar do navio fantasma *Marie Celeste*, abandonado no meio do oceano, com as refeições pela metade e o rádio a todo volume. Só que isso não era o Triângulo das Bermudas e não havia um mistério inexplicado para ser assunto dos jornais populares: envolvia meus filhos e eles não estavam lá.

Cambaleei para fora do quarto e consegui encontrar Iain no saguão. Vomitei o que tinha visto lá em cima, segurando os soluços que subiam do fundo de minha garganta e lutando para manter o controle, para conseguir reunir a ajuda disponível, a única chance que meus filhos tinham.

Em seguida, fui tomada por um turbilhão de medo e ansiedade. Os minutos, horas e dias seguintes passaram-se em uma mistura de desespero, raiva, ódio, desânimo e uma batalha que me sufocou em

ERA UMA VEZ UMA PRINCESA

sua intensidade e permanece comigo em cada milissegundo de minha existência. Um telefonema histérico para a Polícia Federal do saguão do hotel foi seguido por uma conversa confusa com Lillian Webb e mensagens truncadas para John Udorovic, alertando-o sobre o que tinha acontecido, e uma entrevista formal marcada às pressas na sede da Polícia Federal.

Perguntas, perguntas e mais perguntas. Os policiais da unidade de Direito de Família foram gentis e objetivos, enquanto eu tentava manter a coerência contra o nó que subia por minha garganta todas as vezes que falava o nome de Iddin e Shah. Os detalhes foram solicitados e fornecidos: idades, datas de nascimento, roupas e destinos possíveis. Cuspi todas essas respostas como se fosse uma máquina. Qualquer coisa, absolutamente qualquer coisa, para aumentar as chances de minhas crianças serem encontradas. Apesar de ter me oferecido várias vezes para informar, ninguém perguntou o peso e a altura delas. Até que foi feito o pedido que revelou a realidade da situação para mim, que fez com que eu me desse conta de que toda aquela experiência era mesmo real e não uma espécie de sonho confuso do qual eu logo acordaria: um dos policiais perguntou se eu tinha fotografias recentes de Iddin e Shahirah para serem colocadas no sistema de alerta dos computadores da polícia e em todos os pontos de saída da Austrália. Agarrei minha bolsa e vasculhei seu conteúdo, procurando por minha carteira. Poucos dias antes, eu havia colocado as novas fotografias escolares de Iddin, Shah e Skye na janela plástica de minha carteira, reservada ao orgulho das mães. No dia anterior, abri minha carteira para mostrar, orgulhosamente, como as três crianças tinham crescido e agora me atrapalhava enquanto removia seus rostos e entregava meus bebês à policial, uma estranha. A partir de apenas um simples momento congelado no tempo, como uma estranha poderia compreender que essas crianças eram seres humanos vivos e respirando? "Esses são meus bebês", eu queria gritar. "Por favor, encontre-os, ajude-os, traga-os para casa."

Lutei contra o impulso de segurar a manga da policial e exigir que ela me ouvisse. Queria contar a ela tudo sobre as crianças, sobre suas personalidades, do que gostavam e do que não gostavam, sobre como deviam estar se sentindo apavoradas em meio a essa confusão; mas concluí corretamente que os policiais não estavam interessados em meu histrio-

286

nismo e que eu devia manter o controle. Quando as lágrimas vieram, rapidamente segurei meu desejo de me desmanchar em um choro de alívio como válvula de escape. Eu sabia que haveria muitas outras perguntas para responder de maneira coerente e sabia que tinha que me manter inteira, pelo bem das crianças. Elas estavam contando comigo, sabiam que eu moveria céus e terras para encontrá-las. Eu não poderia decepcioná-los, tinha que resistir. Tinha que tentar me manter um passo à frente do que Bahrin pudesse pensar.

Quando finalmente esgotei todas as respostas que poderia dar à polícia, Iain me levou para fora do edifício, para uma rua fria e cinzenta de Melbourne, no momento em que senti dor em meu estômago. Inclinei-me para uma coluna de mármore e comecei a ter ânsias de vômito, onda após onda de náusea me engolindo até que me senti como se meu estômago tivesse virado do avesso e meu corpo começou a tremer descontroladamente. Iain quase me arrastou e me carregou até nosso carro e me acomodou no banco da frente para voltarmos para nosso lar, agora uma casa vazia.

Várias horas se passaram até encontrarmos John Udorovic naquele domingo. Foi como se eu tivesse gasto horas ao telefone, meus dedos discando e rediscando seus números até que um de meus recados chegou até ele e ele ligou para nossa casa. Uma linha de ação foi rapidamente decidida assim que ele falou conosco. Precisávamos obter um mandado de prisão contra Bahrin e para a devolução de Iddin e Shah e, mais importante, era urgente que eu recebesse uma autorização formal da Vara de Família australiana para divulgar o seqüestro das crianças, na esperança de que alguém, em algum lugar, tivesse alguma pista vital sobre seu destino e nos encaminhasse a informação. Segundo as determinações de privacidade da Vara de Família australiana, nenhuma parte de uma ação ou detalhes de um caso podem ser revelados para a mídia sem uma ordem de publicação segundo a seção 121 da Lei de Família.

Rick Willis, nosso antigo sócio, chegou em algum momento ao cair da noite. Ele atendeu o chamado de Iain e veio ajudar. John, Rick e Iain planejaram três frentes de ataque para tentar evitar que Bahrin deixasse o país. John procurou o agente de registro da Vara de Família para marcar uma audiência imediata com um juiz para uma discussão de emergência. Isso foi finalmente obtido em uma sessão fechada mais tarde, naquela noite, no prédio da Vara de Família, diante do agente, e com o juiz em casa, a vários quilômetros, transmitindo suas decisões por um telefone com viva voz.

Os primeiros mandados obtidos eram bastantes precisos em seus termos: estabeleciam que os agentes da Polícia Federal australiana e as demais forças policiais do país buscassem por Iddin e Shah, que vasculhassem todas as embarcações, navios e aviões, e que usassem a força, se necessário, para obter a custódia das crianças e devolvê-las para mim, que tinha a posse legal delas.

Esperei em casa com os dois filhos adolescentes de John, Nadine e Joshua, que cuidaram de mim com muito carinho e atenção. Foram horas de agonia. Eu não parava de olhar para o telefone, esperando que tocasse, que, a qualquer momento, a voz das crianças saísse do fone para meu ouvido. Fiz coisas sem sentido para encher o silêncio opressivo da casa, rezei para que tudo não passasse de um mal-entendido. Não conseguia ficar sentada, também não conseguia chorar. Tentei encher as horas cozinhando um dos pratos favoritos de Iddin e Shah, de frutas e *curry* de vitela. Fiz duas enormes panelas fumegantes. Tentei acreditar que estaríamos todos sentados juntos, como uma família, na noite seguinte, rindo sobre toda essa agitação ridícula enquanto jantávamos. Esse jantar foi servido mais tarde para os diversos policiais, auxiliares e jornalistas que encheram a casa no dia seguinte. Lavei o banheiro, levei o cão para passear sem rumo, mas nada disso realmente ajudou, nada podia apagar a realidade crescente do que estava acontecendo em nossas vidas.

Às 22h30, finalmente de posse dos documentos legais necessários, permitindo a publicação e identificação minha e das crianças na mídia, Iain e Rick entraram pelas redações de dois jornais importantes da cidade e colocaram, diante dos respectivos editores, nossas vidas particulares desnudadas. Achávamos que toda publicidade ao assunto poderia ajudar na busca. Por minha vez, telefonei para o diretor da própria rede de televisão onde eu trabalhava, para implorar ajuda e para que ele soubesse o que ia sair nos jornais no dia seguinte. Liguei para a casa dele, arrastando-o de sua cama confortável. Quando contei que Iddin e Shah haviam sido seqüestrados pelo pai biológico, ele riu. Obviamente, achou que eu estivesse contando uma piada, e disse, "sei, sei, claro, Jack", e desligou o telefone.

A agência de notícias Associated Press também foi informada, distribuindo a notícia por telex para todo o país, para cobrir a área mais ampla possível. Eu sabia que tínhamos que colocar o nome das crianças e suas fotos estampados em todos os jornais, telas de televisão e ondas de rádio possíveis — essa seria nossa única chance de encontrá-los antes que Bahrin conseguisse tirá-los da Austrália. Rezei com cada fibra de meu corpo para que não fosse tarde demais.

Joshua e Nadine dormiam no sofá quando terminei meus telefonemas. Por um lapso de segundo, eu daria qualquer coisa para que seus corpos adormecidos fossem substituídos por meus pequenos Iddin e Shah, rezando "Senhor Deus, onde eles estão, o que estão pensando, estarão seguros?". Mas não recebi resposta. Minha amiga íntima, Deb, chegou minutos depois de eu ligar. Ela ficou por lá e me ajudou por várias horas durante aquela noite, enquanto eu vomitava e me movia de um lado para outro, alternadamente.

O barulho de choro chegou até mim vindo da sala de recreação, nos fundos da casa. Ferida, perturbada e quase descontrolada, abri a porta lentamente para encontrar Iain nos ombros de Debbi, chorando e murmurando desesperadamente para ela.

— Ela nunca mais voltará a ser a mesma depois disso, ela vai mudar, Deb. O que vou fazer para ela? Ela vai se tornar dura e amarga e não será mais a Jack que eu amo tanto, eu...

Iain apressadamente empurrou Debbie para longe ao perceber minha presença atrás dele. Levantou do sofá, jogou-se para dentro do banheiro e fechou a porta, evitando olhar para mim. Olhei para Deb, em busca de alguma explicação, mas tudo o que ela fez foi me abraçar e dizer:

— Ele está culpando a si mesmo e agora está morrendo de preocupação por você e pelas crianças.

Empurrando a porta do banheiro, juntei-me a Iain no lugar onde, poucos dias antes, eu colocara quatro crianças bagunceiras, Iddin, Shah e seus primos, Allison e Kira, no banho, ensaboando e esfregando os restos do bolo de aniversário, tinta e cola, as evidências de um dia feliz de festa em família. Esforcei-me para olhar para Iain. Murmurei algo como "diga-me que vai ficar tudo bem", e dei um passo em sua direção. Quando fiz isso, Iain se virou e segurou meus ombros, falando de maneira determinada. Ele poderia estar falando com um estranho pelo que pude perceber em seu olhar.

— Vou te mostrar o que farei se botar minhas mãos nele. Vou sacudi-lo até que sua cabeça saia do lugar.

— Pare, querido, você está me machucando. Iain!

Engasguei enquanto minha cabeça era jogada para frente e para trás como a de uma boneca de pano. Soltando-me imediatamente com um acesso de reconhecimento, ele girou rapidamente e socou a parede esquerda do banheiro e depois a direita, deixando dois buracos enormes no reboco, como se fossem duas bocas abertas em um grito silencioso. Em seguida, começou a se desculpar, embalando-me em seus braços — mas eu não conseguia afastar a imagem de um triunfante Bahrin com um sorriso sarcástico de minha mente enquanto pressionava minha cabeça no peito de Iain. Nós nos deitamos em nossa cama naquela noite por uma hora, mal nos tocando, duas pessoas traumatizadas por um choque brutal, com muito medo de dizer qualquer coisa que pudesse nos jogar no fosso de desespero em torno do qual estávamos cambaleando.

Eu estava completamente entorpecida por fora e sentindo muito frio, o tipo de frio que corta até os ossos e os faz doer. Corria para o banheiro a todo minuto, vomitando a bile que havia em meu estômago. Toda a comida já havia sido posta para fora havia muito tempo, pelos vômitos ininterruptos ou pela diarréia que tomou conta de meu intestino com uma regularidade monótona. O mundo havia mudado, nada mais estava em equilíbrio, e, em algum lugar lá fora, Iddin e Shah estavam aterrorizados com o dia de amanhã. O que Bahrin faria quando Shah pedisse seu cabritinho Whitey? Será que Iddin conseguiria chegar a um telefone? Teriam comido? Quem os estaria confortando quando chorassem por mim, ou será que estavam sendo surrados para parar de chorar? Estariam aquecidos o suficiente? Shah estava com uma assadura feia, precisava de creme — será que Bahrin alguma vez ligou ou se lembrou? Onde, meu Deus, onde estavam eles? As perguntas não paravam em minha cabeça, assim como meu pavor pelo que eles estariam passando. Dobrei-me em posição fetal e imaginei cada ângulo do rosto deles, cada sorriso, cada fio de cabelo, como cresciam em suas cabecinhas e como era bom sentir seus braços em torno do meu pescoço. Quando eu os sentiria novamente?

Quando poderia dizer a eles que tudo tinha chegado ao fim e que nada, nem ninguém, iria feri-los novamente? Mas, acima de tudo, quando poderia embalá-los em meus braços e dizer-lhes o quanto eu os amava? Quando?

Segunda-feira, 13 de julho de 1992

Fiquei, modo estranho, aliviada quando o telefone tocou às 5h30. O sono havia desaparecido completamente durante a hora que passei na cama. Fiquei deitada, rígida, desejando que minha mente adivinhasse o próximo movimento de Bahrin, e atormentada, temendo pelos meus filhos. A campainha do telefone me deu uma desculpa para me levantar. Qualquer coisa era preferível a continuar inerte e doente de preocupação. A ligação era da imprensa, a primeira das milhares que nos engoliriam pelos próximos dias, semanas e meses. As notícias do que tinha acontecido com nossa família estampavam a primeira página dos jornais matutinos da segunda-feira. ATRÁS DO PRÍNCIPE, CRIANÇAS; CRIANÇAS AUSTRALIANAS SEQÜESTRADAS e POLÍCIA RECEBE ORDEM PARA ENCONTRAR CRIANÇAS foram as manchetes, acompanhadas por cópias das fotos de Iddin e Shah. Eu jamais permitira antes que Iddin e Shahirah fossem identificados em público como membros da família real da Malásia. Sempre os protegi da mídia e jamais usei seus títulos abertamente. A privacidade foi um elemento muito precioso em suas vidas, algo que achava intrínseco ao seu crescimento como crianças normais, com um bom conjunto de valores, afastados da intrusão da imprensa. No entanto, tudo isso estava para ser jogado pela janela, nosso anonimato não existiria mais e o legado de meus filhos os transformaria em objeto de curiosidade. Tudo parecia surreal para mim. Eram os filhos dos outros que desapareciam, pessoas com quem eu me solidarizava de longe e por quem sentia pena — não os meus. Doze horas haviam se passado entre eu ser a repórter e me transformar na reportagem, e era um lado da câmera no qual eu não ficava nada à vontade.

Procurei me fortalecer o melhor que pude antes da primeira equipe de televisão chegar, às 7 horas, arrastando cabos, luzes, monitores e microfones dentro de nossa casa e estacionando uma enorme caminhonete de transmissão na rua, encimada por uma antena para satélite e logomarca da estação. A náusea ainda tomava conta de meu estômago, deixando-me sem escolha a não ser ir continuamente ao banheiro. Tentei arduamente lutar contra o tremor que tomou conta das minhas mãos desde que fui atingida pela realidade. Minha mão direita era a pior, tremendo tanto que eu não conseguia levar um copo até minha boca sem a ajuda da mão esquerda. Eu estava com péssima aparência, mas não podia me dar ao luxo de me arrumar melhor. Autopiedade e um colapso total não me ajudariam a trazer meus filhos de volta. Eu precisava lutar, disse para mim mesma. Não tinha escolha, a não ser me desmanchar em uma poça de lágrimas e me entregar. Assim, fiz a única coisa em que meu cérebro esgotado conseguiu pensar: resolvi fingir, tanto quanto possível, que a barreira de jornalistas que eu enfrentaria era parte do meu trabalho, e que consistia em fazer circular a mensagem sobre meus filhos, fazer com que ela chegasse a pessoas que eu nunca vira antes e pedir ajuda a estranhos. Acho que minha atitude inicial surpreendeu vários jornalistas. Aqui estava uma "vítima", mas que se tratava de uma pessoa conhecida deles, que trabalhava no mesmo setor e sabia como prender o microfone no colarinho e ficava confortável diante da câmera. Mas eu não tive tempo ou vontade de me preocupar se minha atitude afetava sua percepção sobre mim durante minha crise pessoal. Iddin e Shah eram minhas únicas prioridades e era fundamental que eu desse o máximo de mim por eles.

Dei 36 entrevistas naquele primeiro dia: oito delas para a tevê, outras para rádios e jornais de todo o país. O mais estranho disso tudo foi o cenário que se desdobrou naquela primeira manhã, quando as equipes de TV começaram a ocupar a casa. Muitos dos operadores de câmera e seus assistentes me conheciam socialmente ou por já terem trabalhado comigo no passado. Alguns deles me deram abraços de encorajamento ou tapinhas nas costas antes do início das entrevistas. Esse contato pessoal e a visão de rostos familiares me deixaram menos vulnerável quando as perguntas começaram. Repetidas vezes, expliquei os mesmos detalhes para os diversos jornalistas, resumindo com calma a história do caso e soletrando várias vezes os nomes de meus filhos. Recusei-me a chorar diante da câmera, e repetidamente implorei aos espectadores que pudessem estar assistindo às reportagens durante seu jantar, no conforto de seus lares, que avisassem à Polícia Federal caso tivessem qualquer informação sobre onde Iddin e Shahirah pudessem estar.

Como resultado do seqüestro, pude ver também o lado mais feio do jornalismo: o cálculo frio para encontrar uma nova informação, o esforço para recuperar uma imagem carregada de emoções que rotularia a reportagem com a palavra "tragédia", e a manipulação descarada de um jornalista que desejava perpetrar uma imagem minha chorando descontroladamente nos braços de Iain. O homem em questão seguiu cada item do manual para provocar minhas lágrimas, elaborando as perguntas da maneira mais dramática e perguntando a mesma coisa várias vezes, com uma pequena variação entre elas. "Como você vai se sentir se nunca mais vir seus filhos novamente, Jacqueline? Você se culpa por não ter sido suficientemente cuidadosa? Você ama muito seus filhos?" Finalmente, ele me deixou tão abalada que cheguei a sentir que estava perdendo o controle, minha garganta começou a fechar e uma dor horrível tomou conta do meu corpo, uma mistura de sofrimento atroz e desespero extremo. Eu me senti sucumbir, incapaz de continuar com a entrevista. Pedi que desligassem a câmera, que precisava de um tempo e alguma privacidade e eles garantiram que a câmera não estava mais filmando. Entreguei-me às lágrimas, soluçando intensamente enquanto Iain me confortava, culpando a mim mesma por dar ouvido aos outros e lamentando por ter forçado as crianças a aceitarem a visita ao pai, e agora eles não estavam mais lá. Desnecessário dizer que, apesar das garantias que me deram, trechos desse momento particular de sofrimento foram transmitidos nacionalmente naquela noite, expondo-me de maneira nua e crua para conseguir mais pontos de audiência.

Amigos. Graças aos amigos, consegui manter uma sanidade parcial durante todo esse pesadelo. Jamais serei capaz de compensá-los por seu apoio, compreensão, proteção e desprendimento. É impressionante, também, como descobrimos rapidamente quem são os amigos verdadeiros. Desde o momento em que ouviram as notícias, nossos amigos apareceram para nos apoiar de todas as formas imagináveis. Às 8h30, no meio da primeira entrevista coletiva, a campainha da porta tocou anunciando a chegada de Rob e Sue MacArthur, George Craig acompanhado por sua filha Amber, Jo Pearson, Heather Brown e Rob Gell, em rápida sucessão. Esse grupo de pessoas incríveis chegou lá e tomou conta dos telefones e da porta, prepararam infinitos copos de café, lavaram a louça, cozinharam, consolaram-me e ficaram conosco no que acabou se transformando em turnos de vinte horas, que duraram por 14 dias. E foram realmente necessários. Uma central de controle acabou surgindo em nossa sala, com

quatro linhas de telefone para receber ligações, dois celulares emprestados e uma máquina de fax, que apitava em intervalos breves. No auge do
frenesi da imprensa ao nosso redor, um dos telefones tocava a cada 19 segundos. Chegamos ao ponto em que duas pessoas atendiam os telefones
sem parar, em turnos de duas horas, analisando todas as ligações e recebendo mensagens detalhadas, classificadas por hora, de toda a Austrália e
do mundo, à medida que a história se espalhava mais e mais. O telefone
começava a tocar às 5 horas, todas as manhãs, com pedidos de atualiza-
ção para a segunda edição dos jornais da manhã e noticiário das rádios e,
dependendo dos acontecimentos da noite anterior, transmissões ao vivo
de nossa casa para uma ou outra rede de televisão. Era uma loucura total
e continuava assim até o último telefonema, em torno da meia-noite.
Nosso grupo estóico de auxiliares reduzia meus contatos telefônicos com
a mídia ao máximo, deixando-me livre para as intermináveis conferências e conversas jurídicas que marcavam cada dia, sem hora marcada.
George cancelou todos os compromissos de trabalho como técnico de
som para passar todos os dias conosco, por duas semanas, e, quando finalmente voltou ao trabalho, passava todos os finais de noite em nossa
casa. Sue e Rob anteciparam suas férias para ficar com a gente e ajudar;
Jo passava as manhãs atendendo nossos telefones e fazendo a faxina em
nossa casa, lavando o piso, preparando terrinas de sopa para alimentar
nosso crescente estabelecimento e depois corria para o estúdio a tempo
de ler as notícias da tarde para o canal Network Ten. Sem o apoio de nossos verdadeiros amigos, eu teria sucumbido e despencado.

Também foi chocante e triste descobrir a falange de amigos circunstanciais e curiosos, que se aproximavam apenas para bisbilhotar. Algumas dessas pessoas nós considerávamos amigos íntimos e será para
sempre um motivo de lamento para mim que, em uma época de grande
necessidade e desgaste emocional, eles ou desapareceram ou usaram a
amizade como um meio, uma espécie de boca-livre usado por meses,
aproveitando os detalhes obtidos diretamente conosco para temperar
suas conversas na hora dos drinques e aperitivos.

Naquele primeiro dia, não comi nada e apenas bebi suco de laranja
quando alguém colocava o copo nas minhas mãos. Eu não conseguia lidar com a idéia de comer; só podia pensar nos meus filhos. Estava desesperada por notícias, qualquer coisa que aliviasse o silêncio absoluto em

torno de seu paradeiro. Rezava para que Bahrin não tivesse conseguido tirá-los da Austrália e que estivesse se escondendo em algum lugar, esperando por uma oportunidade para fugir. Durante todos os anos em que ele veio para Melbourne para exercer seu direito de visita às crianças, eu me mantive cautelosa e desconfiada de seus motivos. Jamais esqueci seu juramento dramático de um *jihad* e, por isso, sempre tomei precauções para que ele deixasse seu passaporte, bilhetes aéreos, cartões de crédito e cheques de viagem com meu advogado antes de encontrar as crianças. Desta vez, no entanto, a rotina foi relativamente alterada, por insistência dele. Meus advogados foram procurados em outubro de 1991 pelos de Bahrin, sugerindo que o cliente deles desejava conceder a custódia total de Iddin e Shahirah para mim. Isso resolveria, de uma vez por todas, as incertezas sobre litígios futuros e ratificaria a situação atual, conforme já se apresentava nos últimos sete anos. Tudo o que ele pedia em troca eram duas semanas de visita por ano, as quais eu sabia que ele jamais usaria, e um relaxamento das condições que eu havia imposto quanto a seus cartões de crédito e documentos. Na época, pareceu uma oferta boa demais para ser verdade, mas todas as vezes que manifestei minhas reservas para Lillian ou Iain, recebi reprimendas do tipo "Será que vocês dois não podem crescer e resolver as coisas juntos?", ou "Não balance o barco, você está muito próxima de conseguir praticamente tudo o que queria". Fui acusada pelos advogados de Bahrin de ser excessivamente severa, radical, paranóica e neurótica. Pelo bem da harmonia e do equilíbrio, deixei de questionar e cedi aos seus pedidos.

Em 1º de novembro de 1991, Bahrin assinou a custódia total dos filhos para mim, na Vara de Família da Austrália, segundo as determinações acordadas no tribunal. Foi estabelecido que as crianças deveriam telefonar para mim ao menos uma vez por dia enquanto estivessem com o pai e que o passaporte de Bahrin seria retido pelo seu próprio advogado, não pelo meu, como era antes. Não houve qualquer outro pedido de Bahrin a ser incluído nos termos e condições para o acesso às crianças. Tudo parecia bom demais para ser verdade, e era.

A batida na porta aconteceu às 23h55, no primeiro dia do seqüestro. Todos na casa ficaram paralisados, segurando a respiração e esperando que as crianças estivessem do outro lado. Corri para a porta da frente, ignorando todas as chamadas de Iain para deixar que ele atendesse e escancarei a porta, apenas para encontrar um homem e uma mulher brandindo identificações da polícia. Apresentaram-se como o sargento Graham Downs e a agente Fiona Pedersen da Divisão de Família da Polícia Federal. Disseram-me que eram os policiais encarregados do nosso caso e que precisavam verificar alguns detalhes. Ao entrarem em nossa sala, que estava tomada por amigos preocupados que vieram depois do trabalho, os policiais disseram que gostariam de falar em particular e pediram que todos deixassem a sala. Em seguida, sem muitos preâmbulos, mostraram-me uma lista de números de telefone que Bahrin discou do hotel, junto com cópias de faxes que transmitira de lá. Pediram-me que eu identificasse qualquer número que me fosse familiar e desse informações adicionais sobre amigos ou conhecidos de negócios dele na Austrália. Fiz o melhor que pude, com base nas poucas informações que conseguira reunir ao longo dos anos, mas eles tinham que levar em conta que estávamos separados havia sete anos, assim, quaisquer informações que eu tivesse estariam totalmente desatualizadas. Mas eu lhes disse o que podia, mencionando que o sultão de Terengganu possuía uma mansão em uma região exclusiva de Perth, no estado da Austrália Ocidental, e que alguns membros da família tinham acesso tanto a aviões quanto a embarcações de pequeno porte. Após dizer-lhes isto, perguntei se a Guarda Costeira havia sido alertada sobre a busca. O sargento assegurou-me que sim.

Alguns dos números de telefone que Bahrin discou pertenciam a diversas empresas de ônibus interestaduais e hotéis espalhados pelo estado de Vitória. A polícia achou que esses números tinham a intenção de confundi-los, fazendo-os pensar que ele simplesmente resolvera prorrogar suas férias com as crianças, como desafio às determinações legais. Também me mostraram uma fotocópia de um outro fax: era um texto escrito a mão enviado por Bahrin a seus advogados comunicando a eles, em tom dramático, que pretendia assumir a situação pessoalmente e que sairia de férias com as crianças até decidir que ficara tempo suficiente com elas. Esse fax estava datado de quinta-feira de manhã, mas o escritório de seus advogados afirmava que eles só o tinham recebido depois que ele já havia seqüestrado as crianças. Mais tarde, soube pela Procuradoria-Geral que isso não era verdade.

A conversa então se desviou para as informações enviadas pelo público. Os policiais garantiram-me que, como resultado direto da cobertura da mídia, uma valiosa reação do público ainda estava em andamento. Perguntei quão valiosa era essa ajuda e se eles tinham alguma idéia de onde estariam os meus filhos. Em resposta ao meu questionamento, Downs e Pedersen assumiram um tom de conspiração e passaram alguns minutos advertindo-nos das conseqüências funestas caso divulgássemos qualquer informação do que eles estavam prestes a nos dizer. Declararam que em geral trabalhavam com as vítimas com base no que "precisavam saber" e que, quase sempre, esse tipo de informação não seria passada para alguém como eu — a "vítima". Tanto eu quanto Iain tivemos que jurar manter tudo o que eles nos dissessem em absoluto segredo — ou provavelmente jamais veríamos as crianças de novo. Nenhum de nós tinha a menor intenção de atrapalhar a polícia em sua busca por Iddin e Shah; ambos faríamos qualquer coisa para garantir a segurança deles. Finalmente convencidos, e depois de demonstrar uma vez mais que não poderíamos falar com ninguém, nem mesmo amigos ou familiares, deram-nos algo em que nos segurar.

Disseram-me que duas pessoas tinham avistado, com certeza, as crianças e Bahrin: a primeira, às 8h30, na auto-estrada Shepparton Benalla, uma importante via que cruzava o país, em que um prestativo motorista parou para ajudar com um pneu furado. A testemunha disse à polícia que as crianças estavam no banco de trás do carro e que também havia outro homem, de 1,80m e cabelos ruivos. Esse homem tinha sido agressivo e disse ao motorista atencioso que fosse embora, que eles não precisavam de qualquer ajuda. O segundo avistamento "positivo" tinha sido em uma loja de brinquedos na cidade de Griffith, no estado vizinho de Nova Gales do Sul. Lá, eles me disseram, as crianças foram tiradas às pressas da loja e para dentro do carro. Obviamente, minhas esperanças aumentaram e me agarrei à possibilidade de as crianças ainda não terem deixado a Austrália como a uma bóia de salvação em meio a um oceano tempestuoso. Nada faria com que eu perdesse a confiança.

Quando fiz perguntas sobre o quarto de hotel abandonado e sobre as coisas das crianças, os policiais disseram-me que o quarto havia sido lacrado e cuidadosamente examinado por membros da força policial. Com isso, e com a promessa de que manteriam contato freqüente, os agentes da Polícia Federal partiram, deixando-me com um tênue fio de esperança no qual me segurar.

297

John Udorovic e seus filhos, Joshua e Nadine, chegaram mais cedo para revisar os detalhes legais que seriam necessários adotar para quando as crianças fossem localizadas. A presença de Josh e Nadine, além de Amber, representava alívio para Skye, que tinha chegado da fazenda da avó naquela tarde. Ela estava silenciosamente preocupada com a ausência de seus irmãos e eu temia não ter sobrado muita coisa em mim para confortá-la; tudo o que podia fazer era me segurar para não começar a gritar e a quebrar as janelas enquanto os ponteiros do relógio avançavam. Eu andava de um lado para o outro e tinha ânsias de vômito, andava e tinha ânsias. Não tinha a menor vontade de dormir e qualquer som atingia meus nervos como unhas raspando um quadro-negro. Durante as primeiras 24 horas do seqüestro, ofereceram-me Valium e diversos outros tranqüilizantes para tentar me acalmar, mas recusei todos, com firmeza. Eu não tinha a menor vontade de atravessar esse pesadelo em um estado de estupor induzido por drogas, que apenas faria com que tivesse que lidar com a realidade e o horror em outra hora. Eu precisava manter a mente o mais clara possível, assim como o controle de minhas faculdades, tanto quanto o trauma permitia. Eu devia isso a Shah e Iddin — eles contavam comigo para trazê-los de volta para casa. Assim, passei outra noite rigidamente deitada na cama, fingindo que estava tentando dormir um pouco. Acabei desistindo até mesmo disso e me arrastei até o quarto de Iddin, pegando nossa cachorrinha Muckle no meio do corredor. Não tentei acender a lâmpada, pois a luz da lua entrava diretamente pelas cortinas abertas. A luz refletia-se nas pedras de mármore branco da lareira e espalhava-se aos pés da cama de Iddin como uma mancha de tinta fluorescente. Aconcheguei-me na colcha de Iddin com a cachorrinha, enterrando minha cabeça no travesseiro dele para sentir seu cheiro ali. Inspirei profundamente e com tanta saudade que achei que meu coração se partiria. Conjurei imagens fugidias de ambos e ouvi fragmentos de conversas que tinham acontecido há muito tempo. Até que eles voltassem para casa, isso era tudo o que eu tinha e teria que ser suficiente.

Terça-feira, 14 de julho de 1992

Acordei sentindo frio e enrijecida na manhã seguinte, na cama de Iddin, meu corpo todo ansiando por relaxar depois de um terrível pesadelo. Em vez disso, a percepção de que essa era minha nova realidade tomou conta de mim, oferecendo nada mais a não ser o tremor e os agora familiares ataques de diarréia e ânsias de vômito. Enquanto tomava banho e me vestia, tive o cuidado de não me olhar no espelho. Escovei meus cabelos e os dentes automaticamente; a única coisa em minha cabeça era o que as crianças estariam fazendo neste exato momento. O dia arrastou-se no padrão de telefonemas, perguntas, equipes de televisão, fotógrafos e jornalistas. Cuidei de alguns detalhes com a ajuda de Iain e respondi a todas as solicitações da imprensa com o máximo de paciência; esse era o nosso único fio de esperança para encontrar as crianças.

Dei um pulo quando recebemos uma ligação da Polícia Federal, mas era simplesmente uma formalidade, uma cortesia para que soubéssemos que eles estavam trabalhando. Nossos amigos do turno inicial da manhã chegaram, mas eu não tinha nada de novo para contar a eles. Graças a Deus pelos amigos, seus abraços, seu silêncio, suas ações foram o que nos permitiram sobreviver. Passei o dia inteiro dando entrevistas, respondendo a questões legais ou chorando, chorando até não sobrarem mais lágrimas. A espera era infinita e vazia.

Em algum momento, falei com Tim Watson-Munro, um amigo próximo e um psicólogo forense cuja filha era a melhor amiga de Shah. Ele fez o máximo para me confortar, mas sabia tanto quanto eu das implicações psicológicas de uma coisa assim para as crianças e também que os chavões usuais não adiantariam nada para acalmar meus temores. Os melhores amigos de Iddin da escola, Mark Maddern e Jack Brown, telefonaram para perguntar se podiam ajudar. Eu não sabia o que dizer para essas crianças pequenas; queria dizer algo para ajudá-los a superar o choque e a dor que sentiam pela perda do amigo, mas tinha muito pouco a oferecer-lhes.

O telefone não parava de tocar; era como se o mundo clamasse por encontrar uma maneira de ajudar, mas parecia que meus dois filhos haviam, subitamente, se transformado em duas agulhas muito pequenas em um imenso palheiro. Consegui engolir um chocolate de amêndoas Cadbury e um pouco de suco de laranja; foi tudo o que consegui comer. De algum jeito, liguei para a casa de repouso onde vovó estava e avisei para não lhe contarem nada até que soubéssemos de algo mais concreto. Por que não havia notícias? Eu não conseguia entender por que ninguém mais tinha visto Iddin e Shahirah, ou, pelo menos, Bahrin.

Aquela noite passou exatamente como a anterior. Os amigos vieram para ficar conosco, mas parecia que todos estávamos infectados pela mesma tensão, esperando pela campainha da porta ou pelo próximo telefonema. O telefone finalmente parou de tocar às 23 horas, mas eu estava acelerada demais para conseguir dormir. Em vez disso, sentei-me diante da televisão até quase o amanhecer, com um olhar vazio para a tela, repassando minhas últimas conversas com Iddin e Shah repetidamente pela cabeça.

Quarta-feira, 15 de julho de 1992

Nenhuma notícia clara chegara. Ninguém parecia saber com certeza onde os três poderiam estar. Eu simplesmente segui os movimentos da existência, esperando e rezando para que, se continuasse a falar com a imprensa, alguém se lembraria de um pequeno detalhe que poderia nos levar até as crianças. A pista em Griffith era o que a polícia estava perseguindo, mas por que não encontravam o rastro lá? Os telefonemas continuavam sem parar, avistamentos, informações; tantas pessoas estavam absolutamente certas de que tinham visto as crianças ou Bahrin. Era o que nos fazia prosseguir, mas como escolher ou mesmo começar a peneirar tamanha miríade de detalhes? Algo como dez avistamentos no mesmo dia, em três estados diferentes, o que as autoridades esperavam para começar a desfazer o emaranhado? Algumas das ligações chegaram a mim por meio das redes de televisão, em vez de serem encaminhadas para a polícia, e não pude resistir a verificar algumas mais prováveis pessoalmente. Um homem disse a um repórter da televisão que tinha visto as crianças em uma exposição de aviões a 150km de Melbourne, e que eles estavam entrando em um. Outra ligou para dizer às autoridades que tinha visto o "príncipe" viajando em um comboio de BMWs em direção ao aeroporto internacional de Melbourne. As crianças, ela disse, estavam vestidas com uniformes completos de uma escola particular, com luvas, gravatas e chapéus. Essa pelo menos me fez rir, especialmente pelo tipo de suposição que as pessoas fazem ao ouvir a palavra "realeza". Eu tinha que achar engraçado como a imaginação das pessoas era capaz de colocar uma coroa na cabeça de um pobretão se dissessem a elas tratar-se de alguém de sangue real. Uma amiga entrou em contato comigo para falar sobre um vidente que ela conhecia; neste momento eu ainda não estava desesperada a este ponto, mas não descartei a possibilidade por completo.

Ainda estávamos na primeira página de todos os jornais do país; eu via isso como a nossa única esperança de que alguém, em algum lugar, revelaria Bahrin. A Polícia Federal ligou para dizer que estavam certos de que Bahrin e as crianças ainda não tinham deixado o país. Eles tinham tanta certeza que eu acreditava sem questionar.

Tantas coisas se passavam pela minha mente enquanto ficava sentada dentro do que um dia fora o lar de nossa família feliz. "Será que voltaríamos a ser assim de novo?", me perguntava repetidamente. Será que Iddin e Shahirah voltariam a atravessar a sala para assaltar a geladeira, será que algum de nós se recuperaria a ponto de voltar à normalidade?

Decidi ligar para Endah, a consorte do sultão, em Terengganu e apelar para que ela nos ajudasse.

❧

Coloquei o fone no gancho com um sentimento esmagador que misturava desespero e pavor. Se Endah, uma mulher a quem Bahrin devia lealdade e respeito, não sabia de nada, o que eu poderia fazer? O que ouvi em sua voz foi um choque incrível e o assombro pelas ações públicas de Bahrin.

— Como ele pode sujeitar a família a esse tipo de publicidade sem a menor consideração pela condição cardíaca de seu tio? — remoeu em voz alta. Prometeu fazer tudo o que pudesse, mas, como me lembrou, ela era praticamente impotente sem o apoio do sultão.

Quinta-feira, 16 de julho de 1992

Eu parecia estar aprisionada no que se tornara minha rotina matinal: levantar, vomitar, sentir novas ânsias, correr de novo para o banheiro para uma nova sessão de diarréia, dar entrevistas. As crianças estavam de tal forma em minha mente que eu era incapaz de me concentrar em outra coisa. Todos gastavam muita energia tentando me convencer a comer, mas eu simplesmente não tinha o menor apetite. Os amigos não paravam de ligar e eu estava nervosa e agitada demais para permitir que alguém ligasse a secretária eletrônica, mesmo à noite, para o caso de Iddin ou Shahirah tentarem entrar em contato. Eu sabia que estava irritando Iain, pulando para o telefone sempre que ele tocava, mas não conseguia me segurar. Todas as vezes que ouvia o toque, eu segurava a respiração e rezava por notícias das crianças antes de tirar o fone do gancho. Eu dependia descontroladamente das linhas de comunicação com a casa, e, por mais irracional que isso fosse, achava que se não fosse eu a atender o telefone, as crianças não ligariam.

Iain compartilhava minha ansiedade e o ódio profundo pelas ações de Bahrin, mas eu não tinha palavras de sabedoria para confortá-lo. Talvez, com toda a honestidade, eu tivesse que lutar com o desejo de dizer as palavras fúteis a Iain: "Eu te disse." Isso não teria servido a nenhum de nós. Iain sentia-se traído por Bahrin. Eu tinha um foco de raiva voltado para Iain, que tentava ao máximo afastar. Dois dias antes do seqüestro, Iain teve um gesto de aproximação para com Bahrin, solidarizando-se com ele por ser um pai sem a custódia dos filhos e oferecendo-lhe ajuda para tornar as coisas mais fáceis entre as crianças e ele. Houve até mesmo uma sugestão, durante a conversa, para que Bahrin ficasse conosco na próxima vez que viesse à cidade, para que compreendesse a vida das crianças e interagisse com elas em seu próprio ambiente. Bahrin reclamou com Iain sobre as restrições a que estava submetido e sobre o período de visita, e, em termos gerais, tentou incluir Iain no clube dos homens contra as mulheres. Depois disso, lembro de advertir Iain a não acreditar em qualquer um dos sentimentos que meu ex-marido expressasse e que ele não tinha a menor idéia da capacidade de manipulação de Bahrin. Ele descartou meus cuidados de maneira quase paternalista, sem compreender o outro lado do personagem de Bahrin. Agora ele sabia.

Eu gostaria de poder simplesmente congelar o tempo até que as crianças voltassem para casa. Odiava o pôr do sol que acabava se transformando em noite. Era o final de mais um dia sem saber onde eles estavam a me dizer que eu tinha que passar por tudo aquilo de novo no dia seguinte.

À meia-noite, enquanto observava a silhueta da cidade da janela da sala, olhava para cima e via as estrelas com minha visão periférica. Eu estava tão furiosa e deprimida ao mesmo tempo, que não sabia se abria a porta da frente e corria pela noite quebrando vidraças ou me encolhia como uma bola, desejando me desintegrar. Achava difícil compreender que a Polícia Federal do Commonwealth da Austrália era formada por um bando de incompetentes. A agente Pedersen ligara mais cedo naquela tarde para informar que a equipe no Hotel Victoria havia terminado com os pertences de Iddin e Shah. Ela pediu que eu fosse até o hotel para recolhê-los. Mas foi algo que evitei fazer. Era como se um capítulo estivesse sendo encerrado definitivamente, para não ser retomado mais. Pedi a Tim Watson-Munro para buscá-los para mim.

Tim chegou em nossa casa às 23 horas, carregando quatro sacos plásticos verdes de lixo, dentro dos quais estava tudo o que havia restado no hotel de Shah e Iddin. Eu não conseguia parar de chorar enquanto esvaziava o conteúdo dos sacos no chão. Estávamos apenas eu e Tim em um quarto vazio, com os restos dos pertences das crianças espalhados. Subitamente, um raio de compreensão cortou minha respiração e abalou meu otimismo: Bahrin queria obliterar qualquer coisa que pudesse levar as crianças a lembrar de casa. Cada peça de roupa, meias e roupa de baixo, até mesmo seus sapatos, haviam sido descartados por seu pai quando eles partiram. Isso explicava por que Whitey tinha ficado para trás, junto com as coisas que as crianças mais adoravam. No que dizia respeito a Bahrin, eles não tiveram outra vida antes de serem seqüestrados. Ele pretendia remodelar suas personalidades, suas identidades, em algo que desejava, como bonecos de argila sem mente ou sentimentos. Considerava Iddin e Shah suas propriedades, seus pertences, "coisas" que ele possuía e tinha perdido uma vez, mas que estava agora determinado a resgatar para atender seu ego e seu desejo de vingança contra mim.

Procurando mais atentamente dentro da bolsa de Iddin, que tinha sido enviada dentro de um saco de lixo para ser devolvida para mim, encontrei sinais de que estava preocupado com o que estava acontecendo ao seu redor antes do seqüestro. Ao esvaziar todo o conteúdo, descobri que ele tinha escondido etiquetas e recibos das roupas novas com que Bahrin os vestira, sob a chapa de madeira que revestia o fundo da bolsa. Esses pedaços de papel eram recibos de computador da loja de departamentos David Jones. Descreviam em detalhes minuciosos cada item comprado. Significava que finalmente tínhamos uma idéia precisa de como as crianças estavam se vestindo agora. Fiquei tão orgulhosa de Iddin naquele momento. Ele era tão inteligente, tão esperto e astuto para pensar em nos deixar algumas pistas.

Procurando um pouco mais em meio às coisas, encontrei um par de meias sujas de Iddin embolados. Quando desenrolei as meias, encontrei alguns fios de cabelo avermelhados, o que coincidia com um dos avistamentos do cúmplice que a polícia havia mencionado. Como Iddin odiava usar sapatos dentro de casa, a única maneira de aquele cabelo ter ido parar nas meias era se o homem tivesse estado no quarto do hotel. Havia também vários livros com capas lustrosas, sobre as quais eu podia ver grandes digitais de adultos. Também os deixei separados ao meu lado. O papel de presente que eu tinha visto na parede, no quarto abandonado, e que foi dobrado e incluído entre as coisas das crianças, também tinha enormes impressões digitais. Tudo isso a Polícia Federal australiana deveria ter encontrado; não havia desculpas para essa omissão. Até mesmo os funcionários do hotel tinham mexido nas coisas das crianças — quantas provas para o tribunal haviam sido descartadas como lixo por suas mentes destreinadas?

A polícia reagiu de maneira muito constrangida quando liguei para informá-los sobre minhas descobertas. Era óbvio que eles não tinham dedicado ao quarto do hotel mais do que um exame superficial. Um agente forense viria para buscar os diversos itens de manhã, foi o que a voz no telefone me disse; enquanto isso, pediram-me que eu fosse muito cuidadosa para não danificar as provas de qualquer maneira. Eu os assegurei que já tinha colocado todos os itens em sacos plásticos separados e evitara, escrupulosamente, tocar em qualquer coisa mais do que o necessário. Disse ao agente federal que eu aprendera esse procedimento em um romance policial e perguntei se eles tinham usado esse mesmo livro em seu treinamento. Espero que ele tenha entendido meu sarcasmo.

Em algum momento em torno das 3 horas, lembro que queria dormir, mas acho que tinha esquecido como.

Sexta-feira, 17 de julho de 1992
Finalmente, dormi por cerca de duas horas naquela noite, mas antes não tivesse conseguido. Os pesadelos rapidamente começaram a me aterrorizar. No sonho, eu podia ouvir Shah e Iddin chorando por mim, mas estava cega, não podia ajudá-los, não podia nem mesmo vê-los — tudo o que ouvia era eles pedindo insistentemente para que eu fosse ao seu encontro. Acordei gritando seus nomes.

Minha rotina matinal tinha pouca variação: os telefones começavam a tocar às 5 horas, depois vinham as entrevistas e câmeras, acompanhadas pelo que já havia se transformado nos sintomas-padrão da náusea e da diarréia. Olhando as manchetes daquela manhã, li sobre o seqüestro de Iddin e Shahirah com o máximo de desprendimento que consegui: COLEGAS COMPARTILHAM ANGÚSTIA DE GILLESPIE; PRÍNCIPE ESCONDIDO NA AUSTRÁLIA; BRINQUEDOS VOLTAM PARA CASA SEM AS CRIANÇAS.

Assumindo pessoalmente a intenção de oferecer algum conforto, os pais da escola Canterbury Primary, em que Iddin e Shah estudavam, começaram a aparecer, trazendo-nos comida pronta. Fiquei muito grata por sua atenção, pois, apesar de estar com a casa cheia de gente para alimentar, eu estava incapacitada de cozinhar. As crianças da escola também começaram a mandar cartas para nós e a deixar ramalhetes de flores diante de nosso portão, com pequenos bilhetes e desenhos; suas letras infantis e palavras escritas erradas faziam-me lembrar de como meus filhos eram pequenos e como essas pessoinhas eram confiantes, gentis e vulneráveis. Como poderiam agüentar, sem o apoio de todos que gostavam deles?

Antes do seqüestro, eu jamais percebera como os amigos de Iddin e Shahirah gostavam deles e como os dois haviam se tornado parte de nossa comunidade local. Isso ficou claro em todas as cartas que recebemos, que dobrei e guardei cuidadosamente para o futuro. Eu planejava mostrar esses recados de carinho e apoio para as crianças quando eles voltassem para casa, achando que seria bom para eles saber quantas pessoas haviam se preocupado com seu desaparecimento. Tentei me concentrar nos aspectos positivos e ignorar os negativos tanto quanto possível, mas foi uma batalha interna muito árdua de ser travada.

Um comentário frio e retórico no jornal *The Age* fez muito pouco para ajudar meu estado de espírito. Posso resumir a coluna de 30cm em poucas palavras: o sacrifício de duas pequenas crianças australianas no altar do comércio internacional justificava-se pelos dólares da exportação. Falava de concessões. Talvez o autor entendesse a situação em termos simples de fatiar as crianças em pedaços, ou, melhor ainda, rescindir a cidadania legal australiana delas. Afinal de contas, os dólares do comércio precisavam chegar a qualquer custo.

Um representante do Ministério das Relações Exteriores fez uma ligação de cortesia para mim. Ele foi gentil, ainda que sem se comprometer, mas ficou claro que eles estavam esperando o pior. Com a Polícia

Federal ainda me garantindo que as crianças não tinham deixado o país, eu realmente achava difícil manter uma perspectiva do que era real e do que era inútil, mas resolvi continuar lutando.

Minha relutância em comer e minha incapacidade de manter a comida no estômago quando o fazia provocou um influxo de amigos trazendo chocolates de amêndoas Cadbury. As notícias de que isso era a única coisa que eu conseguia manter no estômago circularam com rapidez. No íntimo, no entanto, eu gostaria que parassem de tentar me alimentar. Eu não conseguia comer — especialmente quando não tinha como saber o que as crianças estavam passando.

Muckle insistia em me seguir por toda a parte, ela se recusava a me deixar fora de suas vistas. Os cães têm uma maneira de oferecer conforto simplesmente por sua presença, e ela também parecia se sentir aliviada quando eu a deixava ficar por perto.

Eu acreditava intensamente que tinha sido culpa minha o fato de as crianças estarem atravessando esse tormento. Achava que não deveria ter confiado na opinião de mais ninguém quando meus instintos gritavam pelo contrário. Eu prometera a Shahirah e Iddin que tudo ficaria bem, que Bahrin jamais tentaria levá-los embora. Agora eles sabiam que eu tinha mentido.

A esta altura, sentia um impulso interior quase histérico em ter certeza de dizer as coisas mais corretas para a imprensa. Se as crianças ainda estivessem na Austrália, essa pressão e atenção contínua iriam fazer com que Bahrin aparecesse, era para isso que eu rezava. Todos os jornalistas continuavam a solicitar uma nova "visão" — depois de tantos dias, a história começava a perder o interesse. Queriam fotografar os quartos de Iddin e Shah, mas não deixei; as crianças já teriam perdido muito de sua intimidade quando isso tudo chegasse ao fim e eu não tinha vontade de deixar as pessoas bisbilhotarem suas coisas a não ser que isso fosse absolutamente necessário. Durante o assédio intenso da imprensa, diversas revistas femininas começaram a deixar mensagens de hora em hora. Todas queriam fazer reportagens sobre o seqüestro, mas eu não estava interessada. As crianças, prometi a mim mesma, estariam de volta quando essas revistas fossem publicadas e uma matéria nelas não ajudaria a localizar Iddin e Shah. Precisávamos da instantaneidade que apenas a imprensa diária, tevê e rádio ofereciam, foi o que decidi, com o apoio de Iain.

Naquela tarde deprimente, concordei relutantemente em falar para um programa noturno de atualidades — qualquer coisa para trazer as crianças de volta. A unidade de transmissão via satélite chegou para instalar a antena enquanto eu completava minha oitava ida ao banheiro do dia. Estava à beira de concluir que seria muito mais simples não comer mais nada em um esforço para controlar ao menos uma das minhas funções corporais. Sentia-me tão mal que não sabia como enfrentaria a entrevista com qualquer semblante de inteligência ou dignidade. Eu estava, naquela altura, esgotada física e emocionalmente, sem conseguir controlar o tremor de minha mão direita e sempre à beira de um desmaio.

Ficou combinado, nas negociações pré-entrevista, que antes que eu falasse com o anfitrião do programa, primeiro assistiria a uma entrevista via satélite, gravada anteriormente com o tio de Bahrin, Tengku Ibrahim. Combinamos também com a produção que eu não seria colocada em uma posição antagônica diante do tio, mas teria liberdade para comentar suas declarações. O que aconteceu, na verdade, foi que, sem aviso, fui colocada em uma ligação ao vivo em três vias com o apresentador, o tio e eu mesma. Acabei devastada e absolutamente furiosa quando a pré-gravação foi concluída. Tive de ficar sentada diante dos comentários insensíveis de Tengku Ibrahim sobre a circuncisão feminina, enquanto ele admitia que, se Shah acabasse na Malásia com seu pai, então, é claro, ela seria circuncidada. "Qual o problema?", ele disse. "Todos fazemos isso. Milhões de meninas são circuncidadas e isso não tem nada demais. É uma pequena cirurgia."

Essa cirurgia específica, em que o clitóris é retirado dos genitais da menina, é considerada mundialmente uma mutilação sexual e reconhecida pelas sociedades civilizadas como uma total violação dos direitos humanos. A idéia de minha filha sendo submetida a essa mutilação esgotou qualquer reserva que me restava e fez com que eu perdesse o controle. Comecei a chorar abertamente enquanto me apoiava no ombro de Iain. Foi só depois de diversos segundos que me dei conta que estava fazendo isso diante dos olhos de Tengku Ibrahim, que ainda estava na linha e não tinha sido desconectado, conforme tinham prometido. Os catadores de audiência da televisão conseguiram o que pretendiam: uma dose a mais de emoção, que sem dúvida ajudou a elevar seus pontos. Longe de mim insinuar que sua pequena farsa pode ter prejudicado a segurança de meus filhos, além de ter atrapalhado qualquer futuro contato que eu pudesse vir a ter com a família real.

Conversar com Tim ajudou imensamente. Ele aparecia uma ou duas vezes por dia, para ver se poderia fazer alguma coisa. Eu gostaria que Iain falasse com ele também. Iain e eu andávamos em torno um do outro, temerosos de que nossas dores individuais pudessem explodir se nos encontrássemos. Não estávamos conversando muito neste ponto, a não ser a respeito de Iddin e Shah, e ficávamos deitados juntos à noite, tentando nos confortar em silêncio — as palavras simplesmente doíam demais. Uma vez mais, eram nossos amigos que nos faziam seguir em frente. Eu me sentia tão culpada que não tinha energia suficiente para nada mais a não ser sorrir ou chorar para eles quando diziam alguma coisa confortadora.

Sábado, 18 de julho de 1992

Nove dias haviam se passado desde a última vez que tive Shah e Iddin em meus braços e ainda não tinha qualquer parecer positivo sobre o seu paradeiro. As manchetes dos jornais continuavam a falar da história e gritavam em suas páginas: MÃE FALA DO SEQÜESTRO MALAIO; SEQÜESTRO DOS GILLESPIE. Um jornalista chegou a desencavar uma história ocorrida havia três anos e incluía citações de John Savage sobre nossa relação no passado. Francamente, não havia nada de errado com o artigo, mas eu não conseguia ver como meu relacionamento com um ator americano e o fato de termos trabalhado juntos em um filme tinham a ver com meus filhos.

De qualquer jeito, tinha ligado para John poucos dias antes do artigo ser publicado. Dei um jeito de rastreá-lo até Praga, para que ele soubesse dos "wombats". Ele disse imediatamente que começaria a organizar algum auxílio diplomático por meio de seus contatos americanos, para o caso disso se tornar necessário. Disse a ele que me recusava a acreditar que meus filhos estivessem fora da Austrália até ter uma prova irrefutável diante de meus olhos.

Tudo na casa parecia congelado no tempo, até mesmo os ocupantes, e não fazia diferença para onde eu olhasse, sempre havia algo que me fazia lembrar que nossas vidas talvez estivessem destruídas para sempre.

As bicicletas da família estavam em seu lugar usual, alinhadas ao longo do corredor. Eu tentava desviar meus olhos sempre que passava por elas — doía demais. Elas evocavam imagens vívidas de sábados em um passado remoto, dias em que pedalávamos 20km em um comboio familiar, rindo e cantando enquanto a cachorrinha corria para nos alcançar. Será que voltaríamos a fazer isso de novo?

Pequenas coisas agora tinham a capacidade de me deixar furiosa. O sentimento de que as crianças estavam sendo maltratadas e tendo sua humanidade arrancada delas atormentava-me mais do que qualquer outra coisa; assim, quando percebi que as duas fotografias deles sobre a lareira estavam sendo estragadas e manchadas com as digitais de jornalistas, não agüentei. Isso fez com que me aventurasse para fora de casa pela primeira vez em sete dias, para comprar porta-retratos de prata adequados para as imagens de meus bebês. Racional ou irracionalmente, isso se tornou uma compulsão intensa, quase simbólica, de proteger qualquer coisa associada a eles. Essa ida às compras decidida em um rompante foi um verdadeiro desastre. Recusei a companhia de qualquer um; era a tarefa para a mãe. Foi horrível ser reconhecida nas ruas, todos apontando, cochichando e olhando. Era algo com que eu não estava acostumada, e dificilmente seria agradável ser reconhecida por algo tão terrível como a perda de meus filhos. Quando a vendedora segurou e apertou minha mão, dizendo-me que estava rezando por nós, comecei a chorar e saí da loja o mais rápido possível.

Jeff Goldstein, dono da videolocadora local, chegou em nossa casa, naquela mesma tarde, carregando bolsas cheias de fitas. Ele achou que precisávamos de alguma coisa para distrair nossas cabeças. Jeff estava certo — a não ser pelo fato de eu não saber por onde começar, sentindo como se meu corpo tivesse sido aberto e meu coração e alma arrancados de dentro dele.

Domingo, 19 de julho de 1992

Exatamente uma semana havia se passado desde que mergulhamos neste abismo, apesar de parecer mais uma eternidade. Quando tentava dormir, era assombrada por pesadelos pavorosos, acordando Iain com minha agitação e descobrindo depois que a ansiedade provocada pelos sonhos ruins fazia com que me sentisse mal novamente.

ERA UMA VEZ UMA PRINCESA

Todas as manhãs eu percorria as manchetes dos jornais, tentando identificar alguma coisa que pudesse me aproximar de meus filhos e verificar se eu estava fazendo o melhor trabalho que podia. Iain manteve minha integridade física e espiritual intacta, principalmente nesses primeiros dias tumultuados, em que não havia qualquer constante em minha vida, a não ser sua presença. Ele era como uma jangada, mantendo-me na superfície e impedindo que eu mergulhasse na insanidade.

Alguns sinais começaram a aparecer nos jornais de que a realeza malaia começava a reagir em torno de Bahrin para apresentar uma frente unificada. Com manchetes como SEQÜESTRO OU RESGATE? UMA QUESTÃO DE RELIGIÃO, percebi que muitas vias de informações potenciais para mim estavam prestes a ser fechadas. Um artigo em especial me deixou exasperada. Citava os membros da realeza, dizendo que Bahrin não sabia que as crianças haviam sido batizadas na igreja anglicana. Isso não era verdade. Bahrin sabia que as crianças freqüentavam jardins-de-infância e escolas na Austrália e também que participavam dos autos de Natal, e de todas as outras coisas que fazem parte da vida na Austrália. Além disso, ele foi oficialmente informado de que as crianças haviam sido batizadas nove meses antes de se prontificar a assinar a custódia definitiva delas para mim. Ele jamais teve negado o direito de dar sua opinião na criação dos filhos, simplesmente nunca se interessou por isso. Se ele não estava feliz com a maneira como eu estava educando as crianças, deveria ter dito isso no tribunal, e não os seqüestrando.

O que me deixou furiosa com esse artigo foi que a jornalista, Di Webster, usou todos os meios possíveis para me conquistar, dando garantias que, se tivesse a oportunidade, ela tentaria descobrir qualquer coisa sobre as crianças para mim. Não era apenas outra reportagem, era uma história que envolvia duas crianças inocentes, meus filhos. Quisera jamais ter dado a essa repórter a informação que ela desejava, para não falar nos procedimentos protocolares e de etiqueta para lidar com a realeza de Terengganu. Eu me senti enganada da pior forma possível, o fato de meus filhos ficarem sujeitos ao interesse próprio de uma jornalista para aumentar seu salário e garantir uma história exclusiva fez com que me sentisse fisicamente mal.

Neste dia, escrevi em meu diário: "Amo extremamente Iddin e Shah. Eles nunca passaram tanto tempo longe de mim desde que nasceram.

Sinto como se estivesse vivendo sem uma perna, ou sem as duas. Onde estão eles?"

Era uma pergunta a que ninguém poderia me responder.

Sexta-feira, 24 de julho de 1992

Apesar de nossa situação, ou por causa dela, o apoio do governo australiano à nossa família foi mínimo. Alguns sinais de Canberra indicavam que eles ficariam muito satisfeitos se as crianças fossem de fato encontradas na Malásia, especialmente se eu recuasse e viesse a concordar em lutar por Shah e Iddin nos tribunais de lá. O governo dava poucos sinais de se sentir incomodado pelo fato de a lei federal australiana ter sido desprezada por um membro da família real da Malásia. Essa atitude parece ser a enfermidade que acometia o governo do primeiro-ministro Keating sempre que qualquer assunto delicado surgia entre as duas nações, especialmente na esfera dos direitos humanos. Eles tentavam conciliar a qualquer custo, até mesmo com o sacrifício de inocentes. Preferiam abrir mão das questões morais a arriscar ofender o outro lado. O então ministro do Exterior, senador Gareth Evans, insistiu continuamente na imprensa de que o seqüestro de meus filhos era um problema doméstico, sem qualquer relação com os governos. Minha única pergunta foi: se a quebra de uma lei federal não era uma questão de governo, o que seria então?

Como resultado da posição omissa que meu próprio governo adotou, um amigo, Micky, iniciou uma campanha pública para que o ministro das Relações Exteriores adotasse ações que resultassem na devolução das crianças e na prisão de Bahrin e de seus cúmplices.

Milhares de pessoas assinaram a petição e alguns jornalistas amigos disseram-me que, em outros estados, documentos semelhantes começaram a circular pelas cidades também. A idéia parecia uma bola de neve. Eu esperava que, com outras pessoas nos apoiando e exigindo uma ação decisiva, o governo pudesse lutar por Iddin e Shah. Sem que eles se mantivessem firmes e insistindo que as crianças eram australianas, estaríamos perdidos.

A segunda semana do seqüestro foi muito pior do que a primeira. À medida que as horas passavam, minha esperança de encontrar meus filhos na Austrália diminuíam. Não importava quantas vezes a Polícia Federal me desse garantias, minha confiança neles começou a desaparecer — especialmente quando admitiram não terem verificado a casa do sultão em Perth e que haviam negligenciado uma inspeção em um navio-cargueiro, o *Bunga Delima*, que partira de Perth poucos dias antes. Não havia uma força-tarefa centralizada atrás das crianças; a Polícia Federal considerava o seqüestro uma mera discussão doméstica. Restando poucos caminhos abertos para mim, e por finalmente perceber que, segundo eles mesmos, a Polícia Federal não tinha pessoal ou recursos para seguir as pistas mais básicas, comecei a deixar transparecer minha inquietação para a mídia.

Um tipo de sexto sentido também me levou a entrar em contato pessoalmente com o proprietário da loja em Griffith. Como esse foi o avistamento que a Polícia Federal continuou a seguir como única pista, estava desesperada por saber mais. Era como dar tiros no escuro, mas eu precisava saber. Todas as minhas esperanças foram por água abaixo quando o proprietário começou a se desculpar efusivamente, dizendo-me que ele havia se enganado, que as crianças que ele tinha visto eram recém-chegadas à comunidade e não se tratavam de Iddin e Shah. Ele também me disse que, ao perceber seu engano, ligou para a Polícia Federal e deixou recados para eles, que nunca foram retornados. Além disso, ele nunca fora entrevistado pela polícia, nem sequer pediram que identificasse as fotos das crianças.

Como resultado das minhas críticas na mídia, o comissário-assistente Walter Williams retornou minha ligação. Ele me garantiu que todos os recursos possíveis haviam sido empregados na busca. Perguntei a ele se a guarda costeira havia sido alertada com certeza e ele reiterou que sim. Era fácil concluir que o comissário-assistente Williams não gostava de mim; só posso presumir que ele se ofendeu por eu ter dito a verdade aos jornais sobre a incompetência da Polícia Federal. Eu estava pouco me importando — agora estava convencida de que se ficasse sentada, sorrindo tolamente 24 horas por dia, faria a mídia e o governo felizes, mas não estaria ajudando as crianças. Se eles não gostavam do que eu tinha a dizer, poderiam muito bem cuidar da situação da maneira certa. Eu estava determinada a fazer o que fosse preciso para proteger Iddin e Shah; no mais, todo o mundo podia ir para o inferno. A vida de meus filhos estava em risco e ninguém ia me dizer para ficar sentada e não fazer nada.

Agora que começávamos a nos aproximar do final da segunda semana, diversos jornalistas australianos viajaram para Terengganu, para cobrir a história. Nenhum deles tinha dúvida de que as crianças já estavam a caminho da Malásia ou escondidos no país. Uma equipe de tevê da minha própria rede foi presa pela polícia malaia, por terem se aproximado demais da família real; felizmente foram libertados incólumes várias horas depois. O único consolo que eu podia ter agora era o fato de que, com jornalistas conhecidos, e nos quais eu confiava, cobrindo a história, a verdade seria contada para mim com brutal honestidade.

Ainda assim fui atingida por um duro choque quando o lado mais terrível de nossa profissão atingiu seu clímax. Eram 23 horas quando atendi o telefone para ouvir a voz estridente de um homem anunciando-se como jornalista de um importante jornal. Sem parar para tomar fôlego, ele me disse diretamente que as crianças estavam na Malásia com toda a certeza e perguntou se eu tinha algum comentário. Comecei a chorar. Iain arrancou o telefone das minhas mãos para descobrir quem estava falando mas antes que ele pudesse dizer alguma coisa, o homem exigiu uma entrevista completa e uma análise do seqüestro. Quando Iain recusou-se a responder e assinalou que não só a afirmação do repórter sobre as crianças era infundada, mas que também ele não estava sendo profissional ao ligar para a vítima de um crime à meia-noite exigindo respostas e informações para uma matéria de primeira página sem antes aprofundar a pesquisa, o homem então começou a ofender Iain com palavrões e bateu o telefone. Iain levou o comportamento do jornalista para seu editor na manhã seguinte e nós recebemos um pedido de desculpas, mas o incidente ensinou-me que mesmo fazendo parte ostensivamente da mídia, alguns setores começaram a concluir que, vítima ou não, colega ou não, eu começara a me colocar na defensiva em relação a meus filhos, e, por isso, era incapaz de me machucar. Como eles estavam errados! Eu feria como o diabo, minha alma havia sido dilacerada — mas sim, eu ainda era capaz de lutar. Simplesmente, não havia qualquer outra opção.

Olhar somente para a frente era a única coisa que me mantinha em funcionamento. Eu estava no piloto automático, bloqueando tudo o que fosse periférico ou pudesse me distrair. Ainda que Iain, George e Deb tentassem restabelecer meu apetite e fazer o máximo para que eu relaxasse por algumas horas, minha mente convenceu-me de que qualquer minuto gasto comigo mesma era tempo perdido para Iddin e Shah. Além disso, após duas semanas de batalha incansável, eu era incapaz de lembrar o que aquelas palavras significavam.

313

Quarenta e três

Sábado, 25 de julho de 1992, 23h15

Este foi o momento em que minha alma foi amputada de minha existência, deixando-me receosa e fatalista de que ela nunca mais voltaria. A única maneira de poder contar essa parte da história é incluindo os trechos de meu diário daqueles dias:

Já não tento dormir agora há mais de 24 horas. Meu estômago está tomado de nós e meu cérebro clama por uma trégua, minhas mãos tremem descontroladamente e acabo de perceber que meu cabelo começou a cair aos chumaços quando os escovo. Meu Deus, eu venderia minha alma pela melhor oferta se isso significasse ter meus filhos em segurança nos meus braços. Iain se parece com a morte enquanto cabeceia, exausto, na poltrona. Ao meu redor, vejo nossos amigos sentados ou apoiados nas portas ou na mobília, desanimadamente — nenhum deles dormiu nas últimas 36 horas, todos estão lutando pelas crianças. John acaba de partir, com Nadine e Joshua atrás, mas quase inconsciente. Lillian saiu há uma hora, estará de volta de manhã. Até lá, tudo o que posso fazer é tentar dar algum sentido ao que aconteceu nas últimas 24 horas.

Às 23h15 na noite passada, David Rutter, do Ministério das Relações Exteriores, telefonou para a casa de Lillian para informá-la de que "as crianças estavam na Indonésia, viajando em direção à Malásia". Ele se recusou a dar qualquer outra informação. Lillian imediatamente entrou em contato com John e disse para ele ir se encontrar com ela em nossa casa. Quando chegaram sem avisar, quase à meia-noite, eu sabia que as notícias não eram boas. David Abraham, o sócio-gerente do escritório de meus advogados, também estava na porta. Bastou um olhar em seus rostos e, a partir daquele momento, iniciou-se um longo tormento de ansiedade, medo e raiva absoluta.

Falei com David Rutter em torno da meia-noite. Ele se recusou a aprofundar o que já tinha dito para Lillian e continuou a repetir que "as crianças estavam na Indonésia, a caminho da Malásia". Perguntei quem os tinha visto, em que ilha e em que condições se encontravam, mas ele manteve distância, recusando-se a responder minhas perguntas. Como resultado, fiquei furiosa com a má vontade do governo em me passar as informações relevantes — a mim, a mãe de Iddin e Shah. Eu estava tão desesperada neste momento que disse ao Sr. Rutter exatamente o que pensava dele e de seu departamento. Como poderia lutar por Iddin e Shah se meu próprio governo recusava-se a me dar as informações de que eu precisava para isso? David Abraham continuou a conversa com Rutter e foi informado que o senador Gareth Evans, ministro das Relações Exteriores da Austrália, que estava em uma conferência da Associação das Nações do Sudeste Asiático (Asean), em Manila, fora informado da situação há poucas horas e reuniu-se com o ministro do Exterior da Indonésia, senhor Ali Alatas, para conversar sobre meus filhos. O senador Evans, nos disseram, estava ainda tentando encontrar-se com o ministro das Relações Exteriores da Malásia, também presente na conferência.

Ao ouvir isso, dei um pulo, agarrei o telefone de David Abraham e, em termos explícitos, disse a Rutter que sob nenhuma circunstância o senador Evans poderia fazer qualquer acordo com o governo malaio, do tipo trocar uma criança pela outra. Eu realmente temia que Bahrin, por ser Bahrin, estabeleceria um preço pelo filho muito maior do que para a filha e era provável que oferecesse Shahirah em troca de uma passagem segura para ele mesmo. "Não ousem fazer qualquer acordo sem meu consentimento, não ousem!", gritei no telefone. "Por favor, diga onde estão meus filhos."

Depois que o telefone foi desligado, todos ficamos ao redor, em estado de choque por vários minutos antes mesmo de pensar no que vinha pela frente. Então era assim. As crianças estavam definitivamente fora do país, apesar das garantias da Polícia Federal de que elas não tinham saído.

Precisamos saber exatamente em que lugar da Indonésia eles estão para podermos tentar obter um mandado legal no país e impedir que Bahrin deixe a Indonésia, mas só posso fazer isso se tiver alguma idéia da localização deles. A Indonésia é um país formado por centenas de ilhas. Sem a cooperação do governo, será como buscar uma agulha em um palheiro. O ministério das Relações Exteriores sabe bem mais do que está nos dizendo e eu simplesmente não consigo entender por que não estão fazendo um esforço maior para nos ajudar. Com certeza, a primeira obrigação de um governo é com seus cidadãos, não? Tenho muito orgulho de ser australiana,

ERA UMA VEZ UMA PRINCESA

mas isso precisa significar mais do que simplesmente carregar um passaporte com uma insígnia do país; é preciso que signifique que meu governo fará tudo ao seu alcance para proteger seus cidadãos, especialmente quando os cidadãos em questão são crianças pequenas e indefesas. Eu realmente sinto que meus filhos e eu estamos sendo traídos em nome de um acordo comercial.

O resto da noite passada transcorreu em meio a uma confusão de telefonemas. Rob Gell chegou com outro celular perto de 1 hora da manhã, e começamos a ligar para toda a Austrália em busca de uma maneira de pressionar o governo a divulgar o que sabia sobre Iddin e Shahirah. Enquanto eu e Iain acordávamos políticos, sindicalistas, diplomatas e jornalistas de todo o país, Lillian e John redigiam documentos legais no computador, com o apoio de George e Deb.

Ligamos para Malcolm Fraser, ex-primeiro-ministro da Austrália e presidente da seção australiana da Care, uma organização humanitária, em sua casa de campo. Apesar da invasão de privacidade no meio da noite, ele ouviu atentamente a descrição da evolução dos acontecimentos e prometeu agir e fazer o que estivesse ao seu alcance para obter as informações. Fomos atrás do ex-chefe do departamento de Relações Exteriores. Ele disse não entender o comportamento do governo nesta questão e que tentaria entrar no circuito para obter as informações. Ligamos para John Halfpenny, líder da central sindical. Ele foi simpático à nossa causa e prometeu ajudar no que fosse possível. Acordamos o líder da oposição no Senado, ministro paralelo das Relações Exteriores, Robert Hill, em sua casa em Adelaide, no sul da Austrália, para informá-lo da situação. Ele disse que faria algumas ligações. Nenhum dos políticos do partido trabalhista quis se envolver; parece que falei demais sobre a omissão do governo e isso fez com que resolvessem se manter distância de nós. Falamos com o representante dos Direitos Humanos das Nações Unidas, Brian Burdekin. Ele disse que não sabia o que fazer, mas que pensaria sobre isso. Entramos em contato com as direções de jornalismo das redes Ten e Seven, Neil Miller e David Broadbent, em suas casas. Talvez a pressão da mídia pudesse ajudar.

Ligações, ligações e mais ligações. Recuso-me a desistir de meus filhos. Com toda a certeza, continuarei a telefonar, importunar, exigir, implorar e pedir favores até conseguir o que preciso para Shah e Iddin. O que o governo trabalhista espera que eu faça? Rastejar derrotada para um canto? Iddin e Shah são meus filhos. Eu os amo com todo o coração e alma. Eles merecem mais do que isso e não vou desistir até que esse governo reconheça que dois pequenos australianos foram seqüestrados por um membro da

316

família real de um país vizinho em uma flagrante quebra de determinações judiciais australianas. Acho que um dos juramentos mais básicos de um governo é defender as leis da Austrália. O senador Gareth Evans ainda não viu nada, ele devia pensar melhor antes de atravessar o caminho de uma mãe cujos filhos estão em perigo.

Um analista do Sudeste Asiático foi citado hoje nos jornais dizendo "não haver outra forma de resolver o assunto a não ser por meio de negociações diplomáticas entre os dois governos". Mesmo se o governo malaio aceitar negociar com a Austrália, eles não podem impor suas leis à família real porque, constitucionalmente, os governantes estão acima do Código Civil. Elmi, a cantora de boate, é citada em outro jornal dizendo que "esperava que Jacqueline engravidasse logo de seu novo marido e tivesse mais filhos". Eu diria que isso resume com muita precisão sua compreensão da ligação entre uma criança e sua mãe. Além disso, não sei se posso ter mais filhos devido à endometriose e ao fibroma. De qualquer maneira, os filhos não são um tipo de mistura para bolo que se pode levar ao forno para substituir um pelo outro. Cada criança é um indivíduo único, um ser humano pulsante, com seus próprios pensamentos e sentimentos, não uma propriedade inanimada que pode ser substituída devido a um capricho.

E assim o dia prosseguiu: uma concorrida entrevista coletiva para toda a mídia, perguntas, flashes e microfones. Amigos, graças a Deus pelos amigos, eles são minha reserva de forças. Rick Willis está fazendo tudo o que pode para aliviar a pressão sobre nós. Ele assumiu a produção do programa semanal de rádio e está nos dando cobertura na estação, para podermos lidar com o seqüestro. Não sei como retribuir isso.

Enviei um pedido de ajuda para o Comitê das Nações Unidas para os Direitos Humanos da Criança, em Genebra. Espero que respondam rapidamente.

Impedir a saída de Bahrin da Indonésia é imperativo, é nossa última chance de salvar as crianças. Sendo a Malásia e a Indonésia tão próximas geograficamente, o tempo é essencial. Uma vez na Malásia, nossas chances de resgatar Iddin e Shah despencam para 1%. Espalhei todos os mapas e o Atlas escolar de Skye pelo chão. Realmente, não sei muito bem para quê. Fico olhando para os mapas da Indonésia e da Malásia, tentando obter algum tipo de localização telepática de meus filhos. No mapa, a distância entre a Indonésia e a Malásia é de apenas 2cm — cerca de 320km, quase nada para um avião.

Passei horas telefonando para a Indonésia, tentando contratar um advogado para agir em nosso nome lá; finalmente, por meio do amigo de um amigo de um primo, consegui chegar ao principal advogado de família de lá. Ele não hesitou em aceitar o caso, mas assinalou que não tinha como encaminhar a documentação ou mesmo abrir o caso sem saber em que lugar da Indonésia Bahrin e as crianças estavam. Mesmo o nome da ilha: Bali, Java, Sumatra, Sulawesi ou qualquer uma das centenas de outras poderia ser um ponto de partida. Ele não conseguia entender como o governo australiano poderia ser tão deliberadamente obtuso em uma questão envolvendo duas crianças pequenas. Ficou aguardando informações adicionais enquanto eu tentava mover céus e terras para obter mais informações.

Os melhores amigos de Iddin, Mark e Jack, percorreram as ruas hoje, indo a shopping centers e a supermercados. Levaram centenas de petições. Estavam determinados a fazer algo por Iddin e Shah; nenhum dos dois conseguia entender a atitude do governo e estavam com muita raiva. A ex-mulher de Iain, Gaye, mãe de Tyson e Drew, ao lado de toda sua família, também está coletando assinaturas para as crianças. Estou muito grata a ela por seu apoio. Ouvi hoje que os aparelhos de fax dos gabinetes do senador Evan, em Canberra e Melbourne, estão tomados por centenas de petições exigindo a volta de Iddin e Shah. Ótimo.

Nick e Ben MacArthur, junto com Mark e Jack, querem falar com a mídia sobre Iddin e Shahirah. Eu disse que pensaria a respeito, mas isso realmente cabe a seus pais.

Sinto como se estivéssemos sitiados. A mídia acha que estamos em um ponto crucial e continua a telefonar a cada minuto. Alguns jornalistas estão se tornando bons amigos e seguindo a história até mesmo quando não estão trabalhando nela, ou ligando apenas para saber como estamos.

Ah, meu Deus, por que ninguém nos diz onde as crianças estão? Iain disse que tenho que tentar dormir. Não sei como conseguir — não sei nem mesmo se ainda posso dormir.

Boa-noite, queridos, tenham bons sonhos, Deus os abençoe. A mamãe ama muito vocês. Sejam corajosos, nós vamos trazer vocês de volta.

Domingo, 26 de julho de 1992

Imaginei o que Iddin estava pensando. Sei como é sua personalidade: ele é muito cuidadoso e prudente, evita correr riscos e não gosta de entrar em aventuras importantes sem primeiro ter certeza de que serão bem-sucedidas. Passei muito tempo tentando estimular sua autoconfiança, para que ele desenvolvesse sua fé em si mesmo. Sei que Iddin estaria procurando uma maneira de escapar, mas ele não arriscaria a não ser que tivesse certeza de poder trazer Shah também. Iddin jamais arriscaria a segurança de sua irmã, estou certa disto. Ele observaria e ouviria e tentaria fugir na hora certa. Quase posso ouvir sua voz perguntando-me o que fazer. Se ao menos eu pudesse dizer a ele...

Levantei da cama o mais cedo que consegui essa manhã, acompanhada das ânsias de vômito usuais. Meu pulso está tão acelerado, sinto como se meu peito fosse explodir. Estou tão preocupada com as crianças. Nenhum dos dois gosta muito de clima quente e a assadura de Shah provavelmente vai piorar no calor e umidade da Indonésia. Quando será que alguém vai me dizer exatamente onde eles estão? Os amigos estão começando a chegar cedo nesta manhã, todos parecem contaminados por minha tensão. Todos sabem que hoje será um dia crucial para Iddin e Shah. Tudo o que eu preciso é da localização deles para poder dizer ao advogado indonésio que entre em ação.

A casa parece um tipo de central de comando militar: mapas, registros, telefones e atividade constante. Suponho que é nisso que se transformou — estamos conduzindo as batalhas daqui.

CANBERRA DEVE CONSIDERAR DIREITOS DAS CRIANÇAS COMO CIDADÃOS AUSTRA-LIANOS — JUIZ DECLARA SOBRE SEQÜESTRO, foi a manchete do *Age* de domingo, e continua: "O juiz responsável pela Vara de Família, Alastair Nicholson, intimou o Governo Federal a considerar uma postura mais ativa nos casos envolvendo seqüestro internacional de crianças. O juiz Nicholson disse que os esforços australianos para recuperar as crianças seqüestradas não deveriam parar nos limites da jurisdição australiana, enfatizando que essas crianças merecem toda a proteção de seus direitos, garantidos a todos os australianos, em casa ou no exterior. 'É responsabilidade do governo considerar os direitos das crianças enquanto cidadãos australianos', disse o juiz Nicholson. Isso significaria membros da embaixada envolvidos ativamente, se necessário, para localizar e recuperar as crianças seqüestradas. 'É para isso que estão lá, afinal de contas. Acho que, no mínimo, estarão cumprindo suas obrigações consulares.'"

Então, depois disso tudo, será que os políticos estão ouvindo? Espero que estejam, pelo bem de Shah e Iddin.

Quinta-feira, 30 de julho de 1992

Meus piores temores se concretizaram. Shah e Iddin estão na Malásia. Saber disso acabou comigo nos últimos dias. Sinto como se meu corpo tivesse sido cortado em pedaços com uma faca sem fio. Existe um imenso vazio em meu interior, estou tão desolada e desconsolada que sei que jamais ficarei inteira novamente. Anseio por poder abraçá-los de novo com cada poro do meu corpo. Ah, Deus, o que acontecerá a nós todos? Nada jamais será como antes.

O primeiro aviso que recebemos foi uma ligação do ministro das Relações Exteriores, pouco depois das 13 horas, para nos dizer que a embaixada de Kuala Lumpur havia informado que Bahrin estava na Malásia e havia convocado uma coletiva de imprensa em um importante hotel para as 16 horas, horário de Melbourne.

Foram as três horas mais longas de minha vida, enquanto tentava recuperar o que restava de minha compostura e lutar para manter o controle da histeria que subia pela minha garganta. Eu lançava-me sobre qualquer um que me irritasse minimamente, cortando-o com minha língua e silenciando-o com um olhar. Andei de um lado para outro, vomitei e tremi até Iain insistir para eu me sentar. Eu tinha tantas perguntas. As crianças entenderam o que tinha acontecido? O que Bahrin disse a eles? Estavam assustados? Como estavam dormindo? Estavam comendo? A assadura de Shah a estava incomodando? Iddin e Shah estavam juntos ou separados? Acima de tudo, como iríamos conseguir trazê-los de volta sem a ajuda do governo?

Às 16h30 veio pelos jornalistas a confirmação de que as crianças estavam em Kuala Lumpur, provavelmente no Terengganu Palace, na capital. Bahrin anunciou na entrevista coletiva que ele seqüestrou as crianças em nome de Alá. Daquele momento em diante, a vida deixou de ter muito valor para mim.

Muitas das horas depois da confirmação oficial perderam-se para mim em uma névoa de histeria, angústia e semiconsciência. Desmaiei depois de ouvir a notícia, minha concha mantida com cuidado finalmente se desfez. Estava afundando, caindo, morrendo, ainda que continuasse viva. Como não parava de chorar, alguém ligou para Michael Jones, meu médico. Perdi a visão de meu olho esquerdo, que estava saltando de sua órbita, e minha cabeça parecia pronta para explodir. Colocaram-me na cama, sem que eu conseguisse conter minhas lágrimas. Lembro de ouvir choros em algum lugar, como se um animal estivesse sendo torturado: ganidos longos, soluços atormentados e lamentos, primitivos e perdidos. Disseram-me que era eu. Michael aplicou-me uma injeção de petidina; não fez diferença. Essa era uma dor que nenhuma droga jamais poderia aliviar. Fui semi-arrastada e carregada até o banheiro, algum tempo depois. Não enxergava nada neste momento, mas podia ouvir as vozes ao meu redor, que pararam imediatamente quando entrei na sala. Ao perguntar o que estava acontecendo, disseram-me que a casa estava tomada de jornalistas e advogados. Ninguém esperava que eu falasse com eles, alguém sussurrou em meu ouvido; eles compreendiam o meu desgaste. Acho que, por fim, desmaiei. E não sei, e realmente, não me importo. Nada nem ninguém importa, a não ser Iddin e Shah.

Sexta-feira, 31 de julho de 1992

Insistiram para que eu ficasse na cama e todos combinaram fazer todo o necessário para que eu seguisse as ordens médicas. Não tinha condições de discutir, minha cabeça doía e eu não estava enxergando. Mas na sexta-feira, 31 de julho, eu estava de pé e de volta à luta. Estava aterrorizada diante do que tinha de fazer; com muito medo do que a mídia iria perguntar. Como não estivera lutando pelas crianças nos últimos dias, estava ansiosa por começar de novo. Iain, Lillian, John e David Abraham cuidaram de tudo para mim durante toda a semana, mas hoje era inadiável: eu tinha de falar. A imprensa concordou em fazer uma entrevista coletiva nos escritórios dos advogados, voltada para as questões legais e para a reação do governo diante da situação.

Concordei, com alguma relutância, em dar uma entrevista exclusiva para a revista de maior circulação da Austrália. Como tinha concordado em falar, em detalhes, sobre minha antiga vida com a realeza em Terengganu, estava nervosa e tensa demais. Anteriormente, não vira necessidade de falar com as revistas; duas razões agora me levavam a fazer isso: eu tinha que colocar a maior pressão possível no governo e precisávamos desesperadamente de dinheiro para cobrir as despesas crescentes. A entrevista não seria paga; em vez disso, seria feita uma doação direta para o "Fundo de Luta para as Crianças Gillespie", criado por amigos, inclusive o ex-governador do estado de Vitória, Sir Rupert Hamer, além de Brian Goldsmith, Bruce McMenamin e Roger Evans do escritório Evans Partners Chartered Accountants. Essas pessoas administrariam o fundo, e todo o dinheiro seria usado para cobrir os custos legais e para a possibilidade de se estabelecer um questionamento legal na Malásia para resgatar Shahirah e Iddin. Todo o dinheiro que não fosse usado para as crianças seria devolvido para o doador ou, no caso de doações anônimas, seria dado para o fundo Save the Children, da Unicef.

Nada disso teria sido necessário se o governo federal tivesse nos ajudado e se envolvido mais ativamente. O senador Gareth Evans recusou-se a se encontrar ou mesmo falar comigo, insistindo que o seqüestro de

ERA UMA VEZ UMA PRINCESA

Iddin e Shah era simplesmente uma questão pessoal doméstica e não algo em que seu governo devesse se envolver. Ele descreveu a situação das crianças com "um terrível infortúnio". Imagino o que diria da situação se fossem seus próprios filhos no lugar de Iddin e Shah.

Na segunda-feira anterior, minha equipe legal, consistindo em Lillian, John e David Abraham, foi chamada a Canberra para discutir uma oferta de ajuda financeira que o senador Gareth Evans mencionou para a mídia. Ao chegarem na reunião, depararam com dez servidores públicos do Ministério de Relações Exteriores e da Procuradoria-Geral em torno de uma mesa: nem um único ministro considerou o assunto importante o suficiente para comparecer. Foi feita uma oferta inicial de mil dólares, mas, depois de três horas e meia com os burocratas pechinchando diante dos apelos dos meus advogados, acabaram por subir o valor para 2.500 dólares. Isso sequer cobria o custo das passagens aéreas e acomodações incorridas por Lillian, John e David para essa viagem farsesca a Canberra, para não falar na instalação de uma batalha judicial contra a família real de Terengganu. Assim, com as despesas legais chegando agora a dezenas de milhares de dólares, a "generosa" oferta foi rejeitada com o desprezo que merecia e reconhecida como a manobra de relações públicas que de fato era.

As manchetes dos últimos dias foram as seguintes: GILLESPIE SOFRE COM A PERDA DA ESPERANÇA; PAI AGRADECE A ALÁ PELO RETORNO DAS CRIANÇAS; PROTESTO CONTRA SEQÜESTRO; CRIANÇAS NA MALÁSIA; PRÍNCIPE ABANDONA A LEI EM LUTA PELAS CRIANÇAS "PERDIDAS"; ALÁ SEJA LOUVADO; LAR LONGE DO LAR; SEQÜESTRO É TESTE DIFÍCIL PARA AUSTRÁLIA; A FOTO QUE PARTIU O CORAÇÃO DA MÃE; PRÍNCIPE: CRIANÇAS LEVADAS PARA CASA, NÃO ROUBADAS; MÃE NÃO DEVE PERDER A ESPERANÇA, DIZ JUIZ; MUÇULMANOS ACUSAM A MÍDIA DE PARCIAL NO CASO DE SEQÜESTRO; DIREITOS DAS CRIANÇAS EM QUESTÃO, DIZ ADVOGADO; FUGA PARA A MALÁSIA PELO MAR. E assim por diante. O mesmo acontecia com o debate e os comentários do público sobre nossa situação: cartas para os jornais, discussões em programas de rádio e cartas para nós, lotando nossa caixa de correio. A correspondência destinada a mim era repleta de encorajamento, amor e apoio, pelo que sou muitíssimo grata. Eu desejava conseguir responder a essas pessoas generosas, mas não sabia quando.

Em contradição, a revelação de que éramos agora propriedade pública, que nossos traumas pessoais eram discutidos e assunto de debate nos escritórios e fábricas, ou tema sombrio de acompanhamento nas conversas sem conseqüências dos jantares da sociedade era algo insuportável para mim. Parecia diminuir a importância até mesmo da existência de Iddin e Shah como seres humanos individuais, retirando-lhes sua humanidade. Era como uma faca de dois gumes: precisávamos da pressão do público pelas crianças, mas também achávamos que pessoas totalmente estranhas tinham uma atitude de propriedade a nosso respeito. Então, a terrível besta do preconceito racial mostrou sua face horrenda: comentários foram feitos por um profissional de rádio de Sydney de que eu era uma "reclamona de olhos puxados" e tinha que ser mandada de volta para o lugar de onde viera. Essa atitude foi adotada por alguns dos meus colegas australianos também. Suponho que deveria ter esperado que isso acontecesse. Acho que fui muito ingênua ao esquecer de me olhar no espelho para ver pelo que as pessoas ignorantes me julgavam. A radialista da estação 3AW, Margaret Fletcher, e outra, de uma rádio de Adelaide, Murray Nicoll, por outro lado, são boas amigas. Ambas defenderam minha nacionalidade e minha honra; foram inflexíveis em seu apoio e em suas críticas ao senador Evans.

Um jornalista telefonou, querendo fazer uma matéria sobre minha herança racial. Disse a ele que minha família estava na Austrália desde 1801 e que vieram como administradores e exploradores. Para ser honesta, devo admitir que o fato de acharem que sou estrangeira me machuca muito. Será que Iddin e Shah são menos valiosos por serem fruto de um casamento entre pessoas de culturas diferentes? Mostre-me a pessoa que diz isso e arrancarei seus olhos. Como alguém ousa avaliar o valor de meus filhos por sua mistura racial?

Mais tarde naquele dia, a caminho da entrevista coletiva, uma coisa realmente horripilante aconteceu. Em determinado momento estávamos no carro pelas ruas principais de Melbourne e, no instante seguinte, Iain estava sendo estrangulado por um homem histérico, usando um capacete de motocicleta. Quando o carro parou em um sinal, um homem parou de motocicleta ao lado de nosso carro e desceu subitamente, enfiou os braços pela janela aberta e começou a bater em Iain e a gritar insultos ininteligíveis. Tomada de pânico, tentei soltar seus braços do pescoço de Iain. Susan Duncan, a editora da revista feminina *The Australian Women's Weekly*, e Tony, o fotógrafo, que também estavam no car-

323

ro, olharam horrorizados. Em um determinado momento, os olhos do homem cruzaram-se como os meus e ele gritou: "Sua puta, você merecia perder seus filhos!" Iain deu um soco nele em resposta. Infelizmente, os nós dos dedos de Iain acertaram apenas o capacete do homem antes de partirmos com o carro. Chegamos muito abalados ao escritório dos advogados, com a mão de Iain cheia de sangue dos pontos em que os nós de seus dedos bateram no capacete.

A entrevista coletiva foi um suplício terrível. Eu me sentia tonta e oprimida pela sala cheia de gente e tentava segurar as lágrimas. Perguntas sobre as crianças, sobre o futuro, sobre o governo, sobre como eu me sentia agora, vinham de todas as direções. Respondi da melhor maneira que pude. Eu lhes disse que queria que as crianças voltassem para casa, o lugar ao qual pertenciam, mas que, se não conseguisse trazê-los de volta imediatamente, pelo menos precisava falar com eles pelo telefone. Eu queria e precisava de uma oportunidade para reafirmar meu amor para Iddin e Shah. Durante a entrevista, também tive a oportunidade de negar todas as falsas histórias que circulavam pela mídia de que tinha seqüestrado as crianças em primeiro lugar. Bahrin contratara uma empresa de relações públicas profissional, sintomaticamente chamada Damage Control, ou controle de danos, para tratar de seu relacionamento com a mídia e disseminar mentiras a meu respeito.

Lillian e David tentaram, infrutiferamente e por vários dias, conseguir um advogado malaio para agir em nosso nome. Ninguém naquele país estava disposto a se envolver em uma batalha contra a riqueza e o poder da família real. Não posso dizer que os culpava. Fizemos vários pedidos aos advogados de Bahrin em Melbourne para que eu pudesse conversar ao menos uma vez com meus filhos pelo telefone, mas os apelos chegaram a ouvidos surdos.

Como o governo agora podia não agir quando ficou claro pela imprensa que Iddin e Shah foram tirados do país de barco, por Queensland, no extremo norte da Austrália? A Polícia Federal australiana não notificou a guarda costeira, que depois anunciou ter captado sinais de socorro de um barco declarando ser uma embarcação pesqueira da Indonésia, o *Pencberobob*, que estava à deriva e sem controle há quatro dias no estreito de Torres, o mar que separa a Austrália da Indonésia. Além disso, a Guarda Costeira identificou o barco enquanto ainda estava em águas australianas e coordenou uma busca completa e operação de resgate a partir de Canberra, a capital federal da Austrália. Eles abandonaram as buscas no último minuto. Depois de monitorar os sinais de socorro mencionando que havia duas crianças a bordo, um avião da Guarda Costeira circulou o barco e um navio da Marinha, o *HMAS Dubbo*, chegou a ser enviado para interceptar a embarcação à deriva. O navio esteve à distância de um grito, mas, repentinamente, recebeu uma ordem para abandonar o resgate e voltar para a base, pois o *Pencberobob* estava recusando o auxílio das autoridades australianas e havia solicitado a intervenção militar da Indonésia. A solicitação por rádio, que foi monitorada e feita em inglês, pediu que um coronel específico do Exército indonésio, o comandante das forças militares da Indonésia para o território de Irian Jaya (a metade da Papua-Nova Guiné pertencente à Indonésia) fosse contatado. A lancha com o motor danificado, com as crianças e Bahrin a bordo, foi rebocada em seguida para Merauke, em Irian Jaya, onde foi recebida pelo governo militar.

A Polícia Federal finalmente admitiu para a mídia que não tinham informado à Guarda Costeira ou outras autoridades similares — foi um descuido, eles disseram. Também fracassaram em cumprir os termos dos mandados emitidos pela Vara de Família, "esqueceram" de notificar formalmente a polícia de Queensland sobre o caso.

Com uma interferência tão escancarada da Indonésia, como o governo australiano ainda podia sustentar que o seqüestro de Iddin e Shah era um "assunto particular"?

Quando soube do método para tirar as crianças do país, poderia, alegremente e sem constrangimento, castrar Bahrin com minhas próprias mãos. Só Deus sabe as condições que meus filhos tiveram que enfrentar, à deriva em um pequeno barco a motor no meio do oceano. Bahrin nem mesmo sabe nadar: ele tem medo d'água. Se houvesse uma emergência, seria totalmente incapaz de salvar as crianças. Iddin era um nadador razoável — tratei de garantir isso levando-o durante meses a uma aula de natação regular —, mas Shah tinha pavor de colocar o rosto na água e odiava lavar o cabelo por esse motivo. Bahrin estava disposto a colocar suas vidas em perigo em sua busca de vingança contra mim.

Outro evento chocante que o governo tentava ignorar veio à luz. No dia 20 ou 21 de julho, o mesmo dia em que os militares da Indonésia rebocaram o barco danificado para o porto de Merauke, dois aviões austra-

325

lianos transportando funcionários do governo foram inexplicavelmente detidos pela mesma divisão militar da Indonésia e os passageiros colocados em prisão domiciliar em Merauke, com acesso proibido aos seus aviões e cercados de guardas armados. Coincidência? O governo australiano preferiu não se aprofundar no assunto.

Outros fatos também começavam a vir à tona. Colin Ferguson, um piloto de helicóptero enviado para trabalhar em território indonésio vizinho à Papua-Nova Guiné, voltou para a Austrália. Ele ficou chocado ao descobrir que estivera no mesmo pequeno avião doméstico entre o território indonésio de Irian Jaya e as ilhas de Sulawese que Bahrin e as crianças. Naquele momento, achou estranho ver duas crianças com aparência malaia aborrecendo o pai com jogos de palavra com forte sotaque australiano. As crianças não estavam autorizadas a deixar o avião nas diversas vezes que ele pousou durante a viagem. Estavam confinadas individualmente e não podiam se sentar próximas uma da outra. Bahrin estava acompanhado de um guarda-costas, encarregado de Iddin, e que ficou sentado ao lado dele durante todo o trajeto. Shah estava ao lado do pai, no banco da frente.

Colin foi muito gentil e ligou para mim depois que as notícias sobre ele chegaram aos jornais. O que me contou trouxe-me algum conforto, pois ele foi muito específico sobre o tipo de jogo que as crianças estavam fazendo: estavam recitando trava-línguas como "o peito do pé de Pedro é preto" repetidamente, até que seu pai ficou muito zangado com eles. Esses jogos de palavras tinham uma mensagem muito significativa para nós. Iddin e Shah estavam repetindo um jogo que Iain e eu muitas vezes fazíamos em longas viagens em família. Ele e eu competíamos, recitando essas rimas cada vez mais rapidamente e as crianças nos animavam e escolhiam o vencedor do jogo. Para mim, era uma mensagem secreta de que Shah e Iddin se lembravam do jogo e o escolheram para aborrecer Bahrin, sabendo que ele jamais entenderia o significado.

O comissário-chefe da polícia malaia anunciou publicamente que estava recebendo Bahrin com toda a cortesia, além de lhe garantir proteção policial 24 horas. Era o mesmo que meter seu nariz nas leis australianas. Diversos ministros do governo malaio também deram entrevistas para demonstrar seu apoio às ações de Bahrin. Ele estava usando as crianças como um tipo de plataforma para se tornar um herói nacional; astutamente, transformou suas ações vis e pessoais em algo como uma declaração sobre a religião islâmica e o Cristianismo. A religião nunca esteve em jogo e, certamente, não tinha nada a ver com o seqüestro de Iddin e Shah; ainda assim, ele foi bem-sucedido em enganar a população de seu próprio país. Eu suspeitava também que logo ele anunciaria estar pleiteando alguma posição política. Ele sempre teve aspirações nesse sentido.

As datas nos jornais faziam-me lembrar, a cada dia, da passagem do tempo desde que tivera meus filhos nos braços pela última vez, e eu me enchia de memórias e emoções arrebatadoras. Escrevi em meu diário:

> Passei a última hora deitada na cama de Iddin, apertando Whitey contra o meu peito e chorando. A presença das crianças está por toda a parte, minhas narinas encharcam-se com o cheiro deles e imagino ouvir fragmentos de suas vozes pelo corredor. Lembro agora como eu lhes dava beijos de boanoite, afastando seus cabelos da testa e ajeitando as cobertas sob seus queixos. Lembro de Shah pedir uma última história e como ela devorava os livros da mesma maneira que eu. Lembro de ouvir sua voz cantando em italiano às 22h30 e seus passos pelo corredor até a sala. De forma hesitante, ela disse:
>
> — Mamãe, não consigo dormir.
>
> — Por que não? — perguntei.
>
> — Porque meu cérebro não para de falar comigo.
>
> — Bem, diga para ele ficar quieto — respondi, tentando manter uma expressão séria.
>
> — Já disse, mas ele não me ouve.
>
> Lembro do olhar concentrado no rosto de Iddin enquanto trabalhávamos juntos em seu mais recente projeto escolar sobre o sistema solar e seu comentário exasperado sobre o que tinha aprendido:
>
> — Tudo o que sei sobre Vênus é que sua atmosfera é feita de pneumonia.
>
> Não sei quando poderei lhe dizer que seu projeto mereceu seu primeiro "A". Eu lembro, lembro, lembro — de tudo. Certamente, Bahrin não pode esperar eliminar qualquer traço de mim da memória deles. Oh, meu Deus, ajude-me a trazê-los de volta.
>
> Nada mais é garantido. As únicas constantes com que posso contar são a dor que consome todo meu corpo de saudades e os pesadelos que ocupam minhas noites.

Domingo, 2 de agosto de 1992

O noticiário da televisão informou que Bahrin e as crianças chegaram a Kuala Terengganu de carro. Aparentemente, Bahrin parou em diversas mesquitas em sua rota para participar de preces de agradecimento pelo sucesso do seqüestro das crianças. Iddin e Shah foram cercados por policiais armados e fechados em minha velha casa, atrás de um muro de 2,5m, construído especialmente. Foram tratados como animais engaiolados, Bahrin exibindo-os para o público e em sessões de fotos. Uma foto divulgada pela imprensa malaia mostrava Shahirah brandindo uma bandeira da Malásia e Iddin sentado ao seu lado, com uma expressão pensativa no rosto. Bahrin garantiu à imprensa que as crianças estavam assimilando a vida na Malásia sem qualquer problema e que não sentiam saudades da Austrália. Queria saber o que acontecia quando eles me chamavam de noite ou quando pediam para vir para casa. Eu queria saber o que diziam a eles quando choravam por mim. Será que lhes disseram que eu estava morta? Será que lhes disseram que eu os tinha deixado ir? Será que sabiam como eu vinha lutando por eles?

Três diferentes psiquiatras e dois psicólogos forenses explicaram o tipo de impacto emocional que esse tipo de situação causava: as crianças estariam vivendo uma síndrome de estresse pós-traumático, combinada com a síndrome de Estocolmo, um fenômeno peculiar a vítimas de seqüestros. Com a síndrome de Estocolmo, a vítima começa a se relacionar com seu captor como um recurso de sobrevivência. A vítima pode até mesmo começar a adotar os maneirismos e ideais dos captores e, no caso da herdeira americana seqüestrada, Patty Hearst, participar das atividades dos seqüestradores pela mais absoluta necessidade. Os especialistas disseram que é totalmente impossível que duas crianças seqüestradas da única casa e das pessoas que conhecem, e transplantadas para um país estrangeiro, passem por isso sem serem profundamente traumatizadas. Como pode o governo sacrificar duas pequenas crianças em nome de relações diplomáticas harmoniosas? Bahrin disse à imprensa que eu não seria autorizada a falar com as crianças sob qualquer circunstância. O que foram feitos dos mais básicos direitos humanos de Iddin e Shah?

As manchetes continuavam: GUERRA DE AMOR, PRÍNCIPE BLOQUEIA MÃE; VALORES FEMINISTAS E MULTICULTURAIS EM CHOQUE. A primeira era realmente ridícula: "amor" não tinha nada a ver com a motivação de Bahrin para o seqüestro das crianças. Em nenhuma das entrevistas ele disse, uma só vez, que amava as crianças. Ele falou de religião, nunca de bem-estar ou estabilidade emocional.

Houve, no entanto, muitas cartas de apoio a família na imprensa. Uma, em particular, de Heather Brown, realmente me fez rir quando imaginei o senador Gareth Evans lendo-a no café-da-manhã. Com o título PRÍNCIPE AGRADECIDO, dizia: "Rajá Bahrin conta com fundos ilimitados, com o total apoio do governo malaio, dos tribunais islâmicos, da polícia da Malásia, além de, aparentemente, diversas pessoas poderosas na Indonésia, incluindo um membro das Forças Armadas deste país. Ele realmente não precisava do apoio do senador Evans e da Guarda Costeira. Mas, sem dúvida, como Mahathir (primeiro-ministro da Malásia), ele está realmente agradecido."

A Austrália, enfim, solicitou ao governo malaio que representantes do consulado australiano tivessem acesso a Iddin e Shah e nós aguardamos ansiosamente pela resposta, que foi ambígua e sem compromissos.

Discuti a viabilidade de ir à Malásia para ver meus filhos, só para descobrir que haviam me recusado um visto de entrada. Eu era *persona non grata* na Malásia; não só isso, Bahrin conseguiu imputar acusações contra mim de vários crimes e havia, e ainda há um mandado de prisão na Malásia contra mim. Se eu tentar colocar os pés naquele país para ver meus filhos, serei presa imediatamente. Ele conseguiu que os tribunais expedissem mandados retroativos a março de 1984, um período anterior à minha volta para a Austrália e mais de 18 meses antes de rompermos nosso casamento. Essas determinações judiciais davam a ele a custódia exclusiva das "duas crianças, frutos do casamento". Um feito surpreendente, considerando que Shahirah sequer havia sido concebida então; talvez ele tivesse a custódia de meu ovário esquerdo.

Nesta época, comecei a receber cartas perturbadoras de um homem oferecendo-se para seqüestrar as crianças de volta para mim. Suas cartas eram cheias de sugestões e declarações sobre suas habilidades com armas. Descobrimos que ele era conhecido da polícia, com acusações relacionadas a armas. Eu jamais permitiria que uma pessoa assim se aproximasse de meus filhos. Eu os queria vivos em casa, não mortos. Ele não foi o único a me mandar cartas desse tipo, de aspirantes a "Rambo", que, subitamente, começaram a surgir e a oferecer seus serviços em troca de pagamento.

Outro aspecto repugnante que a situação trouxe à tona foi um detetive particular, baseado em Queensland, que se anunciava especialista em seqüestrar crianças de volta. Esse homem foi entrevistado em cadeia na-

329

cional e disse ao repórter que não só eu era sua cliente, mas que ele já tinha apresentado um plano infalível para que recuperássemos as crianças pela força, mas que nós o tínhamos rejeitado. Ele também fez afirmações semelhantes em uma importante revista feminina. Eu jamais falara com esse homem em minha vida; nem iria, considerando como ele ia atrás dos negócios e as mentiras que contou a meu respeito.

Dormir sem pesadelos era algo que eu não conseguia. Não importa o quanto tentasse passar uma noite sem eles, mostraram-se inevitáveis. Registrei um dos piores em meu diário:

> Repetidas vezes, bato nas paredes de vidro que se erguem diante de mim, mantendo Iddin e Shah dentro de suas prisões. As crianças estão separadas, encarceradas em quartos perfeitos, mas sem janelas ou portas, cercadas de brinquedos. Elas se balançam para frente e para trás, gritando por mim sem parar, suas vozes estranhamente fora de sincronia com suas bocas. Grito que estou indo, que os amo. Grito repetidas vezes que estou tentando, mas elas não podem me ouvir, e o tempo todo bato com meus punhos no vidro. Então, começa a gargalhada, maligna e cruel. Viro-me para encontrar Bahrin, olhando-me, os lábios entre os dentes, rindo sem parar até eu achar que ficarei surda. O volume de sua gargalhada ocupa todo meu ouvido e abafa os gritos das crianças. Vejo o brilho do aço e sinto uma dor terrível quando a lâmina de seu machete corta primeiro meu braço esquerdo e depois o direito, acima do cotovelo. Despenco no chão contra a parede de vidro e bato com os tocos de braços sangrentos que me sobraram contra o vidro, desesperada para chegar até as crianças. Deixo rastros de sangue enquanto tento repetidamente fazer com que me ouçam, para que saibam que não desisti, e todo o tempo Bahrin continua a rir de mim, cada vez mais alto, até que não suporto mais o som, até que se misture com o choro das crianças e acordo, gritando seus nomes insistentemente.

Eu desejava encontrar alguém com quem conversar sobre o seqüestro, alguém que já tivesse passado por isso. Parecia estar perdendo a razão. Nossos amigos Tim Watson-Munro e sua esposa, Carla Lechner, garantiram-me, em seu tom mais profissional, que eu não estava. A falta de sono e a perda de peso não ajudavam; meu peso tinha despencado de 55kg para 42kg. Parei de me preocupar. Eu não conseguia mais ter comida em meu estômago; simplesmente não ficava. Tentei cozinhar, mas as lágrimas começavam a correr quando eu entrava na cozinha e lembrava da panela de *curry* que fiz na noite em que soube que eles tinham partido. Iain e Skye sobreviveram comprando comida para viagem com a ajuda dos vizinhos. Meu cabelo ainda estava caindo aos punhados no chuveiro e começava a rarear na frente. Fiquei imaginando como eu seria careca.

Lillian e John passavam longas e incríveis horas em busca de alguma lacuna legal que pudéssemos usar de algum jeito ou forma. Havia uma maneira de acusar Bahrin criminalmente, mas o governo deveria estar disposto a cooperar e nos ajudar.

Na tarde de quarta-feira, 5 de agosto de 1992, vi Iddin e Shahirah pela primeira vez na televisão, desde que foram levados. Foi uma seção de fotos cuidadosamente montada. Iddin parecia solene e aborrecido por estar sendo exposto e Shah era apenas Shah — muito ciente dos fotógrafos e jornalistas. As crianças pareciam estar brigando, mas os comentários cobriram a maior parte do som ambiente, tornando difícil decifrar o que diziam. Mais tarde, quando conseguimos aumentar o som de fundo, foi possível ouvir Iddin dizer a Shah para se comportar, ou eles estariam encrencados. Para melhorar a atmosfera, eles estavam cercados por coelhos, camundongos e porquinhos-da-índia em gaiolas; ambos estavam concentrados nos animais e tentavam ignorar as câmeras, a não ser quando alguém, que não aparecia na filmagem, dizia para sorrirem. As pernas de Shah estavam cobertas de picadas de insetos.

Repeti a fita de vídeo dúzias de vezes, apenas para ver suas imagens. Iain encontrou-me com a cabeça apoiada na tela da televisão e chorando diante de seus rostos congelados. Eu não pude evitar. Era o mais próximo que eu conseguia chegar de tê-los nos braços.

Boa-noite, queridos, tenham bons sonhos, Deus os abençoe. A mamãe ama muito vocês, e sempre vai amar.

Sexta-feira, 21 de agosto de 1992

À medida que o tempo passava, era cada vez mais difícil viver dentro do que a realidade havia se transformado sem Iddin e Shah. Perdi minha identidade, da mesma maneira que os tinha perdido. As coisas que costumavam ser importantes para mim, que antes me definiam, haviam sido cortadas da minha existência com precisão cirúrgica. Nossa família arrastava-se mas era difícil manter a farsa; dois membros haviam parti-

ERA UMA VEZ UMA PRINCESA

do, dois pequenos indivíduos em torno dos quais estabelecêramos nosso equilíbrio e otimismo. Simplesmente ouvir suas vozes seria uma imensa alegria e alívio, mas essas esperanças permaneciam fúteis. Todos os dias eu me sentava ao lado do telefone e tentava qualquer truque possível para entrar em contato com eles. Ligava para os diversos números de telefone da família de Bahrin, mas sem sucesso, todos tinham mudado seus números. Liguei para a telefonista do palácio Istana Badariah insistentemente e implorava para falar com Endah, na esperança de que ela pudesse me dar notícias sobre as crianças. Todas as vezes, ou se negavam a passar a ligação ou, se a ligação era atendida pelo telefonista Kasim, que já fora um amigo, eu recebia desculpas esfarrapadas. Usei um sotaque malaio, além de empregar dialeto, mas nada conseguia romper a barreira. Ocasionalmente, conseguia reter Kasim um pouco mais e fazer com que prometesse que iria transmitir meu recado para Endah. "Se ela não quiser, ou não puder falar comigo", eu implorava, "por favor, diga-lhe que não tenho qualquer intenção de causar-lhe algum distúrbio", e depois declamava meu apelo em "alto malaio", consciente da etiqueta e das boas maneiras sociais:

> Com grande respeito e amor lembro de Sua Alteza Real e espero que ela esteja com boa saúde. Com todo o respeito, imploro para que tome conta dos melhores interesses de meus filhos com seu coração e para o bem deles, vigiando-os e protegendo-os. Com todo o respeito e sem qualquer desejo de perturbar a harmonia de sua vida, também peço, humildemente, que considere a possibilidade de dizer a Sua Alteza, Tengku Iddin e Tengku Shahirah, que sua mãe os ama muito. Por essa consideração, respeitosa e humildemente agradeça à Sua Alteza Real.

Em seguida, eu desligava o telefone, tentando respirar, os soluços saindo e meus ombros tremendo enquanto gritava pelos meus bebês. Eu sabia que, se ela tivesse a oportunidade, Endah cuidaria deles a distância; era o melhor que poderia esperar, mesmo que eu jamais recebesse qualquer indicação de que ela tivesse recebido o recado que encaminhei para ela. Aquela porta agora estava fechada para mim.

Em outras ocasiões, quando eu tentava ligar para o palácio, serviçais de vozes desconhecidas atendiam o telefone. Eles faziam jogos comigo, atormentavam-me, insistindo com ênfase que toda a família real

332

de Terengganu estava morando indefinidamente em Cingapura, ou que os demais membros da família não tinham telefone. Algumas vezes, simplesmente colocavam o telefone de lado por um longo tempo, deixando a linha aberta, e eu podia escutá-los rindo e planejando que tipo de brincadeira verbal eles fariam, ou perguntando de quem era a vez de dizer algo sarcástico para mim, sobre minha raça, antes de bater o telefone. Chamavam-me de *kaffir* e *Satan*, mas eu não me importava mais; tudo o que importava era que estava tentando, de todas as maneiras possíveis, transmitir um recado para Iddin e Shahirah. Lutar por eles era a única coisa que me mantinha de pé; eles precisavam saber disso, que eu nunca desistiria de tentar.

Nós continuamos, com monótona regularidade, a aparecer em artigos na mídia. Nossa história tornava-se, com rapidez, cansativa, como a saga de Lord Lucan, que supostamente matou a babá de seus filhos e desapareceu. Debates públicos, questionamentos, insinuações e opiniões voavam ao nosso redor. Tornei-me, relutantemente, o exemplo típico para os pais frustrados que perderam a custódia dos filhos e alvo de estudantes malaios vingativos que estavam fazendo seus cursos na Austrália. Os pneus de nosso carro foram rasgados. Uma noite, um homem velho começou a bater na janela do meu carro, quando parei em um cruzamento.

David Hirschfelder, um bom amigo que mais tarde recebeu uma indicação para o Oscar pela trilha musical do filme *Shine — Brilhante*, organizou um show com outros músicos e artistas em uma apresentação pública para a assinatura de uma petição exigindo a ação do governo e o retorno de Iddin e Shah. Eu me senti muito desconfortável tentando expressar minha gratidão.

Notícias chegaram por fax de que a oposição abriria uma investigação completa no Senado sobre o seqüestro das crianças. Isso não ajudaria Iddin e Shahirah, mas possivelmente acabaria com as ineficiências que ainda existiam no sistema e talvez impedisse que acontecesse o mesmo com outras famílias. A iniciativa foi do senador Robert Hill, líder da oposição no Senado, seguido por diversos outros membros parlamentares de ambos os lados.

Bahrin começou a citar uma ordem judicial, expedida em março de 1991, como o motivo para ter seqüestrado as crianças. Ele alegou que foi proibido pela Vara de Família de levar Iddin e Shahirah a uma mesquita e deu a entender aos jornalistas que isso era uma proibição permanente. Fiquei furiosa por ele ser capaz de manipular a verdade dessa maneira e tornar suas histórias plausíveis. As circunstâncias foram, na verdade, completamente diferentes; a ordem judicial aplicava-se com exclusividade a uma sexta-feira específica e a mais nenhum dia. Bahrin chegara em Melbourne sem avisar, exigindo tratamento real da Vara de Família, alegando precisar de uma audiência na quinta-feira, bem antes do feriado da Páscoa. Como ele chegou sem avisar e exigia acesso às crianças, sem considerar que poderíamos ter planos especiais para o feriado, insisti que, como elas já estavam comprometidas com algumas atividades, ele deveria adiar a visita para a Sexta-feira Santa. Permiti que ele ficasse com as crianças de noite, durante sua visita de quatro dias; até mesmo circulei de carro com ele por Melbourne.

O juiz assinalou para ele que, sim, sexta-feira era um dia de oração para a comunidade islâmica; no entanto, nesta ocasião, especificamente naquela sexta-feira, também era um dia significativo para os cristãos. E, como ele chegara para uma visita sem avisar, quando já havia planos feitos havia muito tempo para essa data específica, as crianças não iriam com ele. Sua Excelência também ressaltou que as crenças e a religião de Bahrin eram respeitadas pela corte e que, quando surgisse a ocasião e ele desejasse estar com as crianças em um dia significativo para a fé islâmica, receberia o mesmo tratamento que estava sendo oferecido a mim. Mas não foi assim que o assunto apareceu na mídia.

Muitas pessoas que não nos conheciam entraram na história sem conhecimento de causa, emitindo opiniões e análises sobre a validade de casamentos entre pessoas de culturas diferentes. Nós nos tornamos um tema retórico para o debate do Islã contra o Cristianismo, e fui transformada, de uma só tacada, em uma cristã recém-convertida empunhando uma Bíblia. Esses comentaristas dissecaram nossas vidas como se tivessem algum conhecimento interno de nós, projetando seus próprios preconceitos sobre mim e as crianças. Fiquei com raiva e ofendida e meus amigos trataram de me lembrar, constantemente, que essas opiniões não tinham a menor importância para nosso caso. Era difícil concordar. Eu me sentia violada e usada. Temia pela percepção do público. Considerava o apoio das pessoas à volta de Iddin e Shah como algo importante e intrínseco para forçar a ação do governo em defesa das crianças. Sem esse tipo de suporte, eu não poderia ajudá-los.

Meu objetivo principal era forçar o governo a iniciar uma ação criminal contra Bahrin e encaminhar um pedido de extradição para a Malásia. Eu achava que a Austrália devia a Iddin e Shah ao menos isso: o reconhecimento de seus direitos como cidadãos australianos.

Enquanto isso, eu funcionava da melhor maneira que podia, um dia de cada vez, um pé depois do outro.

Quarenta e quatro

Setembro de 1992

Comecei a odiar sair de casa porque isso inevitavelmente significava sacrificar minha privacidade no processo. Pessoas bem-intencionadas, a maioria estranha, aproximavam-se de mim nas ruas, algumas procurando me tocar, outras me abraçando em apoio à luta. Certas pessoas simplesmente apontavam para mim e referiam-se à minha pessoa em voz alta ou em cochichos mal disfarçados como a "mãe do seqüestro". Se eu pudesse escolher, preferiria que viessem falar comigo, ao invés de falar de mim, ao meu lado, como se eu fosse surda. No entanto, a bondade das pessoas dava-me forças nos momentos de desânimo, quando eu sentia como se estivesse batendo minha cabeça contra uma parede de tijolos e desejava apenas me encolher e nunca mais acordar. Fazer compras no supermercado era o maior sacrifício. Era necessário que eu fosse acompanhada de um amigo, pois as reações eram as mais variadas. Era enervante ver as pessoas cochichando em público, mas também havia um lado divertido. Eu estava com Heather quando duas senhoras começaram a me seguir a distância em uma loja. Elas paravam quando nós parávamos, olhavam para onde estávamos olhando, e, em um tom menos do que discreto, começaram a discutir minha aparência.

— Ah, ela não parece tão bem sem a maquiagem, não é?

— Não, nem de longe tão bonita quando na capa das revistas.

— Olha, ela sorriu! Não pode estar tão infeliz em relação aos filhos, afinal de contas.

O que eu podia dizer? Nada. Não estava consciente de que minha expressão facial durante minhas tarefas domésticas usuais pudesse ter um alcance tão grande sobre a percepção do público quanto minha luta pelas crianças, mas agora estou. Para manter um mínimo de privacidade, começei a usar óculos escuros e bonés de beisebol quando saía de casa.

Entrar em um supermercado pela primeira vez depois do seqüestro parecia algo normal demais. Senti um pânico crescente, a percepção de que, gostasse ou não, era uma volta ao mundo real que existia do lado de fora do círculo de desespero e dor que nos cercava. Eu não queria estar lá, não queria seguir com a vida, não desejava nada que a vida do dia-a-dia pudesse oferecer — nada tinha valor sem Iddin e Shah. O supermercado era o lugar onde íamos depois da escola, uma vez por semana, subindo e descendo pelos corredores com as crianças atormentando-me para comprar aquele tipo de cereal, ou esse tipo de biscoito, enquanto comprávamos os mantimentos para a semana. Combati as lágrimas e evitei a maioria das áreas da loja que eu freqüentava com eles. Ainda é assim. Fiquei tomada de pânico por simplesmente não poder parar o relógio do mundo até que eles voltassem para mim.

E então descobri como era difícil fazer compras sem ser parada a todo o momento para ouvir perguntas sobre as crianças. As pessoas que ficavam em meu caminho não tinham idéia de que essa atividade, que para eles era a mais normal do mundo, era uma das mais difíceis de levar adiante sem minha família. Atingia-me no fundo de meu papel de mãe e de responsável pela casa. Novamente, as pessoas ofereciam apoio: rezavam por nós ou diziam ter escrito uma carta para o seu representante no Parlamento, ou para o ministro das Relações Exteriores ou para os jornais. Mas muitas vezes havia o outro lado da interrupção, um tom disfarçado de voyeurismo, que escorria de qualquer contato que fizessem comigo. Eram as perguntas investigativas que me enervavam mais, mulheres repetindo que sentiam muito por mim e pelas crianças e depois perguntando sobre minha vida com Bahrin, dando sugestões sobre o tipo de acordo que achavam ser possível fazer com ele. Algumas sugeriam que eu oferecesse receber apenas uma das crianças; outras ofereceram suas homilias: "Pelo menos você sabe que estão vivos" ou "Eles voltarão para você quando estiverem crescidos." Sei que deveria agradecer a Deus cada segundo do dia em que eles estão vivos, mas sei, por mim mesma, que experiência incerta é viver com Bahrin segundo suas condições, e temo pela essência do que torna Iddin e Shah únicos. Eu os criei para serem indivíduos independentes e questionadores, para que tomem decisões e avaliem as pessoas procurando a bondade essencial de cada um, não pela cor da pele ou sua religião. Ensinei-os a tratar os outros da maneira como eles desejam ser respeitados.

Quando me dizem que eles voltarão quando forem adultos, acho isso de pouco consolo. Essa possibilidade é dolorosa demais de ser considerada. Eles foram proibidos pelo tribunal islâmico de deixar a Malásia antes de completarem 18 anos, mas não podem obter um passaporte legalmente sem a autorização de Bahrin até os 21. Se Shahirah se casar jovem, ela não poderá sair do país sem a permissão de seu marido. De qualquer modo, as pessoas não têm filhos esperando perder todo seu crescimento, perder sua educação e as conquistas que marcam suas vidas. Bahrin destruiu as expectativas de vida que Iddin e Shahirah criaram em suas mentes desde que começaram a andar. Não haverá fadinha do dente para Shah, não haverá mais árvores de Natal, caçada aos ovos de Páscoa ou festas de Halloween para nenhum deles. Essas coisas foram roubadas deles pelo próprio pai, sem discussões, sem perguntar o que eles queriam, de maneira tão arbitrária e fácil como se ele afastasse uma mosca.

Ainda assim, as manchetes continuavam a aparecer: PRESSÃO PARA PRENDER PRÍNCIPE; MÃE ATACA "OCUPADO" EVANS; FIASCO NA INVESTIGAÇÃO DE SEQÜESTRO; CASO GILLESPIE: UM ALERTA SOMBRIO; MANDEM-NO DE VOLTA!; RAJÁ BAHRIN RECEBE AVISO DE EXTRADIÇÃO; AMIGOS PODEROSOS; POR QUE TIVE QUE ESCAPAR; MINHA VIDA COM UM PRÍNCIPE — MÃE DE CRIANÇAS SEQÜESTRADAS CONTA TUDO.

Fiz outra solicitação, desta vez por escrito, para uma entrevista particular com o senador Evans. Ele recusou, alegando que estava ocupado demais e que já sabia as questões que eu levaria até ele. Devia ser um vidente. Em minha opinião, acho que se recusou a me encontrar pessoalmente porque não queria se confrontar com a face humana da situação. Sua resposta, também por escrito, foi como jogar uma parede de tijolos diante do meu rosto. Ele escreveu: "Espero sinceramente que a senhora tenha sucesso em sua tentativa de acesso a seus filhos, e que os encontre bem e felizes." Era óbvio, por este último parágrafo, que eu estava por conta própria. O governo tentava lavar as mãos diante de todo o problema.

Fiz uma tentativa de voltar a trabalhar, compilando relatórios ambientais para o programa semanal. Eu tinha que voltar ao ar; apresentar o programa; era simplesmente uma questão de precisar do dinheiro. O seqüestro drenou nossas reservas financeiras. Eu estava muito apreensiva, pois não tinha como saber, por mais cuidadosos que os atendentes fossem com os ouvintes que ligavam, o que eles diriam para mim no ar. Eu temia que alguém mencionasse as crianças e me desse condolências, e eu começasse a chorar e não pudesse continuar. Muitos dos ouvintes regulares haviam escrito para mim e suas cartas de encorajamento muitas vezes chegavam quando eu estava fraquejando e precisando de estímulo.

Comecei a reconhecer que um estado geral de embotamento tomava conta de meu coração quando as coisas começavam a ficar muito frenéticas ou dolorosas para serem encaradas. Achei que poderia usar esse embotamento como uma máscara para atravessar os períodos difíceis, mas também percebi que, apesar de poder usá-la quando quisesse, ficava cada vez mais difícil tirá-la. Eu estava criando uma forma de enfrentar a situação mantendo-a a distância. Todos me parabenizavam pela maneira como estava administrando a situação; era muito importante lidar com aquilo e ser percebida fazendo isso — só que ninguém veio me dar medalhas. As pessoas acham muito mais confortável, e fácil de encarar, se tiverem a impressão de que você está lidando com a situação. Seres humanos felizes, com apenas as pequenas atribulações da vida para agitar as águas de suas existências ordenadas, tendem a se sentir culpados diante daqueles que sofreram tragédias. Faz com que se sintam menos carregados, acreditarem que, pelo fato de você estar lidando com a situação, está sentindo menos dor.

Finjo estar administrando as coisas, quando na verdade não estou. Todo meu ser dói de saudade das crianças; minhas noites são tomadas por suas vozes e seus rostos ocupam meus devaneios quando estou acordada. Sou uma mãe e, ao mesmo tempo, não sou. Estou vivendo e, ao mesmo tempo, não estou. "Quais são meus nomes", perguntei ao olhar meu reflexo no espelho. Eu ainda tenho o direito de ser chamada de "Jacqueline e mamãe"? Ou devo descartar o segundo?

Outubro de 1992

O enjôo finalmente parou.

As manchetes, no entanto, continuaram: PROFUNDA FALTA DE CORAÇÃO; SEM OS FILHOS; POLÍCIA PRONTA PARA PRENDER SEQÜESTRADOR; PLANO DE FUGA OUSADO; RELATÓRIO SOBRE SEQÜESTRO DETALHA PLANO DE FUGA ELABORADO; POLÍCIA NÃO CONSEGUE DETER PRÍNCIPE; LIVRANDO A CARA; SEQÜESTRO COM FUGA CORAJOSA.

Naquele mês, apareceram muitos detalhes significativos sobre como Iddin e Shah foram seqüestrados e quem mais estava envolvido. O relatório do Senado sobre o seqüestro foi apresentado no Parlamento, em meio a uma enorme controvérsia e expressões envergonhadas por parte da Polícia Federal australiana. O relatório, escrito por um experiente burocrata de Canberra, Graham Glenn, incluía provas que forneci a ele e revelações sobre o próprio plano para o seqüestro. O ministro da Justiça, senador Tate, ao qual a Polícia Federal era subordinada, criticou-os e disse compartilhar as "reservas" em relação ao fracasso da Polícia Federal em alertar a Guarda Costeira após o desaparecimento das crianças. O relatório Glenn revelou que Bahrin elaborou um complicado esquema para deixar um rastro falso. Ele tratou de deixar diversos itens pessoais e vários documentos no hotel Victoria para dar a impressão de que ele e as crianças estavam apenas temporariamente fora; reservou acomodações em um hotel no interior do estado e consultou diversas companhias de ônibus.

A verdadeira rota para sair da Austrália foi uma viagem de carro de 4.000km, iniciada no dia 10 de julho de Melbourne para Weipa, no alto da península de Cape York, no estado de Queensland. No dia 12 de julho, as crianças foram transportadas em veículos separados até Cairns e de lá foram transferidas para uma caminhonete, que pertencia a um dos cúmplices. Foram drogadas e isoladas no bagageiro aberto do veículo, escondidas sob uma lona em um calor de 30 graus. Entre Melbourne e Cairns, Bahrin foi auxiliado por três pessoas, que viajaram com ele: duas de Cingapura, um homem e uma mulher (que jamais foram identificados) e um imigrante escocês que morou por algum tempo no estado da Austrália Ocidental, chamado Bryan Walter Wickham, conhecido da polícia por suas ligações com a prostituição e lavagem de dinheiro. Uma vez em Weipa, eles tiveram que se esconder e aguardar os reparos que estavam sendo feitos na lancha com cabine que havia sido comprada no estado da Austrália Ocidental e transferida para um porto distante. O barco recebeu um tanque de combustível para maior autonomia, mas ainda apresentava problemas mecânicos. Eles deixaram Weipa no dia 14 ou 15 de julho e rumaram para a Indonésia, mas tiveram problemas com o motor e ficaram à deriva no canal do estreito de Torres por vários dias antes de entrar em contato com os militares indonésios para receber o auxílio pré-combinado.

O relatório Glenn nada mais era do que uma farsa glorificada, elaborado para livrar a cara do governo e permitir que engavetassem o assunto do seqüestro das crianças. A falta de ação do senador Gareth Evans demonstrou uma absoluta falta de fibra e, com o envolvimento da Indonésia tão escancaradamente claro, seu comportamento de avestruz foi deplorável.

✂

Outra rodada de solicitações para algum tipo de acesso a Iddin e Shah foi enviada aos advogados de Bahrin em Melbourne. Segui as instruções dele ao pé da letra e apenas encaminhei meus apelos por meio de seus advogados; ainda assim, não houve resposta.

Tive outra experiência estranha no supermercado, acompanhada de uma amiga, para me proteger. Para conseguir ver melhor, uma mulher abandonou seu carrinho de compras cheio e começou a me seguir pela loja. Ela não disse nada, mas seus olhos acompanhavam cada movimento que eu fazia.

Não se tratava mais de uma questão de ter alguém comigo apenas pelo apoio moral. Na semana anterior, eu fora atacada no estacionamento do shopping center. De repente, fui cercada por um grupo de cinco estudantes malaios, duas meninas com véus e três garotos. Eles me encurralaram contra meu carro e começaram a me empurrar. Quando tentei passar, insultaram-me, dizendo obscenidades em malaio. Foi assustador e revoltante, ao mesmo tempo. Finalmente me deixaram sozinha quando comecei a gritar por socorro. Depois disso, meus amigos me fizeram prometer que eu não sairia mais de casa desacompanhada.

Nossa casa em Victoria Road, a primeira que tivemos, foi a leilão no mercado. Problemas financeiros em conseqüência do seqüestro não nos deixavam a opção de ficar parados. Senti-me dilacerada sabendo que as crianças não poderiam voltar para a casa delas, para seus próprios quartos, e fui tomada por uma onda de pânico ao ver seus quartos sendo desmanchados e suas coisas colocadas em caixas de papelão. Era como se eu tivesse perdendo outra parte deles. Encontramos outra casa não muito distante, mas isso foi de pouco consolo. Eu não estava sendo racional, mas estava muito ansiosa e chateada por não ter sido possível manter nosso número de telefone quando nos mudamos; eu tinha uma esperança secreta de que, um dia, Iddin conseguisse ter acesso a um telefone e ligasse para casa.

341

ERA UMA VEZ UMA PRINCESA

A nova casa que alugamos tinha um enorme jardim e uma casinha de brincadeiras também; escolhemos pensando nas crianças, mas eu não deixava de sentir a perda por termos que sair de nossa casa.

Dezembro de 1992

A alegria e a expectativa pela chegada do Natal não existiram em nossa casa naquele ano. Sem Iddin e Shahirah, não tínhamos nada a celebrar, mas ainda estava decidida a montar a árvore de Natal e colocar os presentes sob ela. Bahrin já tinha me roubado cinco Natais e não faria isso novamente. As crianças ainda acreditavam em Papai Noel, assim mantive a tradição viva para eles. O Natal costumava ser uma época muito feliz para nossa família, mas agora eu ficava pensando como seria. Como as crianças reagiriam quando confrontadas com as visões do pai sobre o Natal: um costume infiel e pecaminoso e eu, uma mulher imoral e pecadora? Compramos presentes para Shah e Iddin, embrulhamos e os colocamos na árvore, e depois guardamos em um baú, para quando eles voltassem. Eu queria que eles soubessem que não importava se estivessem longe, seriam sempre lembrados pelas pessoas que os amavam.

Nunca soube que era possível sentir dor física pela perda dos filhos. Eu sentia muita saudade. Sentia falta de suas pernas finas em torno de minha cintura e seus braços em volta do meu pescoço. Sentia falta de seus carinhos e seus beijos. Sentia falta até mesmo de suas mãozinhas sujas. Mas, acima de tudo, sentia falta do cheiro deles. O cheiro desapareceu completamente de seus travesseiros e roupas depois que nos mudamos. É como se o tempo estivesse obliterando as lembranças de suas existências de nossas vidas.

Conseguimos sobreviver ao Natal tentando aparentar normalidade. A árvore foi decorada com os enfeites que as crianças fizeram ao longo dos anos e tirei uma foto com o retrato deles sob ela, junto com um cartaz mostrando o ano em que estávamos. Tyson e Skye tentaram preencher o vazio deixado por Iddin e Shah, mas nenhum de nós podia fingir que éramos uma família completa em torno da mesa de jantar. George e Amber juntaram-se a nós, como sempre, e dividiram o Natal com a gente, apesar das circunstâncias. Todos os nossos outros amigos encheram a casa na véspera de Natal, cercando-nos com seu amor e trazendo presentes para as crianças. Fui à igreja na manhã de Natal. A igreja de St. John fora o cenário de vários momentos familiares engraçados e felizes e isso,

342

junto com as canções natalinas, era muita coisa para agüentar. Quando a congregação ergueu-se para cantar *O Come All Ye Faithful* (*Venham todos os fiéis — Adeste Fideles*), ouvi a voz de Shah como ela soou no ano anterior, fazendo com que as pessoas rissem e se virassem para olhar em nossa direção. No ano passado, a interpretação de Shah foi "Venham todos me adorar", cantando a plenos pulmões.

Iain buscou minha avó na casa de repouso, para o almoço de Natal. Ela estava frágil, por isso ele a carregou para dentro da casa e a colocou junto à árvore. Ali ela recebeu as atenções, trocando presentes e bebericando seu xerez. Meu coração quase se partiu quando ela perguntou repetidamente por Iddin e Shah. Fui obrigada a mentir para ela, pois vovó não sabia sobre as crianças — eu temia que o choque pudesse ser muito forte.

Na noite de Natal, caí na cama, exausta, mas com muito medo dos pesadelos para deixar que o sono tomasse conta de mim. Fiquei deitada sem me mexer, imaginando a possibilidade de vários Natais no futuro sem as crianças. A pressão sobre meu casamento era enorme. Iain tinha que ser estóico. Ele era tratado apenas como um padrasto por algumas pessoas, mas sua vida havia sido destruída da mesma forma. Era ele quem era chamado de "papai". Lembro de um incidente com Iddin muitos meses antes. Sem dúvida foi provocado por alguma conversa que ele entreouviu por acaso. Eu tinha acabado de buscar as crianças na escola e estávamos no carro, indo para casa, quando, de repente, Iddin disse:

— Mamãe, eu sei a diferença entre um papai e um pai. Abah é meu pai e foi ele quem engravidou você de mim e Shah, mas o papai é quem se levanta no meio da noite quando estou com medo ou me sentindo mal e fica sentado ao meu lado até meia-noite e me ajuda com os deveres da escola. E me ensina a andar de bicicleta, me leva para passear e para pescar também.

Ele foi tão claro em sua opinião, compreendendo as definições e os limites entre as duas coisas — e foi tão firme que deixei a conversa morrer.

Janeiro de 1993

Vovó morreu. Não houve jeito de eu dar a notícia para Iddin e Shah. Implorei para os advogados de Bahrin, chegando até mesmo a ligar para o escritório dele, mas todos meus apelos encontraram ouvidos moucos. Encomendamos uma missa para ela na igreja de St. John. O altar foi coberto com as flores mais brilhantes e festivas que conseguimos comprar, todas nas cores favoritas dela, e, mais tarde, colocamos os arranjos no mar, no píer predileto dela, na praia de St. Kilda.

Acho que nunca me senti tão sozinha. Sem a vovó, eu era irrevogavelmente uma adulta. Não podia mais enterrar meu rosto em seu colo e agir como criança quando precisasse de conforto, ou esperar pelo toque de sua mão em meus cabelos. Se ela pudesse ler o que eu estava escrevendo, me faria um sermão sobre seguir em frente com a vida, respirando fundo e continuando. Seu lema era "Vivemos na esperança". Agora, é o meu.

Fevereiro de 1993

Passei duas semanas em Sydney, com nossos queridos amigos Marie e Michael. Foi bom estar em um ambiente diferente por um tempo e também aproveitei para tentar encontrar outra maneira de convencer o senador Evans a se encontrar comigo. Decidi falar com Gough Whitlam, ex-primeiro-ministro australiano, para pedir alguma indicação sobre que rumo poderia tomar. Entrei em contato com seu escritório e expliquei que estava buscando apenas orientação e não algum tipo de envolvimento político. Sua secretária foi bastante rude dizendo que eu estava perdendo meu tempo e que, sem nem mesmo falar com ele, sabia que ele não teria qualquer inclinação em falar comigo. Ainda assim, insisti para que ela, por gentileza, transmitisse meu pedido a ele. Dez minutos mais tarde, ela retornou a ligação e comunicou-me, com um tom de voz muito frio, que o senhor Whitlam considerou extremamente inadequado falar comigo, despediu-se e desligou. Lá se foi a teoria de vovó de que Whitlam era o defensor dos pequeninos.

Em seguida, tentei falar com Bob Hawke, outro primeiro-ministro recente. Procurei entrar em contato com ele em sua casa de temporada, e falei por alguns minutos com sua esposa, Hazel. Ela foi muito educada e compreensiva durante nossa primeira conversa, ainda que um pouco reticente sobre o tipo de conselho que seu marido estava em condições de me dar, mas me garantiu que falaria com o senhor Hawke e retornar a minha ligação. Cerca de um dia depois, ela ligou para mim na casa de Marie e sua atitude passara por uma mudança radical. Ela foi bastante ríspida, elogiando Gareth Evans. Depois de falar com seu marido, ela me relatou, ele pediu que me dissesse que eles conheciam o senador Evans há muitos e muitos anos, como um amigo querido e pessoal, e que eu precisava confiar em seu julgamento. "Se Gareth não deseja se encontrar com a senhora, deve ser por considerar que isso é o melhor." Afirmou que confiavam incondicionalmente em Gareth e que, talvez, ele tivesse uma razão muito boa para não querer se encontrar comigo, uma razão muito além da minha compreensão.

Por mais duro que seja admitir, comecei a passar por surtos incontroláveis e paralisantes de comportamentos estranhos. Era obrigada a morder minha língua sempre que via um pai ou uma mãe com raiva excessiva de uma criança; eu queria segurar seus braços e adverti-los de que nada na vida é certo e que a presença de uma criança em nossas vidas é frágil e indefinida. Eu tinha medo desses impulsos irracionais. Compreendia suas motivações psicológicas, mas não conseguia controlá-los. Ficava parada fixamente do lado de fora de uma loja de sapatos infantis, olhado com avidez para os pais e filhos comprando sapatos novos para a escola, desejando estar fazendo o mesmo com meus pequeninos. Fazia mais do que desejar. Fantasiava sobre as possíveis brincadeiras e conversas que teríamos enquanto escolhíamos.

Eram as questões mundanas e comuns da vida diária que me cortavam como uma faca. Eu combatia um sentimento que não era exatamente inveja, mas uma ânsia que me consumia, desejando estar no lugar de alguém por alguns segundos e cuidar de seu filho. Fui ao cinema com Marie, assistir a *Sintonia de amor*, e chorei nos momentos tristes, quando os personagens falavam da perda de uma mulher muito amada. Depois que o filme acabou, quando caminhávamos para o carro, vi um pai e um filho andando na nossa frente. Meu coração subiu para a garganta, minha respiração disparou e meu pulso começou a acelerar. Aumentei o passo e deixei Marie para trás, para poder olhar furtivamente para o menininho de um ângulo mais próximo. A semelhança com Iddin era apenas superficial, o formato da cabeça e a cor, mas foi suficiente para eu erguer a mão para tocar nele. Voltei logo a mim, arrastada de volta à realidade pela preocupação na voz de Marie quando ela me alcançou. Não falei com ninguém sobre o incidente e agradeci por Marie não ter percebido o que fiz. Estava mortificada e perdida ao mesmo tempo. Qual seria a ação irracional que meu subconsciente iria me provocar em seguida? Eu estava perdendo a razão?

345

Março de 1993

O aniversário de 10 anos de Iddin em fevereiro de 1993 passou sem qualquer sinal de que Bahrin estivesse relaxando. Enquanto isso, ele disse a todos que podia que eu não fizera qualquer tentativa para entrar em contato com as crianças desde o seqüestro. Ele não contou todas as noites em que me sentei junto ao telefone, ligando para a Malásia e implorando a quem me desse ouvidos que me deixassem falar com meus filhos. Sua oferta generosa para me deixar escrever uma carta para eles por meio de seus advogados tinha condições rígidas: eu deveria escrever uma carta sem emoções, não poderia pedir às crianças que voltassem para casa ou dizer que sentia muito a falta deles e que os amava. Assim, e somente assim, a carta seria levada em consideração e, se aprovada, seria entregue às crianças.

Todos os anos, no Natal e em seus aniversários, eu comprava uma roupa especial para Iddin e Shah, para vestirem na ocasião. Eu estava decidida a manter essa combinação e, dois dias antes do aniversário de Iddin, no dia 15 de fevereiro, saí determinada a encontrar o presente perfeito. Eu planejava guardar as roupas para quando ele voltasse para casa. Entrei em uma loja de uma grande rede e comecei a examinar as roupas mais coloridas e brilhantes, imaginando o que Iddin escolheria se estivesse em pé ao meu lado. Então, fui atingida de maneira fulminante, atravessada e quase derrubada diante da intensidade, por uma mistura de dor e ignorância absoluta que eu nunca experimentara antes: eu não sabia o tamanho que deveria comprar. Não tinha nenhuma idéia do tamanho que ele tinha agora, nenhuma idéia se Shahirah tinha engordado ou se estava muito mais alta do que sete meses atrás. Eu era sua mãe, mas totalmente ignorante a respeito deles. Eu, que observava cada mudança, cada onda de crescimento e cada marco em suas vidas desde que nasceram, não podia fazer uma compra comum de roupas para nenhum dos dois sem saber se caberia. Era algo que eu sempre fizera sem muita avaliação, um acontecimento cotidiano que, de repente, eu não podia mais fazer. A enormidade dessa revelação catártica fez com que eu perdesse o último vestígio de controle das minhas lágrimas e caí sobre meus joelhos, diante de uma prateleira de abrigos esportivos, e encolhi-me em seus cantos. Uma jovem mãe tropeçou sobre mim minutos depois, a preocupação refletida em seus olhos rapidamente substituída pelo reconhecimento e depois pela curiosidade.

— Senhora Gillespie, a senhora está bem? Posso ajudá-la?

— Eu não sei o tamanho de meus filhos. Eu queria comprar algumas roupas para o aniversário dele, mas não sei o seu tamanho — engoli, entre os soluços.

Ela me ajudou a ficar de pé, passou os braços ao meu redor e me segurou, enquanto eu recuperava o controle. Morrendo de vergonha, me recompus o mais rapidamente possível, agradeci e parti, mantendo a cabeça baixa para evitar os olhares inquiridores que me seguiram.

Intelectualmente, eu compreendia o que estava acontecendo comigo, por que estava agindo de maneira estranha, mas, emocionalmente, estava devastada pelas minhas reações diante da normalidade das vidas que prosseguiam ao meu redor. Amputar minhas emoções deve ser a única maneira de passar por isso. Eu não sei — não tenho ninguém a quem perguntar. Estou tentando sair dessa situação da melhor maneira que consigo. Se vou atravessar esse período com minha sanidade intacta é algo que não sei. Só sei que preciso estar aqui quando as crianças voltarem para casa e eles vão precisar de uma mãe que esteja mentalmente saudável, e não de alguém que esteja isolada em uma cela acolchoada.

As manchetes prosseguiam: MÃE ANGUSTIADA; FILHOS DE GILLESPIE APARECEM NA TV; DUPLA LAVAGEM CEREBRAL; ESPOSA DE PRÍNCIPE EXIGE EXTRADIÇÃO; PRÍNCIPE SEQÜESTRADOR NÃO TEM APOIO OFICIAL; PRÍNCIPE SEQÜESTRADOR PODE ENFRENTAR TRIBUNAL; BRECHA AUMENTA SOBRE PRÍNCIPE QUE LEVOU CRIANÇAS; ORDEM DE PRISÃO CONTRA PRÍNCIPE SEQÜESTRADOR; MINISTRO AGE DIANTE DE APELO DA MÃE; ORDEM DE EXTRADIÇÃO PARA PRÍNCIPE SEQÜESTRADOR.

No início de 1993, mais de 220 mil pessoas assinaram as petições que circulavam pela Austrália. Esse volume de apoio público provocou uma reviravolta no governo: finalmente anunciaram que iriam emitir um pedido de extradição para Bahrin da Malásia, para que ele respondesse às acusações criminais conforme a seção 70A da Lei de Famílias da Austrália. Desde que a data das eleições de março de 1993 foi anunciada, comecei a pressionar e alfinetar o governo trabalhista com mais intensidade. Presumi que os membros da oposição tinham juntado suas vozes à minha crítica da omissão do governo diante do seqüestro. Desafiei publicamente os líderes dos dois principais partidos políticos a mostrarem que tinham coração. Um velho ditado diz que o futuro de um país pertence a suas crianças, e eu concordo. O recurso natural mais precioso de um país são suas crianças e nenhuma nação pode achar que está em condições de se eximir em defesa dos direitos humanos, ou contra as atrocidades e fome no exterior, se não for madura e forte o suficiente para proteger seu próprio futuro — suas crianças.

✄

Na sexta-feira, dia 6 de março de 1993, sentei-me em um estúdio de televisão, com câmeras circulando para captar cada nuance de minhas expressões faciais, e assisti a meus filhos sendo exibidos diante da mídia, como em uma apresentação de circo. Vestidos com trajes malaios tradicionais, fizeram declarações em malaio, um idioma que nunca tinham falado antes do seqüestro. Iddin, com os braços cruzados sobre o peito e um olhar de profundo desprazer, declarou em malaio, de maneira artificial: "Eu não quero ser cristão." Shahirah foi então chamada pelo pai e disse, também em malaio, e sem qualquer fluência: "Eu quero ser muçulmana." Essa apresentação foi, obviamente, uma reação automática de Bahrin às notícias do iminente pedido de extradição. Como ele podia ser tão manipulador com seus próprios filhos? Depois de cada declaração que faziam, as crianças olhavam para ele em busca de aprovação, que ele dava com um leve aceno de cabeça. Eu me senti fisicamente doente. Comecei a chorar sem controle, enquanto o apresentador do programa tentava me confortar. Tudo o que eu queria era poder abraçar meus filhos e dizer que eles não precisavam se apresentar para as câmeras. Aquilo era demais. As crianças deveriam poder viver suas vidas da melhor maneira possível. Bahrin e eu poderíamos brigar à vontade: nós éramos adultos, e as crianças não eram armas.

O dr. John Hewson, então líder da oposição, ligou para mim no dia 8 de março, para declarar seu apoio à minha luta pelas crianças. Eu ainda não fora procurada pelo governo, e o senador Evans ainda se recusava a falar comigo.

Um artigo que apareceu em uma importante revista feminina me fez mal, devido à sua fonte. A filha de uma antiga amiga vendeu fotos pessoais minhas e de Iddin para a revista, junto com sua história. Considerando que ela tinha apenas 9 anos quando me conheceu e eu era uma mulher casada de 20, só posso achar que foi uma tentativa desesperada para obter seus 15 minutos de fama.

348

Abril de 1993

Concordei em dar uma entrevista para a televisão malaia, com a remota esperança de que isso pudesse instigar alguma forma de contato com as crianças caso eu conseguisse mostrar para o governo malaio que não dormia com o diabo o tempo todo. A entrevista foi feita em malaio, o que foi difícil para mim, pois estava sem prática. Trechos da entrevista acabaram sendo transmitidos, com partes editadas, minhas palavras tiradas de contexto e outras perguntas inseridas. Eu fora aconselhada a não confiar neles — e os que me disseram isso se mostraram certos. E ainda mais manchetes: FOTO QUE ESCANDALIZOU MÃE DE CRIANÇAS SEQÜESTRADAS; PRÍNCIPE MALAIO ENFRENTA EXTRADIÇÃO; HOMEM PRESO POR SEQÜESTRO; PRISÃO NO CASO DE SEQÜESTRO; ACUSAÇÃO MALAIA CONTRA GILLESPIE; GOVERNO EVITA CENSURA AO PRÍNCIPE; PRESSÃO SOBRE PRÍNCIPE SEQÜESTRADOR.

Em um acontecimento inesperado, um dos seqüestradores de Iddin e Shah, Bryan Walter Wickham, de 55 anos, o cúmplice pago de Bahrin, foi preso por agentes federais dos Estados Unidos, na Flórida, no dia 16 de abril. Minha primeira reação foi reconhecer a velha e boa competência dos norte-americanos. A informação inicial chegou em um telefonema tarde da noite, de Tim Pallesen, um redator do jornal *Palm Beach Post*.

A Interpol — e, ironicamente, a mídia — estava atrás de Wickham pelo mundo inteiro, desde as Filipinas (onde ele era suspeito de ligações com a prostituição infantil) à Escócia, onde Wickham vivia antes de emigrar para Perth. Ele deixou os filhos e a esposa, Sheila, na Austrália, sendo que ela provou ser mais do que capaz de se defender sozinha. Demonstrando sua habilidade de megera de língua afiada, Sheila atacou-me durante as entrevistas que concedeu e apoiou as ações de seu marido no seqüestro de meus filhos. Nem ela nem o marido jamais tinham se encontrado comigo, ou com Iddin e Shah, antes do seqüestro, mas ela justificava completamente a retirada ilegal das crianças do único lar e família seguros que conheciam. Acredito que o brilho de todo o dinheiro e das barras de ouro pagos a seu marido pela participação no crime afrouxou qualquer princípio moral — ainda que se possa perguntar se Bryan Wickham alguma vez se preocupou com qualquer questão moral.

Wickham estivera trabalhando em diversas obras de construção em West Palm Beach, na Flórida, desde dezembro de 1992. Pelo que pude entender, agentes federais da lei e do FBI conseguiram seguir seu rastro a partir de digitais e uma verificação casual do registro de um veículo que um policial atento identificou como estando relacionado a Wickham. Aparentemente, ele chegou a West Palm Beach em dezembro de 1992 e acomodou-se com conforto em um apartamento fornecido por Orville Rodberg, um empresário local, e seu filho, cuja ligação com Wickham jamais foi explicada. Instalações completas, com piscina e um ambiente saudável, Wickham dedicou-se ao estilo de vida ensolarado da Flórida, com grande facilidade e sem maiores complicações aparentes.

O procurador-assistente norte-americano Thomas O'Malley agilizou o processo; assim, sem muita demora depois de sua prisão, Wickham foi extraditado dos Estados Unidos, acusado de seqüestro e devolvido à Austrália para julgamento. Ele se declarou culpado pelo seqüestro de Iddin e Shahirah e foi condenado no dia 5 de maio de 1993 a 18 meses de prisão. Subseqüentemente, ele cumpriria apenas nove meses de sua condenação, com um período condicional de mais nove meses. A pena máxima para seu crime em geral é de três anos por ofensa criminal; assim, foi muito frustrante quando, por se declarar culpado, ele teve uma enorme redução da pena.

No tribunal, Wickham contou uma incrível história de fraude, engano e, finalmente, abandono por parte de Bahrin. Ele implicou o governo da Indonésia e seus militares no seqüestro e sustentou ter ajudado Bahrin movido pelo amor a seus próprios filhos. O homem é um criminoso condenado, com suspeitas de ligação com exploração de menores, prostituição, evasão fiscal, lavagem de dinheiro e formação de quadrilha — fico estarrecida de saber que esteve próximo de meus filhos. Ele destruiu a vida de Iddin e Shahirah e do resto de minha família. Não acho que sua sentença tenha sido suficientemente dura, mas não pretendo me aprofundar nessa questão. A mídia clamou por meus comentários sobre sua prisão e julgamento. Eu não tenho interesse em falar muito sobre isso. Apenas esperava que ele se enfiasse de volta na toca de onde saiu.

Maio de 1993

Todo o mês de maio foi um tormento, com uma batalha sem fim.

No dia 7 de maio, nossas esperanças subitamente aumentaram com notícias de que o primeiro-ministro da Malásia, Mahathir Mohamed, dissera, em uma entrevista coletiva, que se a Austrália fizesse os encaminhamentos pelos canais competentes e seguisse os procedimentos corretos, seu governo nada faria para bloquear um pedido de extradição para Bahrin.

O Dia das Mães caiu no domingo, 9 de maio, e Bahrin tinha um presente especial preparado para mim. Em uma entrevista repugnante, montada dentro de uma mesquita, Iddin recitou uma litania de alegações sobre sua vida na Austrália. Falando em malaio, Iddin disse ao repórter da televisão que eu batia nele repetidamente com uma vara e um cinto e os trancava no porão, em um quarto escondido por dias sem fim, sem comida. Meu pobre bebê também foi forçado a dizer que Iain também batia nele e o mantinha faminto. Eu chorava vendo o rosto de Iddin e sua linguagem corporal durante esse discurso ensaiado. A parte superior de seu corpo estava rígida, o único movimento vinha de seus dedos mexendo nervosamente com a manga. Seu rosto estava muito tenso e ele não tirava os olhos do chão. Era como assistir à filmagem de um refém, a vítima de alguma campanha terrorista, forçado a transmitir as idéias de seus captores para o mundo. O que Bahrin pretendia conseguir? Destruindo os últimos vestígios de inocência das crianças, ele tirava-lhes sua estabilidade emocional e sua infância.

Feliz Dia das Mães.

Na quinta-feira, 13 de maio, um novo ataque veio de um lugar diferente. O telefone tocou tarde da noite e um homem com sotaque americano pediu para falar comigo. Ele se identificou como editor de certa revista semanal, uma publicação associada a outra muito popular nos EUA.

— Senhora Gillespie, sei que a senhora não ama seus filhos, apenas quer a atenção da mídia.

— Como é?

— Minha repórter, Di Webster, acaba de entrevistar seus filhos para minha revista. Sua filha diz que odeia a senhora. Sabia que ela canta 'Odeio Jacqueline, odeio Jacqueline'? O que a senhora tem a dizer sobre isso?

— Como vocês ousam chegar perto de meus filhos? Eles sequer tiveram o acesso a qualquer apoio psicológico. Eu sequer pude falar com eles desde o seqüestro. Como vocês ousam sujeitar meus filhos a uma entrevista?

ERA UMA VEZ UMA PRINCESA

Ele tentou arrancar de mim uma resposta que pudesse imprimir, mas eu não tinha a menor intenção de dar a ele nada mais a não ser minha opinião a seu respeito. Eu estava furiosa e, quando bati o telefone, todo meu corpo tremia e senti aquela familiar sensação de náusea voltando. Era escandaloso que as crianças fossem sondadas e questionadas por uma pessoa estranha e despreparada, cujo único interesse por eles era uma história com apelo para o público. Foi então que decidi tentar algum tipo de ação na Vara de Família para proteger Iddin e Shah da exploração da mídia.

No dia seguinte, encontramos Lillian e John para avaliar nossas opções. John advertiu-me que, se eu pretendia solicitar a proibição para a publicação de quaisquer entrevistas com Iddin e Shah, eu me arriscava a ser condenada pela imprensa australiana. Respondi-lhe que não me importava, que eu falara com um psicólogo e ele concordou que era emocionalmente nocivo para as crianças serem questionadas e sondadas pela mídia, tendo de escolher entre os pais. Expliquei aos advogados que tinha muito pouco o que fazer pelos meus filhos como mãe, mas a única coisa que podia tentar conseguir era protegê-los da mídia e sua busca perversa pelo eterno ponto de vista inédito para uma longa história. Se as crianças ainda estivessem na Austrália, nenhum jornalista ético sequer tentaria entrevistá-los, pois isso era uma proibição automática da lei. Também sabíamos que Bahrin estava cobrando um mínimo de 8 mil libras esterlinas por entrevista. Eu não permitiria que meus filhos fossem vendidos pela oferta mais alta e depois tivessem de se apresentar ao público.

Meu pedido para proibir a publicação de quaisquer entrevistas ou comentários supostamente feitos pelas crianças foi concedido pelo juiz Frederico, na sexta-feira, dia 14 de maio. Por ora, eles estavam seguros. O estímulo para que os jornalistas bisbilhotassem a mente de meus filhos foi removido. Era inútil entrevistá-los, pois os resultados não poderiam ser publicados. Uma notificação da proibição foi enviada por fax a todos os jornais da Austrália.

Iain e eu fomos para Sydney naquela noite, para participar de reuniões de negócios e organizar nossos compromissos profissionais. No entanto, a caminho do aeroporto, fui contatada pelo telefone do carro pelo produtor de um programa de atualidades, cujo apresentador eu considerava um amigo. O produtor pediu que eu explicasse a motivação por trás da nova ordem judicial e fez todo o possível para me convencer a dar uma entrevista exclusiva sobre a proibição. Expliquei que seria impossível, pois tínhamos que ir para Sydney. Em troca, ele nos ofereceu uma noite em um hotel cinco estrelas, um helicóptero para ir para o aeroporto e passagens de primeira classe para Sydney caso fôssemos ao programa naquela noite e adiássemos nosso vôo para o dia seguinte. Eu recusei. Passáramos o dia todo no tribunal e estávamos exaustos. Antes de desligar, o produtor casualmente disse:

— Você sabe que será acusada de manipulação da mídia por alguns veículos, não sabe? Isso pode tornar-se um caos.

— Estou preparada para isso, mas as crianças estão em primeiro lugar — respondi.

Ao chegarmos a Sydney naquela noite, fomos recebidos pelas notícias, direto dos bastidores da imprensa, que naquela mesma noite uma equipe de televisão tinha chegado de Terengganu depois de ter filmado uma entrevista com Iddin e Shahirah. A entrevista seria transmitida naquele fim de semana. Fomos informados de que Bahrin conseguiu, de novo, cobrar 8 mil libras da rede de televisão pela entrevista.

A entrevista foi transmitida, mas sem os comentários das crianças, e a revista chegou às bancas com trechos cobertos de preto. Na segunda-feira, conforme previsto, eu estava sendo acusada de manipulação da mídia, de ter algo a esconder, de estar com medo do que as crianças fossem revelar sobre minha crueldade e, pior, de não amar meus filhos — algumas pessoas chegaram a dizer que eu estava feliz por eles terem sido seqüestrados e que minha carreira deslanchou como resultado. Talvez fosse por isso que estávamos à beira da ruína financeira e que nosso programa de rádio fora cancelado.

Mas a noite de segunda-feira ainda guardava mais uma surpresa. Fui publicamente caluniada e destruída em cadeia nacional por um homem que eu admirava e considerava um amigo. Fui acusada de explorar o público australiano, rotulada de mestre da manipulação da imprensa e acusada de diversos outros pecados. Tudo isso por ter recusado uma entrevista exclusiva para seu programa. Enquanto estava diante da televisão, ouvindo sua diatribe, senti meu estômago se contrair e meu corpo começou a se aquecer e esfriar. Eu não podia acreditar em sua traição. O homem pelo menos podia ter ligado para mim e pedido para que eu explicasse minhas ações antes de me atacar no ar.

353

Eu estava tão enfraquecida que esse ataque me atingiu com mais força do que qualquer outro castigo recebido naquele dia. Eu era a mãe — o que eles esperavam que eu fizesse? Permitir que mastigassem meus filhos e os cuspissem nas manchetes do dia? Fiquei sentada balançando-me para a frente e para trás e chorando no sofá de Marie até ficar histérica. Permiti que o ataque daquele homem me deixasse muito próxima ao suicídio naquela noite. Parecia que nada mais de positivo existia em minha vida. Vi a futilidade de tentar explicar minhas ações e a maneira como minha reputação como jornalista havia sido feita em pedaços. Apenas a enorme compreensão e paciência daqueles ao meu redor, naquela noite, afastaram-me da beira do abismo.

Logo depois desse episódio, segui uma garotinha pela rua enquanto ela caminhava alegremente ao lado de sua mãe. Eu queria apenas recapturar algo da exuberância de Shahirah e guardar em minha memória como uma pedra preciosa. A menininha falava e saltitava como Shah fizera ao meu lado, centenas de vezes, e o movimento de sua cabeça parecia como Shah sempre que mexia sua cabeça para o lado quando fazia uma pergunta importante. Obriguei-me a interromper minha perseguição algumas centenas de metros depois, mortificada por não ter sido capaz de controlar minha reação hipnótica.

Junho de 1993
Finalmente, aconteceu. O material para o pedido de extradição de Bahrin começou a ser preparado. Fui chamada para fornecer provas ao magistrado encarregado do assunto e fazer um extenso depoimento. No total, 86 testemunhas foram interrogadas e suas declarações incluídas na ação do Commonwealth da Austrália contra Bahrin. Por fim reconheciam que os direitos de Iddin e Shah haviam sido violados. De uma estranha maneira, essa ação era quase mais significativa moralmente do que qualquer resultado que pudesse vir a ter.

Quarenta e cinco

Novembro de 1993

Por mais que eu resistisse, alguns fios de vida começaram a se entrelaçar em uma fina corda, estendendo-se por uma distância muito maior do que meus olhos podiam ver, levando-me por um caminho que quase não tinha significado sem as crianças. Não foi por nenhum plano deliberado, mas pela necessidade de manter comida na mesa e um teto sobre nossas cabeças que também voltei a trabalhar. Recomecei como produtora associada de um documentário avaliando a ética e a responsabilidade na mídia, para o qual Iain foi contratado por uma rede de televisão.

Achei a interação com pessoas de fora, que um documentário dessa natureza exige, dolorosa demais, e evitei a maioria das filmagens externas e entrevistas cara a cara como se fossem uma praga, mantendo o menor contato possível com estranhos. Inevitavelmente, no entanto, durante as pesquisas, eram feitas perguntas sobre a situação de minha família e eu me esforçava para manter a polidez e a compostura, dando respostas reservadas. Tínhamos que pagar as contas (é uma experiência extremamente onerosa ter os filhos seqüestrados) e decidimos ser fundamental que Skye continuasse em sua escola particular, para sua própria segurança e pela continuidade. Sua vida já sofrera turbulências o bastante como resultado do seqüestro do irmão e da irmã: atenção da mídia, uma família navegando em um barco prestes a afundar, e, em certa ocasião, a perseguição por um psicopata querendo seqüestrá-la, em um ritual obsceno de imitação. Ela precisava de um ambiente seguro para suportar a tormenta dos anos de adolescência e da solidariedade dos colegas de classe conhecidos.

ERA UMA VEZ UMA PRINCESA

Não tivemos qualquer renda por mais de 12 meses, desde o seqüestro de Iddin e Shahirah, pois cada minuto foi dedicado a lutar e a fazer lobbies para eles — escrevendo cartas, dando telefonemas e lendo livros de direito e históricos de casos. Fizemos o saque do fundo de aposentadoria, abrimos mão de várias coisas e vendemos o velho Jaguar para conseguir fechar o mês. Tudo isso foi, em especial, difícil para Iain, que se viu na situação de me oferecer um escudo de proteção contra o mundo e, ao mesmo tempo, abriu mão cada vez mais de sua individualidade, enquanto sua carreira espatifava-se. Para nós dois, mas principalmente para Iain, reconstruir uma carreira depois de um ano de ausência, mas de aparições não planejadas diante das câmeras ao invés de atrás delas, era algo que nunca havia entrado na equação de nosso casamento e nem nos planos para o futuro que tínhamos traçado poucos anos antes.

Voltar para minha antiga rede de televisão como âncora do noticiário era um processo experimental aos extremos, realizado após várias horas de ensaios no estúdio, sob o olhar atento e compreensivo do diretor de notícias, Neil Miller, e uma equipe de filmagem solidária. Receber a maquiagem e ter o cabelo preparado da maneira certa parecia uma incongruência ridícula, pois eu sabia que o mundo real estava do lado de fora das paredes do estúdio e que minha própria carne e sangue estavam em algum lugar muito distante. Era difícil ter empatia com os colegas da televisão, para quem nada mais importava a não ser a lapela de um casaco na posição correta, os últimos pontos da audiência ou o novo penteado que estavam pensando em fazer.

Em meio a essa confusão de produzir o filme e trabalhar na televisão, o registro do pedido de extradição para Bahrin, para ser submetido a julgamento na Austrália por crimes cometidos segundo a seção 70A da Lei de Família da Austrália foi rejeitado pelo governo da Malásia. O primeiro-ministro Mahathir ou qualquer outra pessoa de seu governo não deu explicações. No entanto, ficou dolorosamente claro para qualquer analista político inteligente do Sudeste Asiático que a Austrália deixou o tempo passar demais até encaminhar o pedido de extradição. Isso foi o contrário das dicas claras que o primeiro-ministro malaio deu antes, declarações do tipo: "Se a Austrália encaminhar os documentos certos e seguir os procedimentos corretos, não há motivos para que a extradição não vá adiante." Mais ou menos na mesma época, outro príncipe acertou um jogador de

356

golfe mais habilidoso com o taco, deixando-o inconsciente no meio do campo. Mahathir parecia disposto a encontrar uma maneira de disciplinar os voluntariosos membros da nobreza — Bahrin não estava na linha direta de sucessão, assim, era um candidato válido para a lição que Mahathir estava disposto a dar —, mas o tempo estava contra nós.

Durante aqueles meses, Bahrin cultivou com assiduidade uma *persona* pública de muçulmano devoto, barbado e vestindo-se como um religioso. Já não se viam mais os ternos cuidadosamente cortados, vindos da Itália e da Inglaterra, as camisas Paul Smith, sapatos italianos e carros de luxo; em seu lugar, uma ostensiva pistola e um nariz torcido para todos os infiéis e ocidentais. Ele despejou seu dinheiro na construção de mesquitas, que também exibiam suas habilidades arquitetônicas, e usava nossos filhos como as fundações para a construção de um florescente perfil político e público. Esta foi a estratégia empregada por Bahrin e acabou tornando-se politicamente arriscado demais para Mahathir devolver meu ex-marido para o julgamento na Austrália. Bahrin lançara sua rede em direção a uma tentativa eleitoral, nas águas do fundamentalismo religioso, com a eficiência de um navio-pesqueiro profissional; puxar sua rede e desestabilizar o vagamente secular governo malaio islâmico era uma questão simples, se ele resolvesse fazer isso.

Mais tarde, naquele mês, o ministro das Relações Exteriores enviou-me uma notícia de jornal informando que Shahirah fora hospitalizada, com queimaduras do lado esquerdo do corpo, cobrindo uma área significativa do pescoço à cintura. Seus ferimentos foram causados por uma chaleira cheia de água fervendo, derramada sobre seu corpo nu por uma empregada, durante o banho. Aparentemente, as crianças foram levadas para Kuala Lumpur, para uma casa de Bahrin no subúrbio de Petaling Jaya. Não ficou claro se foram acompanhados pelo pai ou por Elmi. Talvez fossem apenas supervisionados pelos empregados — jamais saberei a verdade. O que sei é que Bahrin, em sua usual e narcísica autocomiseração, não colocou um aquecedor no banheiro em que Shahirah tomava banho, o que levou às queimaduras. Um pânico tão intenso tomou conta de mim que eu mal conseguia respirar. Minha criança estava ferida e presa em um país em que o inglês era a segunda língua. Eu a imaginava chorando e chamando sua mãe, aterrorizada pelos exames médicos e sozinha em um quarto de hospital, sem eu estar perto para abraçá-la e confortá-la. Acima de tudo, quisera eu ter sido escaldada e sentir a dor, não minha filha de 8 anos.

Por meio de subterfúgios e insistência, consegui descobrir em que hospital e divisão Shahirah estava internada. Horas passadas no telefone, implorando a diversas enfermeiras e médicos mostraram-se inúteis. Não fez diferença em que turno médico eu ligava, ninguém estava disposto a contrariar a determinação real para que eu não tivesse qualquer contato com Shah ou informações sobre seu estado de saúde. Por dois dias e meio, disquei para o hospital de duas em duas horas, desesperadamente esperando que ao menos um dos membros da equipe tivesse um mínimo de decência humana e coragem para transmitir um recado para uma menininha que sua mãe tinha telefonado, que estava preocupada com ela e a amava muito. Não só fui impedida de ter acesso a Shah, mas também aos seus registros médicos. Nenhuma pessoa com quem falei tinha autonomia. Representantes da embaixada australiana também não conseguiram obter informações sobre seus ferimentos.

Devido à intensidade da cobertura internacional da mídia, Bahrin decidiu ele mesmo tirar Shahirah do hospital apenas poucos dias depois e a levou, em uma viagem de carro de nove horas, de volta para Terengganu. Ele fez um comentário casual, em resposta a um jornalista que reproduziu minha preocupação pela nossa filha e a possibilidade de ficarem cicatrizes:

— Bem, pelo menos ela é uma garota muçulmana e estará sempre coberta.

Naquele momento, fiquei tão dominada pela mais absoluta raiva que poderia, com alegria, ter esfolado Bahrin vivo por sua crueldade contra Shahirah.

Com a publicidade e o interesse da mídia gerados por esse incidente, e diante das evidências de que isso se tornaria um padrão, decidi que não podia ler as notícias e ser a notícia ao mesmo tempo, e me despedi da rede Ten para sempre.

Janeiro de 1994

Bryan Walter Wickham foi libertado da prisão no início de janeiro de 1994, depois de cumprir apenas nove meses de sua sentença. Sob custódia por nove meses, e proibido de deixar o país até o final deste período, ele imediatamente começou a promover sua história para a mídia e para editoras de toda a Austrália. Disseram-me que ele se considerava muito esperto por ter se declarado culpado no julgamento por seqüestro, pois isso tornou desnecessária uma investigação mais profunda pela acusação. Isso, conforme foi dito por uma mulher agindo em seu nome, significava que ele havia, calculadamente, escondido provas vitais e os verdadeiros detalhes sobre o seqüestro que o permitiriam escrever um livro após sair da prisão. Wickham parecia considerar-se muito inteligente por ter planejado esse ardil para obter vantagens financeiras no futuro. Durante uma entrevista na televisão após sua libertação, ele declarou não sentir remorso por suas ações e disse que faria tudo de novo.

Agosto de 1994

É estranho como algumas vezes as coisas parecem convergir com a claridade do cristal e sem aviso, mas com uma sincronicidade que pode parecer misteriosa. Pouco tempo depois da libertação de Wickham, fui procurada por James Fraser, da editora Macmillan, da Austrália, sugerindo que eu escrevesse este livro. Ruminar por horas sobre sua proposta levou-me por caminhos que eu não percorria desde que era criança. Deixei de escrever há muito anos, quando o namorado de minha mãe começou a abusar sexualmente de mim; era como se todas as palavras reveladoras de meu vocabulário fossem minha perdição se eu continuasse a colocá-las em versos, como vinha fazendo com alegria e regularidade até então. Não havia a menor possibilidade de eu me aprofundar sobre a invasão do meu corpo, permitindo que isso ganhasse forma por escrito, e sobreviver mentalmente ao mesmo tempo. Para isso, teria de reviver todos os detalhes que era melhor deixar adormecidos.

Quase 18 anos desde o dia em que, aos 10 anos, guardei minha caneta, a perspectiva de escrever sobre minha vida na Malásia e do seqüestro de Iddin e Shah fez com que eu me desse conta que, se fosse contar minha vida em prosa coerente, teria que fazer isso com uma introspecção clara e bem definida — pelo bem de meus filhos, assim como pelo meu. Decidi escrever minha autobiografia com essa idade ridícula para que Iddin e Shahirah possam ler um dia. Sei como a vida é imprevisível e inconstante e eu desejava que as experiências do meu caminho, as partes desiguais e multifacetadas que constituem a integridade de uma pessoa — a mãe deles — estivessem disponíveis para os dois, seja como for.

ERA UMA VEZ UMA PRINCESA

Até aquele momento, eu tinha estabelecido tarefas para mim: respirar, dormir, tomar banho, lutar pelas crianças, cozinhar, discutir com políticos, dar entrevistas para a mídia. Agora, me dei conta de duas coisas de uma vez: como me habituei a categorizar minha vida em "antes" e "depois", referindo-me ao seqüestro como determinante da linha do tempo de minha vida, e como recriei os quartos de Iddin e Shahirah na casa nova como se eles fossem entrar pela porta a qualquer momento para retomar a residência. Anos depois, as pequenas coisas, brinquedos, livros e bonés de beisebol começavam a juntar poeira e a assumir o aspecto de um relicário, não de uma moradia.

A dor me cercava como uma nuvem sombria. Cobria tantas camadas e, tanto tempo depois, eu ainda me sentia tão culpada por ela que fazia o máximo para que meus amigos percebessem sinais da minha depressão apenas em doses cuidadosamente medidas. Suas vidas seguiram em frente, assim como as estações; bebês nasceram, pessoas viajaram e novos relacionamentos aconteceram. Eu realmente sentia não ser justo permitir que percebessem que eu vivia quase em um estado de luto contínuo e arrastá-los junto.

Já era hora. Hora de aceitar uma mudança na minha percepção dos tamanhos de Iddin e Shah, do que gostavam e do que não gostavam. Hora de arrumar as coisas, dar algumas e guardar em caixas as que eles mais gostavam, aquelas que contavam uma história e guardavam memórias mais profundas — camisetas preferidas, vestidos, meias, brinquedinhos e livros. Enquanto fazia isso, as lágrimas corriam livremente pelo meu rosto, provocadas pelos sinais concretos, que eu segurava em minhas mãos, de quem eram meus filhos. E também estava na hora de falar com um profissional independente, alguém que pudesse me ajudar a compreender o que as crianças enfrentaram emocionalmente como resultado do seqüestro e a acompanhar o amadurecimento delas dentro de minha mente. A liberdade de expressar minhas emoções sem reservas foi um enorme alívio, que guardei para meus encontros com um psicoterapeuta altamente habilidoso e sensível, especializado em clínica infantil e apoio ao luto. Por fim livre das suscetibilidades e delicadezas sociais que davam o tom de todas as minhas conversas desde o seqüestro das crianças, afinal eu tinha a oportunidade de dissecar os tormentos surgidos durante o sono e enfrentar as leviandades que as pessoas sentiam-se compelidas a me dizer, sem sentir medo ou me ofender. Essa foi uma fundação importante demais, pois a próxima fase da vida em que eu estava prestes a entrar certamente exigiria autoconhecimento, equilíbrio e uma válvula de segurança.

Decidir embarcar em um projeto de filmagem de quatro semanas e meia, por 23 cidades, oito países e três continentes, com um orçamento tão apertado que mais parecia o espartilho de uma cantora de ópera, provavelmente não foi uma das minhas decisões mais racionais, mas pareceu a coisa lógica a ser feita naquele momento. Depois de realizar pesquisas intensas sobre o crime de seqüestro internacional de crianças por um dos pais, o chamado seqüestro parental, entrei em contato com diversos pais ao redor do mundo, cujos filhos haviam sido seqüestrados. Gradualmente, a idéia de um documentário para a televisão começou a ganhar forma em algum lugar no fundo de minha mente. O título do filme veio facilmente: *Empty Arms — Broken Hearts*, ou *Braços vazios — Corações partidos.*

Comecei a seguir nessa direção em parte devido ao isolamento que sentia. Eu estava decidida a usar minhas habilidades de pesquisa para obter o máximo de informações e conhecimento sucinto sobre respostas governamentais internacionalmente, como possível munição para minha luta por Iddin e Shahirah. A cada novo contato que fazia ou a cada nova história legal em que me aprofundava, mais claro ficava que eu não estava sozinha como alguém cujos filhos tinham sido seqüestrados. Em vez de os casos de seqüestros dos filhos por um dos pais serem meros incidentes isolados em um punhado de casamentos e parcerias abaladas, as estatísticas internacionais eram ameaçadoramente robustas e cresciam rapidamente. Estimativas conservadoras mostram que bem mais de 30 mil crianças seqüestradas apenas em nações ocidentais estão espalhadas e escondidas em diferentes partes do mundo. Essas crianças estão atualmente perdidas em algum lugar do limbo diplomático e aprisionadas por um vazio legal, vítimas deste crime de vingança. Todas foram levadas para um país estranho por um dos pais que não detinha a custódia e, na maioria das vezes, tiveram cortados todos os contatos com aqueles que um dia conheceram e amaram.

Poucos países mantêm bancos de dados centralizados para o controle dos números de crianças seqüestradas e levadas para o exterior, mas, segundo a Reunite, uma organização britânica responsável pelo auxílio a vítimas de seqüestro de seus filhos, e o Lord Chancellor's Department, órgão ligado ao presidente da Câmara dos Lordes, o Reino Unido perde aproximadamente 1.400 crianças por ano. Isso é o equivalente a quarenta jardins de infância sendo removidos da Grã-Bretanha. Na França, as estimativas colocam o número na faixa de mil "dossiês", um termo usado para identificar os nomes individuais das famílias, e ocultam a probabilidade de diversos irmãos terem sido seqüestrados em um ano determinado. A Austrália não mantém registros abrangentes, mas as estimativas oficiais estão na faixa de oitenta a cem casos por ano. Os Estados Unidos estão disparados na frente em termos de números absolutos, com gigantescos 367 mil "seqüestros familiares" a cada 12 meses. O termo refere-se à remoção de um ou mais filhos por um membro da família para fora das fronteiras municipais, estaduais ou nacionais, sem a permissão do pai ou mãe com quem as crianças moram normalmente e sem a devolução voluntária. Mais de oitocentas crianças americanas foram levadas para o estrangeiro por um período um pouco maior do que um ano civil e seus casos foram submetidos à Convenção de Haia para Seqüestros.

A Convenção de Haia para os Aspectos Civis do Seqüestro de Crianças é um tratado internacional concebido em meado dos anos 1980 para combater a escala crescente de incidências de seqüestros parentais. Em termos simples, uma criança tirada de um país signatário da Convenção de Haia para outro país signatário precisa ser automaticamente devolvida a seu país original de residência. Funciona como um acordo de extradição e não se destina a ser usado como forma de estabelecer direitos de custódia ou outros aspectos. Gradualmente, a Convenção de Haia começou a ser adotada e ratificada por um número crescente de nações (na época em que escrevi isso, 55 países eram participantes). Infelizmente, a maioria das nações do Oriente Médio, da África e da América do Sul recusaram-se a assinar o tratado, o que significa que as crianças seqüestradas nesses lugares não contam com uma rede de proteção legal em sua defesa ou para ajudá-los em sua repatriação para sua terra de origem. Um número expressivo de ex-colônias européias e protetorados recusa-se automaticamente a devolver uma criança se o seqüestrador é nativo de lá — uma forma estranha do que eu agora chamo de "reação pós-colonial". E uma parte significativa de países da União Européia, mesmo sendo signatários da Convenção de Haia, não devolve as crianças. Nesses

362

casos, parece haver uma confusão interna sobre os direitos de soberania contra a precedência de tratados internacionais e autodeterminação, que compromete a implementação adequada da Convenção. Algumas vezes, é uma estranha forma de nacionalismo tingido de racismo ou sexismo, que interfere no futuro de uma criança.

Assim, fiquei muito bem informada em benefício proprio, tendo entrado em contato com as Nações Unidas, com o Departamento de Estado dos EUA, com o British Lord Chancellor's Departament e outras agências afins, além de aprender sobre as estatísticas extremamente deprimentes e sobre a burocracia em torno dos seqüestros familiares. Tudo isso pesou sobre mim, histórias trágicas de crianças que tiveram negado o mais básico dos direitos humanos — conhecer o pai e a mãe. Havia também relatos de uma grande quantidade de pais e mãe chorosos, contando suas histórias em longos telefonemas de todos os lugares do mundo. Também descobri outro termo para descrever a mim mesma — agora pertencia, oficialmente, ao grupo de mães ou pais "deixados para trás".

Ao longo do tempo, desde que meus filhos foram seqüestrados, fui acusada de usar a mídia em causa própria, mas não peço desculpas por isso. Será que um médico ficaria sem fazer nada diante de um acidente em que um filho seu estivesse ferido, sem prestar os primeiros socorros, esperando inutilmente pela chegada de uma ambulância? Usei as únicas habilidades que eu tinha para ajudar meus filhos e agora chegara a hora de dar voz a outras crianças e seus pais também, usando os mesmos recursos. Eu desejava criar um documentário coeso sobre o que é o seqüestro de uma criança e como o assunto é tratado ao redor do mundo. Desejava mostrar as ramificações sociais, emocionais e políticas de tais ações e tentar educar os pais a não usar seus filhos como bastões com os quais acertar as cabeças uns dos outros. Essa era a idéia do filme.

Para que *Empty Arms — Broken Hearts* fosse um documentário abrangente, que não fosse (eu esperava) paroquial, adotamos uma programação de filmagens em locais para os quais era preciso mais pessoas, mais três semanas, suprimentos de energia e recursos para abrir algumas portas. Felizmente, a equipe de filmagem era toda de amigos pessoais, pois o itinerário traçado e reservado por mim significava que nós quatro viveríamos em grande proximidade por mais de um mês com apenas dois dias de descanso — se tivéssemos sorte. Como éramos amigos, também os convencera a aceitar, além de dividir os quartos, viajar em classe econômica em todos os vôos — uma enorme concessão se pensarmos que dois deles tinham mais de 1,80m. Tenho certeza de que eles tinham algumas resistências, no entanto não transpareceram nada ao entrarmos no aeroporto de Melbourne e nos despedirmos de nossas famílias em meio a uma montanha de bagagem, no total de 18 volumes identificados — isso com a câmera, luzes e equipamentos de som reduzidos ao mínimo.

Quando chegamos ao final das filmagens, tínhamos viajado para 26 locações e ficado amarrados dentro de todos os tipos de avião, em 42 decolagens e aterrissagens, alugado sete carros, uma limusine dilapidada com portas destacáveis, escapado vivos de um velho Mercedes-Benz com um motorista excêntrico no Marrocos, viajado em inúmeros táxis em várias cidades, de Nova York a Londres, e disparado em um trem-bala francês — e não perdemos um só item de bagagem. Na verdade, as bolsas e malas estavam em melhores condições que a equipe no final das filmagens, e me tornei uma especialista de nível internacional em não pagar taxas por excesso de bagagem. Movidos pela mais absoluta necessidade, desenvolvi um plano esperto e sexista para evitar custos extras que enviam acordar às 3h30 para um vôo às 6 horas, aplicar uma maquiagem completa, esconder o resto da equipe e Iain no aeroporto com a maior parte da bagagem atrás de uma coluna ou de um grande vaso de plantas e dando piscadelas para um funcionário inocente da companhia aérea. Depois de assegurar uma garantia verbal de ignorar todas as cobranças por excesso de bagagem, eu então apresentava toda a montanha de malas e a equipe para o *check in*.

Tínhamos decidido apresentar uma série de casos de seqüestros de todo o mundo, incluindo Nova York, Israel, França, Argélia, Bélgica, Marrocos, Sydney, África do Sul, Mônaco, Inglaterra e Egito, complementando a visão geral com detalhes sobre os trabalhos internos do Comitê das Nações Unidas para o Direito das Crianças em Genebra, um olhar reprovador para um grupo de mercenários que se aproveitavam de pais desesperados, um exame das políticas e da diplomacia do Departamento de Estado dos EUA e uma entrevista profunda com o meritíssimo juiz sir Stephen Brown, presidente da Vara de Família do Tribunal Superior Britânico e um dos poucos magistrados na vanguarda das mudanças legais e das questões ligadas ao seqüestro de crianças. Tudo isso seria justaposto diante de um conjunto de entrevistas com crianças que tinham sido, elas mesmas, seqüestradas e, posteriormente, devolvidas, e algumas histórias de pais e mães deixados para trás. Uma idéia equivocada vinha circulando havia muito tempo — que apenas os pais, e nunca as mães, seqüestravam os filhos. Os seqüestros nada têm a ver com o sexo; na maioria das vezes é uma questão de poder e vingança.

E assim começou minha odisséia. De muitas maneiras, era um confronto auto-inflingido com meus maiores medos e pesadelos. Eu voltaria a entrar em um estado islâmico, cheia de temores, e caminharia pelas ruas de Londres, em um lindo dia de primavera, ao lado de um garotinho que tinha sido quatro vezes seqüestrado pelo pai, em uma campanha de terror e controle. Mas, acima de tudo, continuaria a ver meu próprio rosto na face daqueles pais e mães — um espelho diante do qual, em meus piores momentos, eu desejava que meus olhos estivessem cegos.

Seguimos o rastro de uma cúmplice contratada, que participou do seqüestro de um menino de 3 anos pelo pai, da Austrália para a África do Sul, até finalmente encontrá-la em uma butique de roupas masculinas em Monte Carlo, onde tentei entrevistá-la sobre seu envolvimento com o crime. Isso até ela meter as unhas em meu seio através da minha blusa de cambraia, com um golpe sobre meu peito, e fugir de nossa câmera sob a proteção de um empresário sul-africano robusto e bastante mau-caráter. Eu estava muito orgulhosa de tê-la cercado, pois as autoridades policiais e a Interpol não tinham sido capazes de localizá-la, mesmo com ela trabalhando em um bar conhecido de Mônaco, o *Star and Stripes*, há vários meses. Logo depois, devido a esse rápido momento de investigação amadora, acabei trancada em uma sala de interrogatório da polícia por cinco horas, na *Gendarmerie* de Mônaco. Os *gendarmes* haviam se incomodado por termos feito tomadas do exterior de seu prédio enquanto tentávamos entregar, em nome da Interpol da Austrália, um mandado de prisão contra a cúmplice. Foram necessárias várias horas e meio vidro de perfume Dior espalhado generosamente pela sala para que eu e Nick, meu intérprete, saíssemos da custódia e mostrássemos para a polícia que estávamos todos do mesmo lado. Não era exatamente assim que eu tinha imaginado minha primeira viagem ao *glamour* de Mônaco.

(Três anos mais tarde, depois de muito *lobby* sobre o governo da África do Sul, durante duas das minhas viagens a esse país, e com a ajuda do embaixador da Austrália, tive o privilégio de estar presente quando o menino em questão foi devolvido para sua mãe e sua irmã. Eles passaram seu primeiro Natal juntos depois de quase quatro anos e agora vivem reclusos na Austrália, lentamente reconstruindo sua vida. Ele passou todos esses anos indo de um país para outro, passando pela França, Mônaco, Grã-Bretanha, Zimbábue e Suazilândia, até que as autoridades finalmente os pegaram na África do Sul.

Decidir fazer *Empty Arms — Broken Hearts* não foi a maneira mais eficiente de combater meu sofrimento pela perda de Iddin e Shahirah. Para todos os lugares que viajei, meus pensamentos voltavam-se para eles e para a consciência de que, naquele momento, o mais próximo que nós todos poderíamos estar era por suas fotografias, colocadas em meu bolso todos os dias ao me vestir para a filmagem que tínhamos pela frente, um tipo de talismã de fé. Lembro de ver a Torre Eiffel pela primeira vez uma noite, da janela de meu hotel, uma construção estranha e retorcida na Rue du Rivoli, com balcões minúsculos e pisos rangentes. O céu tinha aquele profundo azul-celeste que só o crepúsculo europeu oferece e Paris inteira parecia brilhar, dourada. Por alguns instantes, perdi o fôlego pela pura beleza e encantamento daquela cidade mágica; então, senti um aperto no peito e a ausência de meus filhos como um vazio palpável dentro do meu corpo. Mas, de alguma maneira, a presença espiritual deles, quase física, fortalecia minha determinação todas as vezes em que eu me sentia intimidada e exausta pela montanha-russa emocional dos confrontos com os burocratas e lágrimas mútuas de outras mães e pais, igualmente privados da alegria de ver seus filhos crescer e amadurecer.

Entrevistar as crianças era, de longe, o aspecto mais difícil das filmagens. Antes de partir, passei muitas horas trabalhando com um psiquiatra infantil especializado em trauma para aprender a melhor maneira de entrevistar crianças traumatizadas procurando evitar aumentar seus sofrimentos. Apesar de essas crianças terem sido devolvidas para seus lares originais, eu estava muito consciente do fato de que não era adequado perguntar a elas se preferiam o pai ou a mãe, e, para este fim, era vital garantir que a decisão final sobre dar ou não a entrevista fosse tomada por elas mesmas, após passarem uma hora conversando casualmente comigo, sem acompanhantes, sobre os motivos para fazermos o documentário e para que pudessem me fazer perguntas pessoais. As crianças, com idades de 9 a 19 anos, haviam passado por inúmeras experiências diferentes e viveram em diversos locais durante e depois dos seqüestros. De Londres ao Cairo, de Argel a Paris, algumas haviam sido forçadas a se ajustar a sair de uma pacata cidade belga para fugir com uma falsa identidade e enfrentando um idioma estranho para o coração da cosmopolita Nova York. Várias delas sofreram violência e abuso parental durante o seqüestro e outras, por vários anos, acreditavam que o pai ou mãe deixado para trás havia morrido. O grau de confiança que essas crianças e adultos vulneráveis estavam depositando em mim era uma responsabilidade que eu sabia ser elevadíssimo. Acreditava com afinco, depois de minhas próprias experiências com a mídia, que quando fazemos uma entrevista, precisamos lembrar de que uma parte da vida do entrevistado nos é entregue e que eles estão praticamente em nossas mãos sobre como serão retratados. Eles mereciam uma parte de mim, em troca.

Houve quatro casos específicos no filme, dois britânicos e dois belgas, que acabaram por assumir um significado especial para mim, por diferentes motivos. Enquanto fazia as pesquisas para o documentário, conheci Pamela, uma mulher obstinada de Surrey, que por muitos anos vasculhou o Egito atrás de seus três filhos seqüestrados. Quando nos encontramos, ela finalmente tinha conseguido resgatar um deles, Yasmeen, mas a um preço terrível. Sentada na pequena sala do apartamento de Pam, com sua mobília espartana e armários de comida quase vazios, via um aglomerado de tulipas vermelhas brotando felizes do lado de fora da janela, contrastando vivamente com o horror provocado pela história que ela me contava.

Pam tinha vendido tudo o que possuía, mendigado e feito empréstimos para financiar um total de 34 viagens para o Cairo, onde ela percorreu vielas sujas atrás de seus filhos. Lá, Pam viu-se mergulhada em uma atmosfera muito diferente da tranqüila cidade de Surrey e da pequena lanchonete em que trabalhava antes de seu ex-marido seqüestrar as crianças, em 1990. Foram necessários dois anos para localizá-los. A lei egípcia foi incapaz de ajudar Pam e, assim, movida por extremo desespero, ela contratou um grupo de homens egípcios para resgatar seus dois filhos, Sawi e Chame, e a filha de 11 anos, Yasmeen. No entanto, na luta que se seguiu em um beco escuro e sinistro do Cairo, seus ajudantes contratados fugiram com Yasmeen e deixaram Pamela sozinha e indefesa enfrentando um avô brandindo uma faca, seu ex-sogro. Corajosamente atracada com seu atacante tomado de fúria, Pam fez o máximo para se desviar do ataque, mas não antes de sentir a lâmina da faca entrando em seu corpo por quatro vezes.

O primeiro golpe acertou-a no fígado, provocando um corte de 13cm em seu órgão vital. Arrancando a faca, em seguida golpeou seu abdômen, perfurando a musculatura e toda a parede abdominal. Foi o maior ferimento. Não satisfeito com sua violência, ele então acertou a faca no meio do peito dela. Enquanto caía no chão, Pam lembra de ele puxando a faca e dando outro golpe, sobre o seio esquerdo — o avô de seus filhos mirava em seu coração com tanta determinação que chegou a apoiar o joelho no punho da faca e jogar todo seu peso sobre ela. Lutando contra a inconsciência, Pam gritou em árabe para que ele parasse e, em seguida, ele desapareceu nas sombras com os dois meninos pequenos.

Acima da dor, ela era atravessada pela noção de que Sawi e Sami tinham acabado de testemunhar o ataque contra sua vida e podiam acreditar que ela estava morta, além da preocupação com o bem-estar de Yasmeen. Reunindo todas as suas forças, ela conseguiu cambalear por quase 300m até um hotel próximo e implorar ajuda. Com seu senso de humor irônico, ela acrescenta que os funcionários do hotel não tinham a menor intenção de deixá-la sangrar sobre o carpete, comprometendo assim a categoria do estabelecimento, e por isso, arrastaram-na até uma cabana de madeira próxima, para esperar a ambulância.

Finalmente, ela recebeu 4 L de sangue e foi submetida a uma cirurgia de quatro horas e meia, durante a qual sofreu quatro paradas cardíacas. Pam lembra-se claramente de dizerem a ela, antes de ser anestesiada, que sua filha estava segura, na embaixada britânica, e acredita que foi isso que a fez ter forças para lutar por sua vida — isso e a profunda convicção de que falhara em salvar seus filhos e que tinha que voltar a tentar recuperá-los. Em seguida a esse incidente, o avô das crianças foi preso, acusado de tentativa de assassinato e condenado, vindo a morrer na prisão um ano depois. Isso não teve muita importância para Pam e Yasmeen, de 13 anos, quando falei com elas. Nunca foi uma questão de vingança; a questão era onde estavam Sami e Sawi. Mas os meninos haviam desaparecido do Egito e pistas falsas foram deixadas em duas direções, uma para a Bósnia e outra para os Estados Unidos.

Sabendo que em poucos dias eu estaria visitando o Centro Nacional para Crianças Desaparecidas e Exploradas nos Estados Unidos, me ofereci para levar fotos dos filhos de Pam para os Estados Unidos e entregá-las às autoridades americanas para que as crianças fossem incluídas em painéis oficiais e alertas policiais por todo o país. Registrar Sawi e Sami no Centro Nacional era o mínimo que eu poderia fazer por outra mãe. Ainda que tivéssemos personalidades e opiniões muito diferentes, Pam e eu mantivemos contato depois que voltei para a Austrália. Algumas vezes, quando ela se sentia especialmente infeliz e desesperada, meu telefone tocava às 2 horas da manhã; era ela, precisando de um pouco de estímulo para continuar a busca ou apenas de um ouvido compreensivo. Cerca de oito meses depois que nos encontramos, recebi um telefonema de Pam, mas com um tom muito diferente dos outros.

— Meus filhos estão na Flórida, na América! — gritou na linha. — Você estava certa quando nos encontramos e você disse para eu não abrir mão da esperança!

No início de 1995, Pam voou para os Estados Unidos, para se reencontrar com os filhos, seis anos depois de terem sido arrancados de seus braços. Eu ainda me encontro com Pam, de tempos em tempos, quando estou no Reino Unido, e agora é ela quem me diz para não perder a esperança.

Durante a produção do filme, um espírito etéreo entrou em minha vida e ensinou-me a ter paciência. Recém-entrada nos 30 anos, Verity enfrentou o seqüestro de seu filho, pelo primeiro marido, cinco vezes. A criança, cujos pais eram ambos ingleses, viveu como um fugitivo com seu pai, seqüestrado e escondido em um vilarejo pacato e inocente da Inglaterra por vários meses, até que as autoridades acabaram por localizar seu pai. O garoto só podia sair para brincar de noite e foi ensinado a se esconder se a polícia estivesse chegando. Ele foi levado uma outra vez, com a ajuda de bandidos violentos, que ameaçaram bater em sua irmãzinha com um bastão e surraram o cachorro da família, e ainda uma outra vez, quando foi levado para um país do Oriente Médio — e assim a história continuava repetidas vezes.

A época das tempestades de raios, desastres naturais e seqüestro de crianças muitas vezes acontece em sincronia para completar um trauma

ERA UMA VEZ UMA PRINCESA

existente. Para Verity, que já enfrentava uma batalha contra o câncer, o desgaste contínuo de enfrentar repetidamente a ameaça de seqüestro de seu filho em algum momento no futuro quase acabou com ela. No entanto, isso jamais matou seu sorriso, sua paciência ou o amor inabalável pelo filho. Nós ficamos muito amigas, trocando cartas e conversando pelo telefone. Verity, com seus olhos verdes, firmes e brilhantes, e sua voz gentil, foi o ombro amigo no qual chorei. Ela sabia, sem precisar de longas e complicadas explicações, o que eu estava sentindo por Iddin e Shah. Ouvíamos uma a outra e conversávamos sobre nossos medos. Ela falava sobre suas demoradas batalhas legais para garantir a segurança de seu filho e sua recuperação do câncer. Tragicamente, a recuperação foi apenas uma rápida trégua e acabei voltando a Londres, nos primeiros meses de 1995, para fazer companhia à minha amiga. Essa viagem para Londres, tendo acontecido quando eu estava em meio à elaboração da primeira versão deste livro, não foi intelectualmente estimulante ou agradável. Serviu apenas para me fazer lembrar, com força total, da intransigência da vida e das desigualdades inerentes a nossa sociedade, que dava aos detentores de amplos recursos financeiros a habilidade de retardar o sistema legal até que o outro lado não tivesse mais como lutar, além do controle da qualidade da assistência médica e do conforto que alguém que estivesse morrendo poderia receber.

No oitavo andar de um hospital de Londres, um prédio anguloso e indescritível de tijolos vermelhos, coberto pelas sombras de chaminés à esquerda e à direita e desprovido de qualquer vista ou vegetação próxima, minha amiga Verity estava em um leito, quase sem se mexer, com medo de espalhar as células de câncer mais rapidamente pelo corpo, roubando-lhe horas preciosas com seu filho. O quarto onde ela estava era largo e comprido, uma enfermaria ocupada por mulheres de todas as idades, reunidas ali contra a vontade pela coincidência do câncer de mama. Os rostos mudavam dia após dia, tanto metafórica quanto fisicamente. Joan e Siva morreram uma noite; Rose, Sue e Mavis tiveram alta, com a frágil noção de que estavam se recuperando. Os rostos de Mary, Delores e de minha amiga Verity também mudavam, seus olhos perdendo o brilho, as maçãs do rosto mais proeminentes e a pele um pouco mais amarelada e translúcida. Eram pacientes de câncer terminal.

Esse era um dos principais hospitais-escola da Inglaterra, o que o tornava uma engrenagem intrínseca na roda da pesquisa médica. A equipe

370

era cuidadosa e dedicada, gentil e compassiva, tanto com os pacientes quanto com seus sofridos parentes; nesta enfermaria específica de oncologia, o número de enfermeiras que se demitiam era muito grande. Talvez por se confrontarem diariamente com sua própria mortalidade, por uma doença que atingia uma em cada 12 delas, independente dos cuidados que pudessem ter, ou talvez pelas condições de trabalho que tinham que enfrentar. Enfermaria H, esquerda, dizia o letreiro na parede, do lado de fora da porta. Esse letreiro era a mais recente benfeitoria em vinte anos, disseram-me os médicos. O revestimento do piso, antes de um preto brilhante, agora estava rachado, gasto e levantado, mostrando o cimento por baixo, as paredes de um verde sujo estavam desbotadas e descascando, com infiltrações em diversos lugares, devido aos diversos vazamentos no teto. Janelas sombrias deixavam entrar alguma luz, assim como ventos enregelantes. Nenhuma das janelas estava livre de correntes de ar — frestas de mais de 1cm nas molduras garantiam isso. As venezianas pendiam das sanefas, seus fios balançando em harmonia a cada nova rajada de vento do exterior. Não havia cortinas, tampouco quadros nas paredes. O relógio no cubículo de três lados de Verity estava parado às 2h48. Ninguém se lembrava do tempo, mas a irmã responsável pela enfermaria estava lá havia 18 meses e me disse que não se lembrava de ver os ponteiros se mexerem. Muitos dos travesseiros na enfermaria estavam sem fronhas; simplesmente não havia dinheiro para esse tipo de coisa.

Verity perdia peso quase de hora em hora. Saí por algum tempo para tomar ar, sob insistência dela, e quando voltei, havia menos Pam para abraçar. Ficava com ela das 8 horas da manhã às 6 horas da tarde, falando, chorando, lendo para ela e rindo. Rir, isso não parece incongruente em tal situação? Mas acho que, de algum jeito, a doença fez com que ela ficasse quase maníaca com a necessidade de que eu a fizesse rir. Ela acreditava que as risadas tornavam as sombras de sua doença menos pesadas, assim, buscava em minha memória anedotas e piadas ridículas e, quando não me lembrava de mais nenhuma, forçava minha imaginação a inventar as histórias mais improváveis e as maiores mentiras para complementar a verdade.

Quando encontrei Verity pela primeira vez, ela tinha uma cabeleira castanha exuberante, que caía em ondas naturais sobre seus ombros. Agora, o cabelo que restava eram uns chumaços cinzentos, entremeados com pequenos tufos mais longos, um legado da quimioterapia que ajudava a adiar o inevitável. Uma tarde em que ela estava com muitas dores e mesmo assim não poderia receber outra dose de morfina por várias horas, decidimos tentar visualizações junto com uma massagem suave para amenizar o quadro. Enquanto pressionava sua testa e massageava sua cabeça, o que restava de cabelo soltou-se sob meus dedos. Fiquei tão mortificada pelo que tinha feito que não consegui segurar as lágrimas, mas Verity, em vez de lamentar pela perda do cabelo, ficou mais preocupada com minha ansiedade e procurou me confortar, até que percebemos o ridículo da situação e começamos a rir descontroladamente. Mais tarde, fiquei tão envergonhada de mim mesma por precisar ser confortada por ela e mostrar como eu era fraca que caminhei pela chuva até o apartamento, em Fetter Lane. Ao longo do Tâmisa e atravessando a ponte, caminhei rápido, para fortalecer minha resolução e me recompor para Verity. Fez muito frio em Londres naquela primavera e, no trecho final da minha caminhada, observei as pessoas passando por mim, enroladas confortavelmente em seus casacos, algumas andando determinadas, dentes cerrados, outras conversando felizes em grupos de duas ou três. Segui ao longo da margem, passando pelo Tribunal de Justiça Real, as Royal Courts, com sua solidez e seu recato vitoriano, cenário de tantas manobras legais inúteis nas batalhas de Verity por seu filho. Vi alguns advogados e um juiz que eu conhecia, apressando-se, provavelmente em direção aos seus carros ou para o metrô, ou talvez para um jantar. Na realidade não fazia diferença no esquema das coisas; apenas significava que suas vidas seguiram em frente.

Na última vez em que conversamos por mais tempo, os pensamentos de Verity eram para a segurança de seu filho. Ela morreu pouco tempo depois, sem que voltássemos a nos falar. Ironicamente, estava um pouco confortada por saber que seu filho não sofreria mais seqüestros.

O terceiro caso pessoalmente significativo para mim envolvia minha amiga Patsy Heymans e narrava sua desesperada busca de sete anos por seus três filhos, Simon, Marina e Moriah, e a alegria de, enfim, terem se reencontrado em 1993. Patsy era pequena e loura, uma mulher que não perdia tempo, com um espírito generoso e um senso de humor ferino e cortante. Sua agitada casa de pedra, com um pequeno zoológico de animais domésticos, fica em uma bela vila na parte da Bélgica em que se fala francês, cercada pelas colinas das Ardenas e por amplas pastagens.

Ao chegar lá pela primeira vez, encontrei as janelas da casa pintadas com coelhinhos e ovos de Páscoa e uma casa tomada por risos de crianças e uma atividade familiar caótica. O grupo consistia em seis filhos, um pai e uma mãe, pois Patsy casara-se novamente no período em que Simon, Marina e Moriah estavam desaparecidos e, ela e Walter, seu segundo marido, tiveram mais três crianças, sendo que todas elas adoravam os irmãos mais velhos. Senti como se já conhecesse Patsy muito bem antes de colocar os pés em Marchand, depois de passarmos horas e horas falando pelo telefone, reunindo as informações de que eu precisava sobre os seqüestros de crianças.

Mas, por certo, a felicidade na família de Patsy não fora sempre assim. Seus filhos foram seqüestrados por seu ex-marido em 1987, e durante todos os anos em que estiveram longe, Patsy lutou muito para manter a sanidade. As crianças foram por fim encontradas, escondidas em uma comunidade judia hassídica no estado de Nova York, nos Estados Unidos. Disseram a elas que sua mãe estava morta e a mais nova, Moriah, sequer se lembrava de Patsy. Haim, o pai, simplesmente deixou as crianças com esse grupo de extrema direita anos antes e nunca mais voltou. Ele foi preso em 1990, em Nova York, e extraditado para a Bélgica, onde ficou preso por três anos, durante os quais se recusou a informar o paradeiro das crianças. Essa foi sua vingança, um jogo de poder no qual o objetivo era fazer Patsy sofrer. A violência doméstica é um vínculo comum entre a história de Patsy e a minha, assim como o recém-descoberto e conveniente fundamentalismo religioso do pai das crianças.

Minha excursão com a equipe do filme para Bedford Hills, na parte norte do estado de Nova York, transformou-se em uma das noites mais bizarras de minha vida. Minha brilhante idéia era tentar falar com a normalmente reclusa comunidade hassídica, em uma tentativa de compreender por que eles ajudaram e acobertaram o seqüestro das crianças. Eu queria verificar se a família que ficou com as três crianças por mais de três anos sabia de sua cumplicidade em uma ação ilegal ou se haviam sido enganados.

A única maneira que conseguimos para fazer a viagem foi alugando uma limusine dilapidada do primo do porteiro do hotel, uma vez que os custos eram um fator importante a se considerar. Quando o veículo em questão rangeu até a porta do hotel, todos subimos a bordo e batemos a

373

porta — uma ação que fez com que a porta se soltasse e caísse no chão. Não era um bom augúrio.

Após garantir que sabia onde estava indo ao longo de 240km, Juan, o motorista de nossa limusine oriundo do Bronx, repentinamente informou-nos que estava perdido e pediu que eu descesse do veículo em uma típica cidadezinha americana para pedir informações. Encontrei-me em pé, em meio a uma brumosa escuridão, iluminada como um coelho ofuscado pelos faróis de nosso carro, diante do cartaz de um cinema, com um enorme pôster do Liam Neeson (que, depois viemos saber, morava por ali), esperando que alguém do lado de dentro conhecesse a comunidade que estávamos buscando. Felizmente, o bilheteiro desocupado tinha uma vaga idéia e, depois de muita conversa, retomamos o caminho novamente. Um mapa rabiscado a mão no verso de um folheto do cinema foi acomodado na parte de trás do veículo vulgar, sobre um oceano estofado de veludo vermelho, de náilon, enfeitado por cravos de plástico, e em meio a sacolejantes garrafas de licor (vazias, devo dizer) e copos plásticos de uísque manchados de batom. Conforme as instruções de Juan, nos revezamos em segurar a porta, para que não se soltasse novamente.

Viajamos a passo de tartaruga por estradas rurais cobertas de neblina até chegar ao nosso destino, uma antiga instalação vitoriana de quarentena para tuberculosos, agora transformada em um complexo murado, em que os habitantes, supomos, andavam armados e não apreciavam a interação com forasteiros. Quando finalmente chegamos, eram 21 horas e estávamos na estrada havia cinco horas, em vez das duas horas planejadas. Que não éramos nem um pouco bem-vindos ficou indiscutivelmente claro pelos homens que apareceram de repente, do meio da neblina, cercados pelas construções escuras em uma cena que poderia (ou deveria) ter saído de um filme de suspense de Hollywood. Depois de algumas tentativas completamente inúteis de minha parte de conseguir uma entrevista com a comunidade e das garantias de que alguém me ligaria no dia seguinte, não tivemos alternativa a não ser entrar de volta no carro e dar meia-volta para Manhattan — onde enfim cambaleamos para fora da limusine enferrujada e não muito chique, perto das 4 horas da manhã, devido a um inconveniente pneu traseiro furado. Não foi uma das minhas melhores investidas no cinema investigativo. Felizmente, em retrospectiva, a noite assumiu um ar surreal e cômico, e fico feliz em dizer que Patsy é uma amiga muito próxima e confiável com quem, com freqüência, fico na Bélgica.

Voltar a entrar em território muçulmano era uma experiência bastante assustadora para mim, por uma série de motivos. Eu fora declarada uma apóstata pelo tribunal islâmico da Malásia (o que significa ser considerada uma muçulmana que renegara a verdadeira fé e, por isso, era desprezível, a mais vil entre os vis), além de haver um mandado de prisão por acusações fabricadas por Bahrin. De fato, foi com uma boa dose de apreensão que desci do vôo da Air Maroc de Paris e atravessei a pista do aeroporto internacional de Casablanca. Os vistos e autorizações de filmagens foram obtidos bem antes, junto ao governo do Marrocos, e uma cuidadosa história foi elaborada para não prejudicar nosso objetivo — verificar se dois garotinhos estavam vivos ou mortos.

Uma bizarra decisão judicial estava por trás deste trecho das filmagens. Para silenciar as aborrecidas exigências diplomáticas e políticas do governo belga para a devolução dos meninos seqüestrados, Karim e Mehdi, de 9 e 7 anos, respectivamente, o tribunal de uma pequena cidade do Marrocos decidiu que, como o pai, Chikhaoui, recusara-se a apresentar as crianças no tribunal, ele as teria matado. Atestados de óbito foram emitidos para os meninos e o pai foi condenado por assassinato, para ser libertado apenas seis meses depois — após os quais, segundo informes, voltou para sua casa, abriu um posto de gasolina e voltou a viver sem reservas com seus filhos.

Valerie, a mãe das crianças, advertiu-nos que seu marido tinha fortes conexões com o governo e que chegaram a ameaçá-la fisicamente. Talvez tenha sido por isso que seguranças do aeroporto tenham apreendido nossa câmera e equipamentos assim que aterrissamos, mesmo que tivéssemos todas as autorizações necessárias para tal bagagem. Meu coração perdeu o compasso quando os fiscais da imigração começaram a examinar nossos documentos e a fazer várias perguntas em francês e inglês. Foram necessários vários dias de negociação e duas longas viagens de carro para falar com funcionários baseados na antiga cidade de Rabat, para obter autorizações adicionais para nossos equipamentos e sua liberação. Enquanto isso, usamos uma câmera de vídeo profissional Hi-8 (mais ou menos do tamanho de uma câmera doméstica) para fazer tomadas em torno dos mercados e áreas muradas de Casablanca.

375

ERA UMA VEZ UMA PRINCESA

Eu me sentia claustrofóbica e mais do que ligeira e irracionalmente nervosa por estar de volta a uma sociedade ostensivamente islâmica. Todo o rígido condicionamento da família real malaia contaminava a todo momento minhas reações e meu apreço por esse pitoresco e exótico destino turístico. Sentia-me inibida e incapaz de caminhar com a confiança da miríade de turistas que circulava pelas ruas. Meus instintos diziam-me para vestir um véu e me misturar na multidão, como uma dócil filha do Islã, atraindo o mínimo de atenção possível. Não ajudava em nada o fato de que a equipe não tinha a menor noção de que muitos dos homens que encontramos pelas ruas e nos mercados estavam, na verdade, xingando e amaldiçoando em árabe, ao mesmo tempo em que se mantinham sorrindo — e eu conseguia ter apenas uma idéia do que eles estavam dizendo. Shahirah estava sempre em minha mente, todas as vezes em que me pegava olhando uma segunda vez para as meninas completamente vestidas com trajes islâmicos ao lado de amigas vestidas de maneira mais moderna, e ficava imaginando o que ela estaria vestindo agora que estava mais velha.

Exceto por minha percepção condicionada, o Marrocos era excitante e belo, rico com o cheiro de especiarias e com a algazarra dos mercados e do comércio em meio a um fundo de construções ocres, com arcadas sombrias e lindas estruturas coloniais brancas. O nascer do sol diante das ondas quebrando nas praias de Casablanca guardava promessas de aventuras românticas e exotismo, *à la* Bogart e Bergman.

Depois de muitos dias de atraso, partimos para a cidade interiorana de Oujda, uma hora para o norte, em um pequeno avião. Lá, consegui contratar uma estudante universitária local, ativa no movimento feminista, para atuar como nossa intérprete. Depois de nossas experiências em Casablanca, optamos por parecer o mais circunspetos possível e guardamos a maior parte de nossa bagagem e equipamento, cultivando uma aparência externa de turistas. Estávamos agora no território de Chikhaoui, onde a família dele cuidava de grandes negócios.

Oujda era muito diferente de Casablanca e de Rabat. Pequenas mulas cinzentas eram constantes pelas ruas, carregando enormes fardos empilhados sobre carroças feitas de sobras de material, com meninos e homens de olhar aborrecido precariamente equilibrados sobre suas cargas, vestindo túnicas e sandálias gastas. A paisagem era pontilhada por árvores espaçadas e a terra era seca e empoeirada. As rochosas montanhas

376

Ben Siassen abriam-se na distância, além das quais ficava a fronteira com a Algéria. O chamado para as orações ecoava pela cidade e marcava a passagem do dia. As mulheres andavam totalmente cobertas de preto, apenas com os olhos visíveis, enquanto iam de um lugar para outro sem a vivacidade de suas irmãs urbanas no litoral. Aqui, muitas sobrancelhas foram levantadas ao ver uma mulher sozinha viajando com três homens e não era prudente que saíssemos do estabelecimento que se propunha a ser um hotel mais do que o necessário. O lugar definitivamente não pertencia à rede Ritz. Os banheiros estavam incrustados de sujeira a tal ponto que tentei o melhor que pude para me segurar por dez horas antes de usar o vaso sanitário. Nossas camas receberam uma aplicação generosa de cabelos de ocupantes prévios e os lençóis e cobertores eram duros e cheiravam mal. Todos dormimos completamente vestidos sobre as cobertas, mas, mesmo assim, na manhã seguinte, estávamos cobertos de mordidas de insetos e coceiras por toda parte.

Berkane, muito próxima à fronteira selvagem com a Algéria, era a cidade em que acreditávamos que Karim e Mehdi viviam com seu pai. Uma abordagem direta foi adotada como o melhor plano para verificar se os meninos estavam vivos ou mortos. Com isso em mente, nós cinco entramos em um Mercedes dilapidado, dirigido por outro amigo de um amigo do primo de um primo para um passeio acidentado. Nossa intérprete, Amina, estava ansiosa para que a visita fosse rápida e não criasse muito tumulto, pois a reputação de violência de Chikhaoui já havia chegado até ela por meio de perguntas discretas a meu respeito.

Encontrar o posto de gasolina de Chikhaoui foi muito simples, tanto quanto encontrar o próprio. Era impossível deixar de vê-lo. Tinha quase 2m de altura, uma montanha de mãos grandes e pele morena, ombros largos e que ficou extremamente irritado ao nos ver descer do carro diante de seu estabelecimento. Ao nos dirigirmos para o posto, percebi um menino sendo levado apressadamente para trás de uma porta, logo fechada. Parecia ser Karim, o menino de 9 anos, e tivemos sorte de conseguir capturá-lo em alguns centímetros de filme. Filmamos uma rápida troca de perguntas e respostas com Chikhaoui, que ele inicialmente aceitou, até mesmo mostrando fotos recentes de seus filhos. Quando perguntei por que ele não tinha permitido que a mãe das crianças tivesse qualquer contato com os meninos desde junho de 1991, ele respondeu que ela não merecia isso e que todos os problemas dele eram culpa de Valerie. "Se ela acredita que estão mortos, isso é problema dela, não meu", ele disse com um gesto de desprezo.

Olhando fixo para seu rosto, perguntei, por meio da intérprete, de novo em francês, se o menino que tínhamos visto antes era seu filho. Parecendo surpreso, ele desconsiderou minha pergunta e, raivosamente, encerrou a entrevista, erguendo-se e vindo em minha direção. Apontando para as fotografias dos meninos e usando um tom de voz tranqüilo, perguntei se eu ao menos podia filmar essas imagens para Valerie, para que ela pudesse ver que os meninos estavam vivos de fato. Ele se recusou veementemente e começou a nos expulsar do posto. Seguindo-nos até o carro, deu um bote e pegou as chaves, que tinham sido deixadas na ignição, recusando-se a devolvê-las, gritando insultos e golpeando furiosamente nossos peitos com os dedos. Então, começou a exigir que entregássemos a fita de vídeo e todo nosso filme. Eu estava ciente de que Amina agora se encolhia atrás de mim, tentando arrastar-me para dentro do veículo e cochichando freneticamente em meu ouvido que Chikhaoui estava mandando alguém chamar a polícia.

Provavelmente não era o melhor momento para se lembrar que esse homem tinha quebrado os ossos da bacia de Valerie com um chute rápido.

Após alguns minutos, uma divisão da polícia local chegou em uma nuvem de poeira e uma leve derrapagem, imediatamente cortando nossa participação na conversa e chamando Chikhaoui de lado. Tivemos que agir rápido para proteger nossa filmagem. Gesticulando para o operador de câmera, consegui que ele me desse duas pequenas fitas Hi-8 (com cerca de 9 x 7cm), parcialmente gravadas, e as coloquei no fundo da minha roupa de baixo, sob minhas calças pregueadas, seguidas da fita da própria câmera. Sem ser notada, abri o pacote de outra fita virgem, enquanto os outros postaram-se ao meu redor, bloqueando a visão para o que eu estava fazendo. Essa fita também se juntou às demais. Ajeitando minha jaqueta e acertando minha postura, procurei parecer o mais natural possível quando os policiais vieram em nossa direção e exigiram os filmes de nossa câmera e bolsas. Ao ouvir a recusa por meio de nossa nervosa intérprete, todos fomos levados presos para celas no prédio decadente da polícia local, onde nos encontramos com o chefe da polícia e com o prefeito, que nos esperavam.

Nossos documentos e passaportes foram confiscados, assim como meu passe internacional de jornalista e a credencial do Conselho de Cinema do Marrocos, que me identificava como a líder do projeto de filmagem. Depois de uma busca no carro, na bagagem e nos homens da equipe, o chefe da polícia exigiu que entregássemos a fita — e respondi que não podíamos fazer isso. O prefeito e Chikhaoui ficaram enraivecidos com minha recusa e, depois de revistar a equipe e o motorista com a ajuda da polícia, colocaram-nos para fora do prédio e me mantiveram detida. Amina também foi libertada e advertida para pensar sobre as conseqüências de seu envolvimento conosco. Foi neste momento que comecei a ficar realmente com medo, uma vez que o comportamento de todos aqueles marroquinos dentro das celas da polícia era beligerante e irritado demais. De repente, não me sentia mais tão desafiante e a perspectiva de a polícia investigar a meu respeito e descobrir o mandado da Malásia começou a se delinear em minha mente. Mas simplesmente não havia hipótese de eu entregar minhas fitas subservientemente.

Eles me deixaram em uma sala de chão de terra bem iluminada, ainda que malcheirosa, por sete horas, abrindo a porta a intervalos regulares de nove minutos e exigindo que eu lhes dissesse onde estava a filmagem. Por fim, pouco antes do nascer do sol, consegui reconhecer algumas palavras em árabe e percebi que estavam considerando uma revista completa de meu corpo. Tentando não entrar em pânico, comecei a gritar com toda a força dos pulmões um punhado de palavras em árabe, grosseiramente traduzíveis como "estou impura, estou em meu período! Vocês não podem me tocar, estou impura". Não sei quem ficou mais chocado naquele momento, eu ou eles. Até aquele momento, toda a forçada conversa entre nós tinha sido em um inglês arrastado e meu francês terrível. Eu tivera cuidado em não deixar transparecer meus conhecimentos do Islã ou de árabe, para não despertar a curiosidade deles. De qualquer modo, meus protestos em seu próprio idioma funcionaram e as negociações começaram diante de um prato de pêssegos que o chefe da polícia fatiou delicadamente com a lâmina comprida de uma faca e ofereceu para mim.

Avançamos e retrocedemos, com Chikhaoui dando suas opiniões e fazendo acusações continuamente, até chegarmos a um acordo. Concordei em entregar a fita de vídeo que Chikhaoui e todos os outros insistiam em mencionar e, em troca, eu e meus companheiros seríamos liberados para deixar a cidade. Erguendo-me com a maior dignidade que consegui exibir, virei de costas, em nome do decoro, e resgatei uma fita morna de seu esconderijo sob minhas calças. Entreguei-a ao chefe da polícia, que, segurando-a com cuidado entre o polegar e o indicador, passou-a para Chikhaoui, que por sua vez, cerimoniosamente arrancou a fina fita de seu carretel e, para garantir, colocou a fita sobre a mesa do chefe e a esmagou com um grande peso de papel. Não quis estragar seu sorriso de autocontentamento contando que ele acabara de destruir uma fita virgem.

De volta a Oujda, naquela noite, nós quatro dividimos o mesmo quarto, mal conseguindo cochilar e beirando nossos limites. Fiquei com um ouvido atento, esperando que a polícia irrompesse pela porta a qualquer momento e me levasse embora. Contei os minutos até quase a alvorada, quando poderíamos ir para o aeroporto e pegar o primeiro vôo de volta para Casablanca e depois para Londres. Quando o avião tocou o chão, nunca me senti tão feliz em chegar em Heathrow na minha vida. Finalmente compreendi a compulsão do Papa João Paulo II de beijar a pista do aeroporto — mas duvido que ele algum dia tenha enfrentado a delicada questão de esconder três fitas de vídeo sob a roupa.

Quarenta e seis

Dezembro de 1994

Ao examinar os altos e baixos dos últimos meses, fiquei perplexa diante do redemoinho em que minha vida tinha se transformado. Após nossa chegada em Londres, continuamos a filmar *Empty Arms — Broken Hearts* a todo o vapor, circulando em alta velocidade pela Inglaterra e pela Escócia, como uma caravana exausta de ciganos cineastas. O único imprevisto foi minha internação não programada no Princess Grace Hospital, com um abscesso no seio — cortesia de meu encontro em Monte Carlo com a relutante entrevistada e o ferimento que ela me causou. Dois dias de repouso na cama, intervenção médica e um caminhão de comprimidos não poderiam ser prescritos em uma hora mais inconveniente. Apesar disso, finalmente completamos as filmagens e voltamos para a Austrália com o compromisso de editar um filme de uma hora do qual eu esperava que Iddin e Shah pudessem se orgulhar. *Empty Arms — Broken Hearts* foi bem recebido quando foi ao ar e ganhou um prêmio pela contribuição de destaque para o Ano Internacional da Família das Nações Unidas.

Próximo ao segundo aniversário do seqüestro das crianças, em 9 de julho, eu estava trabalhando na primeira versão do que viria a ser este livro e tentava, desesperadamente, obter alguma forma de comunicação com eles. Acredito que, para os olhos de Bahrin, Iddin e Shah haviam sido, para todo e qualquer fim, cirurgicamente amputados de minha vida com louvável eficiência. Eu ficava mais e mais deprimida com a aproximação do aniversário de Shahirah. Um pesado surto de depressão havia caído sobre meus ombros após terminar a filmagem do documentário e me sentia incapaz de afastá-lo. Analisando a questão, um dos principais fatores foi o próprio filme e a consciência gradual de que poderiam se passar anos e anos até que eu voltasse a ver meus filhos. A profunda reflexão exigida pela escrita também trouxe à tona todos os demônios do abuso sexual em minha infância para a superfície. Questões que eu nunca enfrentara pareciam me engolir e eu não tinha mais a identidade da mãe de crianças pequenas pela qual estabelecera meu próprio valor.

Eu estava mental e fisicamente exausta, após vários meses forçando minhas reservas ao limite. Estava escrevendo durante o dia, editando e gravando a narração do filme à noite. Continuava sem conseguir dormir ou então era tomada por imagens de pesadelos e saudades dolorosas das crianças. As lágrimas corriam livres nos momentos mais inconvenientes e não paravam, algumas vezes provocadas por fatores conhecidos, outras vezes sem razão aparente. Aos poucos, a opção remotamente sedutora de um repouso induzido por medicamentos começou a se tornar atraente, algo a que eu vinha me opondo com firmeza.

"Três horas de sono relaxado e o relógio natural do corpo assume o controle — é uma maneira de restabelecer seus padrões de sono", era como meu médico descrevia o efeito dos comprimidos suaves para dormir, que acabei por aceitar em minha capitulação. Tomada por uma atitude algo fatalista, e mais do que estimulada por uma necessidade desesperada de apenas "desligar e fugir", engoli dez pílulas de uma vez e aconcheguei-me em meu edredom e travesseiros confortavelmente ajeitados. Havia uma sensação de estar jogando roleta-russa, com a possibilidade de não acordar mais, de dormir enquanto meu corpo sentisse necessidade, ou de encontrar Iddin e Shahirah em um sono tranqüilo, podendo tocar seus rostos e sentir o cheiro deles só uma vez mais. De alguma maneira confusa, eu achava que, ao passar o controle para uma droga, estava inversamente assumindo o controle da minha habilidade de sonhar com tranqüilidade e me encontrar com Iddin e Shah sem o terror da separação e o sofrimento absoluto que tinham tomado conta da minha vida cotidiana.

Mesmo em um ato de profundo desespero, eu mantive minha usual personalidade controladora e tomei a precaução de deixar um bilhete (não uma carta de suicídio) explicando o que eu tinha ingerido e o porquê, ao lado de algumas instruções, como não chamar uma ambulância e apenas me deixar dormir. Nada muito razoável ou excessivamente dramático, devo admitir, mas, naquela hora, parecia algo responsável e organizado. No entanto, quando Iain me encontrou dormindo tão profundamente, entrou em pânico e chamou uma ambulância.

Eu não esperava ser acordada de modo rude em uma maca de hospital, cercada por absolutos estranhos, um médico muito jovem, inexperiente e determinado, exigindo saber por que eu tentara o suicídio e ameaçando me internar em uma unidade psiquiátrica caso eu não respondesse suas perguntas corretamente. Avaliei minha situação o mais rápido que meu cérebro ainda enevoado permitiu, assegurei-me de que era uma recém-chegada, que não tinha sofrido uma lavagem estomacal e que estava bastante comprometida, com meus direitos civis cancelados por uma camisa-de-força, minha dignidade removida por um avental hospitalar aberto e curto demais e com boas chances de, provavelmente, terminar como destaque nas manchetes dos jornais do dia seguinte: TRÁGICA TENTATIVA DE SUICÍDIO DA MÃE DE FILHOS SEQÜESTRADOS, FOTOS NO INTERIOR! Ou PRINCESA TOMA OVERDOSE DE PÍLULAS. Procurando as palavras certas para comprovar minha sanidade e me libertar, tentei explicar a situação com a maior clareza possível.

Consegui fazer uma imitação muito boa de um peixe, abrindo e fechando a boca, acompanhada por um grunhido, "orruummm". Isso apenas para a primeira tentativa. Mas a situação estava séria e minha confusão mental começava a clarear. O processo foi acelerado, tenho certeza, pela expressão de reprovação no rosto do jovem médico, que estava bem borrado, uma vez que meus óculos, sem dúvida alguma, tinham ficado repousando em minha mesa-de-cabeceira. Concentrando-me em sua pergunta seguinte, percebi que ele estava falando com um forte sotaque escocês — o que explicava a ausência de um lampejo de reconhecimento em seus olhos, por sinal bastante presente na expressão das enfermeiras.

A frase "Se você me internar esta noite, vou processá-lo" pareceu gerar o efeito desejado, pelo menos chamou sua atenção. Continuei com um indistinto "estou em total controle de minhas faculdades e não preciso ser internada, muito obrigada".

— Diga-me por que você está tão deprimida, Jacqueline — disse o médico.

E fiquei bastante tentada a assinalar que nós não tínhamos sido formalmente apresentados e que eu preferia que ele não me tratasse pelo meu primeiro nome, mas achei melhor segurar minha língua naquele momento por ser a opção mais sábia. Em vez disso, dei uma resposta óbvia.

— Porque meus filhos foram seqüestrados pelo pai deles e...

383

— Acho que você está confusa, Jacqueline — exclamou ele com um tom adocicado e cuidadoso, até mesmo dando um suave tapinha em minha mão.

— Seu marido não... ele está... ehh...

Ele foi interrompido por um puxão urgente em sua manga e um sussurro apressado no ouvido por parte de uma das enfermeiras. A compreensão e a curiosidade logo iluminaram seu rosto. Eu teria que escolher — poderia tentar argumentar racionalmente ou partir para a briga. Escolhi a segunda opção.

— Se você puder, por gentileza, ligar para minha médica — eu disse, falando o nome e o número de memória — poderá me dispensar. Ela confirmará que não sou candidata a uma camisa-de-força. — Para ser mais enfática, assumi uma voz solene e disse: — Estou totalmente ciente de minha depressão e suas causas, e, com todo o respeito, falarei disso com minha terapeuta, e apenas com ela. Por favor, ligue para ela agora. A propósito, o que a enfermeira cochichou para você é verdade, eu sou aquela mulher, e considerarei uma quebra de confiança na relação médica se a imprensa souber deste incidente pessoal. — Fui liberada dez minutos depois.

Graças a Deus, minhas ações estúpidas não saíram nos jornais e pude resgatar algumas migalhas de pensamento racional e determinação. Eu teria que fazer uma escolha — tornar-me uma vítima eterna, e se assim fosse, poderia arrastar-me para um canto e morrer, ou tentar transformar algo negativo em positivo e agüentar até estar de volta com Shah e Iddin. Tenho certeza da opção que Bahrin e a família real gostariam, mas também sabia qual era a minha preferência.

Decidi juntar todo o conhecimento reunido durante a elaboração do documentário e criar uma organização nacional, a Empty Arms Network, para oferecer apoio às vítimas de seqüestro parental, tanto em âmbito doméstico quanto internacional. Isso fazia todo o sentido e era óbvio que uma organização semelhante à Reunite, do Reino Unido, a Missing Children's Network, da Bélgica, ou uma versão simplificada do National Centre for Missing and Exploited Children, dos Estados Unidos, era desesperadamente necessária na Austrália. Nenhuma entidade governamental estava preparada para oferecer suporte emocional para o crescente número de pais e mães "deixados para trás", tampouco tinham como escapar de seus parâmetros burocráticos para examinar os casos em profundidade — e isso apenas para aqueles cobertos pela Convenção de Haia. Em questões que escapavam à Convenção, como no meu próprio caso, obter informações era como tentar descer pelo monte Rushmore segurando em uma linha de costura, fazendo malabarismos com facas e cantando "O que eu não faço por amor". Outro fator importante para minha decisão era que eu estava começando a receber um número crescente de telefonemas de pais e mães em circunstâncias semelhantes à minha. Todos eles, homens e mulheres, ligavam para mim em busca de orientação ou ajuda em seus casos. Só se pode pensar que havia uma percepção comum de mim como alguém que chamava a atenção (falante e ruidosa) para o assunto. De qualquer modo, criar a organização Empty Arms Network era a coisa mais lógica e moralmente correta a ser feita — ninguém deveria passar por esse tipo de pesadelo sozinho. Uma pessoa não pode aparecer com insistência na mídia, denunciando as injustiças do processo legal e das respostas diplomáticas para uma questão de direitos humanos tão emocionalmente carregada quanto o seqüestro de crianças e depois adotar uma postura egoísta demais. Uma vez que o perfil público que eu tinha agora custara tão caro para mim e para as crianças, talvez agora pudesse ser usado para ajudar outras pessoas.

Um dos primeiros casos internacionais que chegou até mim foi de um menino inglês, seqüestrado pela mãe. O pai "deixado para trás", Andrew, telefonou para mim de Sittingbourne, em Kent, na Inglaterra, sob indicação da Reunite, de Londres. Durante nossa conversa inicial, soube que Andrew estava desempregado (recentemente, fora considerado redundante), com pouquíssimos fundos e estava desesperado para localizar seu filho de 7 anos, Anthony. O menino fora seqüestrado por sua mãe, durante uma rara visita de contato, e estava desaparecido havia vários meses. Anthony ficara sob os cuidados exclusivos do pai por vários anos e tivera pouca interação com a mãe, que o levara para a Austrália, onde ela possuía alguns parentes.

Era realmente uma questão de entender que, se Andrew não tinha um lugar para ficar enquanto tentava localizar seu filho na Austrália, ele jamais o veria de novo. Colocando-me no lugar de Andrew, tentei imaginar como seria horrível ir para um país estranho em busca de um filho perdido, sem poder contar com qualquer apoio da família ou de amigos. A resposta era clara: eu seguiria meu instinto e ofereceria nosso quarto de hóspedes para ele. Os anos que se seguiram trouxeram outros pais e mães para ficar temporariamente naquele quarto, enquanto a busca de seus filhos seqüestrados prosseguia.

Andrew usou todos os seus recursos para conseguir um empréstimo para a passagem até Melbourne, assim ele podia tentar garantir o retorno de Anthony para a Inglaterra segundo a Convenção de Haia. Foi bastante estranho receber um completo estranho no aeroporto, à meia-noite. Tendo apenas falado pelo telefone, eu não tinha idéia de como ele era e ele certamente não sabia quem eu era, nem qualquer detalhe sobre a minha história. Disse a ele para procurar por uma mulher de cabelos pretos e compridos. Por fim, conseguimos nos encontrar. Andrew era um homem alto e magro, com cabelos louros e sorriso fácil, ainda que essa característica estivesse um pouco afetada pelo fato de ele ter acabado de sair completamente exausto de um vôo de 24 horas, sem escalas. Enquanto saíamos do terminal, Andrew mencionou que não entendia por que todo mundo estivera nos olhando. Prometi que explicaria tudo de manhã e o coloquei no carro, temendo que um excesso de informações pudesse ser algo confuso naquela hora da noite.

Durante boa parte dos meses de setembro e outubro, Andrew ficou em nossa casa. A princípio, ele estava um pouco angustiado com toda a situação, mas aos poucos foi relaxando e começou a me perguntar sobre meu trabalho na televisão e meu passado real. De qualquer modo, o ajudei a lidar com a procuradoria-geral da Austrália, explicando, de maneira simples, todo o jargão legal e os termos dos procedimentos da Convenção de Haia. Coordenei as datas do tribunal e solicitações de provas e documentos, e participei de audiências com Andrew, quando Anthony foi então localizado.

Para permitir que Andrew estivesse com seu filho regularmente depois de o menino ter sido localizado pela polícia, foi necessário que eu oferecesse garantias legais para mediar o contato entre o pai e a mãe e supervisionasse as visitas, enquanto as engrenagens da Convenção de Haia eram postas em movimento. Foi terrivelmente desgastante para o pobre Andrew e seus velhos pais, que ficaram em Kent, pois os resultados de qualquer processo sob a Convenção de Haia jamais são previsíveis. Uma coisa, no entanto, era certa — esse homem amava seu filho intensamente e estava investindo tudo o que tinha no que acreditava ser o melhor para Anthony. Em nenhum momento, mesmo nas horas de maior desespero, Andrew expressou qualquer desejo de se vingar de sua ex-esposa, e ele era bastante firme ao dizer que Anthony sempre poderia estar com a mãe, caso o resultado do julgamento fosse favorável a ele.

Após algumas conversas particulares com a mãe de Anthony, ela decidiu não complicar demais os procedimentos legais com recursos. Enquanto isso, a Vara de Família da Austrália determinou que o menino de 7 anos e seu pai morassem comigo por alguns dias, enquanto as decisões finais do tribunal eram tomadas — durante esse período, eu teria que supervisionar o contato entre a criança e sua mãe, tendo recebido esse encargo legal do juiz. Inevitavelmente, após uma decisão favorável conforme a Convenção de Haia, a mãe optou por não se opor e Andrew e o filho voltaram a viver na pequena casa em Kent, junto com os avós do menino.

Testemunhar Anthony voando para os braços do pai no dia em que foram reunidos foi algo incrível. Uma versão em miniatura de Andrew lançou-se em grande velocidade através de um corredor apinhado, seu rostinho tomado de alegria. Andrew, com as lágrimas correndo livremente pelo rosto, apertou Anthony em seu peito e sorriu para mim, sobre a pequena cabeça loura. Por uma fração de segundo, senti o fantasma dos braços de Iddin e Shah em torno do meu pescoço e minha garganta se fechou. Com algum egoísmo, imaginei se seria sempre assim. Se eu teria que viver a alegria do reencontro com uma criança perdida por meio dos outros e, se assim fosse, por quanto tempo?

Visitei a família quando fui a Inglaterra no ano seguinte e conheci os avós e bisavós de Anthony, e todos os seus vizinhos. Foi uma experiência constrangedora, pois todos me agradeciam continuamente pela minha ajuda.

Como isso parece estranho agora. Eu não tinha idéia, na época, de que esse seria o primeiro de diversos casos britânicos e internacionais de pessoas chegando até mim pelo meu número de telefone para pedir ajuda. Além disso, nos anos que se sucederam, descobri que um lado reverso da história também pode acontecer. Por exemplo, um pai ou uma mãe pode seqüestrar uma criança do Reino Unido para a Austrália e, subseqüentemente, entrar em contato comigo de seu esconderijo. Então negocio a devolução voluntária da criança para o Reino Unido, para evitar as acusações legais obrigatórias que podem resultar de um seqüestro na Inglaterra, segundo a Convenção de Haia. Entro em contato com grupos de apoio e hospedagens, além de identificar advogados que assumirão o caso em nome do pai ou mãe, quando ele ou ela voltar ao

387

Reino Unido. Garantir que ambas as partes recebam ajuda e, no caso de uma devolução voluntária, não sejam duramente penalizados, é essencial para a implementação da Convenção de Haia. Essa, acredito, é a única maneira de conseguir maior apoio para o espírito e a compreensão do tratado e para sua futura adoção e aplicação.

Em outubro, pareceu que finalmente ganhara minhas comendas pela batalha — ou, pelo menos, era o que sugeria um convite que recebi para fazer uma palestra sobre seqüestro parental em uma conferência internacional sobre direito de família. Por ironia, eu tinha agora me juntado às fileiras dos especialistas e não era mais vista apenas como uma vítima. Com uma boa dose de excitação, aceitei meu primeiro compromisso de apresentação pública. O nervosismo me deixou tão nauseada que deixei de comer 24 horas antes de me posicionar no púlpito. Tremendo em meus trajes vermelhos, cuidadosamente escolhidos, e sapatos de veludo preto, apresentei minha palestra sobre os efeitos sociológicos do seqüestro parental, sem me dar conta de que esse seria o primeiro de diversos seminários e conferência dos quais viria a participar.

Mais um Natal aproximava-se, assombrando-me com a ausência das crianças. Colocamos suas fotos sob a árvore e tiramos outra foto, para marcar a passagem do tempo. Mais de dois anos tinham se passado desde a última vez que eu vira ou falara com Iddin e Shahirah. Perdi seus aniversários, a troca de dentes de Shah e, acima de tudo, sentia falta de suas personalidades incríveis e de suas risadas. A dor não diminuíra, mas aprendi a suportá-la na maior parte do tempo. É como se tivessem inserido uma enorme ferramenta em meu corpo e extraído uma parte da minha alma. Eu andava por aí com um enorme buraco em meu ser, coberto por uma fina membrana de sobrevivência. Dizem que pessoas com membros amputados mantêm uma memória da parte perdida, sentindo sua presença e sensações; talvez seja isso que eu sinta.

Além disso, o segundo ano de ausência das crianças tem sido muito mais parecido com um campo minado de emoções. A dor continua em um círculo vicioso de marés altas e baixas sobre mim. Em alguns aspectos, não estou enfrentando as coisas tão bem quanto no primeiro ano. Vivo apenas na esperança.

Quarenta e sete

Dezembro de 1995

Se Iddin e Shahirah pudessem ao menos saber para quantos lugares diferentes eles viajaram comigo em espírito nestes últimos 12 meses. Por meio de fotografias que carreguei, e no meu coração, estivemos na Grã-Bretanha, África do Sul, Quênia, território massai, Tanzânia, Hong Kong, Nova Zelândia, Bélgica e uma monumental excursão de lançamento do livro por toda a Austrália.

O ano começou com a contagem regressiva para a primeira edição deste livro e uma viagem não planejada para encontrar com Verity, minha amiga doente. Adicionar algumas horas extras para qualquer vôo que eu pegue para a Europa é uma parte intrínseca de ter que lidar com a ameaça à minha segurança pessoal criada por Bahrin. Por orientação do ministro das Relações Exteriores australiano, devo evitar o espaço aéreo malaio, por receio de ser presa, assim, todas as minhas viagens incluem uma escala em Hong Kong. Surpreendente, minhas relações com o Ministério das Relações Exteriores estão decididamente mais amenas — o que é uma boa notícia para os pais e mães com quem trabalho pela Empty Arms Network, pois permite que eu obtenha ajuda para eles e possa buscar os serviços da divisão consular.

Forçar a mim mesma a aprender a gostar de minha própria companhia tornou-se parte da minha vida em tempos recentes. Sempre fui inquieta e insegura, jamais tive confiança suficiente em mim mesma, mas isso estava mudando. Criando coragem (na minha opinião), jantava sozinha em restaurantes londrinos, quando não conseguia a companhia de algum amigo, e andava pelas galerias e museus quando podia ter algumas horas longe do regime hospitalar de Verity e dos compromissos que iam

389

surgindo. Comecei a adorar caminhar, preferindo flanar pela maior parte de Londres a pé, de Strand para Kensington High Street, ou da estação de metrô da Ponte de Londres, ao longo do Tâmisa, até a Tate Gallery. Evitando os táxis, tornei-me adepta do metrô e pensava muitas vezes no choque da família real diante de minhas novas conquistas. Isso depois de Bahrin me dizer que eu jamais seria capaz de cuidar de mim mesma. Passava o tempo das caminhadas em um estado quase meditativo, refletindo sobre para onde a vida tinha me levado e o que Iddin e Shah teriam achado de Londres, e como Iddin ficaria encantado com a visão da Torre de Londres e seu passado aterrorizante.

Voltei para a Austrália para retomar o entediante e ridículo jogo de gato e rato com os advogados de Bahrin. No que se transformou em um exercício intelectual de vileza, eu tinha que implorar e implorar para que o escritório de advocacia concordasse em considerar, mas sem dar garantias, o envio de um presente de aniversário para Iddin e cartas para as duas crianças. É incrivelmente frustrante sequer ter certeza se um simples e inofensivo cartão de aniversário foi entregue para seu filho. Eu ainda sonhava com Shahirah e Iddin quase todas as noites e dificilmente se passava uma hora em que não pensasse neles. Que estranhos estabelecessem o nível de amor e saudade que eu podia expressar para meus próprios filhos parecia uma obscenidade em todos os aspectos. O mesmo valia para a maneira como eles realizavam seu trabalho. Certa vez, cobraramme até mesmo a diferença de alguns centavos por custos postais de uma fatura emitida pelos representantes legais de Bahrin.

Provavelmente a coisa mais frustrante de todas era a situação da cenoura pendurada diante do burro que eles sustentavam para que eu continuasse a seguir as instruções. Fui informada que, se mantivesse uma linha de correspondências não emotiva ou inflamada para as crianças e não enviasse uma carta diretamente a eles, podia ser que, um dia, seu cliente, o príncipe Bahrin, pudesse considerar permitir que eu falasse com eles pelo telefone. Isso dependia de eu não usar os canais diplomáticos para a entrega de correspondência para as crianças e que os advogados do príncipe lessem toda a correspondência e revistassem minuciosamente qualquer presente (desembrulhado) que eu quisesse enviar — era óbvio, para o caso de eu esconder alguma coisa considerada inadequada ou carinhosa demais. Muitas vezes eu me perguntava o que eles temiam que enviasse para meus próprios filhos. Uma lima, talvez, para que eles pudessem escapar de sua gaiola real, ou algo que os fizessem lembrar de casa e do amor que eu e os outros sempre tivemos por eles. Determinaram que eu inclusive deixasse de mencionar a cachorrinha da família, Muckle, nas cartas, pois um cão decididamente era algo não islâmico. Isso seria aliciante demais, na opinião de Bahrin: poderia comprometer parte do isolamento e da doutrinação a que nossos filhos estavam sujeitos.

A publicação da primeira edição deste livro em maio significou que eu tinha que superar meu medo inicial de falar em público. Dezenas de almoços e jantares de lançamento foram organizados para coincidir com a publicação e eu deveria fazer um discurso em cada uma dessas ocasiões. Com certa dose de nervosismo, mergulhei em uma longa excursão de lançamento, ansiosa e com o estômago bastante embrulhado. A experiência mostrou-se catártica e estimulou que eu conquistasse maior confiança, por diversos motivos, mas um em especial, que me manteria no bom caminho. Para me acompanhar por todos os lugares e agir como um filtro para qualquer pessoa invasiva demais ou exigente, meus editores australianos indicaram uma maravilhosa e compreensiva protetora, Jane Finemore. Pobre Jane, acabou tendo que resolver todo o tipo de coisa, desde uma busca frenética por água quente, quando um boiler do hotel explodiu (e eu não podia tomar banho ou lavar meu cabelo antes de uma entrevista de televisão), a encontrar chocolate às 23 horas, quando eu estava tão histérica e nervosa que não consegui comer nada durante o dia, e chocolate era a única coisa que conseguia segurar no estômago.

Fiz uma nova investida na televisão não muito tempo depois, apresentando e produzindo um programa de estilo de vida para a rede Seven. Iain também foi um dos produtores, ainda que produzíssemos segmentos diferentes e não trabalhássemos juntos na tela. Eu não estava especialmente envolvida com o assunto, nem aquilo tinha um grande apelo intelectual, mas pagava as contas e permitia financiar a rede Empty Arms e meu trabalho de educação pública na área de seqüestro parental. A única parte do programa de que eu realmente gostava eram as entrevistas e a oportunidade de conversar com uma grande variedade de pessoas.

ERA UMA VEZ UMA PRINCESA

Se alguém tivesse me dito que uma viagem de três semanas para a África, com a equipe do popular programa de televisão *Neighbours*, seria o início da recuperação de meu equilíbrio emocional, eu teria rolado no chão em um acesso de riso histérico. Eu sabia da popularidade do programa em vários lugares do mundo e sua longa existência na televisão britânica e conhecia superficialmente alguns membros do elenco, mas jamais imaginei que me envolveria com eles. Até aquele momento, *Neighbours* nada mais era do que um programa produzido pelo meu amigo Bill Searle, e correspondia a meia hora de televisão que eu jamais assistira.

Muitos meses antes, Bill comentou que estava considerando um roteiro inovador para o antigo seriado, com um tema voltado para a caridade, como a organização humanitária World Vision. Essa parte do programa seria filmada no Quênia. Ao ouvir isso, de imediato brinquei que gostaria de ir também e que carregaria as malas. Parecia estranho que, até aquele momento, eu nunca tivesse considerado o continente negro muito atraente e limitasse meu interesse aos elefantes e filmes sobre gorilas. Não posso nem mesmo explicar por que levantei a mão — mas meu gesto impulsivo mudaria minha vida dramaticamente.

À medida que julho se aproximava, minha oferta irreverente resultou em minha inclusão como membro da equipe de filmagem. Eu ficaria responsável pela continuidade no *set* e pelo figurino, atuando como ajudante-geral e, finalmente, como segunda operadora de câmera. Decidiu-se que eu pré-gravaria histórias suficientes para o programa de televisão que apresentava, além de todas as introduções e encerramentos, assim, poderia ir para a África e os espectadores nem mesmo saberiam que eu tinha ido. Meio atordoada, assinei um contrato com uma revista feminina para escrever um artigo sobre a filmagem e fornecer fotografias; em troca, eles pagariam minhas despesas. Cada vez mais, algo além de minha compreensão estava me arrastando em direção à África. Eu não sabia por que, e parecia que não tinha escolha.

Depois de sermos vacinados em massa com os atores e o restante da equipe contra nove doenças diferentes, munidos de comprimidos contra a malária e *kits* médicos contendo de tudo, desde seringas a ferramentas para microcirurgias, embarcamos para a odisséia africana. Viajar para a África do Sul e depois para o Quênia com os atores Jackie Woodburne (que ainda representa a personagem Susan Kennedy) e Brett Beewitt

392

(que era Brett Stark) foi uma experiência hilariante. Jackie, que é natural da Irlanda, tem um senso de humor rápido e nos manteve dando risadas durante o longo vôo. Brett, que na época era apenas um adolescente, era incrivelmente distraído, esquecendo o passaporte e a carteira no terminal do aeroporto e zanzando pelos lugares nos momentos mais inoportunos — como na hora do embarque dos vôos! Ele também conquistou uma forte reputação por atrair acidentes e todos ficamos surpresos como ele resistiu até o final das filmagens com todos os membros no lugar.

Todos nós estávamos animados com a perspectiva de pôr os pés na África. Minha surpresa inicial se transformara em entusiasmo enquanto eu estudava alguns rudimentos de suaíli nos meses anteriores e lia tudo o que pudesse sobre o Quênia. Nairobi era uma contradição de ambientes. Partes da cidade tinham vegetação luxuriante e gramados impecáveis, voltadas para os turistas e extremamente sofisticadas. Outras, em contraste, eram pobres e empoeiradas, assombradas por crianças mendigando e batedores de carteira. O tráfego confuso tomava conta das ruas e a algazarra de milhares de vozes enchia meus ouvidos sempre que eu punha os pés na rua, em busca de itens para as filmagens ou apenas para caminhar pelo outro lado desse país vibrante.

A maioria das pessoas na capital pareciam "europeizadas" ao extremo e muito espertas, como se as várias gerações de colonizadores e turistas as tivessem preparado para sobreviver com charme falso e sagacidade. Uma sensação de mercantilismo permeava a maior parte das interações sociais com os habitantes da cidade e me fazia lembrar que a sobrevivência de famílias inteiras muitas vezes dependia de uma só pessoa ser capaz de gerar receita suficiente. A ajuda humanitária internacional também era um fator econômico vital na dinâmica da cidade, pois uma série de grandes organizações, incluindo várias agências das Nações Unidas e fundações de caridade, estavam baseadas no Quênia. Nairobi é freqüentemente usada como escala para os comboios de ajuda humanitária e equipes médicas que respondem às emergências humanitárias na África Oriental. Conheci diversos trabalhadores veteranos do auxílio humanitário que tinham feito de tudo, desde dirigir em comboios, levando comida durante a fome na Etiópia, a atravessar corajosamente os conflitos em Ruanda, durante o genocídio, para ajudar crianças órfãs e evacuar ou alimentar as vítimas feridas pela guerrilha sanguinolenta. A cordialidade da África de Hollywood não guarda qualquer semelhança com as realidades da sobrevivência econômica em uma cidade simbioticamente dependente de ajuda humanitária e de turismo. Lá, era um guia de safári devorando o outro, sem piedade pelos menos espertos.

Fiquei feliz ao partirmos para as locações principais de filmagem, a muitos quilômetros da esgotada Nairobi — uma viagem de cinco dias, em um comboio de veículos com tração nas quatro rodas, carregados de câmeras, equipamento de iluminação e água suficiente para as emergências, no caso de algum carro quebrar em terreno árido. Foi uma viagem desconfortável e, em alguns momentos, assustadora, até os limites da Reserva Animal de Amboseli, no sudeste do Quênia. Os ônibus de passageiros, lotados até o teto de gente, bichos e bagagem, disputavam a passagem uns com os outros pelas estradas cheias de buracos, ultrapassando e acelerando ousadamente, sem qualquer consideração pela vida alheia. Parecia uma questão de honra para os ônibus indo de Nairobi para o *resort* litorâneo de Mombasa fazer o percurso todo usando os freios o mínimo possível. Até ficarmos sozinhos em uma estrada sem sinalização, carros ou ônibus, apenas nós e as profundezas da África pela frente.

Nosso comboio de Land Cruisers chacoalhava pelo Rift Valley, atravessando a savana aberta e o leito seco de um lago que se abria por mais de 30km para cada lado, uma massa compacta de terra calcária e tremeluzente, ondulada por milhares de anos de marés e ventos. Acima de nós, os abutres circulavam em busca de uma presa mais fraca e um ocasional bando de aves migratórias lançava sombras geométricas sobre a planície enrugada, pontilhada de árvores e pequenos arbustos espinhentos. O monte Kilimanjaro, o pico mais alto da África, erguia-se solene na distância, os cumes cobertos de neve branca logo acima de contornos ásperos e escuros revelaram-se apenas quando as nuvens mais baixas dissiparam-se como se por mágica. O céu, parcialmente nublado com um tom azul-cinzento, intocado pelos aviões comerciais, espalhava-se até encontrar o horizonte.

Aqui estava o berço da Terra, uma topografia que era a verdadeira fonte do surgimento da vida. Estávamos atravessando a reserva Amboseli, lar da maior população de elefantes da África Oriental, onde todos os animais viviam livres e os homens dependiam da mãe natureza da mesma forma que os animais e a vegetação. Era o tipo de viagem em que os ossos ficam bambos e somos cobertos de fina poeira vermelha, que gruda na pele e pinta cada fio de cabelo com um tom quente de terracota. Estranhos animais selvagens, com chifres, barbas e amplos dorsos, a pelagem de um cinza bolorento, atrasavam o ritmo de nossos carros quando era preciso diminuir o passo para permitir que seus bandos cruzassem o caminho. Manadas de gazelas corriam em uníssono ao longo de nosso trajeto, saltando e disparando, os cascos mal tocando o solo. Viajamos por mais de 200km a passo de lesma, por estradas pedregosas e pistas empoeiradas, a maior parte não sendo muito mais do que linhas mal demarcadas, traçadas sobre a argila do leito dos rios, e nem mesmo uma reclamação veio à minha cabeça. Eu queria inalar o horizonte e abrir meus braços para o sol. Minhas narinas estavam tomadas pela África, sua riqueza e odores, a natureza limpa e não contaminada; o próprio organismo do tempo parecia permear o ar. A cada parada em nossa viagem, eu abria as janelas da caminhonete e inspirava várias vezes, para gravar o momento em minha mente.

Nem mesmo o calor abafava meu prazer diante do que me cercava. Era um sentimento arrebatador. As zebras pastando em enormes bandos e as girafas caminhando calmamente, em um ritmo gracioso e sincronizado, levaram-me a pensar por que eu perdi tanto tempo precioso antes de vir para a África. Ocasionalmente, uma nuvem de poeira na distância começava a ganhar forma, aos poucos revelando uma figura alta e magra, vestida com *shukas* de tecido vermelho brilhante e azul-cobalto — um traje que consistia em um corte de pano vestido como um sarongue e outro sobre os ombros, como uma manta escocesa. Sem exceção, essas pessoas levavam longos cajados ou lanças, acenando com a cabeça ou com as mãos à nossa passagem. Esses homens eram os guerreiros massai, em suas ocasionais caminhadas pela vasta planície. Amboseli não era apenas o lar de uma grande variedade de animais, mas também fazia parte da terra dos massai, o lar tradicional de suas tribos. Alguns deles participariam das filmagens.

Quase ao final do dia, chegamos às verdejantes terras pantanosas, alimentadas por correntes de água subterrâneas vindas do degelo das neves do Kilimanjaro. Aves em abundância mergulhavam e vadiavam na beira da água; ondulações e vários pares de orelhas e olhos espiando do meio de um dos lagos indicavam a presença de hipopótamos nadando e namo-

ERA UMA VEZ UMA PRINCESA

rando na água. Foi difícil para todos nós conter as exclamações de prazer quando vimos nossa primeira manada de elefantes a poucas dezenas de metros de nossos veículos. Uma fêmea e seu filho brincavam nos baixios, nadando em círculos, com as trombas erguidas como periscópios; o resto da família banhando-se e espirrando água com suas trombas ágeis enquanto pequenos pássaros brancos saltitavam despreocupadamente em suas costas, alimentando-se de pequenos parasitas. Desde minha primeira visita ao zoológico, eu era fascinada por elefantes, beirando a fixação. Vê-los em seu estado selvagem e incontido, a apenas algumas dezenas de metros, deixou-me com um nó na garganta e uma imensa sensação de felicidade. As câmeras foram apressadamente colocadas para fora enquanto todos atrapalhavam-se para fotografar essas criaturas majestosas, usufruindo de um dos raros bebedouros da reserva.

Eu desejava que Shah e Iddin pudessem estar ao meu lado, para deleitar-se nessa cornucópia de vida selvagem e natureza. Quase podia ouvir as exclamações de Iddin e sua excitação ao me apontar para um filhote de elefante nadando desajeitado, ou a voz de Shahirah puxando minha manga ao ver uma girafa. Parecia que meus filhos estavam comigo até mesmo na África. Lembro de uma citação que ouvi uma vez: "Ser mãe significa que seu coração não é mais seu, ele segue para onde seus filhos estão."

Em seguida, lamentavelmente, era voltar ao trabalho, para mais uma hora de carro até chegarmos a Tortillis, a base da equipe de produção, que seria nossa casa por duas semanas. Imaginara que viveríamos duramente em um acampamento de barracas no local de filmagem, mas descobri que Tortillis era uma das novas tendências de ecoturismo, desenvolvido para ter o menor impacto possível sobre o meio ambiente. O lugar acomodava apenas 26 pessoas de uma só vez e todos compartilhariam as refeições coletivas.

As principais áreas de Tortillis, incluindo o salão comum de refeições, a recepção e o bar no saguão, ficavam no alto de uma colina, sobre um vale acidentado com uma vista inigualável do monte Kilimanjaro. As duas construções principais, conectadas por um caminho coberto, eram pavilhões ao ar livre, com telhados de palha e pisos de madeira escura e polida, com vigas de sustentação expostas. Um terraço de pedras ocres, amarelas e verdes em um nível mais baixo era uma área comum sem telhado, com seis sofás duplos feitos de madeira e ratã, cobertos com

396

almofadas confortáveis em cores vivas. Quase todas as tardes, depois das filmagens do dia e de um banho para lavar toda a sujeira das planícies, eu sentava no terraço com um drinque e olhava um pequeno grupo de elefantes, zebras e gazelas seguindo para o bebedouro, a menos de 40m de distância, para matarem a sede.

As acomodações ficavam a dez minutos descendo a colina, seguindo um caminho sinuoso de lajotas, com lampiões de querosene a intervalos regulares em suportes de 1m de altura, que eram acessos ao entardecer. Ao anoitecer, um ancião vestindo uma combinação incongruente de capa de chuva e *shuka* massai ia de lampião em lampião, acendendo um a um, subindo lentamente a colina, sem ansiedade, sem pressa, apenas com cuidado e método. No meio do vale, o caminho se abria para a direita e para a esquerda em cinco outros acessos, até os grupos de tendas, três em cada área.

Cada grande tenda de 6m tinha uma varanda na frente e uma sala comum, com uma lateral aberta, piso de pedra e decoração completa, com cadeiras, mesinhas de café e um sofá confortável. Sob uma coberta de palha, minha tenda tinha um piso de madeira polida e grandes janelas que se fechavam com zíper e telas contra mosquitos. Uma grande cama dupla ficava no centro da estrutura, de frente para a entrada. E, para minha grande surpresa, eu contava com o luxo de um banheiro na suíte, com piso ladrilhado e um chuveiro aquecido por energia solar, com a água alimentada pela gravidade. A luz elétrica, gerada por baterias solares, funcionava durante algumas horas todas as noites; depois disso, lanternas portáteis eram a única fonte de iluminação. Eu jamais ouvira falar de acampar com tanto conforto e elegância. Quase podia imaginar Grace Kelly aparecendo para pedir chá com um aceno. O único truque era lembrar de fechar bem o zíper das janelas e da porta, para garantir que nenhum visitante de quatro patas entrasse para experimentar a nova amostra de carne importada — estávamos separados dos demais habitantes da reserva apenas pelo fio da cerca eletrificada.

De manhã, todos saíamos de nossas tendas e tomávamos o café antes do nascer do sol. Depois, seguíamos para a locação do dia, algumas vezes a duas horas de carro por terreno acidentado. Eu ficava no alto da colina para ver o sol nascer e depois corria para me juntar aos outros, nos carros. O calor e as longas caminhadas para as locações tornavam as filmagens

397

exaustivas. No final do dia, voltávamos para Tortillis e mergulhávamos nos banhos quentes, antes de um drinque no bar e do jantar. Depois, alguns de nós esticávamos no salão aberto, conversando e bebendo, outros iam para o terraço, observar os animais na savana e o resto caía na cama o mais cedo possível para enfrentar o dia seguinte. Tentei todas as opções nas primeiras quatro noites, para tentar uma noite inteira de sono, mas sem resultado.

O problema não era cair no sono, mas me manter dormindo. Como um relógio, eu acordava às 3 horas da manhã, os ouvidos alertas, escutando o incrível silêncio das matas. Sua própria quietude pairava como uma pesada cortina de veludo, um azul profundo, repleto de segredos imemoriais. O chamado ou a agitação ocasional de algum animal parecia apenas realçar o silêncio, não quebrá-lo. Ao abrir a cobertura de minha tenda, discernia vagamente a silhueta do monte Kilimanjaro, os picos nevados sob a luz do luar, e, algumas vezes, conseguia sentir o cheiro fraco de um animal que passava. Nenhuma luz vinha das outras tendas, nenhuma sombra se movia nas paredes de lona. Eu estava acordada sozinha, na noite queniana. A coisa, aquilo que me despertava, não tinha motivo ou forma, lógica ou pontos a serem debatidos. Simplesmente era.

Podia ouvir as batidas de meu próprio coração, sentindo-o desacelerar, media o ritmo — sem disparadas, sem adrenalina provocada pelo medo, apenas um ritmo regular e descomplicado. No entanto, com toda a ausência de ansiedade, toda a calma e a quietude ao meu redor, era como se todo meu ser emocional fosse uma enorme tigela transparente, cheia de bolas de vidro, cada uma de um tamanho, peso e cor diferentes, e cada uma contendo um aspecto de minha indefinível essência interior. Fiquei olhando a tigela jogar seu conteúdo no ar, diante de mim, e foi como se eu assistisse às minhas próprias emoções caindo em câmara lenta no chão, sem sentido ou ordem, e organizarem-se em padrões, cada um diferente do último.

Com esse despertar emocional, vieram as lágrimas. Sem angústia ou desespero, raiva ou privação. Eu simplesmente chorei grandes e quentes gotas de água salgada que pingavam sobre as palmas abertas de minhas mãos e formavam poças em meu cobertor. Cada vez que eu as esfregava, mais lágrimas se formavam e corriam de meus olhos; cada vez que tentava refreá-las, interromper seu fluxo, meu corpo reclamava veementemente e manifestava sua objeção em soluços que sacudiam minha espinha. Assim, as deixei correr. Das 3 horas da manhã até antes do amanhecer, os córregos de minha essência escorreram por meu rosto enquanto eu "assistia" ao silêncio africano do lado de fora de minha tenda.

Na quinta noite dormi até que a cobertura de neve do Kilimanjaro ficasse pintada de rosa, pelo alvorecer. Dormi e sonhei com imagens intermináveis de meus filhos, sem pesadelos ou terrores, apenas memórias felizes e desimpedidas. A "coisa" não voltou mais.

⚜

Talvez por ter escutado o silêncio da África, ou por finalmente ter escutado a mim mesma, senti-me pronta para aceitar mais a vida. O Quênia traria mais duas crianças para receberem meu amor, e cantaria, dançaria e caminharia com os massai, e reaprenderia as habilidades para ser feliz.

Até aquele momento, a culpa e a saudade das crianças haviam encurtado até mesmo os mais fugazes momentos de alegria e felicidade, desde o seqüestro. Minha visão havia se mantido essencialmente fixada para a frente, em um ponto único. Cada vez que me desviava um pouco do caminho do sofrimento, uma força corretiva se fazia presente em meu interior e eu mergulhava em um autocastigo inconsciente por minha deslealdade a Shah e Iddin. A África permitiu que me sentisse feliz, ainda que sofrendo. Sem negar a perda de meus filhos, a saudade que eu sentia deles ou o reconhecimento de sua ausência artificial, simplesmente descobri a capacidade de viver as duas coisas ao mesmo tempo, sem o sentimento de traição.

Essa nova experiência de felicidade foi semeada no dia em que entrei na vila de Engkonganarok e cresceria como um broto em busca da luz do sol e da água. Fomos recebidos nesta *boma*, ou vila massai cercada, por uma massa de 160 membros da tribo, vestindo suas melhores *sukas* e enfeites, entoando um canto tradicional de boas-vindas em vozes perfeitamente melodiosas. Era um canto murmurado, harmonioso e profundamente gutural, como se fossem milhares de abelhas com voz de barítono, afinado com o balanço ritmado do comitê de boas-vindas e as exortações intermitentes da líder do coro, uma mulher mais velha, com olhos faiscantes e postura orgulhosa.

399

A vila era uma construção em círculo, as tendas na borda externa e um caminho circular interno, protegendo a área central da *boma*, um enorme curral de gado, feito de arbustos espinhentos. Era ali que a principal fonte de riqueza dos massai, o seu gado, era confinada durante a noite. A população de Engkonganarok já fora uma tribo nômade, mas optou por deitar raízes permanentes devido à redução de seu território tradicional e sua área de caça e pelo suprimento fácil de água fresca disponibilizado pelo poço há pouco inaugurado. Suas *engkagi*, ou casas, eram construídas pelas mulheres da tribo, feitas de barro, esterco e paus, batidos em uma estrutura redonda, que, depois de seca, assumia um tom de argila amarelada, com telhados de palha. A entrada das casas era uma maneira engenhosa e prática de proteger as crianças pequenas. Cada porta era construída em um estreito S, para que os ocupantes recebessem algum sinal caso um predador, como uma hiena, tentasse capturar um bebê indefeso no meio da noite. Entrar numa *engkagi* era um feito de flexibilidade — era impossível erguer-se do lado de dentro e era necessário dobrar-se para conseguir passar pelo vestíbulo em forma de S.

Dentro das casas, predominava a penumbra, a única luz vinha de um buraco de 15cm, que servia de chaminé para a fumaça da fogueira de esterco queimado. Usada primordialmente para as refeições e para dormir (todas as demais horas despertas eram passadas ao ar livre), a *engkagi* muitas vezes acomoda uma grande família de sete ou oito pessoas em um pequeno espaço. As combinações de sono dos massai em geral significavam que todos os membros da família dormiam aninhados uns com os outros, lado a lado, ainda que, na adolescência, os meninos da família fossem realojados em uma minúscula *boma* próxima, construída unicamente para os *moran* em treinamento e para os homens em idade de casar da tribo.

Estar em pé, em meio ao povo massai, todos vestidos em suas túnicas vermelhas e azul-cobalto vibrantes, cobertos de jóias feitas de miçangas e rostos pintados, era maravilhoso. Suas peles, de um tom rico de chocolate, brilhavam ao sol, artisticamente realçadas por toques de pintura vermelho-ocre, em padrões geométricos por todo o rosto e braços. Muitos dos *moran*, ou jovens guerreiros, também decoravam suas pernas nuas e cabelos com esse pigmento natural, retirado da terra. Quase todos os membros da tribo tinham os cabelos raspados ou muito curtos. Mulheres serenamente belas, de postura ereta, muitas vezes levavam os bebês pendurados em panos nas costas, e crianças pequenas espiavam tímidas e curiosas para os invasores *mzungu* (pessoas brancas) de dentro das dobras seguras das *shukas* de seus pais.

Os turistas raramente vêem este lado do Quênia, o lado que permite ao estrangeiro conhecer os antigos costumes dos massai em pé de igualdade. Muitas vezes esse povo é observado como animais em zoológicos, tratados de maneira paternal, de maneira tal a nos deixar envergonhados pela estupidez e falta de educação dos ocidentais. Felizmente, ao longo dos dias anteriores, havíamos feito bons amigos no comitê de recepção da tribo, que antes havia sido enviado para Nairobi, para conhecer as intenções da equipe de filmagem, nossas atitudes e méritos. Após sermos aprovados na maioria dos testes, nossa aceitação social foi declarada e as portas foram abertas. A aceitação total veio em um teste final — a troca ritual de saudações entre nós e cada um dos membros da vila. Na língua massai, era necessário responder individualmente a todas as 160 frases de boas-vindas, em linguagem específica por gênero, ao mesmo tempo em que usávamos o equivalente a um aperto de mãos secreto, que incluía o entrelaçar dos dedos e do polegar e um aperto das palmas e punhos. Felizmente, Kapito, um dos *moran* e membro da equipe avançada de Nairobi, preparou-nos para as diferentes combinações e toda a etiqueta correta.

Depois disso, faltava apenas a primeira dança social de saudação, da qual eu deveria participar. Isso aconteceu com o canto de centenas de vozes e os gritos animados dos presentes. Avançando para o centro do curral, em meio a anos de esterco acumulado e zumbido de moscas, começamos a dançar. A dança envolvia um tipo de pulo, pulo, passo, roçar de ombros, entrelaçar o antebraço em ângulos retos em relação ao corpo e sacudir os ombros no ritmo. Os passos eram instigados pelas mulheres mais velhas da tribo e fiz o melhor que pude para imitá-las. Aparentemente, minhas habilidades para a dança não eram tão ruins para uma *mzungu*. Apesar de naquela hora muitos dos guerreiros rolarem no chão de riso, dois dias depois um deles ofereceu-me quatro vacas em troca de minha mão em casamento, impressionado por minha musicalidade e disposto a ignorar minha falta de refinamento social.

Conheci Naipanti em meu segundo dia na aldeia. Uma jovem, enfeitada com lindos colares de contas multicoloridas e usando a pintura ocre completa, em geral destinada às adolescentes em idade de casar, veio dirigindo-se a mim de longe, em um inglês arrastado. Começamos a nos comunicar precariamente em suaíli, inglês e usando sinais. Fui atraída por essa criança alegre e um pouco ousada, que revelou ter 17 anos. Seus olhos tinham uma centelha de curiosidade que me fez lembrar de Shahirah de tal modo que perguntei a ela sobre sua situação. A história era que Naipanti tinha sido tirada da escola, pois o rebanho de seu pai fora destruído pela seca e pelo ataque de um bando de leões. Com o aperto financeiro, a única maneira de repor os recursos familiares era colocando Naipanti no mercado de casamento, onde o preço de seu noivado valia várias vacas e um bode, que recuperariam os cofres da família. Seu pai, Murongo Ole, a descreveu como uma menina esperta e cheia de recursos, lamentando ter que interromper sua educação, pois isso era a única coisa que mantinha sua mente inteligente ocupada.

Ao longo dos dias seguintes, consegui descobrir a quantia de dinheiro necessária para que Naipanti voltasse para a escola e saísse da lista de noivas disponíveis. Em conversas particulares com sua mãe, deixei claro que não queria levar Naipanti comigo e que ficava feliz por ela ter uma mãe tão dedicada. Também enfatizei que, em primeiro lugar, Naipanti era uma massai e que seu legado cultural era algo de que ela tinha que se orgulhar. Finalmente, depois de algumas negociações delicadas, concordamos que Naipanti voltaria para a escola e sairia do acordo prematuro de casamento se eu patrocinasse sua escola e complementasse a receita familiar. Ao preço de uma boa garrafa de vinho tinto por mês, poderia ajudar toda a sua família na vida diária e garantir que Naipanti pudesse explorar seu potencial por meio da educação. E, como um bônus, consegui obter a garantia de Murongo Ole de que Naipanti não seria submetida à cerimônia tradicional de mutilação genital feminina, ou circuncisão, pois esses preparativos se tornavam supérfluos uma vez que ela daria prosseguimento a sua educação.

A partir daquele momento, Naipanti passou a me seguir por toda parte, sua mão pequena e forte enfiada na minha e sua conversa incessante preenchendo os silêncios. Com o seu futuro imediato estabelecido, vi-me no papel de mãe adotiva assim como no de novo membro oficial da comunidade massai de Engkonganarok. Adotar uma criança na terra dos massai significa ser bem-vinda e aceita no clã como membro pleno, independente de raça, religião ou nacionalidade. Ganhei jóias feitas à mão pelos massai, que tinham que ser usadas todo o tempo em que estivesse em suas terras, exibindo um trabalho especial de contas que me identificava como membro da aldeia Engkonganarok, e não uma turista. Era uma grande honra para uma ocidental se tornar uma massai. Os massai acreditam que são o povo escolhido e a pessoa que chegar a eles em paz e se envolver com a comunidade da aldeia contribuindo com alguma habilidade também se torna um massai. Para eles, a cor da pele de alguém afeta apenas sua capacidade de enfrentar o forte sol africano e nada mais. Se ao menos o resto da humanidade tivesse uma mente tão aberta e sofisticada.

Com o acordo fechado para que Naipanti voltasse a freqüentar a escola local, parecia razoável para mim ir conhecer onde ela ia estudar. Assim, um dia, na hora do almoço, Mongo, um guerreiro incrivelmente alto, de ar majestoso, fluente em inglês, massai, suaíli e italiano (este como resultado de uma bolsa de estudos para estudar em Roma), perguntou se eu gostaria de acompanhá-lo até a escola. Encontrei-me a cerca de quase 100m do lado de fora da aldeia principal, em uma clareira de frente para o monte Kilimanjaro, elefantes à esquerda, zebras e animais diversos à direita. Ali, sob uma árvore Tortillis em forma de guarda-chuva, havia trinta pedras brancas alinhadas com perfeição. Aquela, disse Mongo orgulhosamente, era sua escola.

Após terminar a universidade em Roma, Mongo decidiu voltar para o seu povo e começar a ensinar as crianças da aldeia. Ele refletiu que seu povo estaria mais bem preparado para lidar com todos os tipos de problemas se tivesse o poder da palavra escrita. Assim, corajosamente lançou-se em sua aventura, com um dicionário surrado, uns poucos lápis e um livro de exercícios. Não havia livros-texto ou lápis de cor para as crianças, nenhum livro de histórias colorido ou enciclopédias, apenas um homem determinado e dedicado, equilibrando-se sobre uma perna diante de mim, à maneira dos massai. Ele estava coberto de tinta vermelho-ocre, pesadamente ornado de miçangas e cicatrizes tribais, carregava uma lança de caça e um espanador de moscas, feito de rabo de javali, e vestia uma *shuka*, casualmente jogada sobre um dos ombros. Ali estava um professor com mais tenacidade do que eu jamais encontrara antes. Os alunos de Mongo podiam aprender a escrever o alfabeto no chão e a ler e soletrar pela repetição, mas eram ensinados por uma pessoa extraordinária, que desejava trabalhar dedicando-se de corpo e alma à educação.

Lembrando-me que tinha quatro livros infantis em minha mala como presentes de emergência (uma prática que comecei quando ainda vivia com a família real), logo dei-os para Mongo e fui continuar com as filmagens. Sete dias depois, quando chegou a hora de dizer adeus à minha nova família, fui novamente levada para a escola. Desta vez, trinta crianças pequenas, com Naipanti entre eles, levantaram-se e recitaram todo o conteúdo de um dos livros que eu dera a Mongo.

Memórias vívidas da África giram em minha mente enquanto estou sentada diante de meu computador, colocando essas palavras na página. Os pores do sol sobre o Kilimanjaro, quando o Sol paira como um disco de fogo gigante, refletido na neve da montanha, equilibrando-se entre o dia e a noite em um incrível espetáculo de força e inevitabilidade. O nascimento de um filhote de elefante em meio a uma reunião de parteiras e mulheres ajudantes; saindo do útero hesitante e atordoado, para os sons de triunfo de uma mãe exausta e alimentando-se avidamente em suas tetas. Figuras altas e imponentes, correndo uniforme em linha contra o fundo do pôr do sol, membros longos e negros movimentando-se de maneira atlética, perfis orgulhosos e distintos ao voltarem para casa depois de dois dias de caça a leões. Os alegres e altos pulos verticais dos guerreiros massai, as lanças brilhantes no sol enquanto jovens meninas bajuladoras cantavam para eles. A face das crianças. A expressão de Naipanti, ao se apoiar em mim enquanto sentávamos em torno de uma fogueira para ouvir o contador de histórias da aldeia narrar contos de magia. Rasoa, minha outra criança adotada, interna em um orfanato de Nairobi, ao tocar minha estranha pele branca pela primeira vez. Dúzias e dúzias de crianças rindo enquanto eu cantava rimas infantis e fazia barulhos ridículos de animais para diverti-los.

A África está indelevelmente gravada em minha mente e um novo caminho se abriu para mim.

Quarenta e oito

Dezembro de 1997

Desde o dia em que deixei a África, minha vida evoluiu de maneira mais significativa e centrada do que jamais imaginei que fosse possível depois de perder Iddin e Shah. Atirei-me ao trabalho, o qual, na maior parte, eu mesma criei. O que trouxe comigo da terra dos massai foi o início de uma idéia, apenas um esboço, que acabou por seguir um caminho e destino próprios.

Se quatro livros podiam estimular as crianças no meio da selva e ajudá-las a ler, o que então uma biblioteca completa poderia fazer por elas? As crianças que conheci sentavam-se no chão e utilizavam a terra nua como quadro-negro e caderno, escrevendo suas lições na areia enquanto aprendiam o inglês e matemática básica; mesmo assim, essas condições não impediram em nada seu desejo de aprender. Quando Naipanti e seus colegas pegaram aqueles livros que coloquei em suas mãos, vi um prazer e encanto em seus rostos que deixariam envergonhadas as ricas instituições educacionais do "Primeiro Mundo".

Logo que voltei do Quênia, entrei em contato com minha editora australiana e os convenci a doar uma coleção de literatura infantil no valor de 13 mil libras para algumas escolas e orfanatos que tinha visitado. Organizar a remessa dos livros para o Quênia e sua distribuição exigiu alguma persuasão, mas não se mostrou muito difícil uma vez superados os detalhes alfandegários e de exportação. Após esse pequeno sucesso, refleti mais e mais a respeito sobre o que a leitura e a escrita representaram para mim ao longo dos anos. A leitura ofereceu-me um refúgio pessoal por toda a vida; os livros educaram-me, mostraram-se amigos fiéis e me deram a confiança para ter opiniões próprias. Certamente, se as crianças na África tivessem a oportunidade de aprender a ler e a escrever, uma forma mais autônoma de autoconfiança seria possível.

Muitas organizações humanitárias fazem um trabalho grandioso ao estabelecer postos de alimentação e programas de saúde, mas eu queria alimentar também o intelecto das crianças. Acredito que se dermos os meios necessários para as pessoas se capacitarem, terão a possibilidade de se afirmarem como independentes. Uma mulher pode ler instruções para usar um anticonceptivo, ou um aviso sobre uma campanha de vacinação governamental para seus filhos. Um fazendeiro pode ter acesso a informações sobre cultura rotativa e irrigação. Um aldeão pode solicitar financiamento para abrir um poço e, desta forma, garantir o suprimento de água para toda uma comunidade, ou os indivíduos podem tomar decisões fundamentadas sobre reformas políticas e democracia. A leitura disseminada é uma maneira de garantir que uma nação não seja eternamente dependente da ajuda internacional. Para transformar essas metas em possibilidades, compreender que a leitura de livros pode ser divertida e educacional é algo que precisa ser incutido nas crianças de qualquer sociedade. É de importância vital que as ferramentas da educação e da descoberta sejam disponibilizadas também para elas. Acredito que a melhor maneira de fazer isso é expondo as crianças a livros infantis vivamente ilustrados e bem escritos e pelo ato de contar histórias.

No ano seguinte, criei o programa sem fins lucrativos Book Power, ou o "poder do livro", para estimular a leitura em países do Terceiro Mundo. Depois de colocar um dedo na água no primeiro ano, decidi mergulhar de corpo inteiro em 1996 e passei a mão no telefone. Foi bastante simples abordar as principais editoras australianas pessoalmente — ao menos uma vez achei apropriado usar meu perfil público e apelar para a curiosidade. Na verdade, isso ajudou a abrir as portas de empresas enormes. Fiquei impressionada pela resposta positiva de casas editoriais de renome, como Pan Macmillan, Penguin, Rigby Heinemann, Random House, Readers' Digest e Macmillan Education. Elas não hesitaram em fazer grandes e diversificadas doações, de ficção infantil e livros ilustrados a enciclopédias e livros didáticos. No total, 28 toneladas de livros foram embarcadas, com um valor de revenda chegando a 400 mil libras. Em agradecimento, organizei uma cobertura para revista, televisão e rádio sobre todas as empresas que apoiaram a operação Book Power, que chamamos de um "presente de Natal para as crianças da África".

Muitas pessoas ficaram céticas em relação à minha idéia, advertindo que não iria funcionar ou que eu não conseguiria fazer nada sozinha sem levar anos em preparação e gastando rios de dinheiro, portanto, foi uma grande satisfação quando a Book Power realmente se concretizou. Para evitar problemas com as alfândegas e autorizações de exportação e importação e impostos, procurei os embaixadores e altos-comissários dos países envolvidos para algumas longas conversas. Todos os diplomatas demonstraram um apoio entusiasmado pelo projeto e fizeram todo o possível para facilitar o caminho junto às diferentes burocracias governamentais. O apoio dos embaixadores também ajudou a evitar a coerção de ter que subornar funcionários subalternos e pequenos burocratas.

O passo seguinte foi a tarefa gigantesca de transportar 28 toneladas de carga para a África do Sul, Quênia, Tanzânia e Etiópia. Neste ponto, após algumas reuniões com Brian Garside, gerente de vendas da South African Airways, a empresa aérea generosamente concordou em transportar os livros, e a mim, pela metade do globo. Em troca, eu escreveria um artigo para sua revista de bordo e mencionaria a ajuda que deram em todas as entrevistas que eu concedesse. Pela incrível ajuda que a South African Airways ofereceu, acho que isso era o mínimo que eu poderia fazer em troca. Viajando com a carga, poderia assegurar aos doadores e a mim mesma de que os livros realmente chegariam às crianças e não se perderiam, além de poder resolver quaisquer outros problemas.

Transportar uma coleção de livros tão grande era um problema em si mesmo, assim, decidi que a única maneira viável, uma vez que a operação Book Power era uma organização incipiente, era buscar a infra-estrutura já estabelecida de projetos educacionais locais e grandes organizações de ajuda humanitária. Como um exemplo, no continente Africano, a Book Power distribuiria milhares de livros sob os auspícios dos programas educacionais da World Vision International que operavam na região e através das escolas governamentais quenianas. Similarmente, a READ Education Trust, idealizada pelo presidente Nelson Mandela, abasteceria as instituições na África do Sul. Após consultá-los, pude verificar quais áreas e escolas tinham maiores necessidades. Cada escola receberia uma doação de aproximadamente 2 mil publicações, em uma seleção diversificada de todos os livros doados.

A chegada da Book Power em Johannesburgo, na África do Sul, causou muita comoção pois, segundo o READ Education Trust, 95% das crianças negras nas áreas mais pobres da cidade, em Soweto e Orange Farm, não têm livros em suas escolas. O velho regime do *apartheid* tinha uma política passiva de manter a população negra analfabeta, construindo as escolas mas sem abastecer as bibliotecas ou fornecer livros didáticos. A "ameaça" de uma maioria negra educada obviamente era uma das mais temidas pelos idealizadores do *apartheid*.

Dirigir pelas favelas urbanas de Johannesburgo era bastante intimidador no começo. A pobreza, violência e o crime eram a norma, mais do que a exceção, e os diplomatas, representantes do governo e meus amigos sul-africanos enfatizaram a necessidade de uma rígida segurança pessoal nessas áreas. Assim, um carro da polícia foi designado para acompanhar nossa caminhonete pelos bairros mais perigosos de Soweto.

Poucas árvores amenizavam a paisagem urbana; em vez disso, o horizonte estendia-se até onde a vista alcançava coberto por ruas meticulosamente simétricas, com moradias que, muitas vezes, não passavam de contêineres de metal para transporte de carga adaptados. O ponto focal de cada residência era uma cabine sanitária independente, relativamente nova, colocada no quintal da frente das casas. Essa havia sido uma iniciativa governamental após o fim do *apartheid*, uma maneira de assegurar melhores padrões de higiene e água corrente para a população dos antigos guetos. Amplas ruas de betume com acostamentos de terra batida passavam diante dessas casas, sugerindo a perspectiva de mobilidade, mas não de permanência. Não havia jardins florescentes lá. Boa parte da área ao redor consistia nos restos de minas esgotadas, a terra exausta de todos os minerais, com enormes pilhas de resíduos minerais. Eram áreas que serviam de terra-de-ninguém. Lá, diferentemente de outras cidades, não havia descendentes de membros da alta sociedade em subúrbios ricos para formar uma classe média, ou uma classe de trabalhadores honestos ou mesmo pequenas favelas; essas favelas eram satélites autocontidos, distantes da vida diária do comércio e das escolas particulares. Havia um aspecto de desonestidade sobre esse lado da vida sul-africana que eu achava deprimente; era uma postura do tipo "se não vejo, não existe".

Foi um pouco constrangedor e muito humilhante ver o entusiasmo nas faces das crianças nas escolas de Soweto. Muitas vezes, ao nos dirigir-mos para uma escola, eu via cartazes e faixas feitos a mão expressando a gratidão dos estudantes pela nossa chegada, e havia sempre um coro de centenas de crianças reunidas para cantar músicas de boas-vindas tradicionais. Ver uma escola de 600 crianças com apenas 35 livros fazia me sentir enojada com os antigos governos sul-africanos. Como pode uma nação com uma sociedade moderadamente rica e uma grande classe média transformar o direito à leitura em uma questão de pretos ou brancos?

Depois de Johannesburgo, a perspectiva de voltar ao Quênia enchia-me de alegria. Não só eu iria visitar locais desconhecidos do país, mas também repetiria minha viagem para a terra dos massai. Primeiro, no entanto, haveria uma passagem por Nairobi, para visitar o orfanato em que Rasoa, minha filha adotiva de 4 anos, vive. Rasoa é uma criança travessa com grandes olhos castanhos, um sorriso de lado e fascinada pelos meus cabelos longos. Ela é da tribo dos Kikuyu, fala suaíli e algumas poucas palavras em inglês. Quando me viu, Rasoa disparou em minha direção com suas pequenas pernas roliças, e de repente parou, esperando para ver se eu a chamava para mais perto. Quando fiz isso, ela tornou-se repentinamente tímida, caminhou devagar em minha direção e enfiou sua mão na minha. Vê-la de novo, após quase um ano, foi maravilhoso e eu aproveitei cada um de nossos abraços.

O centro Mukuru, onde Rasoa mora, funciona não só como um orfanato, mas também como uma escola e é quase outra casa para a comunidade. Nas áreas vizinhas, as crianças vivem na maior pobreza que já vi em qualquer lugar do mundo. Não há água corrente, sistema de esgoto ou eletricidade, as moradias são meros barracos. As cabras disputam com as crianças os restos dos montes de lixo, e valas abertas correm diante das portas. Sem antibióticos, as crianças morrem regularmente de malária, bronquite e sarampo. Criar uma biblioteca no centro faria uma grande diferença para o que as crianças poderiam atingir em termos educacionais. Parecia prudente também assegurar que o armazém também estivesse bem abastecido com sacos de milho e feijão. Com pouco dinheiro, na maioria dos dias apenas 120 crianças, de um total de quase 200, tinham a sorte de conseguir partilhar a única refeição oferecida pelo centro, constituída de um prato de mingau.

ERA UMA VEZ UMA PRINCESA

Pude passar dois dias com Rasoa e com as outras crianças, cantando, jogando, imitando animais e lendo livros de história, sentada no capô de um jipe antes da hora de partirmos para a mata. Sacolejando pela familiar rota para Engkonganarok em um outro comboio de Land Rovers, eu mal podia conter minha excitação diante da perspectiva de encontrar Naipanti e o resto de minha "família" massai. Ao ver a montanha e uma manada de elefantes a distância, soube que estávamos próximos.

A população de Engkonganarok tinha idéia que eu voltaria, mas não exatamente quando. Se alguma dúvida restasse em minha mente quanto à possibilidade de terem me esquecido, ela se desfez no momento em que desci do veículo. Fui cercada por pessoas rindo e me abraçando e puxada até o curral para uma cerimônia de boas-vindas. Dançamos e cantamos até que o sol começou a se pôr atrás do Kilimanjaro. Examinei os novos bebês nascidos durante minha ausência e brinquei com as crianças que conhecera de minha viagem anterior. Quando a noite caiu, acomodei-me diante de uma fogueira, com a cabeça de Naipanti aninhada em meus braços e minhas costas apoiadas nas de sua mãe, enquanto ouvíamos as anedotas desbocadas e bobas pela voz roufenha de uma das matriarcas da tribo. A lua brilhava resplandecente e o ar limpo estava perfumado pelo cheiro de cabrito assado e lenha queimada.

Os negócios comunitários foram tratados no dia seguinte, acompanhados de uma bebida ainda quente de sangue de vaca e leite. Essa iguaria, eu sabia, era reservada a hóspedes de honra ou pessoas muito doentes e era uma questão de etiqueta não hesitar e beber em grandes goles. Eu era a única mulher nesta reunião e imaginava o porquê. Tudo foi revelado pouco depois, quando Mongo e Kapito, além de Daniel, o chefe da aldeia, pediram que eu os seguisse de volta para o meio do curral. Ali, diante dos demais membros da aldeia, fui promovida a cidadã honorária pelos guerreiros e presenteada com um cinto enfeitado de miçangas, algo que, tradicionalmente, apenas os homens podiam usar. Com um sorriso, Mongo explicou a decisão de Daniel. A explicação era que "nossa irmã Agee Jack é apenas baixinha; no entanto, caminha ereta como um homem, mas sorri como uma mulher". Considerei esse um dos melhores comprimentos que já recebi.

Estar presente enquanto hordas de crianças viam seus primeiros livros na vida foi um dos maiores privilégios de minha vida. Tenho cons-

410

ciência de que fui muito afortunada por testemunhar esse momento. O mais incrível de tudo era ver como as crianças de todas as escolas e aldeias que visitei reagiam aos livros que levei para elas. Elas se reuniam em grupos, debatendo e erguendo-se sobre os ombros uns dos outros para espiar o livro de seu amigo, os olhos chamejantes de curiosidade. Essa reação durava cerca de 15 minutos antes de cada criança se afastar da coletividade, acomodar-se no chão e começar a ler à meia-voz, sempre com um dedo esticado para acompanhar a frase e sempre absortos em sua concentração.

(Em 1999, a escola de Mongo em Engkonganarok havia crescido de 30 crianças para mais de 130, muitas das quais caminhavam por duas horas através da savana até chegar na escola. Três professores do governo haviam sido designados para auxiliar Mongo, e o governo financiou a construção de um pequeno prédio para abrigar sua biblioteca e duas salas de aula adicionais. De noite, a aldeia oferecia turmas de alfabetização para adultos.)

❧

Desde sua criação, ampliei a operação Book Power para a Bósnia, com um programa para auxiliar no restabelecimento das escolas pelas regiões de Tuzla e Sarajevo. Nossa principal preocupação era restaurar, por meio da educação, alguma normalidade nas vidas das crianças que perderam suas raízes e foram profundamente traumatizadas pelo logo e brutal conflito. O UNHCR, ou Alto-Comissariado das Nações Unidas para os Refugiados, e a World Vision forneceram o transporte até suas bases estabelecidas por toda a região. Como estavam ativamente envolvidos com a restauração das escolas, era natural usar seu conhecimento da antiga região de guerra. Viajei para lá pela primeira vez em setembro de 1997, para investigar outros recursos educacionais necessários para crianças que precisavam recriar um mundo de fantasia saudável e feliz, em meio a uma realidade que há muito destruíra sua inocência.

As crianças da África ainda figuram fortemente nos planos da operação Book Power e foram mais uma vez beneficiadas pela distribuição de livros. A coleção de 1997 superou o equivalente a 1 milhão de libras, correspondendo ao preço de venda dos livros. Para a coleção mais recente, a operação Book Power incluiu a Suazilândia, Zimbábue e Malaui, além do Quênia e da África do Sul e outros diversos países.

Cada vez que um novo país era incluído na lista, minha mente voltava-se para Iddin e Shahirah e para a ironia da situação em que nos encontrávamos. Lá estava eu, encontrando milhares de crianças todos os anos, lendo histórias para elas em meio a uma zona de guerra, ou sentando-me no campo, cercada de girafas e zebras, enquanto os mais novos ouviam contos de fadas, de olhos arregalados, e ainda assim já não sabia se poderia reconhecer a risada de Shahirah ou a voz de Iddin. Reconheço que, em parte, uso o contato com todas as crianças do programa Book Power como um alívio artificial para a saudade que sinto dos dois. Mas, se reconheço esse placebo e compreendo seu caráter de substituição, estou certa de que não afeta em nada minha crença genuína de que a leitura é um direito de todas as crianças, assim como a água potável, cuidados médicos e comida suficiente.

Em minhas visitas aos Estados Unidos, tive reuniões preliminares em Nova York com o presidente de uma das maiores editoras do mundo e percebi fortes sinais de que a indústria editorial norte-americana pode se envolver na expansão da operação Book Power para outros continentes. Com este objetivo, em todas as minhas viagens faço questão de me encontrar com outras organizações e pessoas afins, como a embaixadora da Unesco, sua alteza real, a princesa Firyal, da Jordânia, e representantes da Care International, Oxfam e Médicos Sem Fronteiras, além de diplomatas experientes e parlamentares europeus, para permitir que eu formule futuras estratégias de planejamento. Até o ano 2000, espero que a Book Power tenha se transformado em uma operação global, reunindo o entusiasmo de outros autores renomados e pessoas proeminentes de todo o mundo. Na época em que escrevia isso, a Book Power havia coletado mais de 1,4 milhão de libras em livros.

Entre uma e outra viagem ao mundo exterior, a realidade da vida continuava a exigir minha presença. Eu ainda trabalhava na televisão, até decidir sair do programa em 1996 para me dedicar à rede Empty Arms e à operação Book Power, além de outros trabalhos de caridade. Quando fui chamada para trabalhar em algumas produções e apresentar um perfil da Austrália para a BBC Radio 4, aceitei alegremente. Gostei de trabalhar com a produtora enviada de Londres para supervisionar o projeto, pois

412

ela tinha um humor aguçado e era divertida. Era um grande prazer estar envolvida em um programa com valores de produção tão altos. Era um trabalho estimulante e desafiador também, criar programas de rádio em lugar de imagens, como estava acostumada na televisão. Por outro lado, também foi interessante acompanhar a mudança do perfil da Austrália após uma eleição que representou uma grande derrota para o governo trabalhista. Junto com essa remoção eleitoral de um longo governo, veio a saída de meu velho adversário, Gareth Evans, e o fim de seu domínio da área de assuntos estrangeiros. A nomeação de um novo ministro, o deputado Alexander Downer, fez minha cabeça rodar em choque — ele telefonou para mim dois dias depois de assumir o posto para conversar sobre Iddin e Shahirah, e conversamos por horas. Foi um momento de virada marcante em relação à linha política que eu me acostumara a esperar daquele ministério.

As questões legais relativas às crianças também teriam que ser abordadas com regularidade monótona. A mais ou menos cada seis meses, um novo ataque de Bahrin aparecia para me rotular como uma mãe cruel ou incapaz, e ele divulgava histórias ocasionais a meu respeito no Natal, Dia das Mães, próximo aos aniversários de Iddin e Shah ou da data do seqüestro.

Logo após o aniversário de 13 anos de Iddin, um jornal ligou para avisar que tinha conseguido entrevistar Bahrin e as crianças e que a matéria seria impressa em 24 horas. Eles simplesmente seguiam o protocolo de me pedir algum comentário sobre as observações grosseiras de Bahrin e sobre as declarações de Iddin e Shahirah de que "eu não era a mãe deles". Experimentei um peso em meu estômago como se ele tivesse caído em meus pés. Senti o costumeiro ataque de desespero e saudade tomando conta de meu peito. Era a mesma e velha batalha novamente, minha tentativa de proteger meus filhos da mídia e Bahrin usando Shah e Iddin para alimentar pessoalmente a voracidade da imprensa marrom com total desprendimento.

Com calma, assinalei para a jornalista que havia um mandado de supressão em vigor para proteger as crianças e que eles seriam processados caso a entrevista fosse publicada. O que eu realmente desejava fazer era atacar, berrar e gritar para essa mulher, perguntar como ela podia imaginar que aquilo não era prejudicial para as crianças. Em vez disso,

413

desviei o assunto. Comecei a perguntar à repórter sobre a voz de meus filhos e se eles pareciam estar bem. Ela foi bem pouco acessível e, quando pedi que ela me desse o telefone das crianças na Malásia, ela se recusou. O motivo, explicou friamente, não era por eu não ter direito ao número, mas porque seu jornal havia pagado ao príncipe pelas entrevistas e também porque, como jornalista, ela tinha de proteger suas fontes. A frase "não podia" foi usada apenas uma vez; a ênfase era em "não iria". Eu sentia minha frustração crescer — não se tratava da investigação do caso Clinton/Lewinsky e ela, certamente, não era Kenneth Starr. Falar de "fontes" e de ética jornalística deixou-me nauseada — meus filhos não eram "fontes", eram duas crianças cujas vidas haviam sido manipuladas e violadas. Exasperação não chega nem perto de descrever o que senti depois de enfrentar aquela mulher. Mesmo depois de quatro ou cinco telefonemas para seu editor e depois para ela de novo, ela foi inflexível em afirmar que eu não tinha o direito de saber como entrar em contato com Iddin e Shah.

O desânimo despencou sobre mim como uma tonelada de tijolos. Meu íntimo revolvia-se com raiva e confusão. Todos os meus mecanismos cuidadosamente desenvolvidos eram um fracasso se Iddin e Shahirah ainda eram expostos a esse tipo de disputa de audiência. Saí de casa no momento em que uma garoa fina começou e o sol do final de verão estava se pondo. Não podia agüentar ficar entre quatro paredes e acabei passando a noite encostada em uma árvore num parque próximo, pensando e chorando. Voltei para casa cedo de manhã para verificar que o jornal do fim de semana não havia impresso a matéria como haviam me descrito. Acabou por chegar às ruas com a história bastante modificada. Nenhum dos comentários das crianças apareceu e tudo o que Bahrin falou a meu respeito foi citado de maneira a não poder ser considerado legalmente difamatório, com o uso cuidadoso da palavra "supostamente" — era óbvio que o jornal mostrou a matéria proposta para alguns advogados bastante nervosos.

Já havia alguns anos então que eu tinha mantido minha decisão de não instigar novas reportagens na mídia sobre a situação de minha família. Na realidade, não havia qualquer vantagem em alimentar o lado macabro da curiosidade das pessoas. Minha posição era de comentar apenas quando absolutamente necessário. O Departamento de Relações Exteriores também me informou sobre a linha que Bahrin tinha adotado — que, se eu não falasse com a mídia e deixasse de reiterar para eles a minha esperança de que ele viesse a autorizar um telefonema para as crianças, ele poderia considerar demonstrar alguma condescendência. Comprometer a perspectiva de falar com Shah e Iddin era algo que eu desejava evitar a todo custo. Intimamente, detestava voltar a ser a obediente subalterna de Bahrin, mas era um preço que estava disposta a pagar dez vezes se fosse para ouvir a voz de meus filhos em uma conversa particular. Assim ficava ouvindo os diversos comentários horríveis de Bahrin e, algumas vezes, das próprias crianças, sempre na esperança de que Bahrin estivesse me testando e que, se eu não reagisse após mais um de seus comentários vis sair de sua boca, eu pegaria o telefone um dia e ouviria as vozes de Iddin e Shah do outro lado como algum tipo de recompensa.

Estranhamente, o Dia das Mães se transformou em um dos momentos favoritos de Bahrin; em geral ele guardava suas ações mais repulsivas para aquele dia do calendário. Um ano, foi uma peça promocional para o seu novo *resort*. Nessa matéria de duas páginas, o foco era em Elmi, a cantora de boate, e o texto vinha acompanhado por fotografias dela e de meus filhos. O título era *A madrasta mais querida*, e era um tributo a suas habilidades maternas em relação a Iddin e Shahirah. Elmi descreveu meus filhos como grosseiros e sujos quando chegaram até ela. Segundo ela, Iddin e Shahirah tinham aversão a tomar banho e à higiene em geral. Isso, afirmava, devia-se ao fato de eu ter sido uma mãe inadequada e jamais ter cuidado deles. Ela afirmava que eu aterrorizava meus filhos e os deixava em casa sozinhos por dias e noites sem fim. O ponto alto dessa peça odiável era o fato de que ela havia alimentado Shahirah e Iddin, então com 12 e 14 anos respectivamente, com leite de seu peito. A motivação distorcida por trás disso era bastante insidiosa — segundo a lei islâmica, qualquer criança que bebesse o leite de uma mulher que não fosse sua mãe biológica estava para sempre ligada através de um relacionamento de sangue a ela. Isso criava toda uma nova perspectiva sobre a adoção para mim, que fazia meu estômago ficar embrulhado.

Outro toque bizarro foi a divulgação da gravação de uma entrevista via satélite com Iddin e Shahirah em um programa de atualidades da Malásia, no qual repetiram insistentemente que eles me odiavam e que eu era uma mãe violenta e que os submetia a maus-tratos. As palavras não significaram nada para mim, eu apenas ouvia o tom de suas vozes e olhava a expressão triste e traumatizada de seus rostos. Shahirah estava totalmente coberta com um véu rosa-claro, apenas seu rosto e mãos estavam visíveis. Sua postura era rígida e dura, como uma mulher velha e cansada, desconfiada de todos e calculando cada palavra antes de falar. Os olhos de Iddin pareciam inchados, como se houvesse chorado. Seus cabelos estavam cheios e muito mais ondulados do que quando era pequeno. Mas o mais incrível era que Iddin estava muito parecido com o meu pai! Eu nunca antes imaginara que meu pai fosse ter alguma participação na aparência de meus filhos, portanto achei muito estranho que a puberdade revelasse de forma tão clara o meu lado da família em Iddin.

As duas crianças demonstraram o cuidado de incluir elogios para Elmi, e Shahirah também mostrou um cartão de aniversário para Bryan Wickham, a quem eles foram instruídos a chamar de "tio John". A parte mais triste dessa exibição das crianças era que eles não sorriram uma vez sequer. O gancho para o programa de atualidades era a promoção do livro recém-lançado de Bahrin sobre os méritos do seqüestro parental, que incluía uma fantasiosa dissecação de minha personalidade e sanidade. Nessa parte da entrevista, Bahrin foi acompanhado de seu velho cúmplice, Bryan Wickham, que nitidamente se deleitava com seu tratamento de herói. Wickham e sua mulher, Sheila, ao que parecia, estavam morando por um tempo na Malásia e tinham sido fotografados abraçando com força Iddin e Shahirah. Wickham estudadamente não mencionou as barras de ouro que ele recebeu por sua participação no seqüestro, tampouco seus registros criminais foram citados. O crime de fato compensa para algumas pessoas, inúmeras vezes.

Durante os anos de 1997 e 1998, passei um tempo enorme carregando malas e me especializando em hotéis. Aceitei uma série de trabalhos como *freelancer* em Nova York, Londres e na Bélgica. Ao menos reconheci que estava fugindo da Austrália e de cada esquina em que pudesse imaginar as crianças diante de mim, e em cada parque em que brincamos. Minha cidade natal tornou-se claustrofóbica ao extremo e a falta de privacidade em nível pessoal ficou insuportável. Eu conseguia respirar longe de Melbourne e aproveitava a liberdade, intelectual e psicológica, que esse estilo de vida seminômade oferecia. Em contrapartida, voltar para casa regularmente e dar vazão aos meus instintos domésticos eram a pedra de toque de minha vida familiar. A pressão constante de manter o "desempenho" e não permitir que a ausência das crianças se refletisse em meu trabalho acabaram por cobrar seu preço e havia dias em que eu precisava apenas da segurança de minha própria cama e me dar ao luxo de chorar.

Eu me esforçava ao máximo para conseguir funcionar para além de minhas preocupações com Iddin e Shahirah e desenvolvi laços mais próximos com amigos nas cidades onde me encontrava. Ao lado disso, vieram novas experiências de eu me sentir "corajosa", como me vestir para uma noite de gala em um espetáculo de balé e forçar-me a ir ao Lincoln Centre, em Nova York para assistir a uma apresentação. Desenvolvi a habilidade de levar um livro para um pequeno restaurante francês, na rua 58 oeste, como um recurso para evitar companhias indesejáveis. Eu me dedicava a visitas demoradas aos museus, andando pelas galerias do Metropolitan ou do Guggenheim por dias a fio entre meus compromissos e caminhava pelas ruas de Nova York. As circunstâncias permitiram que eu conhecesse pessoas fascinantes e fosse a uma grande variedade de eventos, além de entrar em contato com personalidades como escritores, fotógrafos, amigos de amigos que eram bailarinos, editores e diplomatas das Nações Unidas. Estabeleci minha base em um hotel pouco tradicional, chamado Wyndham, próximo ao Central Park, durante dois meses em que trabalhei e usei meu tempo livre para escrever e explorar. Apaixonei-me por Nova York, seu ritmo e vibração, e jamais me senti apreensiva ou insegura ao andar sozinha pelas ruas.

Durante vários anos, trabalhei em uma série de casos de seqüestros norte-americanos, ajudando a encontrar crianças seqüestradas e trabalhando para uma grande variedade de pais, de diferentes origens e situações. Mantive uma linha de comunicação estreita com o Centro Nacional para Crianças Desaparecidas ou Exploradas, em Arlington (próximo a Washington D.C.), e recebia orientações sobre seus casos com freqüência. Similarmente, o Departamento de Estado e o Centro Nacional examinavam diversos registros que eu encaminhava para eles. A maioria dos casos sob a Convenção de Haia entre nossos dois países eram quase sempre tranqüilos, com um bom índice de retorno. Alguns, no entanto, abalaram os recursos da Empty Arms Network.

Um desses foi o seqüestro do bebê Adam Karides, que foi levado por sua mãe de Virgínia para Melbourne. Jim, o "pai deixado para trás", entrou em contato comigo em 1995, ainda dos Estados Unidos. Depois, ele veio morar em nossa casa por alguns meses durante a busca por Adam, e novamente em 1996. Era uma história complicada de obstrução da Justiça, jogos de espionagem e esperança tenaz. Nós não poderíamos desejar um hóspede melhor — pessoal e carinhoso, Jim era ótima companhia, um homem inteligente, sempre preocupado com o estado de espírito dos outros e muito sensível ao fato de que eu também havia perdido meus filhos. Ficávamos conversando até tarde sobre o impacto emocional de nossas situações. Arrasado por algumas acusações feitas pelos seus ex-sogros, Jim jamais deu sinais de desejar vingança ou que sua ex-mulher sofresse — ele simplesmente queria conhecer seu filho. Era muito frustrante para ele deixar a Austrália a cada vez, sem notícias de seu bebê, mas, se não conseguisse manter seus negócios em dia nos Estados Unidos, não teria condições de cobrir os custos de sua equipe de advogados, necessária para localizar Adam. Finalmente, ele foi chamado a Austrália pela terceira vez, com a notícia maravilhosa de que Adam havia sido localizado e estava bem. Com muita alegria, todos nós comemoramos as notícias. A busca e subseqüentes audiências no tribunal custaram cerca de 700 mil libras aos contribuintes.

Minha grande amiga Sally Nicholes, uma jovem advogada de família do escritório Middletons, Moore e Bevins, foi obstinada em sua recusa de desistir da busca por Adam, enquanto tantos outros se cansaram. Sem a sua tenacidade, estou convencida de que Adam ainda poderia ser um número sem rosto em uma estatística, em vez de um menino feliz e bem ajustado morando em Virginia Beach, na costa leste dos Estados Unidos.

Encontrei com Sally pela primeira vez por meio de meu advogado (e agora conselheiro real), John Udorovic. Ela ofereceu-se gentilmente para me ajudar em uma questão relacionada a Iddin e Shahirah e nós desenvolvemos um bom relacionamento desde então. Sally voluntariou-se a participar da Empty Arms Network e ajudou muitos pais e mães. Não satisfeita em apenas aprender o trabalho, ela passou muitas horas pesquisando precedentes e estudando a Convenção de Haia, e trabalhamos juntas muitas vezes nos casos. Felizmente, eu contava com pessoas incríveis a quem recorrer, pois os números de casos aumentavam e eu estava recebendo pelo menos três relatórios de casos por semana, domésticos e internacionais.

Após o repatriamento do pequeno Adam, recebi um prêmio do Centro Nacional para Crianças Desaparecidas e Exploradas pelo meu trabalho com crianças seqüestradas e proteção infantil. Em janeiro de 1997, tive a honra de ser nomeada embaixadora da organização humanitária internacional World Vision. Com o cargo de embaixadora, atividades extras apareceram com uma agenda mais cheia de palestras para o público sobre questões humanitárias. Além disso, o prêmio e o sucesso internacional do documentário *Empty Arms — Broken Hearts* sobre seqüestro parental significaram pedidos mais freqüentes para fazer palestras e apresentações, todas sem remuneração, mas que desempenhavam uma função importante em meus itinerários de viagem e minha localização de uma semana para outra. Fui convidada para ir a Hong Kong, ajudar na preparação de um grupo de advogados de família, uma vez que Hong Kong ratificou a Convenção de Haia, e para a Bélgica, para tratar de assuntos afins. No entanto, o mais importante era tentar convencer o governo belga a assinar o tratado. Surpreendentemente, a Bélgica era um dos poucos membros da União Européia a se recusar a se tornar signatária de Convenção de Haia. Era exasperador assistir a esse impasse de longe, enquanto diversas crianças eram atingidas. Fazer lobbies era outro aspecto do trabalho da Empty Arms e procurar convencer outros países a assinar a Convenção de Haia tornou-se uma prioridade para mim.

Uma importante conferência, intitulada "Congresso Mundial sobre Lei de Família e Direitos da Crianças e da Juventude", foi realizada em San Francisco, durante uma semana, e fui chamada a fazer uma apresentação. Sally e eu comparecemos juntas à conferência. Fiquei extremamente feliz por ela estar lá para me oferecer apoio moral, uma vez que fazer uma palestra de abertura sobre a aplicação prática da Convenção de Haia e os impactos psicológicos do seqüestro infantil foi uma experiência tensa demais. Finalmente achei que meu trabalho começava a fazer alguma diferença no cenário mais amplo dos acontecimentos. A presidente honorária da conferência foi a primeira-dama, Hillary Rodham Clinton, e o público foi formado por 1.200 líderes proeminentes nos campos dos direitos humanos, judiciário, diplomacia, assuntos internacionais, atuação de advogados e questões humanitárias. Foi incrível

419

estar em uma sala cheia de juízes de 55 países e discutir suas opiniões sobre a Convenção de Haia, suas visões sobre o seqüestro parental e como suas jurisdições lidavam com o assunto. Achei bastante estimulante. A conferência também me trouxe a oportunidade de conversar com pessoas da área de direitos humanos sobre algumas das questões com que me deparei na África e tratar da operação Book Power com a princesa Firyal, da Jordânia. Em sua avidez como embaixadora da Unesco, sua alteza real também atuava na área de alfabetização infantil e achamos interessante trocar idéias.

Como resultado do Congresso Mundial, fui convidada a dar uma palestra sobre seqüestro no Departamento de Estado dos EUA, em Washington, depois da qual Sally e eu encaixamos em nossos planos uma visita rápida a Jim e Adam Karides, no estado próximo de Virgínia.

Receio ter caído em um estado de saturação logo após essa série específica de compromissos. O desgaste foi simplesmente demais, atuando sem cessar de maneira profissional e mantendo minha compostura ao falar sobre seqüestro de crianças, estatísticas e estratégias legais, enquanto, no íntimo, gritava com toda a força por Shah e Iddin. Em algumas noites, durante a viagem, eu quase não consegui dormir, de tanta saudade das crianças. De manhã, sacudia o dedo para o espelho, admoestando a imagem diante de mim de que este era o rumo que as crianças teriam aprovado. Mas, ao voltar para a Austrália, tudo o que consegui fazer foi me arrastar para a cama e me meter debaixo do acolchoado por uns dias, empurrando o mundo para o mais longe que pudesse. Estava exausta, com um sentimento de vazio pela ausência de meus filhos e por perceber minha própria incapacidade de proteger Iddin e Shahirah da mesma maneira como protegia outras crianças. As lágrimas começaram a correr e assim se mantiveram por horas. Essas não tinham qualquer semelhança com as lágrimas do Quênia, eram lágrimas de dor e perda.

De maneira frustrante, minhas lágrimas por fim cessaram e meu corpo reassumiu sua postura obstinada de sempre. Algumas vezes, gostaria de não ser tão resiliente, que não me recuperasse. Eu gostaria de dormir por anos, até o dia em que pudesse rever meus filhos de novo. Mas o sono chegar, convenientemente, por encomenda era algo como dar combustível aos porcos e esperar que eles saíssem voando. Enquanto isso, havia trabalho a ser feito.

A Bósnia era o próximo item na agenda. Eu tinha um encontro marcado com centenas de crianças refugiadas e uma montanha de livros para distribuir. A finalidade dessa viagem tinha dois aspectos: eu ia representar a World Vision como embaixadora e verificar seu trabalho na Bósnia, e também planejava investigar se o programa Book Power seria adequado para as crianças da região. Parti para a antiga Iugoslávia, devastada pela guerra, 48 horas após a morte trágica da princesa de Gales, Diana. Senti-me profundamente triste por sua morte prematura e fiquei muito preocupada com seus filhos, os príncipes William e Harry. Ela e eu tínhamos passado por casamentos reais complicados e fomos envolvidas por tudo aquilo quando éramos muito jovens. Apesar de suas dificuldades, sua personalidade radiante fez vibrar uma corda em muitas pessoas ao redor do mundo, e sua dedicação à causa das minas terrestres fez com que ganhasse meu respeito. Agora, eu estava a caminho da Bósnia e passaria algum tempo com pessoas com quem ela estivera poucas semanas antes; era uma sensação esquisita.

O que posso dizer é que o período na Bósnia afetou-me mais profundamente do que o trabalho na África, ou pelo menos me atingiu de uma maneira diferente. Ser de um país ocidental ou europeu permite manter certo distanciamento na África. Existe uma rede de segurança não explícita, quase subconsciente, originada pela superioridade tecnológica, econômica, arquitetônica, que separa os trabalhadores da ajuda humanitária e os visitantes das populações com quem trabalham e convivem na África. A topografia e a miséria são muito diferentes de casa. Na Bósnia, no entanto, o preconceito e a intolerância, a suspeita e a histeria, refletem os lados mais horríveis das nações ocidentais e européias, amplificadas centenas de vezes. Os prédios bombardeados e as paredes esburacadas das casas atingidas por morteiros poderiam pertencer a qualquer cidade de um país do "Primeiro Mundo". Vi os sinais da guerra em termos possíveis de comparação com meu próprio país e minha vida: as ruas de Londres, por onde caminhei e fiquei por algum tempo; a Bélgica, onde morei e trabalhei por vários meses — essas cidadezinhas poderiam ser qualquer um dos vários lugares que eu amava, com aquele ambiente íntimo e agora pacífico. Este Hades sobre a terra foi o resultado do encontro entre os extremos do nacionalismo exacerbado com a xenofobia, em um frenesi semelhante ao de tubarões sentindo o cheiro de sangue. Os termos e condições da guerra pareciam um conceito muito estranho para alguém da minha idade e de um país que jamais vivera um conflito com armas modernas em seu território. Enfrentei essa realidade perturbadora, abalada pelo remorso de que o resto do mundo ficou de braços cruzados e permitiu que o genocídio e a destruição acontecessem tão próximo de sua própria decadência moral.

A República da Bósnia Herzegovina é uma colcha de retalhos de territórios antagônicos e de zonas de exclusão desmilitarizadas. Minhas experiências também eram uma colcha de retalhos, de lágrimas e risos, cultura e brutalidade, gentileza e truculência. Fui credenciada pela Osce (Organization for Security in Central Europe — Organização para a Segurança na Europa Central) e para a SFOR (Forças de Estabilização das Nações Unidas) para observar e fazer relatórios sobre as primeiras eleições desde o final da guerra. Viajei com as Unidades de Infantaria para longe da base militar Eagle Base, dos EUA, fora de Brcko, em tanques e veículos blindados chamados Hum Vees. Sempre em comboio de quatro veículos e armados até os dentes, esses guardiões da paz patrulhavam as áreas vizinhas a cada hora para garantir que o processo político democrático avançasse sem o risco de tiroteios. Ocasionalmente, a patrulha estacionava para verificar a situação em diversas vilas ou nas seções eleitorais. Algumas vezes, era para suavizar um pouco a regra do não envolvimento e falar com algumas crianças e lhes dar doces. Era fascinante ver jovens americanos disputando arremessos de beisebol com as crianças em meio a um campo de refugiados. Apesar de completamente fardados em uniformes de batalha, com capacetes e coletes à prova de balas, por alguns minutos aqueles soldados não pareciam muito mais velhos do que as crianças com quem brincavam.

Em uma dessas paradas, um lance do destino me colocou diante das únicas notícias em primeira mão que recebi de Iddin e Shah. O comboio havia parado para inspeção em uma pequena cidade, próximo ao território sérvio. Uma chuva intermitente caía de um céu cinzento e o acostamento da estrada estava escorregadio e acidentado. Nossos veículos deixavam marcas profundas e meus pés escorregavam desajeitadamente na lama. Nenhum dos prédios escapou das seqüelas da guerra: a fachada de cada casa tinha marcas de estilhaços de morteiros e não havia uma janela sequer com vidros. O tempo ruim era mantido do lado de fora por velhos sacos de farinha ou por plásticos exibindo o emblema azul das Nações Unidas. Muitas construções não tinham telhados e algumas paredes laterais não eram mais do que tijolos em pedaços e buracos escancarados. Poucas árvores sobreviveram; a maioria foi cortada para ser usada como lenha em fogões precários usados por grande parte da população de refugiados.

Quatro soldados armados cercavam seu capitão e a mim enquanto abríamos caminho até um prédio parcialmente destruído em que uma seção eleitoral fora instalada, operada por voluntários de vários países da Europa. De repente, um dos membros da força policial internacional das Nações Unidas saudou-me em malaio. Vestindo um uniforme cáqui e uma boina azul-clara da ONU, ele pareceu bastante confuso ao me ver em meio a uma escolta oficial da SFOR, vestindo um colete à prova de balas no meio da Bósnia. Diante das circunstâncias, não fiquei menos surpresa de ouvir alguém me chamar em malaio. Depois de alguma luta e comentários do tipo "Por que você quer saber de seus filhos? O príncipe diz que você não se interessa e não se importa com eles", e após alguns pedidos gentis de minha parte, o policial malaio finalmente relaxou e virou-se para me olhar nos olhos:

— Então, você realmente quer saber? — perguntou-me com intensidade.

— Sim, claro que quero. Quero saber a altura deles, estou desesperada por saber qualquer coisa sobre eles. Você os viu nos jornais? — perguntei em malaio, sem ousar ter esperanças. Tive que segurar meu estômago e prender meus joelhos para não cair quando ele disse:

— Bem, na verdade, antes de vir para a Bósnia, fui escalado para o contingente policial de Terengganu e passei um bom tempo no palácio Istana Badariah, a serviço da realeza. Cuidei de seu filho, o príncipe Iddin, algumas vezes.

Forcei-me a me manter calma e quieta, lutando para não agarrá-lo e sacudi-lo pelo colarinho para arrancar mais informações. Finalmente, ele falou um pouco mais.

— O príncipe Iddin é muito alto. Ele tem pelo menos 1,80m, talvez 1,85m.

O homem não tinha mais o que me dizer e não sabia quase nada de Shahirah. Assim, me afastei com toda a dignidade que consegui, dobrei a esquina de um prédio, com meus confusos "guarda-costas" cercando-me de perto. Eles não tinham entendido uma palavra do que dissemos, pois a conversa foi toda em malaio. Uma vez fora de vista, dobrei-me e comecei a soluçar e a ter ânsias de vômito.

Ao me recompor, consegui soltar uma explicação muito resumida sobre o meu mal-estar para os soldados americanos. Ao invés de se abalarem pela minha história, eles entreolharam-se e deram de ombros. Tirando o capacete e coçando a cabeça com o dedo indicador direito, o sargento, que se chamava Larry, um rapaz encorpado de 25 anos vindo do estado de Indiana, sacou uma pergunta que me fez rir e me livrar da tristeza.

— A senhora quer que a gente vá lá e dê um jeito nele? — perguntou. Por uma fração de segundo, antes de deixar de fantasias e voltar ao trabalho, permiti a mim mesma o luxo de imaginar o que Bahrin faria se um pelotão de elite de soldados americanos aparecesse diante de sua porta.

O resto de minha temporada na Bósnia foi cheia de contrastes extremos e acontecimentos: cantar músicas sobre cangurus com as crianças abrigadas em uma escola parcialmente destruída pelas bombas. Ensinar a meninada a imitar o canto estranho do *kookaburra*, um pássaro australiano. Encontrar crianças e adolescentes que haviam perdido membros nas minas terrestres e perguntar suas opiniões sobre o desarmamento. Passar o tempo com mulheres refugiadas da cidade devastada de Srebrenica, todas tendo perdido a maioria dos homens de suas famílias em execuções perpetradas em nome da limpeza étnica. Encontrar jovens muçulmanos sérvios, croatas e bósnios, na faixa dos 20 anos, trabalhando em uma central de crise na cidade de Bania Luka para ajudar famílias necessitadas. Estar no final da tarde às margens de um lago azul cristalino aninhado entre as montanhas ao redor de Tuzla, bebendo café turco e discutindo sobre os campos de estupro que foram instrumento de guerra durante o conflito. Ouvir silenciosamente enquanto meus companheiros (todos ex-soldados) explicavam o que tinha acontecido com as mulheres de suas famílias, namoradas e amigas, que estiveram entre as 50 mil mulheres vítimas deste tipo de tortura. Puxar uma "conga" de oitenta crianças pulando como cangurus em um dia de verão saariano, a apenas alguns metros de um campo minado identificado e ainda não limpo, ao lado de sua escola. Entrar no estádio olímpico de Sarajevo, cheio de marcas de

424

guerra, em uma noite clara e fria, atravessar círculos de tanques da Otan, cercas de arame farpado e tropas totalmente armadas, holofotes vigiando os céus; passar por duas revistas de segurança e verificação de ingressos até conseguir ser admitida no mais aguardado evento de Sarajevo desde o cessar-fogo — um incrível concerto de rock com os irlandeses do U2.

Havia um estado de grande expectativa enquanto a multidão de 45 mil pessoas aguardava a entrada do grupo no palco. O concerto era um símbolo para a população da cidade antes sitiada — enfim os bósnios viviam no mundo novamente. Pessoas dos cinco aos 55 anos ficaram na ponta dos pés quando os primeiros sons de guitarra encheram o estádio. Será que a música reunifica uma sociedade dilacerada por morteiros e pelo nacionalismo, eu me perguntava enquanto olhava ao redor. Milhares de isqueiros piscavam e balançavam em uníssono; a multidão começou a cantar junto com Bono, o vocalista do U2; e as lágrimas corriam pelo rosto dele enquanto gritava para o público "f***-se a guerra, viva a paz!". Por uma noite, as pessoas da Bósnia reuniram-se em uma força comum em torno de um objetivo — ouvir uma das maiores bandas internacionais de rock, vinda de uma pequena ilha com sua própria história de conflito interno. Os habitantes de Sarajevo foram reunidos naquela noite pela única coisa que transcende os idiomas e o ódio: a música.

Uma tarde, encontrei-me dentro de um forte. Construído no alto das colinas que cercam Sarajevo, serviu de um ponto perfeito para a instalação de artilharia pesada e franco-atiradores. Olhando para baixo, para o lado esquerdo, percebi um cemitério aninhado na base do monte. Centenas de lápides brancas simples identificavam as covas, e, ao descer de minha posição original, vi que a maioria delas era bem recente. Entrei no cemitério por um portão frágil, preso a uma cerca verde de estacas. Outras pessoas estavam lá, aparando a grama e afofando a terra. Levei vários minutos para perceber que todos eram idosos. A ordem natural da vida e da morte havia sido destruída pela guerra — pais e avôs cuidavam das sepulturas dos jovens. Para essas pessoas, a continuidade da vida e das esperanças havia sido obliterada pela guerra civil.

Caminhei lentamente por entre as fileiras de lápides até perceber as datas em uma parte do cemitério relativas a um dia específico. Mais do que isso, no entanto, todas as 26 lápides eram de crianças mortas por um ataque de morteiro premeditado. Olhando com mais atenção, subita-

ERA UMA VEZ UMA PRINCESA

mente senti como se o oxigênio tivesse sido sugado de meus pulmões e o tempo estancou. Essas crianças tinham a mesma idade de Shah e Iddin. Acelerei meu passo, indo de uma lápide para outra. Duas delas tinham o mesmo nome de Iddin, Baharuddin, três outras eram a sepultura de garotinhas — uma se chamava Shahirah e as outras Aishah, o nome do meio de Shah. Aquilo era tão errado, tão aterrorizador. Filhos não devem morrer antes de seus pais e as crianças não deveriam ser alvos de uma guerra maldita. Nenhum de nós no mundo fora daquele território destruído pelo conflito pode fugir à responsabilidade pelo que aconteceu às crianças da Bósnia. Quantos de nós assistiram à cobertura da guerra pela CNN ou pela BBC durante o jantar ou tomando drinques e mudando de canal quando as imagens ficavam muito fortes? Onde estava a nossa voz firme e unida exigindo uma forte intervenção e a paz?

Ao ser transferida para Banja Luka, em território sérvio na Bósnia, fui incumbida de observar o trabalho do Serviço das Nações Unidas para Ações contra Minas, Unmac. O Unmac era responsável principalmente por implementar e supervisionar o desarmamento e a remoção seguros dos "dispositivos antipessoais", ou minas terrestres, além de realizar programas de educação civil pela "consciência das minas terrestres". Certa manhã, em um dia quente e sem nuvens, acompanhei uma equipe do Unmac em uma missão de "desativação". O grupo militar era principalmente de britânicos, à exceção de um major do exército australiano, enviado em missão temporária para um regimento da Engenharia Real de Sua Majestade. Os demais soldados foram convocados de uma série de regimentos: o 21º Esquadrão de Campo dos Engenheiros Reais, o 3º Esquadrão Armado de Engenharia e o 38º Regimento de Engenharia.

Doloroso, enervante e delicado são as únicas palavras para descrever o trabalho deles. Isso e muito, muito perigoso. Uma busca por uma mina terrestre ativa inclui proteger-se com um avental bem pouco protetor, calçar luvas grandes e se cobrir com um capacete e um visor Perspex de última geração. Com isso, a pessoa está pronta para pegar a ferramenta básica de trabalho, uma vara de metal longa e fina e uma pequena pá. O sapador, como são chamados os engenheiros de explosivos, fica então de quatro e começa a sondar e raspar cada centímetro quadrado de uma área de 1.000m² por três meses, em busca das minas terrestres. Existem cerca de 3 milhões de minas terrestres plantadas no solo da Bósnia. Todas

426

ainda mortais e armadas. A cada mês, oitenta crianças deixam suas casas para brincar ou ir para a escola e são mortas ou mutiladas por uma mina terrestre.

�֍

"Sou um picles faminto", eu gritava desesperadamente em bósnio para o médico que se debruçava sobre minha cama, tentando explicar, com muita dificuldade, que eu não precisava de uma apendectomia e que apenas estava sofrendo de uma intoxicação alimentar. Completamente exausta e absolutamente famélica na noite anterior, sem ter tido tempo de comer por 24 horas, devorei um pote inteiro de picles de fabricação local e depois caí na cama, em um sono profundo — só para acordar na manhã seguinte com um caso grave de envenenamento por ptomaína. Achei que meu estômago havia resolvido deixar as instalações e estava esperneando para sair, sem deixar prisioneiros. Minha tez assumiu um atraente tom esverdeado (para um sapo) e minha temperatura corporal assemelhou-se à interpretação tropical de uma onda de calor vulcânica — por isso a hospitalização não programada e as parcas habilidades idiomáticas devido a uma dose maciça de petidina que um médico bem-intencionado administrou contra meu melhor julgamento.

Uma breve lição: jamais coma picles como a única refeição do dia; jamais tente falar um idioma estrangeiro, em um hospital estranho, enquanto estiver sob o efeito de uma dose de petidina; e sempre use roupa de baixo decente em uma zona de guerra.

Quarenta e nove

Muitas vezes me pergunto como quase sete anos podem ter se passado em um piscar de olhos e, ao mesmo tempo, terem se tornado um período interminável, que parece se estender muito além de qualquer horizonte que uma pessoa comum poderia alcançar. Há uma ironia estranha no fato de que, depois de tantos anos sem poder abraçar Iddin e Shah, ainda espero olhar por cima do ombro e vê-los sentados no sofá enquanto escrevo isso. Talvez este seja o reflexo verdadeiro da maternidade — a essência e a realidade da existência de uma criança continuam frescas e doces como no dia em que a tivemos nos braços pela primeira vez, independente de estarmos separados geograficamente ou se a criança já tiver partido.

Muitas vezes sou acordada pelo que parece ser a voz das crianças me chamando e tenho o impulso de sair da cama e ir vasculhar a casa. Sei que isso é apenas algum tipo de truque que meus pesadelos me pregam, mas a saudade deles que atravessa meu corpo, a dor física que sinto em meu ventre é sinal de que o vínculo entre nós não foi quebrado.

Jamais pensarei ou direi que Iddin e Shah pertenciam a mim. Eles não pertencem a ninguém mais, só a si mesmos. Algumas vezes penso neles como dons raros e preciosos, deixados comigo para serem guardados e alimentados, para amar e cuidar até que o destino os levasse para longe. São indivíduos tão únicos como os flocos de neve e infinitamente mais preciosos e puros do que qualquer desejo egocêntrico que eu possa ter. Não tenho como subjugar a falta que sinto deles, ou a dor que me oprime a ponto de me sentir afogada quando imagino suas vozes em minha cabeça. Mas uma coisa eu posso dizer — ninguém mais pode reinventar essas duas crianças que nasceram de mim; tentar uma coisa dessas seria uma atrocidade contra seus espíritos. Eles são eles mesmos, não importa quão fundo tenham que enterrar seus verdadeiros sentimentos e identidades e, um dia, eu rezo para que se lembrem de como voltar para casa e para mim...

Epílogo

Muitas datas significativas, que eu tinha certeza que acompanharia ao lado de Iddin e Shahirah, foram ultrapassados sem a minha participação. Quando olho para trás e penso em meus filhos como bebês, lembro como meus pensamentos voavam, calculando quantos anos eu teria quando dessem os primeiros passos, falassem as primeiras palavras e experimentassem a miríade de transições a caminho da vida adulta e da independência. Acreditava que estaria ao lado de minha filha quando ela começasse a perceber as mudanças da puberdade em seu corpo e a orientaria pelo campo minado das angústias da adolescência. Eu não tinha a menor dúvida de que os veria crescer e ficarem mais altos do que eu, e me daria ao luxo de poder dizer a Iddin que tinha chegado a hora de ele fazer a barba. Assumi que veria os primeiros momentos de atração de meus filhos pelo sexo oposto. Mas como eu estava errada. Não sou, e não serei, o ouvido confiável com o qual meus filhos podem contar durante sua transição para a maturidade.

Refletindo sobre tudo, a lição mais importante que aprendi de toda a loucura desses anos foi não considerar nada ou ninguém coisas certas em nossas vidas, especialmente os filhos. A segunda é nunca desistir.

Duas "arcas do tesouro" ficam em um canto de meu escritório, guardando a espera e a esperança que ainda tenho de voltar a estar com meu filho e minha filha. Dentro dessas caixas enormes, coloco presentes, cartões, fotografias e cartas para Iddin e Shah. Esses itens marcam os dias e os anos de comemorações e aniversários perdidos, que eles teriam compartilhado como membros amados de nossa família caso estivessem com a gente. Amigos e mesmo pessoas estranhas e bondosas também enviam lembranças para eu transmitir para as crianças, e rezo para que um dia eu possa abrir a caixa e dar a Iddin e Shah um legado farto e tangível de seus anos "australianos" perdidos.

As coisas mais estranhas aconteceram em minha vida, e são elas que me permitem dar algum sentido a uma situação totalmente absurda. Após a publicação da primeira edição deste livro, seguida de seu sucesso, conquistei mais confiança na minha capacidade de escrever e comecei a tentar cavar um nicho para mim como escritora. Mantenho meus dedos cruzados nessa área. Talvez eu tenha sucesso, talvez não, mas pelo menos encontro um lugar onde colocar todas as palavras que enchem minha cabeça quando fico acordada à noite, tentando conciliar o sono.

A Empty Arms Network transformou-se em um ponto de concentração de boa parte das minhas energias. Seu crescimento foi uma surpresa até mesmo para mim e os pedidos de socorro dos pais de crianças seqüestradas ajudam a fortalecer minha resolução de educar melhor as pessoas que enfrentam o fim de seus relacionamentos e mostrar-lhes de maneira marcante que os filhos não são armas a serem brandidas em uma disputa pelo poder ou instrumentos de vingança e retribuição. Venho mantendo a rede em funcionamento com o auxílio inestimável de minha ajudante de meio expediente, Justine Gregov, com um orçamento muito estreito, que, na verdade, se parece com um pedaço de fio dental usado, esticado até o limite e bem gasto em alguns pontos. O lado financeiro das coisas é sustentado com a produção de filmes, jornalismo e trabalhos ocasionais como apresentadora de TV. Acho que me tornei maníaca em manter a organização funcionando, movida pela mais pura teimosia. Nos últimos anos, tenho tido a sorte de ver o trabalho duro sendo compensado pelo retorno de 49 crianças para os seus pais nos casos sob meus cuidados ao redor do globo.

Estranhamente, descobri um ponto de paz na África, onde ninguém conhece minha vida pessoal ou as circunstâncias de meu passado. Conquistei o respeito entre amigos maravilhosos na Bélgica e procuro ir para lá sempre que possível para me apoiar nos velhos prédios e mergulhar momentaneamente na vida doméstica com as crianças pequenas da família. Sempre que vou a Londres, erro pelas ruas e museus, com grande prazer, e uso meu tempo da maneira mais reflexiva possível. Fotos antigas de Iddin e Shah me acompanham por toda a parte; como anseio por uma foto recente, que me permitisse ver como cresceram!

JACQUELINE PASCARL-GILLESPIE

O que faço durante as minhas viagens pode ser chamado de fuga, ainda que, no meu caso, tentar escapar seja fútil e impossível — faz apenas o vazio moderadamente suportável por um breve período. Essa ferida aberta não é culpa de ninguém ao meu redor, nem uma acusação de incompreensão contra aqueles a quem eu amo. É apenas a conseqüência do seqüestro das crianças. Estou cercada por um grupo incrível de amigos protetores na Austrália e fiquei muito feliz em reencontrar meus padrinhos. Minha vida é muito ocupada e eu, deliberadamente, deixo pouco tempo livre para não cair em depressão.

Desde minha primeira viagem para a Bósnia, desenvolvi um projeto chamado Operation Angel, a Operação Anjo, que reúne diversas idéias humanitárias, incluindo a Book Power, sob a mesma estrutura. A ênfase foi dedicada ao apoio às agências humanitárias em resposta a situações de emergência extraordinárias. A meta da Operation Angel é encontrar idéias originais para ajudar mulheres e crianças cercadas por conflitos civis ou militares, fome, emergências médicas, desastres naturais e pobreza devido às limitações do analfabetismo ou da falta de vantagens educacionais. As doações financeiras não são a prioridade de nossos projetos; bens e ajuda material são considerados mais práticos e adequados. O projeto principal para 1998 é coletar e distribuir produtos sanitários e de higiene básica com o público e empresas australianos para serem distribuídos nas regiões destruídas pela guerra na Bósnia. Um divertido comercial de TV promovendo a idéia foi feito com a ajuda dos membros da indústria cinematográfica, sendo que todos trabalharam como voluntários, gratuitamente. A famosa banda INXS demonstrou seu apoio e amizade concretos doando a música *Mediate* como tema musical do comercial. Os consumidores foram convocados a ajudar comprando os produtos de higiene Johnson and Johnson em dobro e, para cada dois itens comprados, a empresa doava, com generosidade, mais um para a Operation Angel. Enquanto estive na Bósnia, fui procurada inúmeras vezes por mulheres refugiadas, obviamente destituídas, mas que não pediam comida — em vez disso, queriam sabão para lavar seus filhos. Essa foi uma maneira viável de restaurar um pouco da dignidade. E funcionou — a campanha levantou mais de 250 mil libras em produtos.

Durante esses longos e, ao mesmo tempo, curtos sete anos, descobri o pior e o melhor das pessoas, o obtuso e o compassivo. Mas, acima de tudo,

431

ERA UMA VEZ UMA PRINCESA

encontrei um sentimento comum de humanidade em torno do mundo que me dá esperanças de que o seqüestro de crianças venha a diminuir — isto é, uma compreensão crescente entre as pessoas de que cada raça, credo e nacionalidade tem um amor por suas crianças capaz de, através da educação, transcender o egocentrismo e o desejo de vingança.

Iddin agora tem 16 anos, e Shahirah, quase 14. Continuo a solicitar o acesso a eles, mas sem sucesso. Não recebo respostas para minhas cartas ou agradecimentos pelos presentes que envio. Desde o dia em que foram seqüestrados, não me permitiram falar com eles. Meu próprio sofrimento não diminuiu, mas, como uma dor crônica, aprendi a conviver com ele e aceitá-lo como minha real existência.

Até o momento em que eu reencontrar meus filhos, vivo na esperança.

Jacqueline Pascarl-Gillespie
Abril de 1999

Uma vida em progresso

Suponho que uma autobiografia não esteja realmente pronta até que as derradeiras reflexões e acontecimentos finais da vida sejam postas no papel com a mão trêmula da maturidade abençoada e da idade avançada. Todos os pontos e vírgulas, sombras e cores, preenchidos por uma mulher com um corpo frágil e debilitado, recostada nos travesseiros pouco antes de emitir o último suspiro. Honestamente, não sei se estarei propensa a escrever uma autobiografia interminável, ou mesmo se serei capaz disso. Ou ainda se, de fato, alguém vai querer ler um volume tão pesado e, provavelmente, carregado de narcisismo.

Assim, estou diante do dilema de preencher as lacunas dos anos subseqüentes ou permitir que as percepções sobre a minha pessoa permaneçam no estado atual. Desde que este livro foi publicado no Reino Unido e na Irlanda (e posteriormente na Noruega, Suécia, Alemanha, Holanda, Escócia, Bélgica, Letônia, Estados Unidos, Dinamarca e Islândia), minha vida revelou-se um verdadeiro trabalho em andamento.

É estranho como a vida dá voltas e alguns eventos permanecem ocultos, aguardando o momento da revelação para serem apreciados.

Milhares de pessoas, dos mais variados países, me procuraram por e-mail, cartas e até mesmo por telefone (quando realmente determinados), querendo saber o que aconteceu com Iddin e Shah, para nos desejar felicidade e também querendo saber aonde as voltas e reviravoltas da vida tinham me levado. Carreguei toda essa corrente positiva comigo, pelos mais estranhos lugares sobre a terra — foi o que me ajudou a enfrentar os momentos mais sombrios e a me manter esperançosa e determinada.

No entanto, sou mais do que a soma total dos seqüestros de meus filhos; jamais quis me entregar à imobilidade, em um atoleiro emocional trágico provocado pelo desaparecimento deles. Enquanto escrevia o livro, tentei me concentrar na história principal (especialmente, para a edição australiana) —, mas sempre senti, mesmo naquela época, que o que eu queria era contar a viagem, não a chegada. E é por isso que estou escrevendo uma continuação. Desde aqueles primeiros dias, minha cabeça amadureceu e se abriu mais. Estou certa de que é assim com a maioria das mulheres: crescemos, evoluímos e aceitamos as surpresas da vida, e assim nos tornamos pessoas mais ricas — mais confortáveis dentro de nossas próprias peles —, menos ligadas às imagens que os outros têm de nós e mais à vontade para refletir diante do espelho e com a força interna que nos sustenta. Algumas vezes, no entanto, reflito sobre mim mesma e reconheço que a força externa do meu ser vem dos amigos e pessoas que eu amo, de tudo o que recebi do mundo e pela sorte de ter vivido e testemunhado acontecimentos globais no momento em que se revelaram.

Ainda não vi, muito menos tive nos braços, os meus filhos amados, cuja a ausência é uma dor física constante ao longo de todos esses anos que se seguiram e que agora atravessam dois séculos! Ainda que Iddin esteja com vinte e dois anos e Shahirah com quase vinte, não terão a mesma liberdade dos jovens da Inglaterra ou dos Estados Unidos — são da "realeza", afinal de contas. Em vários níveis, toda uma vida de diferenças culturais, morais e sociológicas separa agora a nossa família. Mas, nenhum desses fatores me impedem de ansiar por alguma chance de abraçá-los e ver suas faces adultas de perto. Treze anos é muito tempo para se esperar por um abraço, mas, continuarei a esperar, pois meu contrato de mãe não tem "cláusula de rescisão", e muito menos prazo de validade de qualquer tipo.

Quando o livro chegou aos leitores britânicos pela primeira vez, eu já tinha praticamente transferido minha vida privada e pública para a Europa, após minha separação bastante discreta e divórcio subseqüente de Iain Gillespie. Inicialmente, fiquei baseada na Bélgica para todas as minhas idas e vindas (apesar de achar que nada disso fosse da conta da imprensa). Uns dois dias depois de terminar a viagem de divulgação pelo Reino Unido e de apresentar uma conferência em Londres sobre seqüestro internacional, assumi o cargo de embaixadora especial para a organização humanitária global CARE International. Graças a Deus, perceberam que além de eu ser um ótimo assunto para as conversas nas festinhas sociais, provavelmente me sairia melhor arregaçando as mangas e sujando as mãos no trabalho, participando de seus esforços humanitários em Kosovo e na Macedônia. Assim, literalmente saí dos jantares na Câmara dos Lordes, restaurantes chiques de Londres repletos de celebridades e da companhia dos ricos e belos de Paris para um acampamento de refugiados erguido para abrigar 27 mil sobreviventes de Kosovo — a apenas sete minutos da fronteira da Macedônia, em plena guerra. Minhas vestes eram tão glamorosas quanto o ambiente ao meu redor: botas altas do exército, calças velhas e mochila, e um saco de dormir aberto no chão de um contêiner que me servia de cama. É incrível como nos acostumamos rápido com o barulho dos mísseis ar–terra e dos helicópteros, e com as fossas cavadas no chão! Neste lugar, servi como assistente de acomodações. Também organizei a chegada de refugiados e ajudei na orientação de mulheres e crianças com traumas psicológicos, vítimas de estupro e tortura. Minhas tarefas eram variadas e desafiadoras, excitantes e, muitas vezes, sujas, considerando a limpeza de excrementos humanos e desobstrução de valas para a drenagem da água da chuva, mas, foi uma época da minha vida em que estabeleci muitas das convicções que carrego hoje.

Após meu período na Macedônia e em Kosovo, fui para Paris, depois Londres e então de volta para a Austrália, para uma visita breve e uma rápida campanha de levantamento de fundos e de publicidade para a CARE International. Em poucos dias, no entanto, voltei a ser convocada para o atendimento de emergência da CARE e para atuar como sua embaixadora especial no pequeno, devastado e incipiente Timor Leste — apenas uns poucos dias após a retirada da brutal força de ocupação militar da Indonésia (TNI) e da instalação da força de paz da ONU.

Finalmente, depois de cerca de dois meses em Timor Leste, durante os quais fui acometida de um surto severo de pneumonia viral e algum outro tipo de doença tropical, fui mandada de volta para a Austrália, para me recuperar. Inesperadamente, essa temporada de retorno para casa acabaria por mudar minha vida para sempre. Basta dizer que me casei novamente — com uma pessoa extraordinariamente normal e franca, que é o Bill, que acalma e preenche a minha vida — e agora tenho quatro filhos: Iddin, Shahirah, Verity, que está com três anos, e o irmão dela, Lysander, de um ano e dez meses. Uma reviravolta nos acontecimentos realmente inesperada!

Mas, tudo isso, e os rumos estranhos e por vezes hilariantes que a vida toma, que me levaram a este momento de felicidade e paz relativa, vou guardar para o novo livro em que estou trabalhando no momento; isso e esperar pelo momento certo para autorizar a publicação.

Meu maior desejo é um dia apresentar todos os meus filhos uns aos outros, poder esticar o braço e poder tocar suas faces sem que Iddin e Shahirah desapareçam em um sopro de fumaça, como acontece nos meus sonhos. Até que este dia chegue, continuarei dizendo a mim mesmo que, se você carrega uma criança dentro de si por nove meses, alimentando-a em seu peito e amando-a por toda a vida, esteja ela próxima ou distante, então, um dia o amor vai superar as fronteiras, o preconceito e a doutrinação.

A vida não passa de um trabalho em andamento, é só cuidarmos para que este trabalho seja bem feito.

Jacqueline Pascarl
Março, 2005

www.jacquelinepascarl.com
email: jacqpg@netspace.net.au

Glossário

Abah	pai
Abang	título do irmão mais velho
Alá	deus muçulmano
Alcorão	livro sagrado muçulmano
angkat sumpah	palmas das mãos pressionadas juntas e levadas até a testa em sinal de subserviência
baju kebaya	roupa feminina tradicional em duas peças: uma blusa até o joelho, com colarinho virado, e uma saia longa de enrolar
baju kurung	roupa tradicional feminina em duas peças, traduzida como a "roupa-prisão"
baju melayu	traje masculino tradicional, consistindo em uma blusa folgada, de mangas compridas, gola alta sem colarinho e calças
Balai Police	quartel policial
bekeng	violento
Bersanding	consulte *Istiadat Bersanding*
boma	aldeia massai
bomoh	curandeiro com a bênção islâmica
bunga goyang	flores artificiais tremulantes feitas de ouro, presas a pequenas molas, normalmente para enfeitar o cabelo
bunga telur	presentes tradicionais comemorativos para os convidados do casamento; tradução literal: "flor de ovo"
dapur	cozinha externa
Datuk	cavalheiro real

437

ERA UMA VEZ UMA PRINCESA

daulat tuanku	vida longa para o rei
dosar	pecado
engkagi	moradia massai, feita de lama, esterco e estacas
gin	espíritos ou gênios
Hantar Belanjar	troca de presentes entre os noivos
Hari Raya	final do mês de jejum do ramadã
houries	virgens angelicais seminuas
ikan tendiri	atum
Istana Badariah	o palácio Badariah
Istana Maziah	o palácio Maziah
Istiadat Berinai	cerimônia real de hena
Istiadat Bersanding	cerimônia solene oficial em que o casal de noivos senta-se estático, como parte da cerimônia de casamento real
Istiadat Bersiram	cerimônia real constituída por um banho ritual
jihad	guerra santa muçulmana
kaffir	insulto usado de maneira depreciativa para descrever não muçulmanos
kalong	colar precioso
kayu chengai	madeira de cor vermelho-amarronzada forte
Kampung Istana	vila palaciana ou sua área
kedukut	com mau cheiro
keling	termo depreciativo referente à história dos hindu-malásios como escravos importados
kenang	enfeitiçado
Khadi	oficial muçulmano ou indicado pelo tribunal islâmico
kris	adaga cerimonial
Mak	mãe
mat salleh	homem branco
mzungu	termo suaíli para pessoa branca, de aparência européia
nasib Tuhan	vontade divina
Nobat	orquestra real tradicional de Terengganu
orang darat	população rural
orang kampung	população urbana

438

Pahang	Estado real
parlar	sistema muçulmano de pontos por mérito, adquiridos pela prática de boas ações
pantan	dieta e código de comportamento pós-gravidez
Perak	Estado real
Rajá	príncipe ou princesa, governante
Rajá Muda	príncipe herdeiro do trono
ramadã	mês do calendário islâmico em que os muçulmanos devem fazer jejum desde o nascer até o pôr do sol
rotan	vara longa malaia usada para punições
sampin	sarongue masculino usado em torno da cintura sobre o *baju melayu* tradicional
saya terima	"Eu aceito", frase usada nos casamentos tradicionais
shuka	um corte de tecido vestido como um sarongue pelos massai
songket	tecido de seda pura entremeado de fios de ouro feito à mão
songkok	chapéu masculino sem abas, semelhante ao fez
sunnat	ações não obrigatórias realizadas segundo a lei islâmica, incluindo a circuncisão feminina, ou termo coloquial refinado para a circuncisão masculina
talil	cerimônia islâmica fúnebre em que são feitas orações em honra do morto
tanjok	turbante sem coroa feito com o tecido *songket*
Tengku	título para príncipe ou princesa
tudum saji	protetores contra inseto de ratã entrelaçado
tukang urut	massagista

439

Os danos do seqüestro parental infantil

As pesquisas internacionais mostram que as crianças que enfrentam os traumas emocionais, e às vezes físicos, da experiência do seqüestro parental sofrem da síndrome de Estocolmo (eventualmente chamada de síndrome da alienação parental), uma síndrome psicológica em que a vítimas de um seqüestro (adulto ou criança), pela mais absoluta necessidade, começam a se identificar, e até mesmo reproduzir, o comportamento de seus seqüestradores. As crianças afetadas dessa maneira podem manifestar hostilidade pelo pai ou mãe deixados para trás e uma convicção quase histérica de que o novo *status quo* não deve ser alterado. Isso se deve ao forte sentimento de insegurança que uma remoção súbita por meio de um seqüestro provoca. Quando um pai ou mãe seqüestra uma criança e a tira de sua rotina normal e de seu ambiente familiar, levando-a para um país estrangeiro, sua tranqüilidade emocional é destruída; isso não deixa outra escolha para ela a não ser a sobrevivência emocional na forma de uma rejeição ao pai ou à mãe deixado para trás e conformando-se exteriormente com as atitudes do seqüestrador. Uma forma de cerca de proteção psicológica e autopreservação por intermédio de uma troca de lealdade é muitas vezes a única ferramenta que a criança pode empregar para combater uma situação tão devastadora.

O transtorno do estresse pós-traumático (TEPT) é um outro fator amplamente reconhecido na psique da criança vítima de seqüestro. As manifestações do TEPT incluem distúrbios de sono, urinar na cama, pesadelos hipnagógicos (durante os quais os sonhos são extremamente reais), má socialização, afastamento social, ansiedade, medo de figuras autoritárias, dificuldade de estabelecer vínculos e desempenho escolar comprometido.

440

Além disso, os estudos internacionais descobriram que o pai ou mãe seqüestrador muitas vezes percebe a criança como um ser sem sentimentos, uma extensão de si mesmo, um objeto de posse. A criança é assim condenada a não ter pensamentos, emoções ou opiniões próprios. Muitas vezes o indicador desse ponto de vista é que o seqüestrador refere-se à situação com comentários do tipo "ele/ela pertence a mim".

As pesquisas nos EUA mostraram que, em 85% dos casos de seqüestros de crianças, a motivação foi a raiva ou a vingança.

O dano emocional e psicológico infligido a uma criança por meio dessas ações tem um alcance muito grande e gera um grande impacto sobre a sociedade como um todo. É preciso compreender que as crianças vivendo em qualquer comunidade são entes separados, que contribuem para a formação dessa comunidade por meio de sua simples presença. O seqüestro de uma criança abre um buraco nessa comunidade, não só dentro de toda a família. (Por exemplo, quando meus filhos foram levados, foi necessário que seus colegas e outros alunos recebessem apoio psicológico, e muitas das crianças sofreram distúrbios do sono e estresse.)

Ainda que não exista uma escala de um a dez para comparar o estresse, o trauma e o dano psicológico causado a uma criança seqüestrada por um estranho com aqueles sofridos por outra levada por seu próprio pai ou mãe, psiquiatras renomados de todo o mundo consideram o trauma infantil extremamente profundo em ambos os casos. Mesmo sendo fácil imaginar que o estresse para os pais causado pelo seqüestro de um filho por um estranho seja realmente torturante, um conjunto de fatores diferente entra em jogo no caso do pai ou mãe deixado para trás quando há um seqüestro parental.

É preciso levar em conta o trauma emocional de um pai ou mãe deixado para trás, pois, muitas vezes, são dados vários sinais, não percebidos na hora, que indicam que o seqüestrador está considerando a remoção da criança. Em muitos casos (especialmente, e infelizmente, quando o seqüestrador é homem), podem ter sido feitas muitas ameaças anteriores; violência doméstica ou abuso emocional; uma atitude definitiva do seqüestrador de que a criança "pertence" a ele; ou ameaças de morte contra a criança. Esses fatores são significativos por si só quando se tenta avaliar o trauma emocional de um pai ou mãe deixado para trás e podem ampliar seus medos não declarados em relação ao bem-estar da criança.

441

Sou levada a acreditar que alguns grupos lobistas estimularam a idéia de que a ameaça de violência doméstica pode ser uma ampla justificativa para o seqüestro de uma criança e seu subseqüente ocultamento. Na minha opinião, isso se transformou em uma desculpa recorrente demais para um comportamento precipitado e não acho que seja a resposta certa para uma situação tão perturbadora. Viver em fuga, assumindo diferentes identidades e sendo privado dos rostos, pessoas, comunidades e escolas familiares são todos fatores traumáticos para uma criança. Espero realmente que alguns grupos lobistas sejam exceção à minha percepção; no entanto, fui vítima de violência doméstica e abuso emocional e sinto a mais extrema simpatia e empatia por qualquer mulher aprisionada nessa situação intolerável. Mas dois erros não formam um acerto.

Os países que assinaram e ratificaram a Convenção de Haia são nações civilizadas e, como tal, oferecem salvaguardas e maneiras legais para que as pessoas saiam de situações violentas sem recorrer ao seqüestro. Acredito que informações e recursos melhores, além de mais detalhes sobre o que está disponível para as mulheres e crianças sob risco, devem ser disponibilizados de uma maneira clara e atraente para os que trabalham em refúgios de mulheres, serviços de auxílio legal, médicos e assistentes sociais. Buscar um abrigo feminino com seu filho não necessariamente corresponde ao seqüestro de uma criança; é possível manter um tipo de endereço legal para atendimento e uma ligação com a outra parte por meio de representantes legais ou alguém para agir em seu nome. Infelizmente, no entanto, parece haver uma tendência crescente para que as mulheres em risco não encontrem a orientação adequada.

Muitas vezes, mandados contra atos de violência e para proteção judicial são emitidos por um juiz, mas não são registrados junto às divisões legais de família apropriadas e mostram-se ineficazes. Infelizmente, por ignorância ou má orientação, mulheres em situações de violência doméstica muitas vezes não são orientadas para obter mandados de proteção judicial ou auxílio adequado dos tribunais por seus assistentes sociais ou redes de suporte. Esse problema, acredito, deveria ser abordado para evitar que uma mulher tome decisões desavisadas, que acabarão apenas por atrapalhar ações legais futuras sobre as questões relativas ao direito de família.

É claro que há, sem dúvida, um lugar na sociedade para a sobrecarregada, atenciosa e dedicada rede de apoio a mulheres refugiadas, especialmente para aquelas pessoas e seus filhos que estão presos a um ciclo de violência doméstica em que uma mulher perde sua auto-estima e duvida de sua própria capacidade de deixar um casamento violento permanentemente. Nessas situações, é comum uma mulher usar os serviços para refugiados e depois voltar para o marido por não ter suporte financeiro, emocional e familiar. A decisão de abandonar um casamento permanentemente nessas circunstâncias claro que é uma das mais difíceis que uma mulher pode fazer e que jamais deve ser subestimada.

Também é importante destacar o fato de que o trauma emocional e psicológico muitas vezes tem um impacto devastador sobre o pai ou a mãe deixado/a para trás, que os deixa incapazes de lidar com o dia-a-dia ou manter um emprego regular.

Obviamente, as reações emocionais de cada indivíduo ao seqüestro de seu filho, ou filhos, são diferentes, mas as pesquisas internacionais identificam o transtorno de estresse pós-traumático e um ciclo de sofrimento insolúvel como efeitos-padrão exibidos por vítimas do seqüestro parental. No caso do pai ou da mãe deixado/a para trás, o seqüestro pode resultar em perda de apetite e problemas graves de peso, perda de cabelo, distúrbios severos de sono e pesadelos hipnagógicos, comportamento dissociativo, depressão profunda culminando em tentativas de suicídio, incapacidade de manter empregos e outros sintomas documentados relacionados ao estresse pós-traumático. Vale a pena observar que uma ocorrência extraordinariamente alta de câncer ginecológico foi identificada em mães deixadas para trás, que podem apresentar níveis bastante elevados de estrogênio e, algumas vezes, lactação espontânea. Nos últimos vinte meses, seis clientes de longo prazo da Empty Arms Network apresentaram câncer maligno nessas áreas, duas das quais acabaram morrendo nesse período. Não há evidências médicas de que esses casos de câncer estivessem presentes antes do seqüestro de seus filhos e há muito a comunidade médica sabe que o estresse é um fator que contribui para o desenvolvimento do câncer.

Também é preciso lembrar que o retorno da criança seqüestrada não apaga os danos psicológicos de longo prazo causados a ela. Apoio psicológico de longo prazo é recomendado por psiquiatras infantis, tanto para a criança quanto para o pai ou a mãe deixado/a para trás.

Assim, quais são as ramificações desse crescente problema social em uma época em que as viagens aéreas e a abertura das fronteiras européias facilitam a movimentação de um país para outro? Uma, e acho que a mais importante, é o impacto emocionalmente traumático e psicologicamente negativo que esses crimes têm sobre suas verdadeiras vítimas — as crianças seqüestradas. Não está certo que apenas o pai ou a mãe decidam o destino de uma criança e cortem todos os contatos com o outro lado. Uma criança merece manter o contato tanto com seu pai quanto com sua mãe para poder se desenvolver como uma pessoa equilibrada e um forte sentido de individualidade. Exigir que uma criança seqüestrada elimine as luzes e as sombras, as nuances de sua personalidade individual e suas opiniões ainda em formação é claramente danoso e desumano. Deixar uma criança com medo de lembrar de experiências felizes de uma existência prévia em um ambiente diferente é injusto e constitui a violação de um dos mais básicos direitos humanos — saber quem são seu pai e sua mãe.

Informações internacionais sobre recursos contra o seqüestro de crianças

Austrália
The Empty Arms Network
PO Box 4033
Auburn South Victoria 3122
Austrália
Tel + 61 + 39882 5543
Fax + 61 + 39882 5522
E-mail: jacqpg@netspace.net.au

A rede segue uma abordagem prática, lidando com questões do dia-a-dia relativas a:

- um pai ou mãe cujos filhos, ou filho, foram levados para fora do país, transgredindo um mandado em vigor da Vara de Família e mantidos lá sem a concordância de ambos os responsáveis;
- casos em que se suspeita que a criança possa ter sido retirada da Austrália pelo pai ou pela mãe, ou ainda por outro membro da família, sem o consentimento de ambos;
- situações em que a criança tenha sido levada para longe de seu lar habitual, mas dentro do território da Austrália, sem a concordância do pai e da mãe, e seja mantida escondida; e
- orientações internacionais — em que uma criança, ou crianças, tenha sido trazida para a Austrália de um outro país e mantida lá sem a concordância do pai e da mãe.

Ênfase especial é dada a:

- encaminhamento das vítimas para apoio psicológico (pais e/ou filhos) e para apoio legal para o pai ou a mãe deixado/a para trás. (Essa área é especialmente importante nos casos em que a Convenção de Haia pode ser aplicada; é fundamental que os advogados envolvidos conheçam essa área de atuação. A velocidade é essencial);

ERA UMA VEZ UMA PRINCESA

- dar explicações práticas e acessíveis sobre as ramificações — emocionais, psicológicas, financeiras e legais — deste crescente problema internacional;
- oferecer ao pai ou mãe deixado para trás a oportunidade de ter contato com outras pessoas que vivem situações semelhantes;
- desenvolver e fortalecer afiliações com outras organizações de apoio similares ao redor do mundo;
- estabelecer laços com agências de ajuda humanitária para melhorar o contato entre o pai ou a mãe deixado/a para trás com a criança no momento afastada, temporária ou permanentemente;
- encontrar opções de acomodação emergenciais para o pai ou a mãe deixado/a para trás que estejam procurando seus filhos em outros países; e
- encontrar opções de acomodação para o pai ou a mãe deixado/a para trás em busca de seus filhos na Austrália.

A rede também se concentra fortemente em questões preventivas, como:

- educação comunitária sobre assuntos relacionados ao seqüestro parental;
- orientação sobre alternativas legais para evitar a ocorrência de seqüestros parentais;
- mediação entre os pais;
- atividades de *lobby* junto a governos, poder judiciário e agências de aplicação da lei de outros países para melhorar a adesão e a aplicação da Tratado da Convenção de Haia contra o Seqüestro Parental Internacional; e
- estímulo para que mais nações ratifiquem a Convenção de Haia.

A Empty Arms Network não defende o contra-seqüestro.
A Empty Arms Network opera apenas dentro da lei.
A Empty Arms Network não representará ou auxiliará conscientemente qualquer pessoa com um mandado judicial por ações violentas emitido contra ela, ou ordens judiciais semelhantes associadas à violência.
A Empty Arms Network ajuda pais e mães, sem diferenciação de gênero.
A Empty Arms Network é uma organização sem fins lucrativos e formada por membros voluntários.
A principal preocupação da rede é colocar o bem-estar das crianças acima do dos adultos.

Muitas das organizações não-governamentais com as quais a Empty Arms Network estabeleceu relações de trabalho e afiliações trabalham por metas comuns e segundo parâmetros paralelos.

Bélgica
Missing Children International Network
Tel + 32 (02) 534 5631 ou + 32 + 84 + 211461
Fax + 32 + 84 + 221394

Child Focus
Esplanade du Heysel BP 20/
 Heizel Esplanade PB 20
Brussels B-1020, Belgium
Tel + 32 + 02 + 475 4475
Fax + 32 + 02 + 475 4402
E-mail: heidi.depauw@childfocus.org

Canadá
Missing Children's Society of Canada
Tel + 1 + 905 + 469 8826
Fax + 1 + 905 + 469 8828

França
Collectif de Solidarité aux Mères D'Enfants Enlevées
9 Rue des Chaillots 92190
Muedon, France
Tel + 33 + 1 + 4534 4910
Fax + 33 + 1 + 4623 1164

Reino Unido
Reunite — National Council for Abducted Children
PO Box 4
London WC1X 3DX, United Kingdom
Tel + 44 + 171 + 404 8356
Fax + 44 + 171 + 242 1512

Estados Unidos
The National Centre for Missing and Exploited Children
(Autoridade central dos EUA para crianças trazidas para o país)
International Division
2101 Wilson Boulevard, Suite 550
Arlington, VA 22201-3077, EUA
Tel + 1 + 703 + 522 9320
Fax + 1 + 703 + 235 4069

US Department of State
Office of Children's Issues
(Autoridade central dos EUA para crianças levadas do país)
2201 C Street, NW
Washington, DC 20520, EUA
Tel + 1 + 202 + 647 1046
Fax + 1 + 202 + 647 2835

Este livro foi composto na tipologia Minion-Regular,
em corpo 11,5/14,3, impresso em papel off-white 80g/m²
no Sistema Cameron da Divisão Gráfica
da Distribuidora Record.